Wie lässt sich in schwierigen Situationen die richtige Entscheidung treffen? Welche Grundsätze sollten uns leiten? Anhand vieler Beispiele aus unserem Alltag, der Philosophiegeschichte und Weltliteratur diskutiert der Philosoph Michael J. Sandel die für das Gelingen einer Gesellschaft entscheidenden Fragen nach gerechtem Handeln.

Michael J. Sandel, geboren 1953, ist politischer Philosoph. Er studierte in Oxford und lehrt seit 1980 in Harvard. Seine Vorlesungsreihe über Gerechtigkeit begeisterte online Millionen von Zuschauern und machte ihn zum weltweit populärsten Moralphilosophen. »Was man für Geld nicht kaufen kann« wurde zum internationalen Bestseller. Seine Bücher beschäftigen sich mit Ethik, Gerechtigkeit, Demokratie und Kapitalismus und wurden in 27 Sprachen übersetzt. Bei S. FISCHER erschien zuletzt sein Klassiker »Das Unbehagen in der Demokratie. Was die ungezügelten Märkte aus unserer Gesellschaft gemacht haben«.

Helmut Reuter, geboren 1946, arbeitet seit 1995 als freier Übersetzer aus dem Englischen und Französischen. Neben den Werken Michael J. Sandels hat er u. a. Bücher von John Hands, Lawrence M. Krauss oder Niall Ferguson übersetzt. Er lebt in der Nähe von München.

MICHAEL J. SANDEL

GERECHTIGKEIT

Wie wir das Richtige tun

Aus dem Englischen
von Helmut Reuter

FISCHER Taschenbuch

2. Auflage Juli 2026

Erschienen bei FISCHER Taschenbuch
Frankfurt am Main, Februar 2024

Die Originalausgabe erschien 2009 unter dem Titel
»Justice. What's the Right Thing to Do?«
im Verlag Farrar, Straus and Giroux

Satz: Dörlemann Satz, Lemförde
Druck und Bindung: CPI books GmbH, Leck
ISBN 978-3-596-70980-9

Kontaktadresse nach EU-Produktsicherheitsverordnung:
produktsicherheit@fischerverlage.de

Für Kiku in Liebe

Inhalt

1 Das Richtige tun 9

2 Das Prinzip des größten Glücks
UTILITARISMUS 47

3 Besitzen wir uns selbst?
LIBERTARIANISMUS 83

4 Bezahlte Helfer
MÄRKTE UND MORAL 107

5 Es kommt auf den Beweggrund an
IMMANUEL KANT 144

6 Plädoyer zugunsten der Gleichheit
JOHN RAWLS 192

7 Eine Frage der Vielfalt
POSITIVE DISKRIMINIERUNG 228

8 Wem steht was zu?
ARISTOTELES 251

9 Was sind wir einander schuldig?
LOYALITÄTSKONFLIKTE 283

10 Gerechtigkeit und Gemeinwohl 334

Anmerkungen 369
Danksagung 397
Register 399

1

Das Richtige tun

Im Sommer 2004 tobte der Hurrikan Charley aus dem Golf von Mexiko über Florida hinweg Richtung Atlantik. Der Sturm forderte 22 Menschenleben und verursachte Schäden in Höhe von elf Milliarden Dollar.[1] Außerdem zog er eine Debatte über Preistreiberei nach sich.

Eine Tankstelle in Orlando verkaufte Zwei-Dollar-Eispakete für zehn Dollar. Es war Mitte August, und ohne Strom für Kühlschränke und Klimaanlagen hatten viele Leute keine andere Wahl, als den Aufpreis zu bezahlen. Umgestürzte Bäume führten zu einer erhöhten Nachfrage nach Kettensägen und Dachreparaturen. Unternehmen boten an, zwei Bäume vom Dach eines Hausbesitzers abzuräumen – für 23 000 Dollar. Läden, die kleine Stromgeneratoren normalerweise für 250 Dollar anboten, verlangten dafür nun 2000 Dollar. Einer 77-Jährigen, die zusammen mit ihrem noch älteren Gatten und ihrer behinderten Tochter vor dem Hurrikan floh, nahm man 160 Dollar pro Nacht für ein Motelzimmer ab, das sonst 40 Dollar kostet.[2]

Viele Einwohner Floridas waren wegen der überhöhten Preise verärgert. Eine Schlagzeile der *USA Today* lautete: »Nach dem Sturm kommen die Geier.« Ein Bewohner, dem man erklärte, es koste 10 500 Dollar, einen umgestürzten Baum von seinem Dach zu entfernen, brachte das Unbehagen der Menschen auf den Punkt: Es sei einfach nicht in

Ordnung, wenn Leute versuchten, »aus Not und Elend anderer Menschen Kapital zu schlagen«. Charlie Crist, der Justizminister von Florida, schloss sich dieser Meinung an: »Es erstaunt mich, wie viel Gier in der Seele mancher Leute wohnen muss, dass sie bereit sind, von Menschen zu profitieren, die unter den Folgen eines Hurrikans leiden.«[3]

In Florida gibt es ein Gesetz gegen Preiswucher, und im Gefolge des Hurrikans gingen bei den Behörden mehr als 2000 Beschwerden ein. Einige davon führten zu erfolgreichen Gerichtsverfahren. Ein Hotel in West Palm Beach musste 70 000 Dollar an Strafen und Entschädigungen bezahlen, weil es seinen Kunden zu viel abgenommen hatte.[4]

Als Crist sich anschickte, dem Gesetz gegen Preiswucher tatsächlich Geltung zu verschaffen, brachten einige Ökonomen vor, dieses Gesetz – und die öffentliche Aufregung – beruhten auf einer falschen Annahme. Während im Mittelalter die Philosophen und Theologen glaubten, dass der Austausch von Gütern durch einen »gerechten Preis« geregelt sein solle, der den Dingen aufgrund von Tradition oder einem ihnen innewohnenden Wert zukomme, würden in Marktgesellschaften die Preise durch Angebot und Nachfrage festgelegt. So etwas wie einen »gerechten Preis«, so die Ökonomen, gebe es einfach nicht.

Thomas Sowell, ein Vertreter des freien Marktes, bezeichnete Preiswucher als »emotionsmächtigen, aber ökonomisch bedeutungslosen Begriff. Die meisten Ökonomen schenken ihm keine Beachtung, weil er zu wirr erscheint, als dass man sich mit ihm befassen müsste.« In der Zeitung *Tampa Tribune* versuchte Sowell sogar zu erklären, »wie Preiswucher den Menschen in Florida hilft«. Die Menschen sprächen von Wucher, »wenn die Preise erheblich höher sind als gewohnt«, schrieb Sowell. Doch das Preisniveau, »an das wir gewöhnt sind, ist in moralischer Hinsicht nicht besser oder fairer als die Preise, die der Hurrikan nach sich zieht«.[5]

Höhere Preise für Eis, Mineralwasser, Dachreparaturen, Notstromaggregate und Motelzimmer hätten, so Sowell, den Vorteil, dass sie die Nutzung dieser Dinge durch Verbraucher begrenzten und die Anreize für weit entfernte Anbieter erhöhten, die nach dem Hurrikan am dringendsten benötigten Güter und Dienstleistungen bereitzustellen. Wenn die Bewohner Floridas in der Augusthitze mit Stromausfällen konfrontiert seien und ein Sack Eis zehn Dollar bringe, würden Eisfabriken es lohnend finden, mehr davon zu produzieren und nach Florida zu verfrachten. Nichts an den Preisen sei ungerecht – sie gäben einfach den Wert wieder, den Käufer und Verkäufer den Dingen beimäßen, die sie tauschten.[6]

Mit ähnlichen Argumenten wandte sich der Marktliberale Jeff Jacoby in einem für den *Boston Globe* verfassten Kommentar gegen Gesetze zur Einschränkung von Preiswucher: »Es ist kein Wucher, wenn man verlangt, was der Markt hergibt. Das ist weder gierig noch unverfroren. Es ist die Art, in der Güter und Dienstleistungen in einer freien Gesellschaft verteilt werden.« Wie Jacoby einräumte, seien »die Preisspitzen empörend, besonders für jemanden, dessen Leben soeben durch einen todbringenden Sturm aus der Bahn geworfen wurde«. Doch die Empörung rechtfertige keinen Eingriff in die Mechanismen des freien Marktes. Dadurch, dass die scheinbar exorbitanten Preise Anreize für Anbieter schüfen, mehr dieser notwendigen Güter herzustellen, »bringen sie mehr Nutzen als Schaden«. Seine Folgerung: »Floridas Wiederaufbau wird nicht beschleunigt, indem man die Verkäufer verteufelt, sondern indem man ihnen freie Hand lässt.«[7]

In einem Gastkommentar der Zeitung in Tampa verteidigte Justizminister Crist (ein Republikaner, der 2006 zum Gouverneur Floridas gewählt wurde) hingegen das Gesetz gegen Preiswucher: »In Notzeiten darf die Regierung nicht zulassen, dass Menschen, die mit ihrer Familie vor einem Hurrikan fliehen, für grundlegende Versorgungsgüter unzumutbare Preise abverlangt werden.«[8] Crist wies die Vorstellung zurück, diese »unzumutbaren« Preise stünden für einen wirklich freien Tausch:

> Hier liegt keine normale freie Marktsituation vor, in der sich Käufer und Verkäufer freiwillig auf einen Preis einigen, der auf Angebot und Nachfrage beruht. In einer Notlage stehen die Käufer unter Zwang. Sie sind unfrei. Was sie an Notwendigem beschaffen – etwa sichere Unterkünfte –, kaufen sie notgedrungen.[9]

Die Debatte über Preiswucher, die nach dem Hurrikan Charley aufkam, wirft schwierige Fragen zur Moral und zum Recht auf: Ist es falsch, wenn Verkäufer von Waren und Dienstleistungen eine Naturkatastrophe ausnutzen und verlangen, was der Markt hergibt? Und wenn ja, was sollte der Gesetzgeber dagegen unternehmen? Sollte der Staat Preiswucher verbieten, selbst wenn er damit in die Freiheit der Käufer und Verkäufer eingreift, untereinander nach Belieben Geschäfte abzuschließen?

Gemeinwohl, Freiheit und Tugend

Bei diesen Fragen geht es nicht nur darum, wie wir miteinander umgehen sollten. Es geht auch darum, wie das Recht lauten und wie die Gesellschaft organisiert werden sollte. Es geht um Fragen der Gerechtigkeit. Um sie beantworten zu können, müssen wir herausfinden, was Gerechtigkeit bedeutet. Eigentlich haben wir damit schon begonnen. Sieht man sich die Diskussion über Preiswucher genauer an, wird man bemerken, dass die Argumente für und gegen

Gesetze zum Preiswucher sich um drei Leitgedanken drehen: die Mehrung des Gemeinwohls, die Achtung vor der Freiheit und die Förderung der menschlichen Tugenden. Jede dieser Vorstellungen verweist auf einen jeweils anderen Ansatz, über Gerechtigkeit nachzudenken.

Das Standardargument für freie Märkte beruht auf zwei Behauptungen – eine betrifft das Gemeinwohl, die andere die Freiheit. Die erste Behauptung lautet: Märkte fördern das Wohl einer Gesellschaft insgesamt, weil sie Menschen Anreize bieten, hart zu arbeiten und damit die Güter bereitzustellen, die andere Menschen sich wünschen. Märkte mehren den Wohlstand und dienen damit dem Gemeinwohl. Die zweite Behauptung: Märkte respektieren die Freiheit des Einzelnen; anstatt Gütern und Leistungen einen bestimmten Wert aufzuzwingen, lassen Märkte die Menschen selbst entscheiden, welchen Wert sie den Dingen beimessen wollen, die sie tauschen.

Und wie halten es die Befürworter der Gesetze gegen Preiswucher? Erstens bringen sie vor, dem Gemeinwohl der Gesellschaft sei durch die in schwierigen Zeiten überhöhten Preise nicht wirklich gedient. Selbst wenn höhere Preise für eine größere Gütermenge sorgten, müsse das gegen die Last abgewogen werden, die man den Armen aufbürde. Für Begüterte mag es so gesehen ärgerlich sein, die aufgrund des Sturms aufgeblähten Preise für den Liter Benzin oder das Hotelzimmer zu bezahlen. Für Menschen mit bescheidenen Mitteln stellen diese Preise jedoch eine wirkliche Härte dar, die sie sogar dazu bringen könnte, lieber inmitten der Katastrophe auszuharren, als sich in Sicherheit zu bringen. Jede Bewertung des Gemeinwohls müsse den Schmerz und das Leid jener einbeziehen, die in einem Notfall ihre Grundbedürfnisse nicht mehr befriedigen könnten, weil das zu viel kostet.

Zweitens, so behaupten die Befürworter der Gesetze gegen Preiswucher, sei der freie Markt unter bestimmten Umständen nicht wirklich frei. Wenn jemand mit seiner Familie vor einem Hurrikan flieht, so argumentiert Crist, dann ist der überhöhte Preis für Benzin oder Unterkunft nicht wirklich Ausdruck eines freien Austauschs. Es handelt sich eher um Erpressung. Um entscheiden zu können, ob Gesetze gegen Preiswucher gerechtfertigt sind, müssen wir also diese unterschiedlichen Vorstellungen von Gemeinwohl und Freiheit gegeneinander abwägen.

Doch es gibt noch ein weiteres Argument. Ein großer Teil der öffentlichen Unterstützung für Gesetze gegen Preiswucher speist sich aus einer tiefer liegenden Quelle. Die Menschen empören sich über »Geier«, die die verzweifelte Lage anderer ausnutzen; sie wollen sie bestraft sehen, nicht belohnt. Derlei Empfindungen werden oft als atavistische Gefühle abgetan, die in der Politik oder in den Gesetzen nichts zu suchen hätten. In Jacobis Worten: »Floridas Wiederaufbau wird nicht beschleunigt, indem man die Verkäufer verteufelt.«[10]

Doch die Empörung über Preistreiber ist mehr als unbedachter Ärger. Sie verweist auf eine durchaus ernstzunehmende Argumentation. Empörung ist jener besondere Zorn, den man empfindet, wenn man glaubt, jemand bekomme etwas, was ihm nicht zustehe. Empörung dieser Art ist Zorn über Ungerechtigkeit.

Als Crist davon sprach, welche »Gier in der Seele mancher Leute wohnen muss, dass sie bereit sind, von Menschen zu profitieren, die unter den Folgen eines Hurrikans leiden«, rührte er an die moralische Quelle dieser Empörung. Zumindest implizit gab er seinen Lesern zu verstehen: Gier ist ein Laster, eine schlechte Lebensart, besonders dann, wenn die Menschen dadurch blind für die Leiden anderer werden. Und sie ist mehr als ein individuelles Laster – sie widerspricht den Werten der Zivilgesellschaft. In stürmischen Zeiten rückt eine gute Gesellschaft zusammen. Anstatt nach maximalen Vorteilen zu streben, geben die Menschen aufeinander acht. Eine Gesellschaft, in der Menschen während einer Krise ihre Nachbarn ausbeuten, ist keine gute Gesellschaft. Deshalb ist exzessive Gier ein Laster, das es zu bekämpfen gilt. Gesetze gegen Preiswucher können die Gier zwar nicht verhindern, aber zumindest ihre unverfrorensten Auswüchse eindämmen und zeigen, dass die Gesellschaft sie missbilligt. Eine Gesellschaft, die gieriges Verhalten eher bestraft als belohnt, fördert die Tugend, miteinander zu teilen und Opfer für das Gemeinwohl gemeinsam zu tragen.

Obwohl dieses Argument einleuchtet, heißt das natürlich nicht automatisch, dass es stets Vorrang vor konkurrierenden Überlegungen haben muss. In manchen Fällen könnte man auch zu dem Schluss kommen, eine vom Hurrikan getroffene Gemeinschaft sollte einen Pakt mit dem Teufel schließen – also Wucherpreise gestatten, weil man hofft, damit eine Armee von Dachdeckern und anderen Aufbauspezialisten auf den Plan zu rufen, sogar um den Preis, dass man damit Gier billigt. Erst werden also die Dächer repariert, um das soziale Gefüge kümmern wir uns später. Trotzdem ist festzuhalten, dass die Debatte über Gesetze gegen Preiswucher – neben Fragen des Gemeinwohls und der Freiheit – auch immer die von uns geteilten Werte thematisiert. Es geht um die Frage, wie man die Einstellungen, Voraussetzungen und Charaktereigenschaften kultiviert, die in einer guten Gesellschaft wünschenswert sind.

Manche Menschen, darunter auch viele, die Gesetze gegen Preiswucher befürworten, empfinden beim Tugend-Argument Unbehagen. Der Grund: Es scheint stärker wertend vorzugehen als Argumente, die sich auf das Allgemeinwohl und die Freiheit berufen. Die Frage, ob eine bestimmte Politik die wirtschaftliche Erholung beschleunigt oder wirtschaftliches Wachstum befeuert, lässt sich weitgehend wertfrei klären. Denn man geht davon aus, dass alle lieber mehr als weniger verdienen. Dabei ist es ganz egal, wie die Menschen ihr Geld ausgeben. Ähnlich verhält es sich mit der Frage, ob Menschen in einer Notlage wirklich frei entscheiden können – sie erfordert nicht, diese Entscheidungen zu bewerten. Die Frage ist lediglich, ob oder in welchem Ausmaß Menschen frei oder eben notgedrungen handeln.

Dagegen beruht das Tugend-Argument auf dem Werturteil, dass Gier ein Laster sei, das der Staat nicht auch noch ermutigen sollte. Doch wer entscheidet darüber, was Tugend und was Laster ist? Lässt sich darüber in pluralistischen Gesellschaften nicht trefflich streiten? Und ist es nicht gefährlich, Werturteile per Gesetz durchzusetzen? Angesichts dieser Problematik halten viele Menschen daran fest, dass die Regierung in Fragen der Tugenden und der Laster neutral zu sein hat und nicht versuchen sollte, gute Einstellungen zu fördern und schlechten entgegenzuwirken.

Wenn wir also unseren Reaktionen auf Preiswucher nachspüren, sehen wir uns in verschiedene Richtungen gezogen: Wir sind empört, wenn Menschen etwas bekommen, was ihnen nicht zusteht; Gier, die menschliches Elend ausnutzt, denken wir, sollte bestraft und nicht belohnt werden. Und doch sind wir besorgt, wenn Werturteile Eingang in die Gesetzgebung finden.

Dieser Zwiespalt verweist auf eine der großen Fragen der politischen Philosophie: Soll eine gerechte Gesellschaft danach streben, die Tugend ihrer Bürger zu fördern? Oder sollte das Gesetz gegenüber konkurrierenden Entwürfen neutral sein, damit die Bürger selbst frei entscheiden können, wie sie am besten leben?

Folgt man den Erklärungen aus den Lehrbüchern, scheidet sich an dieser Frage das politische Denken des Altertums von dem der Neuzeit. Das ist nicht ganz falsch. Wie

Aristoteles lehrt, bedeutet Gerechtigkeit, den Menschen zu geben, was ihnen zusteht. Und um festzustellen, wem was zusteht, müssen wir bestimmen, welche Tugenden es wert sind, belohnt zu werden. Aristoteles besteht darauf, dass wir nicht herausfinden können, was eine gerechte Verfassung ist, ohne zuerst zu entscheiden, wie wir leben wollen. Für ihn kann das Gesetz gegenüber Fragen des richtigen Lebens nicht neutral sein.

Moderne politische Philosophen – von Immanuel Kant im 18. bis John Rawls im 20. Jahrhundert – bringen hingegen vor, die Grundsätze der Gerechtigkeit sollten nicht auf irgendwelchen spezifischen Wertvorstellungen beruhen. Eine gerechte Gesellschaft achte vielmehr die Freiheit des Einzelnen, die eigene Vorstellung vom guten Leben selbst zu wählen.

Man könnte also sagen, dass die alten Theorien zur Gerechtigkeit mit der Tugend beginnen, die modernen dagegen mit der Freiheit. In den folgenden Kapiteln erkunden wir Stärken und Schwächen beider Ansätze. Es lohnt sich jedoch, gleich zu Beginn darauf hinzuweisen, dass uns dieser historische Gegensatz in die Irre führen kann.

Denn wenn wir unseren Blick auf jene Argumente richten, die in den aktuellen politischen Diskussionen eine Rolle spielen – nicht unter Philosophen, sondern unter gewöhnlichen Leuten –, sehen wir ein komplizierteres Bild. Zwar herrschen die Argumente vor, in denen es um unseren Wohlstand oder die Freiheit des Einzelnen geht, aber hinter diesen Argumenten (und manchmal im Widerstreit mit ihnen) können wir oft die Werturteile und Überzeugungen der Diskutanten ausmachen. Implizit geht es auch immer um die Frage, welche Tugenden belohnt und welche Lebensweise von einer guten Gesellschaft gefördert werden sollten.

Wie wir es auch drehen und wenden: Den auf Werturteilen beruhenden Wesenszug der Gerechtigkeit können wir nicht ganz abschütteln. Die Überzeugung, dass Gerechtigkeit sicher ohne Freiheit, aber eben auch ohne Tugend nicht zu haben sei, reicht tief. Wenn wir über Gerechtigkeit nachdenken, scheinen wir dadurch unausweichlich gezwungen zu sein, über die beste Lebensführung nachzudenken.

Womit verdient man sich ein *Purple Heart*?

Bei manchen Themen ist nur allzu offensichtlich, dass es um Fragen von Tugend und Ehre geht. Nehmen wir die jüngste Debatte darüber, wer das *Purple Heart* verdient. Seit 1932 hat das Militär der USA diesen Orden an Soldaten verliehen, die im Kampf durch Feindeinwirkung verwundet oder getötet wurden. Neben der Ehrung erhalten die Geehrten auch spezielle Vorrechte in Kliniken für Veteranen.

Seit Beginn der aktuellen Kriege im Irak und in Afghanistan wurde bei einer zunehmenden Zahl von Soldaten eine Posttraumatische Belastungsstörung diagnostiziert. Zu den Symptomen zählen wiederkehrende Alpträume, schwere Depressionen und Suizidgefahr. Wie es heißt, leiden derzeit mindestens 300 000 Veteranen an posttraumatischem Stress oder schweren Depressionen. Fürsprecher dieser Veteranen haben vorgeschlagen, auch sie sollten für den *Purple Heart*-Orden in Frage kommen, da psychische Verletzungen mindestens ebenso quälend sein können wie körperliche Wunden.[11]

Nachdem eine Beraterkommission die Frage untersucht hatte, verkündete das Pentagon 2009, das *Purple Heart* bleibe den Soldaten mit körperlichen Wunden vorbehalten. Veteranen, die an psychischen Störungen und Traumata litten, kämen nicht in Frage, auch wenn ihnen seitens der Regierung eine medizinische Behandlung und Behindertenrenten zustünden. Das Pentagon lieferte zwei Begründungen für diese Entscheidung: Posttraumatische Belastungsstörungen seien erstens nicht durch absichtliche Feindeinwirkung verursacht, zweitens seien sie objektiv nur schwer zu diagnostizieren.[12]

Hat das Pentagon die richtige Entscheidung getroffen? Selbst nach seinen eigenen Maßstäben sind die Begründungen nicht überzeugend. Auch wenn posttraumatische Störungen schwerer zu diagnostizieren sein dürften als ein Beinbruch, kann die dadurch ausgelöste Verletzung schwerer sein und länger anhalten. Eine der am häufigsten mit dem *Purple Heart* anerkannten Verletzungen aus dem Irakkrieg war ein perforiertes Trommelfell – es wurde durch nahe Explosionen verursacht.[13] Doch im Gegensatz zu Geschossen und Granaten sind solche Explosionsgeräusche nicht einer vorsätzlichen feindlichen Taktik zuzurechnen. Wie traumatisierender Stress sind sie ein zerstörerischer Nebeneffekt von Gefechtshandlungen.

Wie sich in der anschließenden Debatte schnell gezeigt hat, drehte sich die Auseinandersetzung eigentlich um die Bedeutung des Ordens und die Tugenden, die durch ihn ausgezeichnet werden. Auf welche Tugenden kommt es nun an? Im Gegensatz zu anderen militärischen Auszeichnungen wird mit dem *Purple Heart* nicht Tapferkeit honoriert, sondern das Opfer, das jemand gebracht hat. Dazu ist kein heroischer Akt erforderlich, nur eine durch den Feind zugefügte Verwundung. Die Frage ist, welche Art von Verletzung zählen soll.

Eine Veteranenvereinigung namens *Military Order of the Purple Heart* war dagegen, den Orden für psychische Wunden zu verleihen – man behauptete, damit würde der Ehrung »die Basis entzogen«. Ein Sprecher der Vereinigung stellte fest, zentrales Eignungskriterium solle »vergossenes Blut« sein.[14] Er verzichtete jedoch darauf, zu erklären, warum nicht blutende Verletzungen nicht zählen sollten. Doch Tyler E. Boudreau, ein ehemaliger Captain der Marine, der die Einbeziehung psychischer Verletzungen befürwortet, bietet eine überzeugende Analyse des Disputs an. Er führt den Widerstand auf eine tiefsitzende Einstellung innerhalb des Militärs zurück, wonach posttraumatischer Stress eine Art Schwäche sei. »Die gleiche Kultur, die Härte verlangt, bestärkt auch die Skepsis gegenüber der Ansicht, die Gewalttätigkeit des Krieges könne auch die robustesten Gemüter verletzen ... Solange unsere Militärkultur zumindest von einer stillen Verachtung gegenüber den psychischen Verletzungen durch den Krieg geprägt ist, ist es leider unwahrscheinlich, dass diese Veteranen jemals ein *Purple Heart* bekommen werden.«[15]

Die Debatte über das *Purple Heart* ist weniger ein medizinischer oder klinischer Streit darüber, wie man feststellen kann, ob wirklich eine Verletzung vorliegt, als vielmehr ein Streit über moralische Eigenschaften und militärische Werte. Jene, die darauf beharren, dass nur blutende Wunden zählen sollten, sind überzeugt, dass posttraumatischer Stress eine Charakterschwäche widerspiegele. Jene, die glauben, psychische Verletzungen sollten zu der Auszeichnung berechtigen, bringen vor, dass Veteranen mit anhaltenden Traumata und schweren Depressionen ebenso große und ehrenhafte Opfer für ihr Land gebracht hätten wie Soldaten, die zum Beispiel ein Glied verloren haben.

Der Streit um diese Auszeichnung illustriert damit die moralische Logik der aristotelischen Theorie der Gerechtigkeit. Wir können nicht bestimmen, wer eine militärische Auszeichnung verdient, ohne zu fragen, welche Tugenden der Orden eigentlich honoriert. Und um diese Frage zu beantworten, müssen wir konkurrierende Vorstellungen davon bewerten, was einen guten Charakter oder ein zu honorierendes Opfer ausmacht.

Man könnte vorbringen, militärische Auszeichnungen seien ein Sonderfall, ein Rückfall in eine altertümliche Ethik von Ehre und Tugend. Heutzutage denken wir beim Thema Gerechtigkeit eher daran, wie die Früchte des Wohlstands oder die Lasten der Wirtschaftskrise zu verteilen sind und wie man die Grundrechte der Bürger bestimmen soll. Auf diesen Gebieten dominieren meist Erwägungen zum Gemeinwohl und der individuellen Freiheit. Und doch führt uns gerade die Erörterung ökonomischer Zusammenhänge zu der von Aristoteles in den Raum gestellten Frage, was Menschen moralisch zusteht und warum.

Die Bankenrettung

Sehen wir uns beispielsweise die öffentliche Wut anlässlich der Finanzkrise 2008/09 an. Jahrelang waren Aktienkurse und Immobilienpreise gestiegen. Die Abrechnung kam, als die Blase platzte. Banken und Finanzinstitute der Wall Street hatten Milliarden verdient – mit komplexen, durch Hypotheken abgesicherten Investments, deren Wert nun abstürzte. Einst stolze Firmen der Wall Street taumelten am Rand des Abgrunds. Der Aktienmarkt rauschte nach unten, was nicht nur großen Investoren verheerende Verluste brachte, sondern auch normalen Amerikanern, deren Pensionsrücklagen stark an Wert verloren. Das Gesamtvermögen amerikanischer Familien stürzte 2008 um elf Billionen Dollar ab – dieser Betrag entspricht der jährlichen Wirtschaftsleistung von Deutschland, Japan und Großbritannien zusammen.[16]

Im Oktober 2008 verlangte Präsident George W. Bush vom Kongress 700 Milliarden Dollar, um die großen Finanzfirmen und Banken zu retten. Dass die Wall Street sich in guten Zeiten riesiger Profite erfreut hatte, nun aber die Steuerzahler bat, die Rechnung zu übernehmen, nachdem die Dinge sich zum Schlechten gewendet hatten, erschien alles andere als fair. Die Banken und Finanzfirmen indes waren so schnell gewachsen und so intensiv mit der gesamten Wirtschaft vernetzt, dass ihr Zusammenbruch möglicherweise das ganze Finanzsystem mit sich gerissen hätte. Sie waren »too big to fail« – »zum Scheitern zu groß«.

Niemand behauptete, die Banken und Investmenthäuser hätten das Geld verdient. Ihre rücksichtslosen Wetten (ermöglicht durch unzureichende gesetzliche Regelungen) hatten die Krise ja erst hervorgerufen. Hier lag jedoch ein Fall vor, bei dem das Wohlergehen der Wirtschaft insgesamt schwerer zu wiegen schien als Überlegungen, was fair sei. Widerstrebend bewilligte der Kongress die Gelder.

Dann folgten die Boni. Kaum hatte das Rettungsgeld zu fließen begonnen, enthüllten neue Berichte, dass einige der jetzt am öffentlichen Tropf hängenden Firmen ihren Führungskräften millionenschwere Bonuszahlungen gewährten. Der ungeheuerlichste Vorgang betraf die American International Group (A. I. G.), einen Versicherungsriesen, der durch riskante Investments seiner Abteilung für Finanzprodukte in den Ruin getrieben worden war. Obwohl die Firma mit massiven Geldtransfusionen aus öffentlichen Mitteln (insgesamt 173 Milliarden Dollar) gerettet worden war, zahlte sie Boni in Höhe von 165 Millionen an Angestellte genau jener Abteilung, die die Krise herbeigeführt hatte. 73 Mitarbeiter erhielten eine Million Dollar oder mehr.[17]

Als das bekannt wurde, entfachte es einen Feuersturm öffentlicher Proteste. Dieses Mal ging es nicht um zehn Dollar teure Säcke mit Eis oder überhöhte Preise für Motelzimmer. Die Entrüstung galt den üppigen, aus Steuermitteln bestrittenen Belohnungen für Mitglieder einer Abteilung, die dazu beigetragen hatte, das globale Finanzwesen fast zur Kernschmelze zu bringen. Hier stimmte etwas nicht. Obwohl die US-Regierung inzwischen 80 Prozent der Firma besaß, plädierte der Finanzminister beim (von der Regierung ernannten) Vorstand der A. I. G. vergeblich dafür, die Zahlung der Boni rückgängig zu machen. »Wir können die besten und hellsten Köpfe nicht rekrutieren und halten«, erwiderte der Vorstandsvorsitzende, »wenn sie befürchten müssen, ihre Vergütung sei willkürlichen Anpassungen durch das Finanzministerium unterworfen.« Er behauptete, die Fähigkeiten der Angestellten seien unverzichtbar, um die toxischen Wertpapiere zum Wohle des Steuerzahlers loszuwerden, denn der besitze schließlich den größten Anteil des Unternehmens.[18]

Die Öffentlichkeit reagierte mit Wut. Eine ganzseitige Überschrift in der *New York Post* brachte die Gefühle vieler Menschen auf den Punkt: »Nicht so schnell, ihr gierigen Bastarde.«[19] Das Repräsentantenhaus versuchte, sich einen Teil des Geldes zurückzuholen – es billigte ein Gesetz, das eine Steuer von 90 Prozent auf Boni vorsah, die Angestellte von Firmen erhalten hatten, denen substantielle Rettungsgelder gewährt worden waren.[20] Auf Drängen des New Yorker Justizministers Andrew Cuomo willigten 15 der 20 Empfänger von Spitzenboni der A. I. G. ein, die Zahlungen zurückzugeben, was insgesamt etwa 50 Millionen einbrachte.[21] Diese Geste beschwichtigte die öffentliche Entrüstung ein wenig, worauf die Unterstützung für die Strafsteuer im Senat schwand.[22] Doch die Episode sorgte dafür, dass die Öffentlichkeit fortan zögerte, noch mehr Geld auszugeben, um das Schlamassel zu beheben, das die Finanzbranche geschaffen hatte.

Kern der Entrüstung über die Bankenrettung war ein Gefühl von Ungerechtigkeit. Schon ehe das Thema der Boni hochkochte, war die öffentliche Unterstützung für das Rettungspaket zurückhaltend und umstritten. Die

Amerikaner standen unschlüssig zwischen der Notwendigkeit, eine ökonomische Kernschmelze zu verhindern, und ihrer Überzeugung, dass es zutiefst unfair war, gescheiterten Banken und Investmentfirmen große Summen zuzuführen. Um eine gesamtwirtschaftliche Katastrophe zu vermeiden, stimmten der Kongress und die Öffentlichkeit den Hilfszahlungen zu. Doch moralisch gesehen hatte es sich die ganze Zeit wie eine Art Erpressung angefühlt.

Hinter der Empörung über die Bankenrettung stand die Überzeugung, dass die Angestellten, die Boni erhielten (oder die Firmen, die Rettungsgelder bekamen), diese nicht verdient hatten. Aber warum nicht? Der Grund dürfte weniger offensichtlich sein, als es zunächst scheint. Sehen wir uns zwei mögliche Antworten an – eine hat mit Gier zu tun, die andere mit der Tatsache des Scheiterns.

Eine Ursache der Empörung war, dass die Boni Gier zu belohnen schienen, was die Öffentlichkeit schlicht moralisch widerwärtig fand. Nicht nur die Bonuszahlungen, sondern auch die Bankenrettung insgesamt schienen perverserweise gieriges Verhalten zu belohnen, anstatt es zu bestrafen. Die Derivate-Händler hatten durch ihre waghalsigen Investments nicht nur ihre Firma, sondern das ganze Land in höchste finanzielle Not gebracht. In guten Zeiten hatten sie die Profite eingesackt, und selbst nachdem ihre Investments abgestürzt waren, sahen sie keinen Fehler darin, Millionen Dollar als Boni einzustreichen.[23]

Die Kritik angesichts der Gier wurde nicht nur von den Zeitungen, sondern auch von Vertretern der politischen Klasse geäußert. Der demokratische Senator Sherrod Brown aus Ohio erklärte, das Verhalten von A. I. G. habe »einen Beigeschmack von Gier, Überheblichkeit und Schlimmerem«.[24] Präsident Barack Obama stellte fest, A. I. G. »befindet sich aufgrund ihrer eigenen Rücksichtslosigkeit und Gier in finanziellen Nöten«.[25]

Das Problem der Gier-Kritik besteht darin, dass sie nicht zwischen den nach dem Crash gewährten – und staatlich subventionierten – Boni und jenen Boni unterscheidet, die von den Märkten gewährt wurden, als es gut lief. Gier ist ein Laster, eine schlechte Einstellung, eine übertriebene, engstirnige Begierde nach Gewinnen. Aber gibt es irgendeinen Grund für die Annahme, dass die Empfänger von Boni derzeit gieriger sind als ein paar Jahre zuvor, als sie ganz oben schwammen und sogar noch höhere Belohnungen einstrichen?

Die Händler, Banker und Hedgefonds-Manager an der Wall Street sind ein hartgesottener Haufen. Ihren Lebensunterhalt verdienen sie sich mit dem Streben nach finanziellen Gewinnen. Ob ihr Beruf nun den Charakter verdirbt oder nicht – ihre Tugendhaftigkeit wird wohl kaum mit dem Steigen und Fallen der Aktienmärkte korrelieren. Wenn es also falsch ist, ihre Gier mit üppigen Boni aus dem Bankenrettungsfonds zu belohnen, ist es dann nicht ebenso falsch, sie im Einklang mit den Märkten zu belohnen? Die Öffentlichkeit war empört, als 2008 Firmen der Wall Street (einige aus Steuermitteln zur Bankenrettung) 16 Milliarden Dollar an Boni ausschütteten. Diese Summe machte jedoch nur die Hälfte der Beträge aus, die 2006 (34 Milliarden) und 2007 (33 Milliarden) gezahlt worden waren.[26] Wenn Gier der Grund ist, weshalb sie das Geld jetzt nicht verdient haben sollten – auf welcher Grundlage lässt sich dann sagen, dass sie das Geld damals verdient gehabt hätten?

Ein offensichtlicher Unterschied besteht darin, dass die Boni der Bankenrettung vom Steuerzahler stammen, während die in guten Zeiten angezahlten Boni von den Firmen erwirtschaftet wurden. Beruht die Empörung jedoch auf der Überzeugung, die Boni seien unverdient, so ist die Quelle der Bezahlung moralisch nicht entscheidend. Aber damit haben wir einen Hinweis: Die Boni kommen vom Steuerzahler, weil die Firmen gescheitert sind. Das führt uns ins Zentrum der Beschwerden. Die wahren Einwände der amerikanischen Öffentlichkeit gegen die Boni – und die Bankenrettung – beziehen sich nicht darauf, dass sie Gier belohnen, sondern darauf, dass sie das Scheitern belohnen.

Scheitern wird von den Amerikanern schärfer missbilligt als Gier. In marktgesteuerten Gesellschaften wird von ehrgeizigen Menschen erwartet, dass sie ihre Interessen energisch verfolgen, und die Trennlinie zwischen Eigennutz und Gier ist oft verschwommen. Dagegen ist die Trennlinie zwischen Erfolg und Scheitern deutlicher gezogen. Und die Vorstellung, dass Menschen aus ihren Erfolgen Kapital schlagen dürfen, macht den Kern des amerikanischen Traums aus.

Ungeachtet seiner beiläufigen Erwähnung der Gier verstand Präsident Obama nur zu gut, dass die tiefere Ursache für die Empörung darin lag, dass Scheitern belohnt worden war. Als Obama deshalb Gehaltsgrenzen für die Bezahlung von Führungskräften in Firmen ankündigte, die Rettungsgelder bezogen, wies er auf die eigentliche Quelle der Empörung über die Bankenrettung hin:

> Dies ist Amerika. Wir setzen Reichtum nicht herab. Wir missgönnen es keinem, wenn er Erfolg hat. Und ganz sicher glauben wir, dass Erfolg belohnt werden sollte. Doch was die Menschen empört – und zu Recht empört –, sind Führungskräfte, die für ihr Scheitern belohnt werden – besonders dann, wenn der amerikanische Steuerzahler dafür aufzukommen hat.[27]

Eine der schrägsten Äußerungen über die Ethik der Bankenrettung stammte von dem republikanischen Senator Charles Grassley, einem Fiskalkonservativen aus dem Mittleren Westen. Auf dem Höhepunkt der Erregung erklärte Grassley in einem Radio-Interview, am meisten störe ihn, dass die Führungskräfte der Firmen sich weigerten, für ihr Scheitern die Verantwortung zu übernehmen. Er würde ihnen das alles nicht ganz so übelnehmen, »wenn sie sich dem japanischen Vorbild folgend vor das amerikanische Volk stellen, diese tiefe Verbeugung machen und sagen würden: ›Tut mir leid.‹ Und dann eine von zwei Möglichkeiten wählen: zurücktreten oder Suizid begehen.«[28]

Später ruderte Grassley zurück. Er habe die Führungskräfte nicht aufgefordert, Selbstmord zu begehen. Er wollte jedoch, dass sie die Verantwortung für ihr Scheitern übernähmen, Reue zeigten und sich öffentlich entschuldigten. »Von keinem CEO habe ich je eine Entschuldigung gehört, und das macht es den Steuerzahlern meines Bezirks sehr schwer, einfach weiter Geld aus dem Fenster zu werfen.«[29]

Grassleys Kommentare stützen meinen Verdacht, dass sich die Empörung über die Bankenrettung nicht vorwiegend an der Gier entzündete. Der Gerechtigkeitssinn der Amerikaner litt am meisten darunter, dass ihre Steuerdollars an Versager verschwendet wurden.

Wenn das zutrifft, bleibt zu fragen, ob diese Sichtweise gerechtfertigt ist. Waren die CEOs und Führungskräfte der Großbanken und Investmentfirmen schuld an der Finanzkrise? Sie selbst streiten das natürlich ab. Als einige von ihnen vor Kongressausschüssen zur Untersuchung der Finanzkrise aussagen mussten, bestanden sie darauf, unter Berücksichtigung der verfügbaren Informationen korrekt gehandelt zu haben. Der ehemalige Vorstandsvorsitzende von Bear Stearns, einer Investmentfirma von der Wall Street, die 2008 zusammenbrach, erklärte, er habe lange und intensiv darüber nachgedacht, ob er sich anders hätte verhalten können. Er kam zu dem Schluss, sein Möglichstes getan zu haben. »In der Lage, in der wir uns befanden, gab es nichts, was einen Unterschied gemacht hätte.«[30]

Andere CEOs zahlungsunfähiger Firmen stimmten dem zu und bestanden darauf, Opfer eines »finanziellen Tsunamis« gewesen zu sein, den sie nicht hätten steuern können.[31] Eine vergleichbare Haltung war auch bei jungen Händlern zu finden, die nicht wirklich nachvollziehen konnten, warum die Öffentlichkeit sich so sehr über ihre Boni erregte. »Keiner empfindet mehr Sympathie für uns«, klagte ein Händler der Wall Street gegenüber einem Reporter von *Vanity Fair.* »Aber es ist ja nicht so, dass wir nicht hart arbeiten würden.«[32]

Die Metapher vom Tsunami wurde – besonders in Finanzkreisen – dankbar aufgenommen. Wenn deren Führungskräfte recht haben und das Scheitern ihrer Firmen umfassenderen ökonomischen Kräften und nicht ihren eigenen Entscheidungen zuzuschreiben war, würde dies erklären, warum sie nicht die Reue zum Ausdruck brachten, die Senator Grassley von ihnen einforderte.

Doch es wirft auch eine weitreichende Frage auf: Falls die katastrophalen Verluste von 2008 und 2009 durch große, systemimmanente ökonomische Kräfte zu erklären sind – könnte man dann nicht sagen, dass eben diese Kräfte auch die schwindelerregenden Gewinne in den Jahren davor erklären? Wenn das Wetter für die schlechten Jahre verantwortlich ist, wie können dann in den guten Jahren die Begabung, Klugheit und harte Arbeit der Wall-Street-Banker für die verblüffenden Erträge verantwortlich sein?

Angesichts der öffentlichen Entrüstung wegen der Bonuszahlungen brachten die CEOs vor, dass finanzielle Erträge nicht ausschließlich von ihrer eigenen Tätigkeit abhingen, sondern das Ergebnis von Kräften seien, über die sie keine Kontrolle hätten. Da mögen sie nicht ganz unrecht haben. Doch wenn dies zutrifft, kann man ihren Anspruch auf übermäßige Belohnung in guten Zeiten ebenfalls mit einigem Recht in Frage stellen. Das Ende des Kalten Krieges, die Globalisierung von Handel und Kapitalmärkten, der Aufstieg des PCs und des Internets und eine Menge anderer Faktoren erklären sicherlich einen Teil des Erfolgs der Finanzbranche in den 1990ern und den ersten Jahren des 21. Jahrhunderts.

2007 bezahlte man CEOs in großen US-Unternehmen das 344-Fache des Lohns eines durchschnittlichen Arbeiters.[33] Aus welchen Gründen, wenn überhaupt, steht es Führungskräften zu, so viel mehr Geld zu erhalten als ihre Angestellten? Die meisten Beschäftigten arbeiten hart und bringen dabei wichtige Fähigkeiten ein. 1980 betrug das Gehalt der CEOs nur das 42-Fache des Lohns ihrer Beschäftigten.[34] Waren die Führungskräfte 1980 weniger qualifiziert und arbeiteten weniger hart als heute? Oder spiegeln sich in unterschiedlicher Bezahlung zufällige Umstände, die mit Qualifikationen und Fähigkeiten nichts zu tun haben?

Man kann auch das Niveau des Einkommens von Führungspersonal in den USA mit dem in anderen Ländern vergleichen. Vorstände der führenden US-Unternehmen verdienten zwischen 2004 bis 2006 jährlich im Schnitt 13,3 Millionen Dollar; europäische Firmenchefs erhielten 6,6 Millionen, japanische 1,5 Millionen Dollar.[35] Sind die Verdienste amerikanischer Führungskräfte doppelt so groß wie die ihrer europäischen Kollegen oder gar neunmal so groß wie die der japanischen Firmenvorstände? Oder spiegeln sich in diesen Differenzen auch Faktoren, die nichts zu tun haben mit den Anstrengungen und Qualifikationen, die Führungskräfte in ihre Arbeit einbringen?

Die Empörung über die Bankenrettung drückte die weitverbreitete Ansicht aus, dass Leute, die die von ihnen geleiteten Firmen durch riskante Investments ruinieren, dafür nicht auch noch mit Boni in Millionenhöhe belohnt werden sollten. Doch der Streit um die Boni wirft auch die Frage auf, wem in guten Zeiten was zusteht. Verdienen die erfolgreichen Führungskräfte die Prämien, die ihnen die Märkte zukommen lassen? Oder hängt ihr Erfolg von Faktoren ab, auf die sie keinen Einfluss haben? Und was ergibt sich daraus für die wechselseitigen Verpflichtungen von Bürgern – in guten wie in schlechten Zeiten? Ob die Finanzkrise auch eine öffentliche Debatte über diese weiterreichenden Fragen auslösen wird, bleibt abzuwarten.

Drei mögliche Annäherungen an die Gerechtigkeit

Fragt man, ob eine Gesellschaft gerecht ist, so läuft dies darauf hinaus, wie sie all das verteilt, was wir schätzen – Einkommen und Wohlstand, Pflichten und Rechte, Befugnisse und Chancen, Ämter und Ehren. Eine gerechte Gesellschaft verteilt diese Güter auf angemessene Weise; sie gibt jeder oder jedem, was ihr oder ihm zusteht. Die Schwierigkeiten beginnen, wenn wir fragen, was denn nun wem zusteht – und warum.

Wir haben schon damit begonnen, uns mit diesen Fragen auseinanderzusetzen. Als wir darüber nachgedacht haben, was an Preiswucher, der Vergabe des *Purple Heart* oder der Bankenrettung richtig oder falsch sein könnte, haben wir drei Ideale kennengelernt, die jeweils einen eigenen Zugang zum Phänomen der Gerechtigkeit bieten: das allgemeine Wohl, die Freiheit und die Tugend.

Manche unserer Debatten reflektieren die Uneinigkeit darüber, was es bedeutet, das allgemeine Wohl zu mehren, die Freiheit zu achten oder Tugenden zu pflegen. In anderen wiederum besteht Uneinigkeit darüber, was zu tun ist, wenn diese Ideale miteinander in Konflikt geraten. Die politische Philosophie kann diese Unstimmigkeiten nicht ein für alle Mal auflösen. Doch sie kann unseren Debatten Form geben und die Alternativen verständlich machen, vor denen wir als demokratische Bürger stehen.

In diesem Buch erkunden wir die Stärken und Schwächen aller drei Ansatzpunkte. Beginnen wollen wir mit der Vorstellung von der Mehrung des allgemeinen Wohls oder, damit verbunden, des Wohlstands. Für Marktgesellschaften wie die unsere bietet sie einen natürlichen Ausgangspunkt. Ein großer Teil der zeitgenössischen politischen Debatten dreht sich um die Fragen, wie man den Wohlstand mehren, den Lebensstandard verbessern oder das Wirtschaftswachstum beschleunigen könne.

Warum kümmern wir uns um dergleichen? Die offensichtlichste Antwort lautet, dass wir glauben, unser materieller Wohlstand würde unser Leben entscheidend verbessern – ob auf der individuellen oder der gesellschaftlichen Ebene. Anders gesagt, Wohlstand spielt eine wichtige Rolle, weil er zum Gemeinwohl beiträgt.

Um diese Vorstellung eingehender zu untersuchen, wenden wir uns dem Utilitarismus zu – er ist die einflussreichste Erklärung, wie und warum wir das Gemeinwohl mehren oder (in den Worten der Utilitaristen) das größte Glück der größten Zahl von Menschen anstreben sollten.

Anschließend greifen wir ein Spektrum von Theorien auf, die Gerechtigkeit mit Freiheit verknüpfen. Die meisten dieser Theorien betonen die Rechte des Einzelnen, auch wenn sie untereinander uneins sind, welche Rechte am wichtigsten sind. In der heutigen Politik ist die Meinung, Gerechtigkeit bedeute die Achtung der Freiheit und der Persönlichkeitsrechte, zumindest ebenso verbreitet wie die utilitaristische Idee von der Mehrung des Gemeinwohls. So legen etwa die Zusatzartikel der Verfassung der USA bestimmte Freiheiten fest – einschließlich des Rechts der freien Rede und der Religionsfreiheit –, die selbst von Mehrheiten nicht verletzt werden dürfen. Und in der ganzen Welt wird die Ansicht, Gerechtigkeit bedeute, bestimmte universelle Menschenrechte zu achten, zunehmend akzeptiert (jedenfalls theoretisch – wenn auch nicht immer in der Praxis).

Die Ansätze, die von der Idee der Freiheit ausgehen, können dabei sehr verschieden sein. Tatsächlich finden einige der am härtesten geführten Debatten unserer Zeit zwischen zwei rivalisierenden Lagern statt, die beide die Freiheit in den Vordergrund stellen – die einen haben sich den Laissez-faire-Gedanken auf die Fahnen geschrieben, die anderen die Fairness.

Anführer des Laissez-faire-Lagers sind die Marktliberalen, die glauben, der Kern der Gerechtigkeit bestehe darin, die von erwachsenen Menschen in gegenseitigem Einvernehmen getroffenen Entscheidungen zu respektieren. Im anderen Lager finden sich die Theoretiker mit einer eher egalitären Neigung. Sie betonen, dass unkontrollierte Märkte weder gerecht noch frei seien. Ihrer Ansicht nach erfordert Gerechtigkeit eine Politik, die soziale und ökonomische Benachteiligungen ausgleicht und jedem eine faire Erfolgschance bietet.

Schließlich wenden wir uns Theorien zu, für die Gerechtigkeit mit der Tugend und dem guten Leben verknüpft ist. In der heutigen Politik werden Tugendtheorien oft mit Kulturkonservativen und der religiösen Rechten assoziiert. Für viele Bürger freiheitlicher Gesellschaften ist die Vorstellung, Fragen der Moral gesetzlich regeln zu wollen, ein Gräuel, weil damit die Gefahr verbunden ist, in Intoleranz und Zwang zurückzufallen. Doch der Gedanke, dass eine gerechte Gesellschaft gewisse Tugenden und Vorstellungen vom guten Leben bestärkt, hat politische Bewegungen und Diskussionen quer durch das ideologische Spektrum inspiriert. Nicht nur die Taliban, sondern auch die Abolitionisten und Martin Luther King haben ihre Visionen von der Gerechtigkeit aus moralischen und religiösen Idealen bezogen.

Bevor wir versuchen, all diese Theorien zur Gerechtigkeit zu bewerten, lohnt sich ein Blick auf die schwierige Frage, wie philosophische Argumentationen entwickelt werden – besonders auf so umstrittenen Gebieten wie Moralphilosophie und politischer Philosophie. Am Anfang steht häufig eine konkrete Situation. Wie wir in unserer Erörterung von Preiswucher, Verwundetenabzeichen und Bankenrettung gesehen haben, ist eine öffentlich geführte Debatte ein guter Ausgangspunkt für moralische und politische Überlegungen. Oft herrscht diese Uneinigkeit zwischen verschiedenen Fraktionen im öffentlichen Raum, manchmal aber auch nur in uns selber – etwa wenn wir uns angesichts einer schwierigen moralischen Frage nicht für eine Seite entscheiden können.

Wie aber können wir von den Urteilen, die wir anhand konkreter Situationen fällen, argumentativ zu den Grundsätzen der Gerechtigkeit vorstoßen, die unserer Ansicht nach universell anwendbar sein sollten? Kurz, wie funktioniert unsere moralische Vernunft?

Dafür wollen wir uns im Folgenden zuerst zwei Geschichten zuwenden: einer phantasievollen hypothetischen Geschichte, die unter Philosophen häufig erörtert wird, und einer aktuellen Geschichte über ein quälendes moralisches Dilemma.

Sehen wir uns zunächst die hypothetische Philosophengeschichte an.[36] Wie alle Erzählungen dieser Art ist sie vieler realistischer Komplikationen entkleidet worden, damit wir uns auf eine begrenzte Zahl philosophischer Fragen konzentrieren können.

Die Rangierlok ohne Bremsen

Stellen Sie sich vor, Sie sind der Fahrer einer Lokomotive, die mit 90 Stundenkilometern über die Schienen rattert. In einiger Entfernung stehen fünf Arbeiter auf dem Gleis, die Werkzeuge in der Hand. Sie versuchen, die Lok anzuhalten, doch das geht nicht. Die Bremsen greifen nicht. Sie sind verzweifelt, weil Ihnen klar ist, dass die Arbeiter alle sterben werden, wenn Sie sie überfahren (gehen wir davon aus, dass das gewiss geschehen wird).

Plötzlich entdecken Sie ein nach rechts abzweigendes Nebengleis. Auch auf diesem Gleis befindet sich ein Arbeiter – aber eben nur einer. Sie merken, dass Sie die Lok auf dieses Nebengleis dirigieren können, was den einen Arbeiter das Leben kosten, die anderen aber retten würde.

Was werden Sie tun? Die meisten Menschen würden sagen: »Abbiegen! Auch wenn es eine Tragödie ist, einen Unschuldigen zu töten, ist es doch noch schlimmer, gleich fünf umzubringen.« Es erscheint ihnen richtig, ein Leben zu opfern, um fünf Leben zu retten.

Nehmen wir nun eine andere Version der Lokgeschichte. Diesmal sind Sie nicht der Fahrer, sondern ein Zuschauer, der auf einer über die Gleise führenden Brücke steht (und es ist kein Nebengleis vorhanden). Auf den Schienen nähert sich eine Rangierlok, in einiger Entfernung stehen fünf Arbeiter auf dem Gleis. Auch jetzt versagen die Bremsen. Gleich wird die Lokomotive die Arbeiter erfassen. Hilflos erkennen Sie, dass Sie die Katastrophe nicht verhindern können. Doch dann sehen Sie einen ungeheuer dicken Mann neben sich auf der Brücke stehen. Sie könnten ihn so auf die Gleise stoßen, dass er den Weg der Lok blockiert. Er würde sterben, doch die fünf Arbeiter wären gerettet. (Sie denken kurz daran, selbst auf die Schienen zu springen, merken aber, dass Sie zu leicht sind und die Lok nicht stoppen können.)

Wäre es richtig, den dicken Mann auf die Schienen zu stoßen? Die meisten Menschen würden sagen: »Natürlich nicht. Es wäre fürchterlich falsch, den Mann aufs Gleis zu stoßen.«

Es scheint eine schreckliche Tat zu sein, jemanden von einer Brücke in den sicheren Tod zu stürzen, selbst wenn damit fünf unschuldige Leben gerettet werden. Das allerdings führt zu einem moralischen Rätsel: Warum scheint das Prinzip – ein Leben zu opfern, um fünf zu retten – im ersten Fall richtig zu sein, im zweiten dagegen falsch?

Wenn es, wie unsere Reaktion auf den ersten Fall nahelegt, auf die Zahl ankommt – wenn es also besser ist, fünf Leben zu retten als eines: Warum sollten wir diesen Grundsatz nicht auch im zweiten Fall anwenden und den Mann hinabstürzen? Sicher, es wäre grausam, einen Mann zu Tode zu bringen, selbst wenn es um einer guten Sache willen geschieht. Aber ist es weniger grausam, einen Menschen durch den Zusammenstoß mit einer Rangierlok zu töten?

Vielleicht ist es deswegen falsch, den Mann von der Brücke zu stürzen, weil er gegen seinen Willen für einen fremden Zweck benutzt wird. Er stand dort einfach nur herum.

Doch dasselbe ließe sich auch für den Mann auf dem Nebengleis sagen. Auch er machte schließlich nur seine Arbeit und hat nicht freiwillig beschlossen, sein Leben wegen einer Lok mit versagenden Bremsen zu opfern. Man könnte zwar vorbringen, dass Bahnarbeiter immer ein gewisses Risiko eingehen, was für unbeteiligte Brückensteher nicht gilt. Doch wir wollen davon ausgehen, dass es nicht zur Stellenbeschreibung gehört, in einem Notfall sein Leben zu opfern, um andere zu retten, und dass der Arbeiter ebenso wenig damit einverstanden ist, sein Leben hinzugeben, wie der unbeteiligte Zuschauer auf der Brücke.

Vielleicht liegt der moralische Unterschied nicht in der Wirkung – am Ende sind beide tot –, sondern in der Absicht des Menschen, der die Entscheidung trifft. Als Fahrer der Lok könnten Sie Ihre Entscheidung, das Fahrzeug auf das Nebengleis zu steuern, vielleicht damit begründen, dass Sie den Tod des Arbeiters nicht *beabsichtigt* hatten, auch wenn er vorhersehbar war. Ihr Ziel hätten Sie auch erreicht, wenn durch einen sehr glücklichen Zufall nicht nur die fünf Arbeiter verschont blieben, sondern auch der sechste.

Doch genau das gilt auch im Fall des Brückensturzes. Der Tod des Mannes, den ich von der Brücke stoße, ist nicht beabsichtigt. Er soll lediglich die Lok aufhalten; wenn er dabei irgendwie am Leben bleibt, wären Sie höchst erfreut.

Doch vielleicht sollten die beiden Fälle nach demselben Prinzip behandelt werden. Beide schließen eine willentliche Entscheidung ein, einem unschuldigen Menschen das Leben zu nehmen, um noch größere Verluste an Menschenleben zu verhindern. Vielleicht ist Ihr Widerstreben, den Mann von der Brücke zu stürzen, nur zimperlich – eine bloße Überempfindlichkeit, die Sie überwinden sollten. Einen Mann mit bloßen Händen zu Tode zu bringen scheint grausamer zu sein, als nur eine Weiche per Fernsteuerung umzulegen. Doch es ist nicht immer einfach, das Richtige zu tun.

Diese Idee können wir überprüfen, wenn wir die Geschichte leicht abändern. Nehmen wir an, Sie könnten den dicken Mann auf die Schienen fallen lassen, ohne ihn zu stoßen; stellen wir uns vor, er steht auf einer Falltür, die Sie mit einem Hebel auslösen könnten. Kein Stoßen, gleiches Ergebnis. Wäre das besser? Oder ist es immer noch moralisch fragwürdiger, als wenn Sie als Lokführer auf das Nebengleis ausweichen würden?

Es ist nicht einfach, die moralischen Unterschiede zwischen diesen Fällen zu erklären – warum es uns richtig vorkommt, die Lok umzulenken, während es falsch erscheint, den Mann von der Brücke zu stürzen. Trotzdem lastet ein starker Druck auf uns, eine überzeugende Unterscheidung zu finden – und wenn uns das nicht gelingt, unser Urteil darüber, was in jedem Fall das Richtige wäre, noch einmal zu überdenken. Das Nachdenken über moralische Fragen dient eben nicht nur dazu, andere zu überzeugen, sondern es ist auch eine Möglichkeit, die eigenen moralischen Überzeugungen auf die Reihe zu bekommen und herauszufinden, was wir glauben und warum.

Einige moralische Zwickmühlen ergeben sich aus widerstreitenden moralischen Grundsätzen. Ein Grundsatz besagt beispielsweise, wir sollten möglichst viele Leben retten, ein anderer jedoch, es sei falsch, einen Unschuldigen zu töten, selbst um einer guten Sache willen. Angesichts einer Situation, in der die Rettung einiger Leben davon abhängt, einen Unschuldigen zu töten, stehen wir vor einem moralischen Dilemma, das uns zwingt, darüber nachzudenken, welcher Grundsatz gewichtiger oder den gegebenen Umständen angemessener ist.

Andere moralische Zwickmühlen ergeben sich aus unserer Unfähigkeit, zukünftige Ereignisse mit Sicherheit voraussagen zu können. Hypothetische Beispiele wie die Lokgeschichte sparen die Ungewissheit aus, die über den Entscheidungen schwebt, denen wir im richtigen Leben begegnen. Solche Geschichten unterstellen, wir wüssten sicher, wie viele Leute sterben werden, wenn wir nicht auf das Nebengleis fahren bzw. niemanden hinabstoßen. Als Handlungsanleitungen taugen solche Storys nur bedingt. Aber genau deswegen sind sie nützliche Werkzeuge für eine moralische Analyse. Weil zufällig eintretende Umstände ausgeklammert sind – »Was wäre, wenn die Arbeiter die Lok sehen und beiseite springen?« –, helfen uns diese hypothetischen Beispiele, die auf dem Spiel stehenden moralischen Grundsätze herauszuarbeiten und zu untersuchen, wie stark sie sind.

Die afghanischen Ziegenhirten

Kommen wir nun zu einer aktuellen moralischen Zwickmühle, die der phantasievollen Geschichte mit der Lok ohne Bremsen in mancher Hinsicht ähnelt, aber wegen der Ungewissheit über ihren Ausgang komplizierter ist.

Im Juni 2005 brach ein US-Sondereinsatzkommando mit Petty Officer Marcus Luttrell und drei anderen Soldaten der US-Navy-SEALs zu einer geheimen Erkundungsmission in Afghanistan auf. Die Gruppe sollte in der Nähe der Grenze zu Pakistan einen Taliban-Führer aus der Umgebung Osama bin Ladens aufspüren.[37] Nach Geheimdienstberichten befehligte die Zielperson 140 bis 150 bewaffnete Kämpfer und hielt sich in einem Dorf in der schwer zugänglichen Bergregion auf.

Kurz nachdem die Gruppe auf einem Bergrücken Stellung bezogen hatte, von dem aus das Dorf zu überblicken war, wurden sie zufällig von zwei afghanischen Bauern mit etwa 100 meckernden Ziegen entdeckt. Ein etwa 14 Jahre alter Junge begleitete sie. Die Afghanen waren unbewaffnet. Die amerikanischen Soldaten richteten ihre Gewehre auf sie, zwangen sie dazu, sich auf den Boden zu setzen, und besprachen dann, was mit ihnen zu tun sei. Bei den Ziegenhirten schien es sich um unbewaffnete Zivilisten zu handeln. Würde man sie ziehen lassen, liefe man allerdings Gefahr, dass sie die Taliban über die Anwesenheit der US-Soldaten informierten.

Während die vier Soldaten ihre Handlungsoptionen erwogen, bemerkten sie, dass sie kein Seil dabeihatten. Damit war ausgeschlossen, dass sie die Afghanen fesseln und so Zeit gewinnen konnten, um in Ruhe nach einem neuen Versteck zu suchen. Ihnen blieb nur, sie entweder zu töten oder freizulassen.

Einer von Luttrells Kameraden plädierte dafür, die Ziegenhirten umzubringen: »Wir sind auf Befehl unserer Vorgesetzten hinter den feindlichen Linien im Einsatz. Wir haben das Recht, alles Notwendige zu tun, um unser Leben zu schützen. Die militärisch gebotene Lösung liegt auf der Hand. Es wäre falsch, sie laufen zu lassen.«[38] Luttrell war innerlich zerrissen. »Als Soldat wusste ich, dass er recht hatte«, schrieb er rückblickend. »Wir konnten sie unmöglich freilassen. Doch mein Problem ist, dass ich auch ein Christ bin und eine christliche Seele habe, die mir sagte, dass es falsch wäre, diese unbewaffneten Männer kaltblütig zu töten.«[39] Luttrell erklärt nicht genau, was er mit seiner christlichen Seele meinte, aber am Ende erlaubte ihm sein Gewissen nicht, die Ziegenhirten zu töten. Er gab die entscheidende Stimme ab, sie freizulassen. (Einer seiner drei Kameraden hatte sich enthalten.) Es war eine Entscheidung, die er bereuen sollte.

Etwa eineinhalb Stunden nach der Freilassung der Ziegenhirten sahen sich die vier Soldaten von 80 bis 100 Taliban-Kämpfern umzingelt, die mit Kalaschnikows und Panzerfäusten bewaffnet waren. In dem folgenden heftigen Feuergefecht wurden alle drei Kameraden Luttrells getötet. Außerdem schossen die Taliban einen US-Hubschrauber ab, der die vier bergen wollte. Alle 16 Soldaten an Bord starben.

Der schwerverletzte Luttrell schaffte es, am Leben zu bleiben – er fiel den Berghang hinunter und schleppte sich sieben Meilen weit in ein Paschtunen-Dorf, dessen Bewohner ihn vor den Taliban versteckten, bis er gerettet wurde.

Im Rückblick verurteilte Luttrell seine Entscheidung, die Ziegenhirten laufen zu lassen. »Es war die dümmste, hirnverbrannteste, schwachsinnigste Entscheidung, die ich in meinem Leben getroffen habe«, schrieb er in einem Buch über das Erlebnis. »Ich muss vollkommen von Sinnen gewesen sein. Ich hatte eine Stimme abgegeben, die unser

Todesurteil besiegeln konnte, das war mir klar (...). So sehe ich das zumindest im Rückblick (...). Meine Stimme gab den Ausschlag, und das wird mich verfolgen, bis man mich im Osten von Texas begräbt.«[40]

Das Dilemma der Soldaten war unter anderem deshalb so schwierig zu lösen, weil sie nicht wissen konnten, was geschehen würde, wenn sie die Afghanen laufen ließen. Würden sie einfach weiterziehen oder die Taliban warnen? Aber nehmen wir an, Luttrell hätte gewusst, dass die Freilassung der Ziegenhirten einen verheerenden Kampf nach sich ziehen würde, bei dem seine Kameraden und 16 weitere Amerikaner ihr Leben verlieren sollten – hätte er sich dann anders entschieden?

Für Luttrell ist die Antwort im Nachhinein klar: Er hätte die Ziegenhirten töten sollen. Angesichts der darauf folgenden Katastrophe ist es schwer, dem zu widersprechen. In gewisser Weise ähnelt Luttrells Entscheidung dem Fall mit der Rangierlok. Hätte er die drei Afghanen getötet, hätte er das Leben seiner drei Kameraden und das der 16 Soldaten im Hubschrauber gerettet. Aber welcher Version der Lokgeschichte ähnelt sie? Entspräche die Tötung der drei Afghanen eher dem Umlenken der Lok auf ein Nebengleis oder dem Stoß, der den Mann auf der Brücke in die Tiefe stürzt? Die Tatsache, dass Luttrell die Gefahr vorhersah und es trotzdem nicht über sich bringen konnte, unbewaffnete Zivilisten zu töten, spricht dafür, dass sie eher dem Fall des Brückensturzes ähnelt.

Dennoch scheint die Argumentation dafür, die Ziegenhirten zu töten, stärker zu sein als die Argumentation dafür, den Mann von der Brücke zu stürzen. Das liegt möglicherweise daran, dass wir angesichts des Resultats den Verdacht hegen, es könnte sich nicht um unschuldige Zivilisten, sondern um Sympathisanten der Taliban gehandelt haben. Sehen wir uns eine Analogie an: Hätten wir Grund zu der Annahme, der Mann auf der Brücke sei für das Bremsversagen der Lok verantwortlich, weil er gehofft hatte, dadurch die Männer auf dem Gleis zu töten (gehen wir davon aus, es seien seine Feinde gewesen), fiele es uns moralisch wesentlich leichter, ihn von der Brücke zu stoßen. Wir müssten allerdings immer noch wissen, wer seine Feinde waren und warum er sie töten wollte. Würden wir erfahren, dass die Arbeiter auf den Schienen zur französischen Widerstandsbewegung gehörten und der dicke Mann auf der Brücke ein Nazi sei, gäbe es moralisch überzeugende Gründe, ihn von der Brücke zu stürzen, um sie zu retten.

Selbstverständlich besteht die Möglichkeit, dass die afghanischen Ziegenhirten keine Taliban-Sympathisanten waren, sondern von den Taliban nur gezwungen worden waren, die amerikanischen Soldaten zu verraten. Nehmen wir an, Luttrell und seine Kameraden hätten sicher gewusst, dass die Ziegenhirten nichts Böses im Schilde führten, aber von den Taliban gefoltert würden, damit sie ihre Stellung verrieten. Die Amerikaner hätten die Ziegenhirten dann trotzdem töten können, um ihren Auftrag und sich selbst nicht zu gefährden. Doch die Entscheidung, das zu tun, wäre weit belastender (und moralisch fragwürdiger) gewesen, als wenn sie gewusst hätten, dass die Ziegenhirten Spione der Taliban waren.

Moralische Zwickmühlen

Nur wenige von uns sehen sich vor so schicksalhafte Entscheidungen gestellt wie die Soldaten auf dem Berg oder der Zeuge einer Lok mit versagenden Bremsen. Doch die Beschaftigung mit solchen Dilemmata sensibilisiert uns dafür, wie moralisch argumentiert wird – ob in unserem Privatleben oder in der Öffentlichkeit.

In demokratischen Gesellschaften wird täglich darüber gestritten, was richtig und was falsch, was gerecht und was ungerecht ist. Manche Menschen sind für das Recht auf Abtreibung, andere betrachten Abtreibung als Mord. Manche glauben, es sei eine Frage der Fairness, die Reichen zu besteuern, damit den Armen geholfen werden könne, während andere glauben, es sei unfair, durch Steuern Geld abzugreifen, das die Leute durch eigene Anstrengung verdient haben. Manche verteidigen Sozialquoten beim Hochschulzugang als Weg, Fehler aus der Vergangenheit zu korrigieren, während andere darin eine unfaire Form umgekehrter Diskriminierung gegen Menschen sehen, die es aufgrund ihrer Leistung verdient haben, zum Studium zugelassen zu werden. Manche Leute verwerfen die Folter von Terrorverdächtigen als moralische Abscheulichkeit, die einer freien Gesellschaft unwürdig sei, andere verteidigen sie als letztes Mittel, einen Terroranschlag zu vereiteln.

Mit solchen Debatten werden Wahlen gewonnen und verloren. Sie sind das Thema unserer sogenannten Kulturkämpfe. Angesichts der Leidenschaft und Intensität, mit denen wir moralische Fragen im öffentlichen Leben diskutieren, könnten wir versucht sein zu glauben, dass unsere moralischen Überzeugungen durch Erziehung oder Glauben ein für alle Mal festgelegt seien – außerhalb der Reichweite der Vernunft.

Doch wenn das zuträfe, dann wäre moralische Überzeugungsarbeit undenkbar, und was wir für öffentliche Debatten über Gerechtigkeit und Rechte halten, wäre nichts weiter als eine Flut dogmatischer Behauptungen – ein ideologisch motivierter Grabenkampf, in dem man sich mit Argumenten wie mit Tomaten oder faulen Eiern bewirft.

In ihren schlimmsten Ausprägungen kommt die amerikanische Politik diesem Bild recht nahe. Doch das muss nicht zwangsläufig so sein. Manchmal kann eine vernünftige Auseinandersetzung unser Denken verändern.

Wie also können wir mit unserer Vernunft so erfolgreich durch das umstrittene Terrain navigieren, in dem es um Fragen der Gerechtigkeit und Ungerechtigkeit, Gleichheit und Ungleichheit, die Rechte des Einzelnen und das Allgemeinwohl geht? Das ist das Thema dieses Buches.

Ein Weg, unsere moralische Reflexion zu schulen, besteht in der Konfrontation mit schwierigen moralischen Problemen. Wir fragen uns, wie wir uns in einer besonders kniffligen Situation verhalten würden, und entscheiden: »Wir lenken die Lok auf ein Nebengleis.« Dann denken wir über den Grund unserer Überzeugung nach und suchen nach dem Prinzip, auf dem sie beruht: »Es ist richtig, ein Leben zu opfern, um den Tod vieler Menschen zu verhindern.« Wenn wir uns dann jedoch eine Situation vorstellen, die diesen Grundsatz zweifelhaft werden lässt, reagieren wir irritiert: »Ich dachte, es sei immer richtig, möglichst viele Leben zu retten, und doch scheint es falsch zu sein, den Mann von der Brücke zu stoßen (oder die unbewaffneten Ziegenhirten zu töten).« Aus dieser Irritation erwächst der Impuls der Philosophie.

Es ist die Spannung zwischen intuitiven Urteilen und unseren Grundsätzen, die uns zwingt, Letztere immer wieder in Frage zu stellen oder unsere Urteile zu überdenken. Moralische Reflexion bedeutet, zwischen unseren Urteilen und unseren Prinzipien hin- und herzuwechseln und sie jeweils im Licht des anderen zu revidieren. Sie ist die Pendelbewegung von der Welt des Handelns zum Reich der Gründe und zurück.

Die Methode, eine moralische Argumentation in der dialektischen Bewegung zwischen unseren Urteilen zu konkreten Situationen und unseren Prinzipien zu entwickeln, hat eine lange Tradition. Sie geht zurück auf die Dialoge des Sokrates und die Moralphilosophie des Aristoteles. Doch ungeachtet ihres hohen Alters steht die Methode vor folgender Herausforderung:

Wenn moralische Reflexion darin besteht, eine Übereinstimmung zwischen unseren Urteilen und den von uns behaupteten Grundsätzen zu suchen – wie kann eine solche Überlegung uns zur Gerechtigkeit oder zur moralischen Wahrheit führen? Selbst wenn es uns im Laufe eines Lebens gelingt, unsere moralischen Intuitionen und unsere Prinzipien in Einklang zu bringen – warum sollte das Ergebnis mehr sein als ein in sich stimmiges Geflecht von Vorurteilen?

Die Antwort lautet, dass moralische Reflexion keine einsame Beschäftigung ist, sondern Gegenstand öffentlicher Anstrengung. Sie erfordert einen Gesprächspartner – einen Freund, Nachbarn, Kameraden oder Mitbürger. Manchmal kann der Gesprächspartner nur in der eigenen Vorstellung existieren, etwa wenn wir mit uns selbst diskutieren. Doch die Bedeutung von Gerechtigkeit oder die beste Art zu leben können wir niemals allein durch Introspektion entdecken.

In Platons *Politeia* vergleicht Sokrates im Höhlengleichnis die Bürger eines Staats mit einer Gruppe von Gefangenen, die in einer Höhle eingeschlossen sind. Alles, was sie sehen können, ist das Spiel der Schatten an der Wand, den Widerschein von Objekten, die sie niemals unmittelbar wahrnehmen werden. In dieser Geschichte ist allein der Philosoph imstande, aus der Höhle ins helle Tageslicht zu steigen, wo er die Dinge so sieht, wie sie wirklich sind. Sokrates behauptet, nur der Philosoph, der die Sonne erblickt habe, sei geeignet, die Höhlenbewohner zu regieren – wenn man ihn irgendwie durch eine List dazu bringen könne, wieder in die Dunkelheit zurückzukehren, in der sie hausen.

Platons Gleichnis läuft darauf hinaus, dass wir uns, um die Bedeutung von Gerechtigkeit und die Natur des guten Lebens begreifen zu können, über die Vorurteile und gewohnten Abläufe des Alltags erheben müssen. Damit hat er, wie ich meine, recht – wenn auch nur teilweise. Auch die Wahrnehmung der Höhlenbewohner hat ihre Berechtigung. Wenn moralische Reflexion nämlich dialektisch abläuft – wenn sie wechselt zwischen den Urteilen, die wir in konkreten Situationen treffen, und den Grundsätzen, die diesen Urteilen zugrunde liegen –, so müssen wir uns auch mit Meinungen auseinandersetzen, die uns möglicherweise voreingenommen oder dumm erscheinen. Eine Philosophie, die sich von den Schatten an der Wand nicht berühren lässt, kann nur ein steriles Utopia liefern.

Wenn moralische Reflexion politisch wird und fragt, welche Gesetze unser kollektives Leben lenken sollten, muss sie sich ein Stück weit auf das Marktgeschrei einlassen – auf die Streitfragen und Skandale, die die Öffentlichkeit in Atem halten. Debatten über Bankenrettung und Preiswucher, ungleiche Einkommen und Quotenregelungen, Militärdienst und gleichgeschlechtliche Ehen sind der Stoff der politischen Philosophie. Sie veranlassen uns, unsere moralischen und politischen Überzeugungen zu artikulieren und zu rechtfertigen – nicht nur unter Familienmitgliedern und Freunden, sondern auch in der öffentlichen Arena unter den kritischen Blicken unserer Mitbürger.

Natürlich kommen in diesem Buch auch die politischen Philosophen der Antike wie der Neuzeit zu Wort, die auf manchmal radikalen und überraschenden Wegen jene Ideen durchdacht haben, um die in unserer Zivilgesellschaft gestritten wird – Gerechtigkeit und Rechte, Verpflichtung und Übereinkunft, Ehre und Tugend, Moral und Gesetz. Aristoteles, Immanuel Kant, John Stuart Mill und John Rawls – sie alle spielen auf den folgenden Seiten eine Rolle. Doch die Reihenfolge ihres Auftretens ist nicht chronologisch geordnet. Dieses Buch ist keine Ideengeschichte, sondern eine Reise durch die Gefilde der Moral und der politischen Reflexion. Mir kam es nicht darauf an, zu zeigen, wer in der Geschichte des politischen Denkens wen beeinflusst hat, sondern ich möchte die Leser dazu einladen, die eigenen Ansichten über Gerechtigkeit einer kritischen Untersuchung zu unterziehen – um herauszufinden, was sie denken und warum.

2

Das Prinzip des größten Glücks

UTILITARISMUS

Im Sommer 1884 überlebten vier englische Seeleute einen Schiffbruch im Südatlantik. Auf einem kleinen Rettungsboot trieben sie mehr als tausend Meilen vom Land entfernt durchs Meer. Ihr Schiff, die *Mignonette*, war im Sturm gesunken, und es waren ihnen nur zwei Konservendosen mit Rüben geblieben; Süßwasser hatten sie keines. Thomas Dudley war der Kapitän, Edwin Stephens der Erste Maat und Edmund Brooks ein einfacher Seemann – »alles Männer von hervorragendem Charakter«, wie Zeitungsberichten zu entnehmen war.[1]

Das vierte Mitglied der Mannschaft war der Schiffsjunge Richard Parker, 17 Jahre alt. Der Waise absolvierte seine erste lange Seereise. Er hatte sich gegen den Rat seiner Freunde dazu verpflichtet, »voll der Hoffnungen und der jugendlichen Ambitionen«, weil er meinte, die Reise werde einen Mann aus ihm machen. Leider sollte es anders kommen.

Von ihrem Rettungsboot aus beobachteten die vier Schiffbrüchigen den Horizont in der Hoffnung, ein Schiff werde vorbeikommen und sie retten. In den ersten drei Tagen verzehrten sie kleine Rationen der Rüben. Am vierten Tag fingen sie eine Schildkröte. Die nächsten Tage überstanden sie mit der Schildkröte und den verbliebenen Rüben. Und dann aßen sie acht Tage lang gar nichts.

Mittlerweile lag der Schiffsjunge Parker in einer Ecke des Rettungsboots. Gegen den Rat der anderen hatte er Meerwasser getrunken und war krank geworden. Er schien im Sterben zu liegen. Am 19. Tag ihrer Tortur schlug Dudley, der Kapitän, vor, Lose zu ziehen, um zu bestimmen, wer von ihnen sterben sollte, damit die anderen überleben konnten. Doch Brooks weigerte sich, und so verzichtete man darauf.

Der nächste Tag kam, und noch immer war kein Schiff in Sicht. Dudley wies Brooks an wegzuschauen und gab Stephens ein Zeichen, dass Parker getötet werden solle. Dudley sprach ein Gebet, sagte dem Jungen, seine Zeit sei gekommen, und tötete ihn dann, indem er ihm mit einem Federmesser die Halsschlagader durchtrennte. Brooks gab seine vom Gewissen diktierte Weigerung auf, um seinen Anteil an der grausigen Gabe in Anspruch zu nehmen.

Vier Tage lang ernährten die Männer sich von der Leiche und dem Blut des Schiffsjungen. Dann kam Hilfe. In seinem Tagebuch schildert Dudley ihre Rettung mit einer umwerfenden Schönfärberei: »Am 24. Tag, als wir unser Frühstück einnahmen«, sei zuletzt doch noch ein Schiff erschienen. Die drei Überlebenden wurden an Bord genommen. Zurück in England wurden sie verhaftet und angeklagt. Brooks gab den Kronzeugen, Dudley und Stephens kamen als Angeklagte vor Gericht. Sie gaben offen zu, Parker getötet und verzehrt zu haben, und behaupteten, es aus purer Notwendigkeit getan zu haben.

Nehmen wir an, wir wären in diesem Fall der Richter. Wie würden wir urteilen? Der Einfachheit halber wollen wir die Frage der gesetzlichen Vorschriften beiseitelassen und davon ausgehen, dass wir zu entscheiden hätten, ob es moralisch zulässig war, Parker zu töten.

Das stärkste Argument zur Verteidigung läuft darauf hinaus, dass die Lage so verzweifelt war, dass der Tod eines

Menschen notwendig wurde, um drei weiteren das Leben zu retten. Hätte man nicht einen Menschen getötet und verzehrt, wären wahrscheinlich alle vier gestorben. Parker, geschwächt und krank, war der logische Kandidat, da er ohnehin bald gestorben wäre. Und anders als Dudley und Stephens hatte er keine Angehörigen. Sein Tod nahm niemandem den Ernährer und hinterließ weder eine trauernde Ehefrau noch Kinder.

Gegen dieses Argument lassen sich jedoch wenigstens zwei Einwände erheben: Erstens ist zu fragen, ob der Nutzen, der sich aus der Tötung des Schiffsjungen ergab, insgesamt gesehen die Kosten wirklich aufwog. Selbst wenn wir die Zahl der geretteten Leben und das Glück der Überlebenden sowie das ihrer Familien einrechnen, könnte es für eine Gesellschaft insgesamt schlimme Folgen haben, wenn man eine solche Tötung für zulässig hielte – etwa deswegen, weil sie die prinzipielle Ächtung von Mord und Totschlag in Frage stellen würde, weil die Neigung der Menschen zunähme, das Recht selbst in die Hand zu nehmen, oder weil es für Kapitäne schwieriger würde, Schiffsjungen anzuheuern.

Aber selbst wenn, zweitens, der Nutzen alles in allem betrachtet schwerer wiegt als die Kosten: Befällt uns nicht das nagende Gefühl, es sei aus Gründen, die jenseits einer Berechnung sozialer Kosten und Vorteile liegen, einfach falsch, einen wehrlosen Schiffsjungen zu töten und zu verzehren? Ist es nicht falsch, einen Menschen auf diese Weise zu benutzen – seine Verwundbarkeit auszubeuten und ihm ohne seine Zustimmung das Leben zu nehmen, selbst wenn man damit anderen nützt?

Für alle, denen das Handeln von Dudley und Stephens abscheulich vorkommt, dürfte der erste Einwand etwas lau daherkommen. Er übernimmt die utilitaristische Annahme, Moral bestehe darin, Kosten und Nutzen abzuwägen, und möchte einfach die gesellschaftlichen Folgen umfassender gewürdigt sehen.

Wenn die Tötung des Schiffsjungen moralische Entrüstung rechtfertigt, dann trifft der zweite Einwand den Sachverhalt besser. Er verwirft die Vorstellung, richtiges Handeln lasse sich einfach dadurch bestimmen, dass man Kosten und Nutzen gegeneinander abwäge. Er legt nahe, dass Moral mehr bedeutet – dass sie etwas mit der Art und Weise zu tun hat, wie Menschen einander behandeln sollten.

Diese beiden Möglichkeiten, über den Fall im Rettungsboot nachzudenken, illustrieren zwei konkurrierende Annäherungen an das Problem der Gerechtigkeit. Dem ersten Ansatz zufolge hängt die Moral einer Handlung allein von den Folgen ab, die sie nach sich zieht; richtig handeln wir demnach, wenn daraus nach Abwägung aller Umstände etwas Gutes herauskommt. Dem zweiten Ansatz zufolge dürfen wir uns moralisch gesehen nicht ausschließlich um die Konsequenzen einer Handlung sorgen, weil unser Sozialleben durch bestimmte unbedingt zu respektierende Pflichten und Rechte gekennzeichnet sein sollte.

Wollen wir den Rettungsboot-Fall – wie auch viele nicht so extreme moralische Zwickmühlen, denen wir tagtäglich begegnen – lösen, müssen wir einige große Fragen der Moralphilosophie und der politischen Philosophie erörtern: Hängt Moral davon ab, dass wir Kosten und Nutzen gegeneinander abwägen (oder Leben gegeneinander aufrechnen)? Oder sind bestimmte moralische Pflichten und Menschenrechte so grundlegend, dass sie über solchen Abwägungen stehen? Und falls es solche Rechte gibt, mögen sie nun natürlich, heilig, unveräußerlich oder kategorisch heißen: Wie können wir sie finden? Und warum sind sie so fundamental?

Jeremy Benthams Utilitarismus

Jeremy Bentham (1748–1832) ließ keinen Zweifel daran, wo er in dieser Frage stand. Er überschüttete die Vorstellung der Naturrechte mit Hohn und bezeichnete sie als »Unsinn auf Stelzen«. Die von ihm eingeführte Philosophie hat bis heute großen Einfluss auf das Denken von politischen Entscheidungsträgern, Ökonomen und gewöhnlichen Bürgern.

Bentham, ein englischer Moralphilosoph und Rechtsreformer, begründete die Lehre des Utilitarismus. Sein zentraler Gedanke ist einfach formuliert und intuitiv überzeugend: Oberstes Prinzip der Moral ist es, das Glück zu maximieren – insgesamt soll die Lust die Unlust überwiegen. Bentham zufolge ist jedes Handeln richtig, das den größten Nutzen hervorbringt. Mit »Nutzen« meint er alles, was Lust oder Glück hervorruft, und alles, was Unlust oder Leid verhindert.

Zu seinem Grundsatz gelangt Bentham durch folgenden Gedankengang: Wir sind alle durch die Empfindung von Schmerz und Lust beherrscht. Sie sind unsere »obersten Herren«, regieren uns in allem, was wir tun, und bestimmen auch, was wir tun sollten. Die Norm für falsch und richtig ist »an ihrem Thron festgemacht«.[2]

Wir alle mögen Vergnügen und meiden Schmerz. Die utilitaristische Philosophie erkennt diese Tatsache an und macht sie zur Grundlage der Moral und des politischen Lebens. Die Maximierung des Nutzens ist ein Prinzip, das nicht nur fur Einzelne gilt, sondern auch für Gesetzgeber. Wenn eine Regierung entscheidet, welche Gesetze oder politischen Maßnahmen sie erlässt, soll sie alles tun, was das Glück der Gemeinschaft maximiert. Und was ist eine Gemeinschaft? Laut Bentham ist sie ein »fiktiver Körper«, bestehend aus der Summe der Einzelnen, die ihn ausmachen.

Bürger und Gesetzgeber sollten sich also stets folgende Frage stellen: Wenn wir alle Vorteile dieser Politik addieren und alle Kosten abziehen, wird damit mehr Glück hervorgebracht als durch die Alternative?

Bentham nahm an, dass es keinerlei gerechtfertigte Gründe gäbe, vom Grundsatz der Nutzenmaximierung abzuweichen. Jedes moralische Argument, behauptete er kühn, beziehe sich implizit auf die Vorstellung der Glücksmaximierung. Die Leute sagten vielleicht, sie glaubten an gewisse absolute, kategorische Pflichten oder Rechte. Doch sie hätten keinerlei Basis zur Rechtfertigung dieser Pflichten oder Rechte, solange sie nicht davon ausgingen, dass deren Beachtung das Glück der Menschen mehrt – zumindest auf lange Sicht.

»Wenn jemand versucht, das Prinzip des Nutzens zu bekämpfen«, schreibt Bentham, »so tut er das mit Gründen, die er, ohne sich dessen bewusst zu sein, genau aus diesem Prinzip herleitet.« Richtig verstanden, beruhten alle moralischen Streitigkeiten auf der Uneinigkeit darüber, wie das utilitaristische Prinzip der Maximierung von Lust und der Minimierung von Unlust anzuwenden sei. Das Prinzip selbst werde eigentlich nie problematisiert. »Kann ein Mensch die Erde bewegen?«, fragt Bentham. »Ja, aber er muss erst eine weitere Erde finden, auf der er stehen kann.« Und laut Bentham ist die einzige Erde, die einzige Voraussetzung für moralische Auseinandersetzungen, das Prinzip des Nutzens.[3]

Bentham glaubte, sein Nutzenprinzip begründe eine Wissenschaft der Moral, die ihrerseits als Grundlage politischer Reformen dienen könne. So schlug er eine Reihe von Projekten vor, mit denen die Strafjustiz effizienter und humaner gestaltet werden sollte. Eine davon war das Panoptikum, ein Gefängnis mit einem zentralen Überwachungsturm, der es dem Aufseher ermöglichen sollte, die

Insassen zu beobachten, ohne dass sie ihn sahen. Er brachte vor, das Panoptikum könne von einem privaten Unternehmer (idealerweise von ihm selbst) betrieben werden. Er würde das Gefängnis im Tausch gegen die Profite leiten, die er aus der Arbeit der Gefangenen ziehen wollte – sie sollten 16 Stunden täglich arbeiten. Benthams Plan wurde am Ende verworfen – vermutlich, weil er seiner Zeit weit voraus war. In den letzten Jahren ist die Idee, Gefängnisse von Privatfirmen betreiben zu lassen, in den USA und in England wieder aufgelebt.

Bettler zusammentreiben

Ein weiterer Plan Benthams sah vor, die »Armenverwaltung« dadurch zu verbessern, dass man für die Armen Arbeitshäuser einrichtete, die sich selbst finanzieren sollten. Der Plan, mit dem die Präsenz von Bettlern in den Straßen verringert werden sollte, bietet eine lebendige Illustration der utilitaristischen Logik. Zunächst merkte Bentham an, die Begegnung mit Bettlern auf der Straße mindere das Glück der Passanten in zweifacher Hinsicht: Bei zartbesaiteten Seelen erzeuge der Anblick des Bettlers die Unlust des Mitleids; bei hartherzigen Leuten sorge er für die Unlust der Abscheu. In beiden Fällen vermindere die Begegnung mit Bettlern das Gemeinwohl. Deshalb schlug Bentham vor, Bettler von der Straße zu holen und sie in Arbeitshäuser zu stecken.[4]

Man könnte meinen, dass sich Bentham über die Interessen der Bettler einfach hinwegsetzt. Aber das wäre nicht ganz richtig. Er gibt zwar zu, dass einige Bettler beim Betteln glücklicher wären als bei der Arbeit im Armenhaus. Doch er stellt fest, dass auf jeden glücklichen Bettler viele kommen, die im Elend lebten. Er schließt daraus, dass die Summe der von der Allgemeinheit erlittenen Unlust größer sei als die Unlust, die Bettler verspüren mögen, wenn man sie ins Arbeitshaus verschleppte.[5]

Auch die Bedenken, die Steuerzahler würden mit einer Abgabe belastet, wenn man Arbeitshäuser errichtete und betriebe, wusste Bentham zu zerstreuen. Er schlug eine Methode vor, mit der sich seine Armenverwaltung vollständig selbst finanzieren könnte: Jeder Bürger, der auf einen Bettler traf, sollte ermächtigt werden, ihn zu ergreifen und ins nächstgelegene Arbeitshaus zu bringen. Sobald ein Bettler dort eingeschlossen war, hatte er die Kosten für seinen Unterhalt abzuarbeiten. Auf einem »Konto zur Selbstbefreiung« sollten die Kosten für Nahrung, Kleidung, Bettzeug, medizinische Versorgung erfasst werden, dazu eine Lebensversicherungspolice, falls der Bettler starb, ehe seine Schulden getilgt waren. Als Anreiz für die Bürger, die Mühe auf sich zu nehmen und Bettler aufzugreifen und im Arbeitshaus abzuliefern, regte Bentham eine Belohnung von 20 Shilling pro Aufgriff an – Kosten, die selbstverständlich der Bettler zu tragen hatte.[6]

Auch auf die Zuweisung der Zimmer in dieser Einrichtung wandte Bentham die utilitaristische Logik an. Es ging ihm darum, das Unbehagen zu verringern, das Insassen angesichts ihrer Nachbarn erlitten: »Neben jeder Klasse, von der eine bestimmte Unannehmlichkeit zu erwarten ist, solle eine Klasse von Menschen untergebracht werden, die dafür weniger anfällig ist.« Beispielsweise sollte man »neben tobenden Verrückten oder Personen mit ausschweifender Konversation die Taubstummen einquartieren (...). Neben Prostituierte und lose Weiber bringe man betagte Frauen unter.« Und was »die schockierend Entstellten« anging, schlug Bentham vor, sie neben den blinden Insassen wohnen zu lassen.[7]

Benthams Vorschlag mag einem hart vorkommen, doch es ging ihm nicht um Strafe, sondern lediglich darum, ein

Problem zum Nutzen der Gesellschaft und zum Wohle aller zu lösen. Sein Plan für die Verwaltung der Armen wurde nie umgesetzt. Doch der utilitaristische Geist, der dahintersteckte, ist heute noch wohlauf und lebendig. Ehe wir uns einige aktuelle Beispiele für utilitaristisches Denken ansehen, lohnt sich die Frage, ob es gegen Benthams Philosophie etwas einzuwenden gibt und falls ja, aus welchen Gründen.

Einwand 1: Die Rechte des Einzelnen

Viele halten es für die eklatanteste Schwäche des Utilitarismus, dass er die Rechte des Einzelnen nicht achtet. Weil er sich nur um die Summe des Glücks kümmert, kann er rücksichtslos über einzelne Menschen hinweggehen. Natürlich, jeder zählt – aber nur in dem Sinn, dass die Vorlieben jedes Einzelnen gemeinsam mit denen aller anderen zu bilanzieren sind. Das aber heißt, dass die konsequent angewandte utilitaristische Logik eine Behandlung von Individuen billigt, die gegen grundlegende Normen des Anstands und der Achtung verstößt. Folgender Fall mag das illustrieren.

Christen den Löwen vorwerfen

Zur Belustigung der Massen warf man im Kolosseum des antiken Rom den Löwen Christen zum Fraß vor. Stellen wir uns vor, wie die utilitaristische Algebra ablaufen würde: Ja, der Christ erleidet entsetzliche Schmerzen, wenn die Löwen ihn zerfleischen und fressen. Aber denken wir doch an die kollektive Ekstase der jubelnden Zuschauer, die eng gedrängt im Kolosseum sitzen. Wenn genügend Römer aus dem gewalttätigen Schauspiel genügend Vergnügen ziehen, gibt es dann irgendeinen Grund, aus dem ein Utilitarist dies verurteilen könnte?

Der Utilitarist mag besorgt sein, dass solche Spiele die Sitten verrohen und in den Straßen Roms mehr Gewalt entstehen lassen könnten; oder sie erzeugen Furcht unter möglichen Opfern, dass auch sie eines Tages den Löwen vorgeworfen werden könnten. Sind diese Auswirkungen hinreichend schlimm, ist durchaus denkbar, dass sie das durch die Spiele hervorgerufene Vergnügen überwiegen und dem Utilitaristen einen Grund geben, sie zu verbieten. Aber wenn diese Berechnungen der alleinige Grund dafür sind, dass man davon Abstand nimmt, Christen um der Unterhaltung willen einem gewaltsamen Tod zuzuführen, frage ich mich, ob da nicht etwas moralisch Bedeutsames übersehen wird.

Ist Folter je gerechtfertigt?

Eine ähnliche Frage ergibt sich in zeitgenössischen Debatten darüber, ob Folter bei der Befragung von Terrorismusverdächtigen je gerechtfertigt sei. Nehmen wir das Szenario mit der tickenden Zeitbombe: Stellen Sie sich vor, Sie seien der Leiter der örtlichen CIA-Zweigstelle. Sie nehmen einen Terrorverdächtigen fest, von dem Sie glauben, er verfüge über Informationen zu einer nuklearen Vorrichtung, die noch am selben Tag in Manhattan hochgehen soll. Tatsächlich haben Sie Grund zu der Annahme, er habe die Bombe selbst gelegt. Während Ihnen die Zeit davonläuft, weigert er sich, zuzugeben, dass er ein Terrorist ist, oder zu verraten, wo die Bombe ist. Wäre es richtig, ihn so lange zu foltern, bis er preisgibt, wo die Bombe sich befindet und wie man sie entschärfen kann?

Die Gleichung ist einfach: Folter fügt dem Subjekt Schmerzen zu, was sein Glück oder seinen Nutzen erheblich mindert. Wenn jedoch die Bombe explodiert, werden Tausende Unschuldiger ihr Leben verlieren. Aus utilitaristischer Perspektive ist es moralisch zweifellos zu rechtfertigen, einem Einzelnen intensive Schmerzen zuzufügen, wenn damit in sehr großem Maßstab Tote und Leid zu verhindern sind. Die Ansicht des ehemaligen US-Vizepräsidenten Richard Cheney, die Anwendung harter Verhörmethoden gegen potentielle Al-Kaida-Terroristen sei gerechtfertigt, weil sie dazu beitragen könnte, einen weiteren Terrorangriff auf die USA zu verhindern, beruht auf dieser utilitaristischen Logik.

Das soll nicht heißen, dass alle Utilitaristen Folter befürworten. Manche sind aus praktischen Gründen dagegen. Sie meinen, Folter funktioniere nur selten, da unter Zwang gewonnene Informationen oft unzuverlässig seien. Es werde also Schmerz zugefügt, doch die Gesellschaft dadurch nicht sicherer. Sie halten sie daher für nutzlos. Oder sie sind besorgt, dass unsere Soldaten im Falle einer Gefangennahme brutaler behandelt würden, wenn unser Land Folter anwendete. Der unerwünschte Nebeneffekt könnte den allgemeinen Nutzen, der sich aus unserer Anwendung der Folter ergäbe, insgesamt gesehen verringern.

Diese praktischen Erwägungen mögen zutreffen oder auch nicht. Als Begründung, sich gegen Folter zu wenden, sind sie jedoch uneingeschränkt mit dem utilitaristischen Denken vereinbar. Sie erklären nicht, dass es an sich von Übel sei, einen Menschen zu foltern, sondern nur, dass die Anwendung von Folter schlimme Folgen haben könnte, die insgesamt gesehen mehr Schaden als Nutzen nach sich zögen.

Manche Menschen verwerfen Folter grundsätzlich. Sie glauben, sie verstoße gegen die Menschenrechte und missachte die Würde des Menschen. Ihre Argumentation gegen die Folter hängt nicht von utilitaristischen Erwägungen ab.

Sie meinen, Menschenrechte und menschliche Würde besäßen eine moralische Grundlage, die jenseits aller Nutzenerwägungen liege. Wenn sie recht haben, ist Benthams Philosophie falsch.

Oberflächlich gesehen scheint das Szenario mit der tickenden Bombe Benthams Position in dieser Debatte zu stützen. Die Anzahl der Opfer scheint einen moralischen Unterschied auszumachen.

Den möglichen Tod von drei Menschen in einem Rettungsboot hinzunehmen, um nicht kaltblütig einen unschuldigen Schiffsjungen töten zu müssen, ist eine Sache. Doch was ist, wenn Tausende Menschenleben auf dem Spiel stehen? Was, wenn Hunderttausende Menschenleben in Gefahr wären? Der Utilitarist würde vorbringen, von einem bestimmten Punkt an könnte selbst der glühendste Verfechter der Menschenrechte nur schwer darauf bestehen, dass es moralisch besser sei, eine sehr große Zahl Unschuldiger sterben zu lassen, als einen einzelnen Terrorverdächtigen zu foltern.

Als Prüfstein für die utilitaristische Moralargumentation führt der Fall der tickenden Zeitbombe jedoch in die Irre. Mit ihm soll bewiesen werden, dass die Anzahl der betroffenen Menschen eine Rolle spielt, so dass wir, wenn ausreichend viele Menschenleben gefährdet sind, bereit sein sollten, unsere Skrupel in Bezug auf Würde und Rechte zu unterdrücken. Und wenn das wahr ist, geht es bei der Moral letztendlich doch um die Berechnung von Kosten und Nutzen.

Aber das Folterszenario zeigt nicht, dass die Aussicht, viele Leben zu retten, es rechtfertigt, einem Unschuldigen schweres Leid zuzufügen. Wir müssen bedenken, dass die Person, die wegen der Rettung all dieser Leben gefoltert wird, des Terrorismus verdächtigt wird – oder sogar die Bombe selbst gelegt hat. Die moralische Kraft der Argumente, den Verdächtigen zu foltern, hängt stark von der Annahme ab, dass er in irgendeiner Weise für die Gefahr verantwortlich sei, die wir nun abzuwehren suchen. Falls er nicht für diese Bombe verantwortlich ist, nehmen wir an, er habe andere schreckliche Taten begangen, für die er es verdient habe, brutal behandelt zu werden. Die im Fall der tickenden Zeitbombe wirksame moralische Intuition speist sich nicht ausschließlich aus einer Kosten-Nutzen-Rechnung, sondern auch aus der keineswegs utilitaristischen Vorstellung, dass Terroristen böse Menschen sind, die es verdienen, bestraft zu werden.

Das wird dann deutlich, wenn wir das Szenario in der Weise verändern, dass nun ein Schuldloser gefoltert wird. Nehmen wir an, der Verdächtige sei allein dadurch zum Reden zu bringen, dass seine kleine Tochter (die von den schändlichen Aktivitäten ihres Vaters gar nichts weiß) gefoltert wird. Wäre das moralisch zulässig? Ich habe den Verdacht, dass selbst ein hartgesottener Utilitarist bei dieser Vorstellung zurückzucken würde. Dabei stellt diese Version des Folterszenarios einen realistischeren Test des utilitaristischen Prinzips dar. Sie sieht von der Intuition ab, dass der Terrorist ohnehin Strafe verdient habe (ungeachtet der wertvollen Information, die wir zu gewinnen hoffen), und zwingt uns, die utilitaristische Kalkulation an sich zu bewerten.

Die Stadt des Glücks

Die zweite Version des Folterfalls – die mit der unschuldigen Tochter – erinnert mich an eine Kurzgeschichte von Ursula K. Le Guin. Die Geschichte *The Ones Who Walked Away from Omelas* (deutsch: *Die Omelas den Rücken kehren*) handelt von einer Stadt namens Omelas – einer Stadt des Glücks und der bürgerlichen Freuden, einem Ort ohne Könige oder Sklaven, ohne Werbung oder Börsen, ohne Atombombe. Für den Fall, dass uns dieser Ort in all seiner Perfektion zu unrealistisch vorkommt, teilt uns die Autorin noch etwas darüber mit: »In einem Untergeschoss unter einem der schönen öffentlichen Gebäude von Omelas oder vielleicht im Keller eines der geräumigen Privathäuser der Stadt gibt es einen Raum. Er hat nur eine verschlossene Tür und kein Fenster.« Darin sitzt ein Kind. Das Kind ist schwachsinnig, unterernährt und vernachlässigt. Es verbringt seine Tage in erbärmlichem Elend.

> Sie wissen alle von seiner Existenz, alle Leute von Omelas (...). Sie wissen alle, dass es dort sein muss (...). Alle verstehen, dass ihr Glück, die Schönheit ihrer Stadt, die Zärtlichkeit ihrer gegenseitigen Beziehungen, die Gesundheit ihrer Kinder (...), der Überfluss ihrer Ernte und das freundliche Wetter ihres Himmels gänzlich von dem abscheulichen Elend des Kindes abhängen (...). Wenn man das Kind aus diesem hässlichen Loch ans Tageslicht bringen würde, wenn es gewaschen und gefüttert und gepflegt würde – so würde auf den Tag und die Stunde all der Wohlstand, die Schönheit und die Freude von Omelas verwelken und vergehen. So lauten die Bestimmungen.[8]

Sind diese Bedingungen moralisch annehmbar? Gemäß dem ersten Einwand gegen Benthams Utilitarismus – dass es nämlich unveräußerliche Menschenrechte gibt – sind sie das nicht – auch dann nicht, wenn sie zu einer Stadt des Glücks führen. Es wäre falsch, die Rechte eines unschuldigen Kindes zu verletzen, selbst um des Glücks der Mehrheit willen.

Einwand 2: Eine allgemeingültige Währung für Werte

Der Utilitarismus behauptet, eine Wissenschaft der Moral zu bieten, die darauf beruht, dass man Glück misst, summiert und berechnet. Er registriert die Wünsche und Vorlieben der Menschen, ohne sie zu beurteilen. Die Präferenzen aller zählen gleich viel. Dieses vorurteilslose Denken begründet einen großen Teil seiner Anziehungskraft. Und sein Versprechen, die moralische Entscheidung zur Wissenschaft zu machen, durchdringt viele zeitgenössische Argumentationen. Doch um Vorlieben summieren zu können, muss man sie auf ein und derselben Skala messen. Benthams Vorstellung vom Nutzen stellt eine solche gemeinsame Währung bereit.

Aber ist es überhaupt möglich, alle moralischen Güter in einer einzigen Währung zu erfassen, ohne dass bei der Übertragung etwas verlorengeht? Der zweite Einwand gegen den Utilitarismus bezweifelt, dass dies möglich ist. In diesem Zusammenhang sollten wir uns ansehen, wie die utilitaristische Logik in der Kosten-Nutzen-Analyse angewandt wird – einer Form der Entscheidungsfindung, die Regierungen und Unternehmen häufig einsetzen. Eine Kosten-Nutzen-Analyse versucht, die Entscheidungsfindung bei komplexen gesellschaftlichen Fragen zu rationalisieren; dazu überträgt sie alle Aufwendungen und Vorteile in monetäre Begriffe und vergleicht sie dann miteinander.

Der Nutzen von Lungenkrebs

Das Tabakunternehmen Philip Morris macht gute Geschäfte in der Republik Tschechien, wo das Rauchen nach wie vor sehr beliebt und gesellschaftlich akzeptiert ist. Aus Sorge über die steigenden Kosten für die durch Rauchen bedingten medizinischen Behandlungen erwog die tschechische Regierung kürzlich, die Tabaksteuern zu erhöhen. In der Hoffnung, die Steuererhöhung abwenden zu können, gab Philip Morris eine Kosten-Nutzen-Analyse in Auftrag, die feststellen sollte, wie das Rauchen sich auf den Staatshaushalt Tschechiens auswirkt. Die Studie fand heraus, dass die Regierung durch das Rauchen letztlich mehr Geld einnimmt, als sie verliert. Der Grund: Obwohl Raucher dem Haushalt höhere medizinische Kosten aufbürden, solange sie leben, spart die Regierung gleichzeitig beträchtliche Summen bei der Gesundheitsversorgung, den Renten und der Altenpflege ein, weil Raucher früher sterben. Der Studie zufolge ergibt sich, sobald man die »positiven Effekte« des Rauchens – einschließlich der Einkünfte durch Tabaksteuern und Einsparungen durch das frühere Ableben von Rauchern – angemessen berücksichtigt, für den Finanzminister ein Nettogewinn von 147 Millionen Dollar.[9]

Aus dieser Kosten-Nutzen-Analyse erwuchs Philip Morris ein katastrophaler Imageschaden. »Bisher leugneten Tabakfirmen üblicherweise, dass Zigaretten Menschen töten«, schrieb ein Kommentator. »Nun geben sie damit an.«[10] Die Anti-Raucher-Lobby veröffentlichte Zeitungsanzeigen, auf denen der Fuß eines Leichnams in einer Leichenhalle zu sehen war. An einem Zeh war ein Preisschild über 1227 Dollar befestigt – der Betrag, den die tschechische Regierung mit jedem durch Rauchen bedingten Todesfall angeblich einsparte. Angesichts der öffentlichen Entrüstung und Häme entschuldigte sich der Chef von Philip Morris und erklärte, die Studie zeige »eine umfassende und unannehmbare Missachtung grundlegender menschlicher Werte«.[11]

Man kann auch zu dem Schluss kommen, die Studie von Philip Morris über das Rauchen illustriere die moralische Verrücktheit der Kosten-Nutzen-Analyse und des utilitaristischen Denkens, das dahintersteht. Lungenkrebstote als einen Positivposten in einer Bilanz zu verbuchen zeigt eine kaltschnäuzige Missachtung des menschlichen Lebens. Jede moralisch vertretbare Politik gegenüber dem Rauchen müsste nicht nur die steuerlichen Folgen betrachten, sondern auch die Folgen für die Gesundheit und das Wohlbefinden der Menschen.

Ein Utilitarist würde nicht bestreiten, dass diese weiteren Folgen ebenfalls von Bedeutung sind: der Schmerz und das Leid, die trauernden Familien, der Verlust von Leben. Nach Bentham lässt sich schließlich das weitgespannte Spektrum der Dinge, die uns wichtig sind, mit einer einzigen Skala erfassen – einschließlich der Menschenleben. Ein Anhänger Benthams würde der Studie über das Rauchen also ernsthafte methodische Mängel unterstellen. Eine umfassendere Kosten-Nutzen-Analyse würde nämlich auch die Kosten des frühen Todes für den Raucher und seine Familie einbeziehen und diese gegen die Einsparungen abwägen, die die Regierung durch den frühen Tod des Rauchers erzielt.

Das führt uns zurück zu der Frage, ob alle Werte in monetäre Begriffe übertragbar sind. Genau darum bemühen sich manche Versionen der Kosten-Nutzen-Analyse, wobei sie sogar so weit gehen, dem Menschenleben einen Geldwert zuzuschreiben. Sehen wir uns zwei Anwendungen der Kosten-Nutzen-Analyse an, die moralische Entrüstung auslösten – gerade weil sie den Wert eines Menschenlebens mit einbezogen.

Explodierende Benzintanks

In den 70er Jahren war der Ford Pinto einer der meistverkauften kleinen Mittelklassewagen der USA. Leider neigte sein Benzintank beim Heckaufprall eines anderen Fahrzeugs zur Explosion. Mehr als 500 Menschen starben, weil ihr Pinto in Flammen aufging, und noch viel mehr erlitten schwere Verbrennungen. Als eines der Brandopfer die Firma Ford wegen der fehlerhaften Konstruktion verklagte, kam heraus, dass den Ingenieuren von Ford bewusst gewesen war, welche Gefahr der Benzintank darstellte. In der Chefetage des Unternehmens hatte man jedoch eine Kosten-Nutzen-Analyse angestellt und befunden, dass der Nutzen eines Umbaus nicht die elf Dollar pro Wagen wert war, die erforderlich gewesen wären, um die Autos mit einer Vorrichtung zu versehen, die den Tank sicherer gemacht hätte.

Um den Nutzen eines sicheren Benzintanks zu berechnen, schätzte Ford, dass es ohne diese technischen Änderungen zu 180 Todesfällen und 180 Brandverletzungen käme. Dann wies man jedem verlorenen Leben und jeder erlittenen Verletzung einen Geldwert zu – 200 000 Dollar pro Menschenleben, 67 000 Dollar pro Verletzung. Zu diesen Beträgen addierte man Zahl und Wert der Pintos, die wahrscheinlich in Flammen aufgehen würden, und errechnete, dass der Gesamtnutzen der erhöhten Sicherheit 49,5 Millionen Dollar ergäbe. Dagegen hätte es 137,5 Millionen gekostet, 12,5 Millionen Fahrzeuge mit einer Sicherheitsvorrichtung für 11 Dollar auszustatten. Also kam das Unternehmen zu dem Schluss, die Kosten einer Verbesserung des Tanks stünden in keinem Verhältnis zum Nutzen eines sichereren Autos.[12]

Als die Jury des Gerichts von der Studie erfuhr, war sie empört. Sie gewährte dem Kläger 2,5 Millionen Dollar als Entschädigung sowie 125 Millionen als Strafschadensersatz (der Betrag wurde später auf 3,5 Millionen Dollar reduziert).[13] Vielleicht hielten es die Jury-Mitglieder für falsch, dass ein Unternehmen dem Menschenleben einen Geldwert beimaß. Vielleicht glaubten sie auch, 200 000 Dollar seien unerhört wenig. Ford war nicht selbst auf diese Zahl gekommen, sondern hatte sie von einer US-Behörde erhalten. Anfang der 70er Jahre hatte die Nationale Behörde für Sicherheit im Straßenverkehr die Kosten eines Verkehrstoten berechnet. Die Behörde addierte Produktivitätsverluste, medizinische Kosten, Bestattungskosten und die Schmerzen und Leiden des Opfers und kam auf 200 000 Dollar pro Todesfall.

Falls der Einwand der Jury das Preisschild und nicht das Prinzip betraf, könnte ein Utilitarist zustimmen. Wenige Menschen würden sich dazu entschließen, für 200 000 Dollar bei einem Autounfall zu sterben. Die meisten Menschen leben gern. Um die vollständigen Kosten eines Todesfalls zu messen, müsste man auch den Verlust des Opfers an künftigem Glück einbeziehen, nicht nur die ihm entgangenen Einnahmen und die Bestattungskosten. Aber wie sähe dann eine realistischere Schätzung für den monetären Wert eines Menschenlebens aus?

Preisabschlag für Senioren

Als die US-Umweltschutzbehörde (EPA) versuchte, diese Frage zu beantworten, löste auch sie moralische Entrüstung aus – wenn auch von anderer Art. 2003 stellte die EPA eine Kosten-Nutzen-Analyse für neue Normen gegen Luftverschmutzung vor. Die Behörde war deutlich großzügiger als Ford, arbeitete allerdings mit einer auf das Alter abgestimmten Bemessung: Für jedes durch sauberere Luft gerettete Leben setzte sie 3,7 Millionen Dollar an – mit Ausnahme der über 70 Jährigen, deren Leben nur mit 2,3 Millionen verbucht wurde. Hintergrund der unterschiedlichen Bewertungen war eine utilitaristische Feststellung: Erhält man das Leben einer älteren Person, bringt das weniger Nutzen als die Bewahrung des Lebens jüngerer Menschen. (Jüngere Menschen haben eine höhere Lebenserwartung und daher noch eine größere Menge an Lebensglück zu genießen.) Vertreter der älteren Generation sahen das anders. Sie stellten den »Preisabschlag für Senioren« in Frage und meinten, die Regierung solle dem Leben jüngerer Menschen keinen größeren Wert beimessen als dem Leben der Älteren. Die EPA, durch die Proteste aufgeschreckt, gab den Preisabschlag schnell auf und zog den Bericht zurück.[14]

Kritiker des Utilitarismus verweisen auf solche Episoden, um damit zu belegen, dass eine Kosten-Nutzen-Analyse in die Irre führe und es von moralischer Abstumpfung zeuge, dem Menschenleben einen monetären Wert zuzuschreiben. Verteidiger der Kosten-Nutzen-Analyse sind anderer Ansicht. Sie bringen vor, dass bei vielen gesellschaftlichen Entscheidungen implizit eine bestimmte Zahl von Menschenleben gegen andere Güter und Annehmlichkeiten aufgerechnet wird. Das Menschenleben hat, darauf bestehen sie, seinen Preis, ob wir das nun zugeben oder nicht.

Beispielsweise fordert die Nutzung des Automobils einen vorhersagbaren Zoll an Menschenleben – in den USA sind das mehr als 40 000 Tote jährlich. Doch das bringt uns als Gesellschaft nicht dazu, Autos aufzugeben. Tatsächlich veranlasst es uns noch nicht einmal, die Geschwindigkeitsbeschränkung strenger zu handhaben. Während einer Ölkrise im Jahr 1974 erließ der US-Kongress ein nationales Tempolimit von 55 Meilen pro Stunde. Obwohl damit in erster Linie Energie eingespart werden sollte, hatte diese Maßnahme auch weniger Verkehrstote zur Folge.

In den 80er Jahren hob der Kongress die Beschränkung wieder auf, und die meisten Staaten erlaubten daraufhin 65 Meilen pro Stunde. Autofahrer sparten dadurch Zeit, doch die Zahl der Verkehrstoten stieg an. Damals stellte keiner eine Kosten-Nutzen-Analyse an, um festzustellen, ob der Nutzen schnelleren Fahrens die Kosten der Menschenleben wert war. Doch einige Jahre später rechneten zwei Ökonomen den Fall durch. Den Nutzen der erlaubten höheren Geschwindigkeit definierten sie über das schnellere Pendeln zwischen Wohnung und Arbeitsplatz. Sie kalkulierten den ökonomischen Effekt der eingesparten Zeit (bei einem durchschnittlichen Stundenlohn von 20 Dollar) und dividierten die Einsparungen durch die Zahl der zusätzlichen Todesfälle. Wie sie ausrechneten, bewerteten die Amerikaner ein Menschenleben für die Annehmlichkeit, schneller fahren zu dürfen, effektiv mit 1,54 Millionen Dollar pro Leben. Das war der ökonomische Gewinn pro Todesfall, der sich daraus ergab, dass man zehn Meilen pro Stunde schneller fahren durfte.[15]

Befürworter der Kosten-Nutzen-Analyse verweisen darauf, dass wir, wenn wir mit 65 statt mit 55 Meilen pro Stunde unterwegs sind, ein Menschenleben unausgesprochen mit 1,54 Millionen Dollar bewerten – das ist erheblich weniger als die Zahl von 6 Millionen Dollar pro Leben, die US-Behörden üblicherweise ansetzen, wenn sie Normen gegen Verschmutzung und Regeln zu Gesundheit und Sicherheit festlegen. Warum sollte man das also nicht explizit äußern? Wenn es schon nicht zu vermeiden ist, dass man gewisse Sicherheitsniveaus gegen bestimmte Vorteile und Annehmlichkeiten aufrechnet, sagen sie, dann sollten wir das wenigstens mit offenen Augen tun und Kosten wie Nutzen so systematisch wie möglich vergleichen – auch wenn es darauf hinausläuft, dem Menschenleben ein Preisschild anzuheften.

Dass wir davor zurückschrecken, Menschenleben einen Geldwert beizumessen, sehen Utilitaristen als Impuls, den wir überwinden sollten – als ein Tabu, das klares Denken und rationale gesellschaftliche Entscheidungen behindert. Für Kritiker des Utilitarismus hingegen verweist unser Zögern auf die Tatsache, dass es nicht möglich sei, alle Werte und Güter mit einem einzigen Maßstab zu messen.

Es ist nicht klar, wie dieser Streit beigelegt werden kann. Doch einige empirisch orientierte Sozialwissenschaftler haben es versucht. In den 30er Jahren machte sich der Sozialpsychologe Edward Thorndike daran, ein fundamentales Prinzip des Utilitarismus empirisch zu belegen. Er wollte zeigen, dass es möglich sei, unsere scheinbar unterschiedlichen Begierden und Abneigungen in eine allgemeingültige Währung von Lust und Unlust zu übertragen. Im Rahmen einer Untersuchung fragte er junge Sozialhilfeempfänger, wie viel man ihnen bezahlen müsste, damit sie bereit wären, verschiedene Qualen zu erleiden. Die Fragen lauteten etwa: »Wie viel müsste man Ihnen bezahlen, damit Sie sich einen oberen Schneidezahn ziehen lassen?«, »... damit man Ihnen den kleinen Zeh eines Fußes amputieren darf?«, »... damit Sie einen lebenden 20 Zentimeter langen Regenwurm essen?«, »... damit Sie eine Katze mit bloßen Händen erwürgen?« oder »... damit Sie den Rest Ihres Lebens in Kansas verbringen, zehn Meilen von jeder größeren Ortschaft entfernt?«[16]

Welcher dieser Punkte erzielte wohl den höchsten Preis und welcher den niedrigsten? Hier die Preisliste, die sich aus dieser Untersuchung ergab (in Dollar von 1937):

Zahn:	4 500
Zeh:	57 000
Wurm:	100 000
Katze:	10 000
Kansas:	300 000

Wie Thorndike glaubte, stützten seine Befunde die Vorstellung, alle Güter seien mit einem einzigen Maßstab zu messen und zu vergleichen. »Jeder überhaupt vorhandene

Wunsch oder jede Befriedigung existiert in Form eines bestimmten Betrages und ist somit messbar«, schrieb er. »Das Leben eines Hundes oder einer Katze oder eines Hühnchens (...) besteht vorwiegend aus Appetit, heftigem Verlangen, Wünschen und ihrer Befriedigung und ist davon bestimmt (...). Das gilt auch für das menschliche Leben, selbst wenn die Formen des Appetits und der Wünsche zahlreicher, subtiler und komplizierter sind.«[17]

Thorndikes groteske Preisliste legt jedoch nahe, dass solche Vergleiche absurd sind. Können wir tatsächlich daraus schließen, dass die Versuchspersonen die Aussicht auf ein Leben in Kansas dreimal so unangenehm fanden wie das Verspeisen eines Regenwurms – oder unterscheiden sich diese Erfahrungen nicht vielmehr auf eine Weise, die keinen aussagekräftigen Vergleich zulässt? Thorndike räumte ein, dass bis zu einem Drittel der Probanden feststellte, keine Summe der Welt könne sie dazu bewegen, eine Erfahrung zu erleiden, die sie als »unermesslich abstoßend« bewerteten.[18]

Die Mädels von St. Anne's

Möglicherweise gibt es kein schlagendes Argument für oder gegen die Behauptung, alle moralischen Güter könnten verlustfrei auf einen einzigen Wertmaßstab übertragen werden. Doch hier ist ein weiterer Fall, der diese Behauptung in Frage stellt:

Als ich in den 70er Jahren als Doktorand in Oxford war, gab es dort für Frauen und Männer getrennte Institute. In den Instituten für Frauen galt eine Regelung, die untersagte, dass männliche Besucher in den Frauenräumen übernachteten. Diese Regel wurde selten durchgesetzt und war leicht zu umgehen (wie ich mir habe sagen lassen). Die meisten Offiziellen der Colleges sahen ihre Rolle nicht mehr darin, traditionelle Vorstellungen von Sexualmoral durchzusetzen. Der Druck, diese Regeln zu lockern, vergrößerte sich zusehends, und eine Debatte am St. Anne's College, einem der allein Frauen vorbehaltenen Institute, wurde anberaumt.

Einige ältere Frauen der Fakultät verteidigten die Tradition. Aus althergebrachten Gründen der Moral waren sie dagegen, männliche Gäste zuzulassen; ihrer Ansicht nach war es für eine unverheiratete junge Frau unschicklich, die Nacht mit einem Mann zu verbringen. Doch die Zeiten hatten sich geändert, und den Vertreterinnen der Tradition war es peinlich, die wahren Gründe für ihre Einwände zu nennen. Also übersetzten sie ihre Argumente in utilitaristische Formulierungen. »Wenn Männer über Nacht bleiben«, meinten sie, »werden die Kosten für das College steigen.« Wie das, mag man sich fragen. »Nun ja, sie werden ein Bad nehmen wollen, und dadurch steigt der Verbrauch von Warmwasser«, lautete die Erklärung. Außerdem, so brachten die Frauen vor, »müssen wir die Matratzen häufiger austauschen«.

Die Reformer kamen den Argumenten der Traditionalisten entgegen und übernahmen folgenden Kompromiss: Jede Frau konnte wöchentlich maximal drei Übernachtungsgäste empfangen, vorausgesetzt, jeder Gast zahlte 50 Pence pro Nacht, um die Kosten des Colleges abzudecken. Im *Guardian* war am nächsten Tag folgende Schlagzeile zu lesen: »Die Mädels von St. Anne's: Fünfzig Pence pro Nacht.« Die Sprache der Tugend hatte sich nicht besonders gut in die Sprache des Nutzens übersetzen lassen. Bald darauf wurden die Trennungsregeln ganz abgeschafft und damit auch die Gebühr.

John Stuart Mill

Wir haben zwei Einwände gegen Benthams Prinzip des »größten Glücks« vorgebracht: erstens, dass es der Menschenwürde und den Rechten des Einzelnen kein ausreichendes Gewicht beimisst, und zweitens, dass es alles von moralischer Bedeutung auf eine einzige Skala von Lust und Unlust reduziert. Wie überzeugend sind diese Einwände?

John Stuart Mill (1806–1873) glaubte, ihnen begegnen zu können. Eine Generation nach Bentham versuchte er, den Utilitarismus zu retten, indem er ihn in eine humanere, weniger berechnende Lehre umformte. John Stuart war der Sohn von James Mill, einem Freund und Schüler Benthams. James Mill unterrichtete seinen Sohn zu Hause, und der junge Mill wuchs zu einem Wunderkind heran. Mit drei Jahren lernte er Griechisch, mit acht Jahren Latein. Mit elf Jahren schrieb er eine Geschichte des römischen Rechts. Als er zwanzig Jahre alt war, erlitt er einen Nervenzusammenbruch, der ihn in eine Depression stürzte. Kurz darauf lernte er Harriet Taylor kennen. Zu dieser Zeit war sie verheiratet und hatte zwei Kinder, doch sie und Mill wurden enge Freunde. Als ihr Mann zwanzig Jahre später starb, heirateten die beiden. Mill bezeichnete Harriet Taylor als wichtigste intellektuelle Partnerin und Mitarbeiterin auf dem Weg, Benthams Lehre zu revidieren.

Das Plädoyer für die Freiheit

Mills Schriften lassen sich als unermüdlicher Versuch lesen, die Rechte des Einzelnen mit der von seinem Vater geerbten und von Bentham übernommenen utilitaristischen Idee zu versöhnen. Sein Buch *Über die Freiheit* (1859) ist das klassische Plädoyer für die individuelle Freiheit in der englischsprachigen Welt. Sein zentrales Prinzip lautet, dass Menschen die Freiheit zustehen sollte, alles zu tun, was sie wollen, vorausgesetzt, sie fügen anderen kein Leid zu. Eine Regierung sei nicht befugt, die Freiheit des Einzelnen einzuschränken, um ihn vor sich selbst zu schützen oder ihm eine bestimmte Vorstellung vom richtigen Leben aufzunötigen. Die einzigen Handlungen, die jemand gegenüber der Gesellschaft zu verantworten hat, sind laut Mill diejenigen, die sich auf andere auswirken. Solange ich keinem anderen schade, ist meine »Unabhängigkeit, dem Rechte nach, unbeschränkt. Über sich selbst, über den eigenen Körper und die eigene Seele ist der Einzelne Alleinherrscher.«[19]

Diese unnachgiebige Verteidigung der Rechte des Einzelnen sollte allerdings mit etwas Stärkerem als dem bloßen Nutzen gerechtfertigt werden. Denn nehmen wir folgenden Fall: Eine große Mehrheit verachtet eine kleine religiöse Bewegung und möchte, dass sie verboten wird. Ist es nicht möglich oder gar wahrscheinlich, dass ein Verbot der Religion das größte Glück der größten Zahl von Menschen hervorbringt? Sicher, die verbotene Minderheit würde Unglück und Frustration erleiden. Doch wenn die Mehrheit groß genug und in ihrem Hass auf die Ketzer hinreichend leidenschaftlich ist, könnte ihr kollektives Glück deren Leiden sehr wohl überwiegen.

Wenn dieses Szenario realistisch erscheint, dann sieht es so aus, als sei der Nutzen ein wackeliges, unzuverlässiges Fundament für religiöse Freiheit. Mills Freiheitsprinzip scheint eine robustere moralische Basis zu erfordern als Benthams Prinzip des Nutzens.

Mill ist jedoch anderer Meinung. Er besteht darauf, dass die Argumentation zugunsten der individuellen Freiheit vollständig auf utilitaristischen Erwägungen beruht: »Die Bemerkung ist hier am Platze, dass ich auf jeden Vorteil verzichte, der sich für meine Beweisführung aus dem Begriff eines abstrakten, von der Vorstellung der Nützlichkeit unabhängigen Rechts ableiten ließe. Mir gilt die Nützlichkeit als der letzte Prüfstein aller ethischen Fragen; doch nur die Nützlichkeit in ihrem weitesten Sinne, sofern sie sich auf den nachhaltigen Vorteil des zur Vervollkommnung bestimmten Menschen gründet.«[20]

Mill glaubt, wir sollten den Nutzen maximieren – doch nicht von Fall zu Fall, sondern auf lange Sicht. Und im Lauf der Zeit, so meint er, werde die Beachtung der Rechte des Einzelnen zum größten Glück der Menschen führen. Gestatte man der Mehrheit, abweichende Ansichten zum Schweigen zu bringen oder freie Denker zu zensieren, könne das den Nutzen kurzfristig vielleicht mehren, doch auf lange Sicht sei es um die Gesellschaft schlechter bestellt – sie werde weniger glücklich sein.

Warum sollten wir davon ausgehen, dass das Wohlergehen der Gesellschaft langfristig gefördert wird, wenn wir die individuelle Freiheit und das Recht auf abweichende Meinungen hochhalten? Mill bietet mehrere Gründe dafür an: Die abweichende Ansicht kann sich als richtig oder teilweise richtig erweisen und so ein Korrektiv zur vorherrschenden Meinung darstellen. Und selbst wenn das nicht der Fall ist, wird die vorherrschende Meinung, wenn man sie einem lebhaften Wettstreit der Ideen unterwirft, davor bewahrt, in Dogma und Vorurteil zu erstarren. Letztlich wird eine Gesellschaft, die ihre Mitglieder dazu zwingt, Bräuche und Konventionen widerspruchslos zu übernehmen, wahrscheinlich in verdummende Konformität verfallen und sich der Energie und Vitalität berauben, die gesellschaftliche Verbesserungen in Gang setzen.

Mills Spekulationen über die heilsamen Wirkungen der Freiheit sind durchaus plausibel. Doch sie liefern keine überzeugende moralische Grundlage für die Rechte des Einzelnen, und zwar aus mindestens zwei Gründen: Wenn, erstens, die individuellen Rechte respektiert werden, um sozialen Fortschritt zu ermöglichen, liefert man diese Rechte dem Zufall aus. Nehmen wir an, einer Gesellschaft gelingt es, mit despotischen Mitteln das langfristige Glück ihrer Mitglieder sicherzustellen – müsste der Utilitarist dann nicht zu dem Schluss kommen, in einer solchen Gesellschaft seien individuelle Rechte nicht erforderlich? Zweitens: Wenn Rechte mit utilitaristischen Erwägungen begründet werden, blendet man aus, dass einem Individuum, ganz unabhängig von den Auswirkungen auf das Allgemeinwohl, gegebenenfalls Schaden zugefügt wird. Wenn die Gesellschaft die Anhänger eines unbeliebten Glaubens verfolgt: Fügt sie dann nicht ihnen *als Individuen* ein Unrecht zu – ungeachtet aller schädlichen Wirkungen, die eine solche Intoleranz im Lauf der Zeit auf die Gesellschaft insgesamt ausüben würde?

Auf diese Herausforderungen hat Mill eine Antwort, die ihn jedoch weit über die Grenzen der utilitaristischen Moral hinausträgt: Es sei falsch, jemanden dazu zu zwingen, entsprechend den Bräuchen oder der Konvention oder der vorherrschenden Meinung zu leben, erklärt Mill, weil er dadurch daran gehindert werde, das höchste Ziel menschlichen Lebens zu erreichen: die vollständige und freie Entwicklung seiner Fähigkeiten. Mill zufolge ist Konformität der Feind des guten Lebens.

> Die Eigenschaften der Wahrnehmung, des Urteils, des Unterscheidungsvermögens, der geistigen Strebsamkeit und selbst der sittlichen Neigungen werden nur geübt, wo man seine eigene Wahl trifft. Wer aber etwas tut, weil es so Sitte ist, trifft keine Wahl. Er erlangt keine Fertigkeiten, das Gute zu unterscheiden oder zu wünschen. Diese Kräfte des Geistes und der Sittlichkeit werden wie die des Körpers nur durch Übung vervollkommnet. (...) Wer sich von der Welt oder seiner Umgebung seinen Lebenslauf vorzeichnen lässt, bedarf keiner ande-

ren Fähigkeiten, als der der affenartigen Nachahmung. Wer sich seinen Plan selbst macht, bringt alle seine Fähigkeiten in Anwendung.[21]

Mill räumt ein, dass jemand, der sich nach Konventionen richtet, auf einen zufriedenstellenden Lebensweg geführt werden und dem Unglück aus dem Weg gehen kann. »Allein welche Stufe auf der Leiter des Menschenwerts wird er dann einnehmen?«, fragt er. »In der Tat ist es von Bedeutung, nicht allein, was durch die Menschen geschieht, sondern auch, was für eine Art Menschen es sind, durch die etwas geschieht.«[22]

Demnach sind es nicht nur die Handlungen und Folgen, auf die es letztlich ankommt – auch die Persönlichkeit zählt. Für Mill ist Individualität keine Frage des persönlichen Glücks, sondern eher des Charakters, den sie widerspiegelt. »Wer keine eigenen Wünsche und Antriebe hat, besitzt so wenig einen Charakter, wie eine Dampfmaschine einen Charakter hat.«[23]

Mills Lobgesang auf die Individualität gehört zu den brillantesten Stellen von *Über die Freiheit*. Doch er ist auch eine Art Ketzerei. Da er an moralische Ideale jenseits der Nützlichkeit appelliert – Ideale des Charakters und der menschlichen Entwicklung –, handelt es sich hierbei nicht mehr um eine Ausarbeitung von Benthams Prinzipien, sondern um eine Abkehr von ihnen, auch wenn Mill das Gegenteil behauptet.

Höhere Freuden

Auch Mills Antwort auf den zweiten Einwand gegen den Utilitarismus – dass er alle Werte auf eine einzige Skala reduziert – stützt sich auf moralische Ideale, die frei von Nutzenerwägungen sind. In seinem Werk *Utilitarismus* (1861)

– einem langen Aufsatz, den Mill kurz nach *Über die Freiheit* verfasste – versucht er zu zeigen, dass Utilitaristen höhere Freuden von niedrigeren Freuden unterscheiden können.

Für Bentham ist Lust Lust und Unlust Unlust. Ob eine Erfahrung besser oder schlechter ist als eine andere, lässt sich nur aufgrund der Intensität und Dauer der Lust oder Unlust beurteilen, die sie hervorruft. Die sogenannten höheren Freuden oder nobleren Tugenden sind einfach jene, die stärkere und längere Lust bereiten. Bentham erkennt keine qualitativen Unterschiede zwischen Freuden an. »Wenn die Quantität der Lust gleich ist«, schreibt er, »ist Push-Pin ebenso gut wie Poesie«.[24] (Push-Pin ist ein Spiel für Kinder.)

Benthams Utilitarismus ist unter anderem wegen dieses unvoreingenommenen Denkens so attraktiv. Er nimmt die Menschen, wie sie sind, ohne ihre Vorlieben einer moralischen Beurteilung zu unterziehen. Bentham hält es für anmaßend, bestimmte Freuden prinzipiell höher zu schätzen als andere. Manche Menschen mögen Mozart, andere Madonna. Manche mögen Ballett, andere Bowling. Einige lesen Platon, andere *Penthouse*. Wer kann schon sagen, könnte man mit Bentham fragen, welche Freuden wertvoller oder nobler sind als andere?

Die Weigerung, höhere von niedrigeren Freuden zu unterscheiden, hängt mit Benthams Überzeugung zusammen, dass alle Werte auf einer einzigen Skala zu messen und zu vergleichen seien. Erfahrungen unterscheiden sich demnach in der von ihnen erzeugten Lust oder Unlust nur quantitativ, nicht qualitativ.

Manche Menschen wenden sich aus genau diesem Grund gegen den Utilitarismus: Sie glauben, bestimmte Freuden seien tatsächlich »höher« als andere. Wenn sie recht haben, so stellt sich die Frage, warum die Gesellschaft alle Vorlieben gleich bewerten oder gar die Summe all dieser Vorlieben als höchstes Gut betrachten sollte.

Sehen wir uns noch einmal die Römer an, die im Kolosseum den Löwen Christen zum Fraß vorwarfen. Ein Einwand gegen das blutige Schauspiel lautet, dass es die Rechte der Opfer missachtet. Ein weiterer Einwand ist aber, dass es eher perverse als noble Freuden hervorruft. Wäre es nicht besser, diese Vorlieben zu ändern, statt sie zu befriedigen?

Es heißt, die Puritaner hätten die Bärenhatz nicht wegen der den Bären zugefügten Schmerzen verboten, sondern wegen des Vergnügens, das sie den Zuschauern bereitete. Die Bärenhatz ist nicht mehr besonders populär, doch Hunde- und Hahnenkämpfe üben weiterhin einen gewissen Reiz aus; in manchen Rechtsordnungen sind sie verboten. Solche Verbote werden unter anderem dadurch gerechtfertigt, dass Grausamkeit gegen Tiere verhindert werden soll. Doch Gesetze dieser Art dürften auch ein moralisches Urteil widerspiegeln, wonach es verabscheuenswert ist, aus Hundekämpfen Vergnügen zu ziehen – eine zivilisierte Gesellschaft sollte so etwas unterbinden. Um sich diesem Urteil anzuschließen, muss man kein Puritaner sein.

Bentham betrachtete alle Vorlieben unvoreingenommen, was einige interessante Fragen aufwirft. Wenn etwa mehr Menschen lieber bei Hundekämpfen zusehen als Gemälde von Rembrandt zu betrachten: Sollte die Gesellschaft dann eher Arenen für Hundekämpfe subventionieren als Museen? Wenn gewisse Freuden niedrig und erniedrigend sind: Warum sollten sie bei der Gesetzgebung überhaupt berücksichtigt werden?

Mill versucht, den Utilitarismus gegen diese Einwände zu imprägnieren. Anders als Bentham hält er es für möglich, zwischen höheren und niedrigeren Freuden zu unterscheiden, also die Qualität und nicht bloß die Quantität oder Intensität unserer Begierden zu bewerten. Und er glaubt, diese Unterscheidung treffen zu können, ohne sich auf andere Moralvorstellungen als die der Nutzenerwägung selbst zu berufen.

Als Erstes betet Mill das Glaubensbekenntnis des Utilitarismus herunter: »Handlungen [sind] insoweit und in dem Maße moralisch richtig (...), als sie die Tendenz haben, Glück zu befördern, und insoweit falsch, als sie die Tendenz haben, das Gegenteil von Glück zu bewirken. Unter ›Glück‹ ist dabei Lust und das Freisein von Unlust, unter ›Unglück‹ Unlust und das Fehlen von Lust verstanden.« Zudem bekräftigt er die »Lebensauffassung, auf der diese Theorie der Moral wesentlich beruht: dass Lust und das Freisein von Unlust die einzigen Dinge sind, die als Endzwecke wünschenswert sind, und dass alle anderen wünschenswerten Dinge (...) entweder deshalb wünschenswert sind, weil sie selbst lustvoll sind, oder weil sie Mittel sind zur Beförderung von Lust und zur Vermeidung von Unlust«.[25]

Obwohl Mill daran festhält, dass es allein auf Lust und Unlust ankommt, erkennt er an, dass »einige Arten der Freude wünschenswerter und wertvoller sind als andere.« Wie können wir nun wissen, welche Arten der Lust qualitativ höher stehen? Mill schlägt einen einfachen Test vor: »Von zwei Freuden ist diejenige wünschenswerter, die von allen oder nahezu allen, die beide erfahren haben – ungeachtet des Gefühls, eine von beiden aus moralischen Gründen vorziehen zu müssen –, entschieden bevorzugt wird.«[26]

Dieser Test besitzt einen klaren Vorzug: Er geht nicht von der utilitaristischen Vorstellung aus, dass die Moral vollständig und unmittelbar auf unseren Begierden beruht. So »wird der einzige Beweis dafür, dass etwas wünschenswert ist, der sein, dass die Menschen es tatsächlich wünschen«, schreibt Mill.[27]

Als Möglichkeit, qualitative Unterscheidungen zwischen verschiedenen Freuden zu treffen, scheint dieser Test einen auf der Hand liegenden Einwand zu provozieren: Ist es nicht häufig so, dass wir die niedrigeren Freuden den höheren vorziehen? Liegen wir nicht manchmal lieber auf dem Sofa und sehen uns im Fernsehen Sitcoms an, statt Platon zu lesen oder in die Oper zu gehen? Und ist es nicht möglich, diese wenig anspruchsvollen Erlebnisse vorzuziehen, ohne sie für besonders wertvoll zu halten?

Shakespeare versus Die Simpsons

Wenn ich Mills Darstellung höherer Freuden mit meinen Studenten diskutiere, probiere ich eine Version dieses Tests aus. Ich zeige den Studenten drei Beispiele für populäre Unterhaltung: einen Schaukampf im Wrestling (bei diesem lärmenden Spektakel schlagen die Wrestler mit Klappstühlen aufeinander ein), einen von einem Shakespeare-Schauspieler vorgetragenen Hamlet-Monolog und einen Ausschnitt aus *Die Simpsons*. Dann stelle ich zwei Fragen: Welcher dieser Ausschnitte hat Ihnen am besten gefallen, welchen fanden Sie am vergnüglichsten? Und welcher ist Ihrer Ansicht nach der kulturell hochwertigere?

Die Simpsons erhielten ausnahmslos die meisten Stimmen für die vergnüglichste Vorstellung, gefolgt von Shakespeare. (Ein paar tapfere Seelen gaben ihre Vorliebe für die Wrestler zu.) Bei der zweiten Frage stimmten die Studenten mit überwältigender Mehrheit für Shakespeare.

Die Ergebnisse dieses Experiments stellen Mills Test auf eine harte Probe. Viele Studenten sehen lieber Homer Simpson, glauben jedoch weiterhin, der Hamlet-Monolog biete eine gehobenere Freude. Zugegeben, mancher wird Shakespeare als höherwertig hinstellen, weil er in einem Seminar sitzt und nicht als Banause erscheinen will. Und einige Studenten meinen, die *Simpsons* mit ihrer subtilen Mischung aus Ironie, Humor und Gesellschaftskritik könnten es mit der Kunst Shakespeares durchaus aufnehmen. Wenn aber die meisten, die beides erlebt haben, lieber die *Simpsons* sehen, dürfte Mill Schwierigkeiten haben, zu dem Schluss zu kommen, dass Shakespeare qualitativ höher stehe.

Und doch möchte Mill die Vorstellung nicht aufgeben, dass manche Arten zu leben edler sind als andere, selbst wenn die Menschen, die entsprechend leben, weniger leicht zufriedenzustellen sind. »Ein höher begabtes Wesen verlangt mehr zu seinem Glück, ist wohl auch größeren Leidens fähig (...), aber trotz dieser Gefährdungen wird es niemals in jene Daseinsweise absinken wollen, die es als niedriger empfindet.« Warum aber sind wir nicht bereit, ein anspruchsvolles Leben, das unsere höheren Fähigkeiten fordert, gegen ein Leben niedriger Zufriedenheit einzutauschen? Mill glaubt, das habe mit »der Freiheitsliebe, dem Streben nach Unabhängigkeit« zu tun, und kommt zu dem Schluss, »am zutreffendsten wird es als ein Gefühl der Würde beschrieben, das allen Menschen in der einen oder anderen Weise (...) zu eigen ist«.[28]

Mill räumt ein, dass »gelegentlich, unter dem Einfluss der Versuchung«, selbst der Beste höhere Freuden zugunsten niedrigerer zurückstelle. Ab und zu gibt halt jeder dem Impuls nach, zur Couch-Potato zu degenerieren. Das heißt jedoch nicht, dass wir den Unterschied zwischen Rembrandt und Reality-TV nicht kennen. Diesen Punkt stellt Mill in einer bemerkenswerten Passage heraus: »Es ist besser, ein unzufriedener Mensch zu sein als ein zufriedenes Schwein; besser ein unzufriedener Sokrates als ein zufriedener Narr. Und wenn der Narr oder das Schwein anderer Ansicht sind, dann deshalb, weil sie nur die eine Seite der Angelegenheit kennen.«[29] Mills Glaube an den Wert der höheren menschlichen Fähigkeiten ist überzeugend – folgt aber nicht der utilitaristischen Logik. Für die Beurteilung, was hoch und was niedrig ist, werden nicht mehr allein die faktischen Begierden herangezogen. Die Norm leitet sich nun aus einem Ideal der menschlichen Würde ab, das von unseren Wünschen und Begierden unabhängig ist. Die höheren Freuden sind nicht höher, weil wir sie bevorzugen; sondern wir ziehen sie vor, weil wir sie als höher erkennen. Wir halten *Hamlet* nicht deshalb für hohe Kunst, weil wir das Stück lieber mögen als niedrigere Unterhaltungsmöglichkeiten, sondern weil es uns herausfordert und menschlich bereichert.

Mit den Rechten des Einzelnen verhält es sich wie mit den höheren Freuden: Mill schützt den Utilitarismus vor dem Vorwurf, er reduziere alles auf eine grobe Kalkulation von Lust und Unlust – doch nur um den Preis, dass er ein moralisches Ideal der menschlichen Würde und Persönlichkeit heranzieht, das frei von Nutzenerwägungen ist.

Von den zwei Gründungsvätern des Utilitarismus war Mill der humanere, Bentham der konsistentere Philosoph. Bentham starb 1832 mit 84 Jahren. Doch wer nach London fährt, kann ihn noch heute besuchen. In seinem Testament bestimmte er, dass sein Leichnam konserviert, einbalsamiert und ausgestellt werden solle. Und so kann man ihn am Londoner University College finden, wo er gedankenverloren in seiner authentischen Kleidung in einem Glaskasten sitzt.

Kurz vor seinem Tod stellte sich Bentham eine mit seiner Philosophie in Einklang stehende Frage: In welcher Weise könnte ein Toter für die Lebenden nützlich sein? Eine Möglichkeit, schloss er, bestünde darin, den Leichnam dem Studium der Anatomie zuzuführen. Im Falle großer Philosophen sei es jedoch besser, die physische Präsenz zu bewahren, um so künftige Generationen von Denkern zu inspirieren.[30] Bentham sah sich selbst in dieser zweiten Kategorie.

Bescheidenheit gehörte in der Tat nicht zu Benthams offenkundigen Charakterzügen. Nicht nur, dass er strikte Anweisungen zur Aufbewahrung und Ausstellung seines Körpers gab – er regte auch an, seine Freunde und Schüler sollten sich jedes Jahr versammeln, um »des Begründers des utilitaristischen Moral- und Gesetzgebungssystems zu gedenken«. Und bei dieser Gelegenheit sollten sie Bentham ausstellen.[31]

Seine Bewunderer taten ihm den Gefallen. Benthams »Autoikone« (so hat er sie genannt) war sogar bei der Gründung der International Bentham Society in den 80ern präsent. Und es heißt, der ausgestopfte Bentham werde zu Konferenzen des Führungsgremiums herangekarrt, wo er in den Protokollen als »anwesend, aber nicht an der Abstimmung beteiligt« geführt werde.[32]

Trotz Benthams sorgfältiger Planung ging die Einbalsamierung seines Kopfes schief, und so hält er heute mit einem Wachskopf Wache. Sein echter Kopf, der inzwischen in einem Keller aufbewahrt wird, wurde für einige Zeit auf einer Platte zwischen seinen Füßen ausgestellt, aber von Studenten gestohlen und erst gegen Zahlung einer wohltätigen Spende zurückgegeben.[33]

Sogar im Tod fördert Jeremy Bentham also das größte Glück der größten Zahl.

3

Besitzen wir uns selbst?

LIBERTARIANISMUS

In jedem Herbst veröffentlicht die Zeitschrift *Forbes* eine Liste der 400 reichsten Amerikaner. Für mehr als ein Jahrzehnt stand Microsoft-Gründer Bill Gates III an der Spitze der Liste, so auch 2008, als *Forbes* sein Nettovermögen auf 57 Milliarden Dollar schätzte. Zu dem Klub gehören unter anderem auch der Investor Warren Buffett (mit 50 Milliarden auf Rang zwei), die Eigentümer von Wal-Mart, die Gründer von Google und Amazon, eine Reihe von Leuten aus der Ölbranche, Hedgefonds-Manager, Medienmogule und Immobilien-Tycoons, die Fernseh-Talkmasterin Oprah Winfrey (mit 2,7 Milliarden auf Rang 155) und George Steinbrenner, Eigner der New York Yankees (mit 1,3 Milliarden auf dem letzten Rang).[1]

Der Reichtum an der Spitze der amerikanischen Wirtschaft ist selbst in wirtschaftlich schwierigen Zeiten so unermesslich, dass es kaum ausreicht, einfacher Milliardär zu sein, um in die *Forbes*-Liste aufgenommen zu werden. Tatsächlich besitzt ein Prozent der Amerikaner mehr als ein Drittel des Gesamtvermögens – mehr als das Vermögen der unteren 90 Prozent aller amerikanischen Familien zusammen. Die oberen zehn Prozent der amerikanischen Haushalte nehmen 42 Prozent des Gesamteinkommens ein und besitzen 71 Prozent des gesamten Vermögens.[2]

In den USA ist die wirtschaftliche Ungleichheit stärker

ausgeprägt als in anderen Demokratien. Manche Leute meinen, eine solche Ungleichheit sei ungerecht, und sind dafür, die Reichen zu besteuern, um den Armen zu helfen. Andere sind damit nicht einverstanden. Sie sagen, an wirtschaftlicher Ungleichheit sei nichts unfair, vorausgesetzt, sie komme ohne Gewalt oder Betrug zustande, sondern aufgrund unternehmerischer Entscheidungen.

Wer hat recht? Wer glaubt, Gerechtigkeit bedeute Maximierung des Glücks, dürfte aus folgenden Gründen eine Umverteilung des Wohlstands befürworten: Nehmen wir an, wir holen uns eine Million Dollar von Bill Gates und verteilen sie unter 100 bedürftigen Empfängern, was für jeden 10 000 Dollar ergibt. Das allgemeine Glück würde dann wahrscheinlich zunehmen. Gates würde das Geld kaum vermissen, während alle Empfänger der 10 000 Dollar vermutlich glücklich über den unverhofften Geldsegen wären. Ihr kollektiver Nutzen nähme stärker zu, als der von Bill Gates abnähme.

Mit Hilfe der utilitaristischen Logik ließe sich eine ziemlich radikale Umverteilung des Reichtums begründen; sie würde uns dazu anhalten, Geld von den Reichen zu den Armen zu transferieren, bis der letzte Dollar, den wir Gates wegnehmen, ihn ebenso sehr schmerzt, wie er dem Empfänger hilft.

Dieses Szenario frei nach Robin Hood sieht sich mindestens zwei Einwänden ausgesetzt – einer stammt aus dem utilitaristischen Denken, der andere von außerhalb. Der erste Einwand betrifft die Besorgnis, hohe Steuersätze (speziell auf die Einkommen) würden den Anreiz für Arbeit und Investitionen verringern, was zu einem Rückgang der Produktivität führen würde. Wenn der wirtschaftliche Kuchen schrumpfe und weniger zu verteilen bliebe, könne das allgemeine Wohlstandsniveau sinken. Bevor der Utilitarist also Bill Gates und Oprah Winfrey hoch besteuert, müsste er fragen, ob sie deswegen weniger arbeiten und weniger verdienen würden – was wiederum den Betrag verringern müsste, der zur Umverteilung an die Bedürftigen verfügbar wäre.

Der zweite Einwand verwirft diese Berechnungen als nebensächlich. Er geht von der Überlegung aus, dass es ungerecht sei, die Reichen zu besteuern, um den Armen zu helfen, weil damit ein Grundrecht verletzt werde. Wenn man von Gates und Winfrey ohne deren Einwilligung Geld nehme, selbst wenn es einer guten Sache diene, sei dies eine Zwangsmaßnahme, die gegen ihre Freiheit verstoße, mit dem Geld zu tun, was ihnen beliebt. Jene, die sich mit diesen Gründen gegen eine Umverteilung stellen, werden oft als »Libertarianer« oder »Libertarier« bezeichnet.*

Die Libertarianer befürworten uneingeschränkte Märkte und sind gegen eine Regulierung durch den Staat – nicht im Namen der ökonomischen Effizienz, sondern im Namen der Freiheit. Ihre zentrale Behauptung läuft darauf hinaus, dass wir alle das Recht haben, mit unserem Eigentum zu machen, was immer wir wollen, vorausgesetzt, wir achten das Recht der anderen, es ebenso zu halten.

Der minimale Staat

Falls die libertarianische Theorie zutrifft, schränken viele Aktivitäten des modernen Staates die Freiheit illegitimerweise ein. Nur ein minimaler Staat – der Verträge durchsetzt, privates Eigentum vor Diebstahl schützt und den

* Der englische Begriff »libertarian« wird im Deutschen uneinheitlich übersetzt. Zur Abgrenzung von anderen Bedeutungsnuancen wird im Folgenden das Wort »Libertarianer« bzw. das daraus abgeleitete Adjektiv »libertarianisch« verwendet. (H. R.)

Frieden bewahrt – ist mit der libertarianischen Rechtstheorie vereinbar. Jeder Staat, der darüber hinausgeht, ist moralisch nicht zu rechtfertigen.

Der Libertarianer verwirft drei Arten der Politik und der Gesetze, die moderne Staaten gewöhnlich erlassen:

1. *Kein Paternalismus.* Libertarianer sind gegen Gesetze, die Menschen davor schützen sollen, sich selbst Leid zuzufügen. Vorgeschriebene Sicherheitsgurte sind dafür ein gutes Beispiel, ebenso wie die Helmpflicht für Motorradfahrer. Selbst wenn es gefährlich ist, ohne Helm Motorrad zu fahren, und selbst wenn die Helmpflicht Leben rettet und verheerenden Verletzungen vorbeugt, meinen Libertarianer, solche gesetzlichen Vorschriften würden das Recht des Einzelnen verletzen, allein zu entscheiden, welche Risiken er auf sich nimmt. Solange kein Außenstehender verletzt wird und Motorradfahrer allein für ihre Arztrechnungen aufkommen, hat der Staat kein Recht, jemandem vorzuschreiben, welche Risiken er eingehen will.

2. *Keine Moral.* Libertarianer sind dagegen, durch gesetzlichen Zwang Tugendvorstellungen zu fördern oder die moralischen Überzeugungen der Mehrheit zum Ausdruck zu bringen. Prostitution mag vielen Menschen als moralisch verwerflich erscheinen, doch das rechtfertigt keine Gesetze, die Erwachsene daran hindern sollen, sich einvernehmlich darauf einzulassen. Es mag sein, dass manche Gemeinschaften die Homosexualität missbilligen, doch das rechtfertigt keine Gesetze, die schwulen Männern und lesbischen Frauen das Recht verweigern, den Sexualpartner selbst zu wählen.

3. *Keine Umverteilung von Vermögen.* Die libertarianische Rechtstheorie schließt jedes Gesetz aus, das einige Menschen dazu verpflichtet, anderen zu helfen – das umfasst auch die Besteuerung zur Umverteilung von Vermögen. Selbst wenn es wünschenswert sein mag, dass die

Begüterten die weniger Glücklichen unterstützen, etwa durch Subventionierung ihrer Gesundheitsfürsorge oder Ausbildung: Die Entscheidung, Hilfe dieser Art zu gewähren, sollte dem Einzelnen vorbehalten bleiben und nicht von der Regierung vorgeschrieben werden. Nach Ansicht des Libertarianers sind Steuern zur Umverteilung eine Form von Zwang oder gar Diebstahl. Der Staat hat ebenso wenig das Recht, begüterte Steuerzahler zur Unterstützung von Sozialprogrammen zu zwingen, wie ein wohltätiger Dieb das Recht hat, einem Reichen Geld zu stehlen und es Obdachlosen zu geben.

Die libertarianische Philosophie ist nicht eindeutig mit dem klassischen politischen Spektrum in Einklang zu bringen. Wenn es um kulturelle Fragen wie Schulgebet, Abtreibung und Beschränkungen für Pornographie geht, sind Libertarianer alles andere als konservativ. Mit den Konservativen verbindet sie indes eine Wirtschaftspolitik des Laissez-faire. Viele Befürworter des Wohlfahrtsstaates wiederum vertreten bei Themen wie Schwulen- oder Fortpflanzungsrechten, Meinungsfreiheit und der Trennung von Kirche und Staat libertarianische Ansichten.

Während der 80er Jahre fanden libertarianische Ideen in der marktfreundlichen und gegen staatliche Macht gerichteten Rhetorik von Ronald Reagan und Margaret Thatcher ihren Ausdruck. Als Denkschule trat der Libertarianismus schon früher in Erscheinung – als Gegenbewegung zum Wohlfahrtsstaat. In *Die Verfassung der Freiheit* (1960) brachte der aus Österreich stammende Wirtschaftsphilosoph Friedrich A. Hayek (1899–1992) vor, jeder Versuch, für mehr ökonomische Gleichheit zu sorgen, sei mit Zwang verbunden und zerstöre eine freie Gesellschaft.[3] In *Kapitalismus und Freiheit* (1962) erklärte der amerikanische Ökonom Milton Friedman (1912–2006), viele weithin akzeptierte staatliche Aktivitäten seien illegitime Eingriffe in die Freiheit des Einzelnen. Eine Sozialversicherung oder ein vorgeschriebenes, vom Staat getragenes Rentenprogramm gehören zu seinen bevorzugten Beispielen: »Wenn jemand es bewusst vorzieht, für den Augenblick zu leben und seine Mittel für seinen gegenwärtigen Zeitvertreib zu verwenden, dabei mit voller Absicht ein armseliges Alter in Kauf nehmend, woher nehmen wir dann das Recht, ihn daran zu hindern?«, fragt Friedman. Wir könnten ihn zwar dazu zwingen, für den Ruhestand vorzusorgen, »aber haben wir das Recht, ihn unter Zwang daran zu hindern, das zu tun, was er tun möchte?«[4]

Mit ähnlicher Begründung spricht sich Friedman gegen gesetzliche Mindestlöhne aus. Die Regierung hat demnach kein Recht, Arbeitgeber daran zu hindern, jeden beliebig niedrigen Lohn zu zahlen, den Arbeiter bereitwillig akzeptieren. Die Regierung verletze auch individuelle Rechte, wenn sie Gesetze gegen Diskriminierung am Arbeitsplatz erlasse. Wenn Arbeitgeber aufgrund von Rasse, Religion oder eines beliebigen anderen Kriteriums diskriminieren wollten, so habe der Staat kein Recht, sie daran zu hindern. Nach Friedmans Ansicht »beinhaltet eine derartige Gesetzgebung ganz offensichtlich eine Einmischung in die Freiheit der Einzelnen, mit anderen freiwillige Beziehungen einzugehen«.[5]

Auch die Forderung nach Berufszulassungen schmälert für Friedman das Recht der freien Wahl. Wenn ein nicht ausgebildeter Friseur dem Publikum seine unter dem Standard des Fachmanns liegenden Dienste anbieten wolle und einige Kunden bereit seien, es mit einem billigen Haarschnitt zu versuchen, habe der Staat kein Recht, den Handel zu verbieten. Friedman dehnt diese Logik sogar auf Ärzte aus. Wenn ich eine günstige Blinddarmentfernung wünsche, sollte es mir freistehen, nach Belieben jemanden für diese Aufgabe anzuheuern, ob er nun eine Approbation vorweisen kann oder nicht. Auch wenn es zutreffe, dass die meisten eine Garantie für die Kompetenz ihres Arztes wünschen, könne der Markt einschlägige Informationen liefern. Anstatt sich auf die staatlichen Qualifikationsnachweise zu verlassen, könnten Patienten private Bewertungsdienste wie *Consumer Reports* oder das Gütesiegel von *Good Housekeeping* zu Rate ziehen.[6]

Die Philosophie des freien Marktes

In *Anarchie, Staat, Utopia* (1974) legt Robert Nozick eine philosophische Verteidigung libertarianischer Grundsätze vor, die zugleich vertraute Vorstellungen von Verteilungsgerechtigkeit in Frage stellt. Er beginnt mit der Behauptung, die Rechte des Einzelnen seien »so gewichtig und weitreichend«, dass »sie die Frage aufwerfen, was der Staat und seine Bediensteten überhaupt tun dürfen«. Nozick kommt zu dem Schluss, dass »ein Minimalstaat, der sich auf eng umgrenzte Funktionen wie den Schutz gegen Gewalt, Diebstahl, Betrug oder die Durchsetzung von Verträgen beschränkt, gerechtfertigt ist; dass jeder darüber hinaus gehende Staat Rechte des Menschen, zu gewissen Dingen nicht gezwungen zu werden, verletzt und damit ungerechtfertigt ist«.[7]

Unter allen Handlungen, zu denen niemand gezwungen werden sollte, wird vor allem die Hilfe für andere hervorgehoben. Die Reichen zu besteuern, um den Armen zu helfen, bedeute, die Reichen dazu zu zwingen. Das verletze ihr Recht, mit ihrem Eigentum zu tun, was ihnen beliebt.

Laut Nozick ist an der wirtschaftlichen Ungleichheit an sich nichts falsch. Das bloße Wissen, dass die Leute aus der *Forbes*-Liste der reichsten 400 viele Milliarden besitzen, während andere ohne einen Cent dastehen, erlaubt es einem nicht, irgendwelche Schlüsse zu ziehen, wie gerecht oder ungerecht diese Konstellation sei. Nozick verwirft die Vorstellung, eine gerechte Verteilung solle strukturell zu gleichem Einkommen oder gleichem Nutzen oder gleicher Befriedigung der Grundbedürfnisse führen. Entscheidend sei, wie es zu dieser Verteilung gekommen ist.

Nozick verwirft Theorien der Gerechtigkeit, die sich an Strukturen orientieren, zugunsten jener Theorien, die Entscheidungen anerkennen, welche die Menschen auf freien Märkten getroffen haben. Er meint, Verteilungsgerechtigkeit hänge lediglich von zwei Erfordernissen ab: der Gerechtigkeit hinsichtlich ursprünglicher Besitztümer und der Gerechtigkeit hinsichtlich ihrer Weitergabe.[8]

Das erste Kriterium fragt, ob man von Anfang an legitimer Eigentümer der Mittel war, mit denen man sein Geld gemacht hat. (Wer mit dem Verkauf gestohlener Güter ein Vermögen gemacht hat, hätte kein Recht auf die Erträge.) Das zweite fragt, ob man sein Geld entweder durch freien Austausch auf dem Markt oder durch die freiwilligen Gaben eines anderen erhalten hat. Können beide Fragen mit ja beantwortet werden, hat man Anspruch auf das, was man besitzt, und der Staat darf es einem nicht nehmen, ohne dass man damit einverstanden ist. Vorausgesetzt, niemand beginnt mit einem unzulässig erworbenen Vermögen, ist demnach jede aus einem freien Markt hervorgehende Verteilung gerecht – wie gleich oder ungleich sie auch erscheinen mag.

Nozick räumt ein, dass nicht leicht festzustellen sei, ob der ursprüngliche Besitz, aus dem die heutigen ökonomischen Positionen hervorgegangen sind, seinerseits auf gerechte oder auf unrechtmäßige Weise erworben wurde. Wie können wir wissen, in welchem Umfang die heutige Verteilung von Einkommen und Reichtum die Folge einer illegitimen Inbesitznahme von Land oder anderem Vermögen und damit von Gewalt, Diebstahl oder Betrug ist, der vielleicht schon Generationen zurückliegt? Wenn belegt werden kann, dass Personen, die es ganz nach oben geschafft haben, Nutznießer früheren Unrechts sind – etwa der Versklavung der Afroamerikaner oder der Enteignung der amerikanischen Ureinwohner –, dann kann das laut Nozick rechtfertigen, diese Ungerechtigkeit durch Besteuerung, Reparationen oder andere Maßnahmen wiedergutzumachen. Es sei jedoch unbedingt festzuhalten, dass diese Maßnahmen dazu dienten, Fehler der Vergangenheit auszugleichen, und nicht dazu, größere Gleichheit um ihrer selbst willen herzustellen.

Nozick illustriert die Verrücktheit (so sieht er das zumindest) der Umverteilung mit einem hypothetischen Beispiel anhand des Basketballers Wilt Chamberlain, dessen Salär Anfang der 70er Jahre die damals hohe Summe von 200 000 Dollar pro Saison erreichte. Seit Michael Jordan in neuerer Zeit zur Basketball-Ikone geworden ist, können wir Nozicks Beispiel anhand von Jordan auf den letzten Stand bringen; ihm bezahlte man in seinem letzten Jahr mit den Chicago Bulls 31 Millionen Dollar – mehr pro Spiel, als Chamberlain in einer ganzen Saison bekam.

Michael Jordans Geld

Um die Frage nach dem ursprünglichen Besitz ausklammern zu können, sollen wir uns gemäß Nozick vorstellen, dass wir die Ausgangsverteilung von Einkommen und Besitz auf eine beliebige Struktur festlegen, die wir für gerecht halten – wenn wir das wünschen, auch auf eine vollkommen gleiche Verteilung. Nun beginnt die Basketball-Saison. Alle, die Michael Jordan spielen sehen möchten, deponieren bei jedem Kauf einer Karte fünf Dollar in einer Schachtel.

Die Erträge aus der Schachtel gehen an Jordan. (Im richtigen Leben wird Jordans Gehalt natürlich von den Eigentümern der Mannschaft bezahlt. Nozicks vereinfachende Annahme – die Fans bezahlen Jordan direkt – ist eine Möglichkeit, sich auf einen bestimmten Aspekt zu konzentrieren: den freiwilligen Tausch.)

Weil viele Menschen scharf darauf sind, Jordan spielen zu sehen, kommen eine Menge Zuschauer, und die Schachtel füllt sich. Am Ende der Saison hat Jordan 31 Millionen eingenommen, weit mehr als jeder andere Spieler. Daraus ergibt sich, dass die ursprüngliche Verteilung – die wir als gerecht ansehen – nicht länger besteht. Jordan hat mehr, andere haben weniger. Doch die neue Verteilung kam durch absolut freiwillige Entscheidungen zustande. Wer hat nun einen Grund, sich zu beschweren? Jedenfalls nicht die, die bezahlt haben, um Jordan spielen zu sehen, denn sie haben sich aus freiem Willen dazu entschieden, Karten zu kaufen. Aber auch nicht jene, die Basketball nicht mögen und zu Hause geblieben sind. Sie haben schließlich keinen Cent für Jordan ausgegeben und sind nicht schlechter dran als zuvor. Und ganz sicher nicht Jordan selbst – er hatte sich ja entschieden, für ein hübsches Einkommen Basketball zu spielen.[9]

Nozick glaubt, ein solches Szenario illustriere zwei Probleme der Theorien von Verteilungsgerechtigkeit, die sich an Strukturen orientieren. Erstens bringe die Freiheit Strukturen durcheinander. Jeder, der ökonomische Ungleichheit für ungerecht hält, wird wiederholt und ständig in den freien Markt eingreifen müssen, um die Auswirkungen der von den Menschen getroffenen Entscheidungen rückgängig zu machen. Zweitens würden mit Eingriffen dieser Art – Jordan wird besteuert, um Programme zur Hilfe für Benachteiligte zu finanzieren – nicht nur die Ergebnisse freiwilliger Transaktionen umgeworfen; sie verletzen auch Jordans

Rechte, weil ihm seine Einkünfte genommen werden; letztlich wird er gegen seinen Willen gezwungen, einen wohltätigen Beitrag zu leisten.

Was genau ist falsch daran, Jordans Einkünfte zu besteuern? Laut Nozick steht moralisch gesehen mehr auf dem Spiel als nur Geld. Er glaubt, hier gehe es um nichts weniger als die Freiheit des Menschen. Das begründet er so: »Die Besteuerung von Arbeitsverdiensten ist mit Zwangsarbeit gleichzusetzen.«[10] Denn wenn der Staat das Recht habe, einen gewissen Teil meiner Einkünfte zu beanspruchen, dann habe er auch das Recht, einen gewissen Teil meiner Zeit zu beanspruchen. Statt, sagen wir, 30 Prozent meines Einkommens zu nehmen, könnte er mir ebenso gut die Anweisung geben, 30 Prozent meiner Zeit für ihn zu arbeiten. Wenn aber der Staat mich zwingen kann, zu seinen Gunsten zu schuften, macht er letztlich Eigentumsrechte an mir geltend:

> Nimmt man jemandem die Früchte seiner Arbeit weg, so ist das gleichbedeutend damit, dass man ihm Stunden wegnimmt und von ihm bestimmte Tätigkeiten verlangt. Wenn jemand gezwungen wird, eine Zeitlang eine bestimmte Arbeit oder unentgeltliche Arbeit zu leisten, so wird unabhängig von seinem Willen entschieden, was er tun muss und für welche Zwecke er arbeiten muss. Dadurch werden die anderen zu Teileigentümern, sie erlangen ein Eigentumsrecht über ihn.[11]

Diese Argumentation bringt uns zum moralischen Knackpunkt der libertarianischen Behauptung: der Idee des »Selbsteigentums« (der Vorstellung, jeder sei Besitzer seiner selbst). Wenn ich mich selbst besitze, muss ich auch Besitzer meiner Arbeit sein. (Wenn ein anderer mir befehlen könnte zu arbeiten, wäre dieser mein Herr, und ich wäre sein Sklave.) Wenn ich aber Eigentümer meiner Arbeit bin, muss ich auch das Recht auf die Früchte meiner Arbeit haben. (Wenn ein anderer ein Recht auf meine Einkünfte hätte, besäße dieser meine Arbeit und wäre somit mein Eigentümer.) Deshalb verletze es laut Nozick Michael Jordans Rechte, wenn sein Einkommen von 31 Millionen besteuert würde, um den Armen zu helfen. Denn damit werde letztlich festgestellt, dass der Staat oder die Gemeinschaft zum Teil sein Eigentümer sei.

Der Libertarianer erkennt also eine moralische Kontinuität von der Besteuerung (man nimmt mir meine Einkünfte) über die Zwangsarbeit (man nimmt meine Arbeitskraft an sich) bis hin zur Sklaverei (man bestreitet, dass ich mich selbst besitze).

Selbstverständlich beansprucht auch eine stark progressive Einkommenssteuer niemals 100 Prozent vom Einkommen irgendeines Bürgers. Demnach behauptet der Staat keineswegs, seine Steuerzahler vollständig zu besitzen. Doch Nozick besteht darauf, dass der Staat daran festhält, zumindest einen Teil von uns zu besitzen – welcher Anteil das ist, entspricht dem Teil unseres Einkommens, den wir abführen müssen, um Anliegen zu unterstützen, die über den Minimalstaat hinausgehen.

Besitzen wir uns selbst?

Als Michael Jordan 1993 das Ende seiner Karriere als Basketballer ankündigte, war die Trauer unter den Fans der Chicago Bulls groß. Später sollte er noch einmal zurückkommen und die Bulls zu drei weiteren Meisterschaften führen. Doch nehmen wir an, 1993 hätte der Stadtrat von Chicago oder auch der Kongress versucht, das Leid der Fans dadurch zu lindern, dass er beschlossen hätte, Jordan gesetzlich zu verpflichten, für ein Drittel der kommenden

Saison Basketball zu spielen. Die meisten Menschen würden ein solches Gesetz als ungerecht ansehen, als Verletzung von Jordans Freiheit. Wenn aber der Kongress Jordan nicht zwingen darf, in die Basketball-Arena zurückzukehren (auch nicht für ein Drittel der Saison), mit welchem Recht zwingt er ihn dann, ein Drittel des Geldes abzuführen, das er mit dem Basketball verdient?

Wer die Umverteilung von Einkommen durch Besteuerung befürwortet, bringt gegen die libertarianische Logik verschiedene Einwände vor. Die meisten dieser Einwände können überzeugend pariert werden.

Einwand 1: Besteuerung ist nicht so schlimm wie Zwangsarbeit. Wird man besteuert, kann man immer beschließen, weniger zu arbeiten und niedrigere Steuern zu bezahlen; wer dagegen zur Arbeit gezwungen wird, kann diese Entscheidung nicht treffen.

Antwort der Libertarianer: Na schön. Aber warum sollte einen der Staat zwingen, diese Wahl zu treffen? Manche sehen sich gerne Sonnenuntergänge an, während andere Aktivitäten bevorzugen, die Geld kosten – sie gehen ins Kino, essen im Restaurant, segeln auf einer Yacht und so weiter. Warum sollten Leute, die die Muße vorziehen, geringer besteuert werden als Leute, die Aktivitäten bevorzugen, für die sie Geld ausgeben müssen?

Nehmen wir folgende Analogie: Ein Dieb bricht bei jemandem zu Hause ein und hat genug Zeit, entweder einen Flachbild-Fernseher für 1000 Dollar mitzunehmen oder die 1000 Dollar Bargeld, die in der Matratze versteckt sind. Der Betreffende hofft vielleicht, der Dieb werde den Fernseher stehlen, weil er dann selbst wählen könnte, ob er die 1000 Dollar dafür ausgeben möchte, den Apparat zu ersetzen. Hätte der Dieb das Bargeld geklaut, gäbe es diese Entscheidungsmöglichkeit nicht (vorausgesetzt, es ist zu spät, das Gerät bei voller Kostenerstattung zurückzugeben). Doch diese Präferenz, lieber den Fernseher zu verlieren (oder weniger zu arbeiten), geht am Kern des Problems vorbei; der Dieb (oder der Staat) begeht in beiden Fällen ein Übel, was immer die Opfer anstellen mögen, um ihre Verluste auszugleichen.

Einwand 2: Die Armen benötigen das Geld dringender.

Antwort der Libertarianer: Das mag sein. Doch das ist allenfalls ein Grund, die Begüterten dazu zu überreden, die Bedürftigen freiwillig zu unterstützen. Es rechtfertigt nicht, Jordan und Gates zu zwingen, etwas für die Wohlfahrt abzugeben. Von den Reichen zu stehlen, um den Armen zu geben, heißt immer noch stehlen, ob das nun Robin Hood macht oder der Staat.

Sehen wir uns folgende Analogie an: Nur weil ein Dialysepatient eine meiner Nieren dringender benötigt als ich (vorausgesetzt, ich selbst habe noch zwei gesunde Nieren), heißt das nicht, dass er ein Recht darauf hat. Ebenso wenig darf der Staat eine meiner Nieren konfiszieren, um dem Dialysepatienten zu helfen, wie dringend und eilig seine Bedürfnisse auch sein mögen. Warum nicht? Weil die Niere mir gehört. Die Bedürfnisse des anderen sind nicht mehr wert als mein Grundrecht, mit den mir gehörenden Dingen zu tun, was ich will.

Einwand 3: Michael Jordan spielt nicht allein. Deshalb ist er denen etwas schuldig, die zu seinem Erfolg beitragen.

Antwort der Libertarianer: Es ist richtig, Jordans Erfolg hängt von anderen Menschen ab. Basketball ist ein Mannschaftssport. Das Publikum hätte keine 31 Millionen bezahlt, um ihm dabei zuzusehen, wie er in einer leeren Halle Freiwürfe in den Korb feuert. Ohne Mitspieler, Betreuer, Trainer, Schiedsrichter, Sendeanstalten, Arbeiter zur Stadionwartung und so weiter hätte er nie all das Geld verdienen können.

Doch all diesen Leuten sind ihre Dienste bereits nach dem Marktwert vergütet worden. Auch wenn sie weniger bekommen als Jordan, haben sie die Entlohnung für die von ihnen ausgeführten Arbeiten freiwillig akzeptiert. Es gibt also keinen Grund für die Annahme, Jordan schulde ihnen einen Anteil seiner Einkünfte. Und selbst wenn Jordan seinen Mitspielern und Betreuern etwas schulden sollte, ist schwer zu erkennen, wie diese Schuld es rechtfertigen könnte, seine Einkünfte zu besteuern, um Essensgutscheine für Hungernde oder öffentliche Wohnungen für Obdachlose zu finanzieren.

Einwand 4: Jordan wird nicht wirklich ohne seine Einwilligung besteuert. Als Bürger einer Demokratie hat er schließlich eine Stimme bei der Konzeption der Steuergesetze, denen er unterworfen ist.

Antwort der Libertarianer: Demokratische Zustimmung reicht nicht aus. Nehmen wir an, Jordan stimmte gegen das Gesetz, das aber dennoch verabschiedet wurde. Würde die Steuerbehörde trotzdem darauf bestehen, dass er bezahlt? Selbstverständlich. Man könnte sagen, weil Jordan in dieser Gesellschaft lebt, stimmt er (zumindest unausgesprochen) zu, sich an den Willen der Mehrheit zu halten und die Gesetze zu befolgen. Aber heißt das auch, dass wir der Mehrheit einfach dadurch, dass wir hier leben, einen Blankoscheck ausstellen und im Vorhinein mit allen Gesetzen einverstanden sind, auch wenn sie ungerecht sind?

Wenn dem so ist, darf die Mehrheit die Minderheit besteuern und sogar deren Besitz und Eigentum gegen deren Willen konfiszieren. Was aber wird dann aus den Rechten des Einzelnen? Wenn demokratische Zustimmung rechtfertigt, dass jemandem das Eigentum weggenommen wird:

Rechtfertigt sie dann auch, dass jemandem noch andere grundlegende Freiheiten weggenommen werden? Darf die Mehrheit mir etwa die Rede- oder die Religionsfreiheit entziehen und behaupten, ich habe bereits allem stillschweigend zugestimmt?

Auf diese vier ersten Einwände hält der Libertarianer überzeugende Antworten bereit. Ein weiterer Einwand ist jedoch schwerer von der Hand zu weisen:

Einwand 5: Jordan hat Glück gehabt. Er hat Glück, über das Talent zu verfügen, beim Basketball zu glänzen, und er hat das Glück, in einer Gesellschaft zu leben, die seine Fähigkeit schätzt, hoch zu springen und einen Ball durch einen Ring zu werfen. Wie hart er gearbeitet hat, um seine Fähigkeiten zu entwickeln, ist nicht so wichtig – seine natürlichen Gaben sind ebenso wenig sein Verdienst wie die Tatsache, dass er in einer Zeit lebt, in der Basketball beliebt ist und reich belohnt wird. Für all das ist er nicht selbst verantwortlich. Demnach kann man nicht sagen, er sei moralisch berechtigt, all das Geld zu behalten, das ihm seine Gaben einbringen. Die Gemeinschaft behandelt ihn nicht ungerecht, wenn sie seine Einkünfte zugunsten des Gemeinwohls besteuert.

Antwort der Libertarianer: Der Einwand bezweifelt, dass Jordans Talente wirklich ihm gehören. Diese Argumentationsrichtung ist jedoch potentiell gefährlich. Wenn Jordan kein Recht auf die Erträge hat, die aus der Ausübung seiner Talente hervorgehen, dann gehören sie ihm nicht wirklich. Und wenn er seine Talente und Fähigkeiten nicht besitzt, dann besitzt er sich selbst auch nicht wirklich. Aber wenn Jordan sich nicht selbst besitzt, wer dann? Sind Sie sicher, dass Sie der politischen Gemeinschaft ein Eigentumsrecht an ihren Bürgern zubilligen wollen?

Der Begriff des Selbsteigentums ist reizvoll – besonders für die, die nach einem starken Fundament für die Rechte des Einzelnen suchen. Aus der Vorstellung, dass ich mir selbst gehöre und nicht dem Staat oder der politischen Gemeinschaft, lässt sich eine Begründung dafür ableiten, warum es falsch ist, meine Rechte für das Wohlergehen anderer zu opfern. Erinnern wir uns an unser Widerstreben, den dicken Mann von der Brücke zu stoßen, um eine Lok mit versagenden Bremsen aufzuhalten. Zögern wir nicht deshalb, weil wir anerkennen, dass sein Leben ihm gehört? Wäre der schwere Mann freiwillig in den Tod gesprungen, um die Arbeiter auf den Schienen zu retten, hätte kaum jemand etwas dagegen gehabt – schließlich ist es sein Leben. Doch uns steht es nicht zu, über sein Leben zu verfügen, nicht einmal für eine gute Sache. Das gilt auch für den unglücklichen Schiffsjungen. Hätte Parker beschlossen, sein eigenes Leben zu opfern, um die hungernden Gefährten zu retten, würden die meisten Menschen ihm das Recht dazu ohne weiteres zugestehen. Seine Kameraden hatten jedoch nicht das Recht, sich einfach an ihm zu vergreifen.

Viele, die eine Laissez-faire-Ökonomie zurückweisen, berufen sich auf anderen Gebieten durchaus auf die Vorstellung des Selbsteigentums. Das erklärt vielleicht den fortwährenden Reiz, den libertarianische Ideen selbst auf Menschen ausüben, die den Wohlfahrtsstaat schätzen. Denken wir nur daran, welche Rolle die Idee des Selbsteigentums in Debatten über die Freiheit der Reproduktion, die Sexualmoral und das Recht auf Privatsphäre spielt. Die Regierung solle Verhütungsmittel oder Abtreibung nicht verbieten, heißt es oft, weil Frauen frei entscheiden sollten, was sie mit dem eigenen Körper machen. Ehebruch, Prostitution oder Homosexualität sollten nicht unter Strafe stehen, weil Erwachsene die Freiheit haben sollten, ihren Sexualpartner im gegenseitigen Einvernehmen selbst zu wählen. Manche sprechen sich sogar dafür aus, Nieren für Transplantationen auf dem freien Markt zu handeln – jeder sei schließlich Eigentümer seines Körpers und sollte deshalb frei entscheiden können, Teile dieses Körpers zu verkaufen. Da ich Eigner meines Lebens bin, sollte ich auch die Freiheit haben, es selbst zu beenden, wann ich will, und einen Arzt (oder sonst jemanden) hinzuziehen dürfen, der bereit ist, mir dabei zu helfen. Der Staat hat kein Recht, mich daran zu hindern, nach Belieben meinen Körper zu nutzen oder über mein Leben zu verfügen.

Die Vorstellung, dass wir uns selbst besitzen, taucht in vielen Argumenten zugunsten der Entscheidungsfreiheit auf. Wenn ich meinen Körper, mein Leben und meine Person besitze, sollte ich damit machen können, was ich will (vorausgesetzt, ich schade keinem anderen). Doch obwohl diese Vorstellung ihren Reiz hat, schließt sie vieles ein, was nicht leicht zu akzeptieren ist.

Wer sich von libertarianischen Grundsätzen angezogen fühlt und sehen möchte, wie weit er sie gelten lassen würde, sollte folgende Fälle erwägen:

Nieren verkaufen

In vielen Ländern ist es verboten, Organe zum Zweck der Transplantation zu kaufen und zu verkaufen. In den USA kann jeder eine seiner Nieren spenden, aber nicht auf dem freien Markt verkaufen. Doch manche Leute meinen, die entsprechenden Gesetze sollten geändert werden. Sie verweisen darauf, dass jedes Jahr zahllose Menschen sterben, die auf eine neue Niere warten. Wenn es einen freien Markt für Spendernieren gäbe, nähme das Angebot fraglos zu. Menschen, die Geld benötigten, sollte es freistehen, eine Niere zu verkaufen.

Ein Argument für die Erlaubnis, Nieren zu kaufen und

zu verkaufen, beruht auf der libertarianischen Vorstellung des Selbsteigentums: Wenn ich meinen Körper besitze, sollte ich Teile von ihm nach Belieben verkaufen dürfen. Nozick schreibt dazu: »Der Kern des Begriffs des Eigentums an X (...) ist das Recht, über die Verwendung von X zu entscheiden.«[12] Doch nur wenige Verfechter des Organhandels übernehmen die libertarianische Logik vollständig. Der Grund: Die meisten Befürworter eines Marktes für Nieren betonen, wie wichtig es sei, Leben zu retten, und heben die Tatsache hervor, dass die meisten Menschen, die eine ihrer Nieren spenden, mit der verbliebenen gut zurechtkommen. Wenn wir jedoch glauben, dass unser Körper und unser Leben unser Eigentum sind, spielt keine dieser beiden Erwägungen wirklich eine Rolle. Ist man Eigner seiner selbst, reicht das Recht, den eigenen Körper nach Belieben zu verwenden, völlig dazu aus, dass man seine Körperteile verkaufen darf. Ob man damit Leben rettet oder Gutes tut, hat damit nichts zu tun.

Wieso das so ist, lässt sich anhand von zwei atypischen Fällen zeigen: Nehmen wir zunächst an, der mögliche Käufer meiner Niere sei vollkommen gesund. Er bietet mir (oder wohl eher einem Bauern in einem Entwicklungsland) 8000 Dollar für eine Niere – nicht weil er dringend eine Organtransplantation benötigt, sondern weil er ein exzentrischer Künstler ist, der begüterten Kunden eine spleenige Wohnzimmerdekoration verkaufen möchte. Sollte es erlaubt sein, Organe zu diesem Zweck zu handeln? Wenn wir glauben, wir seien Eigentümer unserer selbst, dürfte es uns sehr schwerfallen, dies zu verneinen. Es kommt nicht auf den Zweck an, sondern auf das Recht, über unser Eigentum nach Belieben zu verfügen. Die meisten von uns würden vermutlich davor zurückschrecken, Körperteile auf so frivole Weise zu verwenden, und es vorziehen, wenn Organe ausschließlich verkauft werden dürften, um Leben zu retten. Jemand, der diese Ansicht vertritt, hat den Boden der libertarianischen Philosophie jedoch bereits verlassen. Er würde einräumen, dass wir kein unbegrenztes Eigentumsrecht am eigenen Körper besitzen.

Sehen wir uns einen zweiten Fall an: In einem indischen Dorf wünscht sich ein Bauer, der nur für den Eigenbedarf produziert, nichts dringlicher, als sein Kind aufs College zu schicken. Um das Geld aufzutreiben, verkauft er eine Niere an einen begüterten Amerikaner, der eine Transplantation benötigt. Ein paar Jahre später, als das zweite Kind des Bauern gerade das College-Alter erreicht, kommt ein weiterer Käufer in das Dorf und bietet ein hübsches Sümmchen für seine zweite Niere. Sollte er auch diese verkaufen dürfen, auch wenn es seinen Tod bedeutete? Falls die moralische Argumentation zugunsten des Organhandels auf dem Begriff des Selbsteigentums beruht, muss man mit ja antworten. Es wäre verrückt, zu glauben, dass der Bauer die eine Niere besitzt, die andere jedoch nicht. Einige könnten vielleicht einwenden, dass man niemanden dazu verleiten sollte, für Geld sein Leben hinzugeben. Doch wenn wir unsere Körper und Leben besitzen, ist der Bauer absolut berechtigt, seine zweite Niere zu verkaufen, selbst wenn es ihn umbringt. (Dieses Szenario ist nicht vollkommen hypothetisch: In den 90ern wollte ein Strafgefangener seiner Tochter die zweite Niere spenden. Der Ethikrat der Klinik verweigerte das.)

Es ist selbstverständlich möglich, nur jene Organverkäufe zu erlauben, die Leben retten und das Leben des Verkäufers nicht gefährden. Doch diese Politik beruht nicht auf dem Grundsatz des Selbsteigentums. Wenn wir wahrhaft Eigentümer unseres Körpers und Lebens sind, sollten allein wir entscheiden dürfen, ob und zu welchem Zweck wir Körperteile verkaufen und welches Risiko wir dabei auf uns nehmen.

Nachdem Dr. Jack Kevorkian acht Jahre in einem Gefängnis in Michigan gesessen hatte, weil er unheilbar kranken Patienten, die sterben wollten, tödliche Drogen verabreicht hatte, kam er 2007 im Alter von 79 Jahren auf Bewährung frei. Er akzeptierte die Auflage, keinem Patienten mehr beim Suizid zu helfen.

In den 90ern warb Dr. Kevorkian (der als »Dr. Death« bekannt wurde) öffentlich für eine gesetzliche Zulassung der Sterbehilfe und praktizierte, was er predigte – er half 130 Menschen, ihr Leben zu beenden. Erst nachdem er dem Sender CBS für die Sendung 60 *Minutes* ein Video übergeben hatte, auf dem zu sehen war, wie er einem an Amyotropher Lateralsklerose (ALS) leidenden Mann eine tödliche Injektion verabreichte, wurde er wegen Totschlags angeklagt und in einem Strafverfahren verurteilt.[13]

In Kevorkians Heimatstaat Michigan ist Beihilfe zum Suizid ebenso illegal wie in allen anderen US-Bundesstaaten, mit Ausnahme von Oregon und Washington. Viele Länder verbieten die Sterbehilfe, und nur wenige (am bekanntesten sind hier die Niederlande) erlauben sie ausdrücklich.

Auf den ersten Blick erscheint die Argumentation zugunsten der Sterbehilfe als lehrbuchmäßige Anwendung der libertarianischen Philosophie. Für den Libertarianer sind Gesetze ungerecht, die Sterbehilfe verbieten. Denn wenn mein Leben mir gehört, sollte ich auch die Freiheit haben, es aufzugeben. Und wenn ich eine freiwillige Vereinbarung mit jemandem treffe, der mir beim Sterben hilft, hat der Staat kein Recht, sich einzumischen.

Doch die Begründung für eine Zulassung der Sterbehilfe muss nicht zwangsläufig auf der Vorstellung beruhen, dass wir uns selbst besitzen oder dass unser Leben uns gehört.

Viele Befürworter der Sterbehilfe berufen sich nicht auf Eigentumsrechte, sondern argumentieren im Namen von Würde und Mitleid. Sie sagen, unheilbar Kranke im Endstadium, die sehr leiden, sollten in der Lage sein, ihren Tod schneller herbeizuführen, anstatt mit quälenden Schmerzen weiterleben zu müssen. Selbst wer glaubt, wir hätten eine generelle Pflicht, menschliches Leben zu erhalten, dürfte zu dem Schluss kommen, dass in bestimmten Fällen das Mitleid schwerer wiegen kann als die Pflicht zum Weitermachen.

Bei Patienten im Endstadium ist die libertarianische Begründung für Sterbehilfe schwer von der aus dem Mitleid hervorgehenden Begründung zu trennen. Um einschätzen zu können, welche moralische Stärke der Vorstellung des Selbsteigentums innewohnt, sehen wir uns einen Fall von Suizidhilfe an, bei dem es nicht um Kranke im Endstadium geht. Zugegeben, der Fall ist drastisch. Doch genau das erlaubt es uns, die libertarianische Logik – unberührt von Gedanken an Würde und Mitleid – auf die Probe zu stellen.

Einvernehmlicher Kannibalismus

2001 kam es in der deutschen Gemeinde Rotenburg zu einem merkwürdigen Treffen. Bernd Jürgen Brandes, ein 43-jähriger Software-Ingenieur, hatte auf eine Internet-Anzeige geantwortet, in der jemand gesucht wurde, der bereit war, sich töten und verzehren zu lassen. Die Anzeige stammte von dem Computertechniker Armin Meiwes, 42 Jahre alt. Meiwes bot kein Geld an, sondern nur das Erlebnis selbst. Etwa 200 Personen reagierten auf die Anzeige. Vier besuchten Meiwes in seinem Bauernhaus für ein Gespräch und hatten schließlich kein Interesse mehr. Als aber Brandes zu Meiwes kam und dessen Vorschlag bei einem Kaffee erwog, willigte er ein. Anschließend tötete

Meiwes seinen Gast, zerstückelte die Leiche und bewahrte die Teile in Plastikbeuteln in seiner Gefriertruhe auf. Als man den »Kannibalen von Rotenburg« festnahm, hatte er bereits mehr als 40 Pfund seines bereitwilligen Opfers verzehrt – einige Teile hatte er in Olivenöl mit Knoblauch zubereitet.[14]

Als Meiwes vor Gericht gestellt wurde, faszinierte der schaurige Fall die Öffentlichkeit und brachte das Gericht in Verlegenheit. In Deutschland gibt es kein Gesetz gegen Kannibalismus. Der Täter könne nicht wegen Mordes verurteilt werden, behauptete die Verteidigung, weil das Opfer bereitwillig an seinem eigenen Tod mitgewirkt habe. Meiwes' Anwalt argumentierte, sein Klient könne nur einer »Tötung auf Verlangen« schuldig sein – diese Form der Suizidbeihilfe wird mit einer Freiheitsstrafe von höchstens fünf Jahren bestraft. Das Gericht entschied sich für den Mittelweg und verurteilte Meiwes wegen Totschlags zu achteinhalb Jahren Gefängnis.[15] Doch zwei Jahre später revidierte ein Berufungsgericht das Urteil und verurteilte Meiwes zu lebenslanger Haft.[16] Übrigens ist, in einer wahrhaft bizarren Wendung der Geschichte, der mörderische Kannibale Berichten zufolge in der Haft zum Vegetarier geworden – mit der Begründung, Massentierhaltung sei unmenschlich.[17]

Einvernehmlicher Kannibalismus unter Erwachsenen ist wohl der ultimative Test für den libertarianischen Grundsatz des Selbsteigentums und der daraus folgenden Vorstellung von Gerechtigkeit. Es handelt sich um eine extreme Form der Sterbehilfe. Da es dabei nicht darum geht, einen Patienten im Endstadium von seinen Schmerzen zu erlösen, ist diese Aktion allein mit der Begründung zu rechtfertigen, dass wir Eigentümer unseres Körpers und unseres Lebens sind und damit tun dürfen, was uns beliebt. Falls die libertarianische Behauptung zutrifft, ist es ungerecht, einvernehmlichen Kannibalismus zu verbieten – es wäre eine Einschränkung unserer Freiheit. Der Staat darf Armin Meiwes so gesehen ebenso wenig bestrafen, wie er Bill Gates und Michael Jordan besteuern darf, um den Armen zu helfen.

4

Bezahlte Helfer

MÄRKTE UND MORAL

Viele der hitzigsten Debatten über Gerechtigkeit betreffen die Rolle der Märkte. Ist der freie Markt fair? Gibt es bestimmte Güter, die man für Geld nicht kaufen kann (oder nicht kaufen sollte)? Wenn ja, welche Güter sind das? Und was ist falsch daran, sie zu kaufen und zu verkaufen?

Üblicherweise beruht die Argumentation zugunsten freier Märkte auf zwei Behauptungen – eine betrifft die Freiheit, die andere den allgemeinen Wohlstand. Die erste besteht in der libertarianischen Begründung freier Märkte, nach der man die Freiheit der Menschen nur achtet, wenn man ihnen auch den freiwilligen Tausch von Gütern gestattet; Gesetze, die in den freien Markt eingreifen, verletzen die Freiheit des Einzelnen dagegen. Die zweite besteht in der utilitaristischen Begründung von Märkten. Demnach fördern freie Märkte den Wohlstand; wenn zwei Menschen einen Handel abschließen, gewinnen beide. Solange bei einem Handel niemand zu Schaden kommt, muss der Nutzen dadurch insgesamt zunehmen.

Marktskeptiker stellen diese Behauptungen in Frage. Sie meinen, Marktentscheidungen seien nicht immer so frei, wie sie vielleicht erschienen. Außerdem würden Güter und bestimmte Aspekte der gesellschaftlichen Praxis korrumpiert oder entwertet, wenn sie für Geld gekauft und verkauft würden. In diesem Kapitel werden wir uns ansehen, wie moralisch es ist, Menschen für zwei sehr unterschiedliche Arten von Arbeit zu bezahlen: in Kriegen zu kämpfen und Kinder auszutragen. Wenn wir durchdenken, wie richtig oder falsch die marktgemäße Bezahlung in diesen umstrittenen Fällen ist, hilft uns das, die Unterschiede zwischen den führenden Theorien der Gerechtigkeit deutlicher herauszuarbeiten.

Wehrpflicht oder Berufsarmee?

In den ersten Monaten des amerikanischen Bürgerkriegs wurden Tausende von Männern in den Nordstaaten durch feierliche Versammlungen und patriotische Gefühle dazu gebracht, sich freiwillig zur Armee der Union zu melden. Doch mit deren Niederlage bei Bull Run, der im Frühling darauf das Scheitern von General George B. McClellans Vorstoß zur Einnahme Richmonds folgte, begannen die Nordstaatler daran zu zweifeln, dass der Konflikt rasch enden würde. Man musste mehr Truppen ausheben, und im Juli 1862 unterzeichnete Abraham Lincoln das erste Einberufungsgesetz der Union. Bei den Konföderierten im Süden war man schon dabei, Wehrpflichtige einzuberufen.

Eine Wehrpflicht widersprach dem Kern der individualistischen Tradition Amerikas, und die Union trug dieser Tradition bei der Einberufung auf überzeugende Weise Rechnung: Jeder Einberufene, der nicht dienen wollte, konnte einen anderen anheuern, der seinen Platz einnahm.[1]

Einberufene auf der Suche nach Ersatzleuten gaben Zeitungsanzeigen auf und boten bis zu 1500 Dollar, damals eine beträchtliche Summe. Auch das Einberufungsgesetz der Konföderierten ließ bezahlte Stellvertreter zu, was den Spruch »Die Reichen führen Krieg, die Armen kämpfen« aufkommen ließ – eine Klage, die auch im Norden Widerhall fand. Im März 1863 erließ der Kongress ein neues Einberufungsgesetz, das dem Missstand abhelfen sollte. Auch wenn es das Recht, einen Ersatz anzuheuern, nicht abschaffte, sah es vor, dass jeder Einberufene der Regierung eine Gebühr von 300 Dollar entrichten konnte, um nicht dienen zu müssen. Obwohl die Ersatzgebühr fast den Jahreslohn eines ungelernten Arbeiters ausmachte, versuchte man mit dieser Klausel, den Preis der Ausnahme auch für gewöhnliche Arbeiter erschwinglich zu machen. Manche Städte und Landkreise übernahmen die Gebühr für ihre Einberufenen. Und Versicherungsgesellschaften boten Policen an, die im Falle der Einberufung die Gebühr abdeckten.[2]

Obwohl diese Regelung dazu gedacht war, die Ausnahme von der Wehrpflicht zu einem günstigen Preis anzubieten, war sie politisch weniger populär als die Stellung eines Ersatzmanns – vielleicht, weil sie dem Menschenleben (oder dem Todesrisiko) einen staatlich sanktionierten Preis zuwies. Zeitungsschlagzeilen verkündeten: »Dreihundert Dollar für dein Leben.« Der Ärger über die Einberufung und die 300 Dollar Ersatzgebühr entlud sich gegenüber den Erfassungsbeamten – wobei besonders die New Yorker Einberufungsunruhen vom Juli 1863 in Erinnerung geblieben sind. Sie hielten mehrere Tage an und forderten mehr als hundert Menschenleben. Im Jahr darauf verabschiedete der Kongress ein neues Einberufungsgesetz, das die Ersatzgebühr abschaffte. Das Recht, einen Vertreter anzuheuern, wurde jedoch im Norden (nicht aber im Süden) den ganzen Krieg hindurch beibehalten.[3]

Am Ende kämpften dann nur relativ wenige Einberufene in der Unionsarmee. Sogar nach Einführung der Wehrpflicht bestand die Armee zum größten Teil aus Freiwilligen, die durch Handgelder und die Drohung, eingezogen zu werden, dazu gebracht wurden, sich freiwillig zu verpflichten. Viele, deren Zahlen bei Einberufungslotterien gezogen wurden, flohen oder wurden wegen Dienstuntauglichkeit befreit. Von den etwa 207 000 Männern, die tatsächlich einberufen wurden, bezahlten 87 000 die Ersatzgebühr, 74 000 heuerten Vertreter an, und nur 46 000 leisteten ihren Dienst ab.[4] Unter anderem bezahlten Andrew Carnegie und J. P. Morgan, die Väter von Theodore und Franklin D. Roosevelt sowie die künftigen Präsidenten Chester A. Arthur und Grover Cleveland Ersatzleute, die an ihrer Stelle kämpften.[5]

War das im Bürgerkrieg angewandte Verfahren zur Zuteilung des Militärdienstes gerecht? Die meisten meiner Studenten antworten auf diese Frage mit nein. Sie halten es für unfair, dass man den Begüterten erlaubt, Ersatzleute anzuheuern, die an ihrer Stelle kämpfen. Wie viele Amerikaner, die in den 1860ern protestierten, betrachten sie dieses System als eine Form der Klassendiskriminierung. Anschließend frage ich die Studenten, ob sie die Wehrpflicht vorziehen oder eine reine Freiwilligenarmee, wie wir sie heute in den USA haben. Fast alle sprechen sich für die Freiwilligenarmee aus (damit sind sie sich mit der Mehrheit der Amerikaner einig). Das wirft aber eine schwierige Frage auf: Wenn das System des Bürgerkriegs ungerecht war, weil es den Begüterten erlaubte, andere anzuheuern, die für sie kämpften: Gilt dieser Einwand dann nicht ebenso für die Freiwilligenarmee?

Natürlich unterscheiden sich die Anwerbeverfahren. Andrew Carnegie musste seinen Ersatzmann selbst finden und direkt bezahlen; heute rekrutiert das Militär die Soldaten, die im Irak oder in Afghanistan kämpfen, und wir als Steuerzahler bezahlen sie kollektiv. Dennoch gilt in beiden Fällen, dass diejenigen, die lieber nicht persönlich zu den Waffen greifen, andere anheuern, um in unsere Kriege zu ziehen und ihr Leben zu riskieren. Wo also liegt moralisch gesehen der Unterschied? Wenn das System des Bürgerkriegs mit den angeheuerten Ersatzleuten ungerecht war, ist dann die Freiwilligenarmee nicht ebenso ungerecht?

Für die Untersuchung dieser Frage wollen wir den amerikanischen Bürgerkrieg für einen Augenblick beiseitelassen und uns auf die beiden Standardverfahren zur Rekrutierung von Soldaten konzentrieren: die Wehrpflicht und den Arbeitsmarkt.

Die Wehrpflicht in ihrer einfachsten Form füllt die Reihen des Militärs, indem sie alle geeigneten Bürger zum Dienst verpflichtet oder, falls nicht alle benötigt werden, per Losentscheid bestimmt, wer einberufen wird. Dieses System wandten die USA im Ersten und Zweiten Weltkrieg an. Auch während des Vietnamkriegs wurde auf Einberufungen zurückgegriffen, obwohl dieses Verfahren so komplex war und durch Zurückstellungen für Studenten und Menschen in bestimmten Berufen ausgehöhlt wurde, dass es vielen ermöglichte, nicht kämpfen zu müssen.

Die Einberufung befeuerte gleichwohl die Opposition gegen den Vietnamkrieg, besonders an den Universitäten. Zum Teil als Reaktion darauf schlug Präsident Richard Nixon vor, die Wehrpflicht abzuschaffen, was 1973, als die USA ihre Präsenz in Vietnam zurückfuhren, auch geschah. Da der Militärdienst nun nicht mehr obligatorisch war, erhöhte das Militär die Besoldung und bot weitere Zusatzleistungen an, um die benötigte Anzahl von Soldaten zu rekrutieren.

Eine Freiwilligenarmee im heutigen Sinn füllt ihre Reihen über den Arbeitsmarkt – genau wie Restaurants, Banken, Einzelhandelsläden und andere Betriebe. Der Ausdruck »Freiwilliger« ist allerdings nicht ganz richtig gewählt. Die Freiwilligenarmee ist etwas anderes als eine Freiwillige Feuerwehr oder die örtliche Suppenküche, in der Bürger ihre Arbeit als sozialpolitisches Engagement verstehen. Sie ist eine Berufsarmee, in der Soldaten gegen Bezahlung beschäftigt sind. »Freiwillige« sind die Soldaten nur in dem Sinn, in dem auch Beschäftigte in anderen Berufen Freiwillige sind. Niemand unterliegt einer Dienstpflicht, und die Tätigkeit wird von denen ausgeübt, die bereit sind, sie für Geld und andere Vorteile zu erledigen.

Die Debatte darüber, wie eine demokratische Gesellschaft ihr Militärpersonal rekrutieren sollte, verläuft in Kriegszeiten besonders intensiv – das belegen die Einberufungsunruhen während des amerikanischen Bürgerkriegs und die Proteste der Vietnamkrieg-Ära. Nachdem die Vereinigten Staaten eine reine Freiwilligenarmee eingeführt hatten, schwand das öffentliche Interesse an der Frage der Gerechtigkeit bei der Zuteilung des Militärdienstes. Die von den USA geführten Kriege im Irak und in Afghanistan haben jedoch die öffentliche Diskussion darüber wieder aufleben lassen. In Frage steht, ob eine demokratische Gesellschaft das Recht hat, ihre Soldaten mit Hilfe des Marktes zu rekrutieren.

Die meisten Amerikaner befürworten die Freiwilligenarmee; nur wenige wollen zur Wehrpflicht zurückkehren. (Im September 2007 fand eine Gallup-Umfrage mitten im Irakkrieg heraus, dass die Amerikaner mit 80 zu 18 Prozent gegen eine Wiedereinführung der Wehrpflicht waren.[6]) Die erneute Debatte über die Freiwilligenarmee konfrontiert uns aber direkt mit einigen großen Fragen der politischen Philosophie – Fragen zur Freiheit des Einzelnen und zu seinen Bürgerpflichten.

Um diese Fragen zu ergründen, wollen wir die drei Verfahren zur Zuweisung des Militärdienstes vergleichen: Wehrpflicht (1), Wehrpflicht mit der Möglichkeit, Ersatzleute anzuheuern (2), sowie das System des Marktes (3). Welches Verfahren ist am gerechtesten?

Die Argumentation zugunsten der Freiwilligenarmee

Für Libertarianer liegt die Antwort auf der Hand. Wehrpflicht (Konzept 1) ist ungerecht, weil sie mit Zwang verbunden und damit eine Form der Sklaverei ist. Der Staat erhebt den Anspruch, seine Bürger zu besitzen und mit ihnen anfangen zu können, was ihm beliebt – unter anderem kann er sie zwingen, im Krieg zu kämpfen und ihr Leben zu riskieren. Ron Paul, Kongressabgeordneter der Republikaner, führender Libertarianer und erklärter Gegner der Wehrpflicht, behauptete kürzlich: »Wehrpflicht ist ganz schlicht pure Sklaverei. Und die wurde im Rahmen des 13. Zusatzartikels unserer Verfassung, der unfreiwillige Knechtschaft verbietet, für illegal erklärt. Als Eingezogener beim Militär kann man durchaus getötet werden, was die Wehrpflicht zudem zu einer sehr gefährlichen Art der Versklavung macht.«[7]

Doch selbst wenn man die Wehrpflicht nicht als Sklaverei ansieht, könnte man sich aus utilitaristischer Perspektive gegen sie aussprechen, weil sie die Entscheidungsmöglichkeiten der Menschen einschränkt und somit das Glück insgesamt vermindert. Diese Argumentation geht davon aus, dass die Wehrpflicht im Vergleich zu einem System, das das Anheuern von Ersatzleuten zulässt, das Wohl der Menschen vermindert, weil sie den Abschluss wechselseitig vorteilhafter Geschäfte verhindert. Wenn Andrew Carnegie und sein Stellvertreter ein Geschäft vereinbaren wollen – warum sollte man sie daran hindern? Die Freiheit, etwas auszutauschen, scheint den Nutzen beider Parteien zu mehren, ohne den eines Dritten zu verringern. Aus utilitaristischen Gründen ist das System des amerikanischen Bürgerkriegs (Konzept 2) also besser als eine reine Wehrpflicht (Konzept 1).

Es ist leicht einzusehen, wie utilitaristische Annahmen eine Argumentation zugunsten des Marktes stützen können. Wenn wir davon ausgehen, dass ein freiwilliger Austausch für beide Parteien vorteilhaft ist, ohne dass andere dadurch geschädigt werden, haben wir eine gute utilitaristische Begründung dafür, den Märkten die Regelung zu überlassen.

Das können wir erkennen, wenn wir nun das System des US-Bürgerkriegs (Konzept 2) mit der Freiwilligenarmee (Konzept 3) vergleichen. Genau die Logik, nach der es Einberufenen gestattet sein sollte, Ersatzleute anheuern, begründet auch eine uneingeschränkte Marktlösung. Wenn man zulässt, dass jemand einen Stellvertreter bezahlt, warum sollte man dann überhaupt jemanden einziehen? Warum rekrutiert man nicht einfach Truppen auf dem Arbeitsmarkt? Man legt die Löhne und Zusatzleistungen fest, die jeweils notwendig sind, um eine hinreichende Zahl qualifizierter Arbeitnehmer für den Job zu interessieren, und lässt die Leute selbst entscheiden, ob sie ihn übernehmen wollen. Niemand ist gezwungen, gegen seinen Willen zu dienen, und wer bereit ist, Soldat zu werden, zieht den Militärdienst offenbar den anderen vorhandenen Alternativen vor.

Aus utilitaristischer Sicht erscheint also die Freiwilligenarmee als beste der drei Optionen. Lässt man die Leute frei entscheiden, sich aufgrund der gebotenen Leistungen zum Militär zu verpflichten, ermöglicht man ihnen, ihren eigenen Nutzen zu maximieren. Wer dagegen nicht dienen will, muss nicht gegen seinen Willen zum Militärdienst gezwungen werden und erleidet so keinen Schaden.

Ein Utilitarist könnte hier freilich einwenden, dass eine Freiwilligenarmee teurer ist als eine Armee mit Wehrpflichtigen, weil Berufssoldaten wesentlich besser bezahlt werden müssen. Ein Utilitarist könnte auch besorgt sein, dass das größere Glück der besser bezahlten Soldaten durch die Unlust der Steuerzahler aufgehoben würde, die nun für ihr Militär mehr bezahlen müssen.

Dieser Einwand ist jedoch nicht sehr überzeugend, besonders wenn die Wehrpflicht (mit oder ohne Ersatzleute) die Alternative ist. Es wäre merkwürdig, aus utilitaristischen Gründen darauf zu bestehen, die dem Steuerzahler durch andere öffentliche Dienstleistungen wie Polizei und Feuerwehr entstehenden Kosten zu senken, indem man zufällig ausgewählte Leute zwingt, diese Aufgaben für eine unter dem Marktwert liegende Bezahlung zu übernehmen. Ebenso merkwürdig wäre es, die Kosten für die Instandhaltung der Straßen zu senken, indem man eine durch Los bestimmte Untergruppe von Steuerzahlern auffordert, diese Arbeit selbst auszuführen oder andere dafür anzuheuern. Die Unlust, die aus solchen Zwangsmaßnahmen hervorginge, würde den Nutzen billigerer öffentlicher Dienste für den Steuerzahler vermutlich übersteigen.

Aus Sicht des Libertarianers wie des Utilitaristen erscheint also die Freiwilligenarmee als die beste, das kombinierte System des Bürgerkrieges als die zweitbeste und die Wehrpflicht als die am wenigsten wünschenswerte Möglichkeit, die Truppe mit Soldaten zu versorgen. Gegen diesen Standpunkt lassen sich aber zumindest zwei Einwände erheben. Ein Einwand betrifft die Fairness, der andere die staatsbürgerliche Tugend und das Gemeinwohl.

Einwand 1: Fairness und Freiheit

Der erste Einwand stellt fest, dass der freie Markt für alle Menschen mit beschränkten Wahlmöglichkeiten so frei gar nicht ist. Nehmen wir einen Extremfall: Ein unter einer Brücke schlafender Obdachloser mag sich in gewissem Sinn zu dieser Existenzweise entschlossen haben; aber wir würden seine Entscheidung nicht unbedingt als frei ansehen.

Wir wären nicht zu der Annahme berechtigt, dass er lieber unter der Brücke statt in einer Wohnung schlafe. Wenn wir wissen wollen, ob seine Entscheidung auf einer Vorliebe für das Schlafen im Freien beruht oder darauf, dass er sich keine Wohnung leisten kann, müssen wir etwas über seine Lebensumstände erfahren. Lebt er freiwillig so – oder notgedrungen?

Diese Frage lässt sich auch in Hinblick auf andere Marktentscheidungen anwenden – einschließlich der Entscheidungen, die Menschen treffen, wenn sie unterschiedliche Jobs übernehmen. Wie lässt sich das auf den Militärdienst übertragen? Wie gerecht oder ungerecht eine Freiwilligenarmee ist, können wir nicht feststellen, ohne mehr über die in der jeweiligen Gesellschaft vorherrschenden Bedingungen zu erfahren: Existiert ein vernünftiges Maß an Chancengleichheit, oder haben manche Menschen in ihrem Leben nur weniger Optionen? Hat jeder die Chance auf einen Hochschulabschluss, oder können sich manche Menschen nur dann ein College leisten, wenn sie sich zum Militärdienst verpflichten?

Vom Standpunkt der Marktlogik aus ist die Freiwilligenarmee attraktiv, weil sie den Zwang der Wehrpflicht vermeidet. Durch sie wird der Militärdienst zu einer gegenseitig einvernehmlichen Angelegenheit. Allerdings dürften manche, die schließlich in der Freiwilligenarmee landen, dem Militärdienst ebenso abgeneigt sein wie jene, die ihm fernbleiben. Wenn Armut und wirtschaftliche Benachteiligung weit verbreitet sind, kann die Entscheidung, sich zu verpflichten, einfach den Mangel an Alternativen widerspiegeln.

Diesem Einwand zufolge könnte die Freiwilligenarmee vielleicht gar nicht so freiwillig sein, wie sie erscheint. In Wahrheit dürfte sie ein Stück Zwang einschließen. Wenn einige Mitglieder der Gesellschaft keine anderen guten Optionen haben, könnten die, die sich zum Dienst verpflichten, aufgrund ökonomischer Notwendigkeit faktisch wehrpflichtig sein. In diesem Fall unterscheiden sich Wehrpflicht und Freiwilligenarmee nicht dadurch, dass die eine zwingend ist und die andere freiwillig. Vielmehr wendet jede von ihnen jeweils eine andere Form von Zwang an – im ersten Fall ist es die Macht des Gesetzes, im zweiten der Druck der wirtschaftlichen Notwendigkeit. Nur wenn die Menschen bei der Berufswahl über eine vernünftige Spanne von Optionen verfügen, kann man sagen, dass die Entscheidung, gegen Bezahlung beim Militär zu dienen, eher ihren Vorlieben als ihren begrenzten Alternativen entspricht.

Die Schichtzugehörigkeit der Soldaten der heutigen amerikanischen Freiwilligenarmee bestätigt diesen Einwand zumindest in gewissem Maße. Junge Leute aus Wohngegenden mit niedrigem bis mittlerem Jahreseinkommen (zwischen 30 850 und 57 836 Dollar) sind in den Reihen der aktiven Armeerekruten überdurchschnittlich stark vertreten.[8] Am geringsten vertreten sind die ärmsten 10 Prozent der Bevölkerung (vielen dürften die erforderliche Ausbildung und die entsprechenden Fähigkeiten fehlen) sowie die wohlhabendsten 20 Prozent (aus Wohngegenden mit durchschnittlichen Haushaltseinkommen von 66 329 Dollar und darüber).[9] In den letzten Jahren verfügten mehr als 25 Prozent der Rekruten nicht über einen regulären Highschool-Abschluss.[10] Und während 46 Prozent der Zivilbevölkerung eine College-Ausbildung vorweisen können, haben nur 6,5 Prozent der 18- bis 24-Jährigen in den Reihen des Militärs ein College besucht.[11]

In den letzten Jahren haben sich die privilegiertesten jungen Leute der amerikanischen Gesellschaft nicht für den Militärdienst entschieden. Der Titel eines Buches über die Schichtzugehörigkeit innerhalb der Streitkräfte hält das recht schön fest: *AWOL – The Unexcused Absence of*

America's Upper Classes from Military Service (*Unerlaubte Entfernung von der Truppe – Die unentschuldigte Abwesenheit der amerikanischen Oberklasse beim Militärdienst*).[12] Von den 750 Mitgliedern des Studienjahrgangs 1956 in Princeton ging die Mehrheit – 450 Studenten – nach dem Abschluss zum Militär. Von den 1108 Mitgliedern des Studienjahrgangs 2006 verpflichteten sich nur neun Studenten.[13] Bei anderen Eliteuniversitäten findet man ein ähnliches Muster – ebenso wie in der Hauptstadt der Nation: Nur zwei Prozent der Kongressabgeordneten haben einen Sohn oder eine Tochter, die Militärdienst leisten.[14]

Der Kongressabgeordnete Charles Rangel, ein Demokrat aus Harlem und hochdekorierter Veteran des Koreakrieges, hält das für unfair und fordert, die Einberufung wieder einzuführen. »Solange Amerikaner in den Krieg geschickt werden«, schreibt er, »sollte jeder dieser Gefahr ausgesetzt werden, nicht nur diejenigen, die aufgrund ökonomischer Umstände durch lukrative Verpflichtungsprämien und Ausbildungsangebote angezogen werden.« Er verweist darauf, in New York City sei »die unverhältnismäßige Last des Wehrdienstes dramatisch. 2004 waren 70 Prozent der Freiwilligen schwarz oder Hispanoamerikaner, die sich aus Gruppen mit niedrigem Einkommen rekrutierten.«[15]

Rangel war gegen den Krieg im Irak und glaubt, er wäre nie begonnen worden, hätten die Kinder der politischen Entscheidungsträger die Last des Kampfes mittragen müssen. Er meint auch, angesichts der Chancenungleichheit in der amerikanischen Gesellschaft sei es unfair, den Militärdienst über den Markt zuzuteilen:

> Die große Mehrheit der Menschen, die für dieses Land im Irak unter Waffen stehen, stammt aus den ärmeren Gruppen in unseren Stadtzentren und ländlichen Gebieten – Orten, wo Ver-

pflichtungsprämien von bis zu 40 000 Dollar und Ausbildungsangebote im Wert von vielen Tausend Dollar sehr attraktiv sind. Für Menschen, denen das College als Option zur Verfügung steht, bedeuten diese Anreize – für die man sein Leben aufs Spiel setzt – jedoch gar nichts.[16]

Der erste Einwand gegen die Marktlogik einer Freiwilligenarmee bezieht sich also auf Unfairness und Zwang – auf die Unfairness der Klassendiskriminierung und den Zwang, der sich ergeben kann, wenn ökonomische Benachteiligung junge Leute dazu bringt, im Tausch für eine Hochschulausbildung und andere Vorteile ihr Leben zu riskieren.

Zu beachten ist, dass der Einwand gegen den Zwang keinen Einwand gegen die Freiwilligenarmee an sich darstellt. Er gilt nur in einer Gesellschaft mit erheblicher Ungleichheit. Hebt man diese Ungleichheit auf, wird der Einwand gegenstandslos. Stellen wir uns beispielsweise eine vollkommen egalitäre Gesellschaft vor, in der jedem die gleichen Ausbildungsmöglichkeiten offenstehen. In einer solchen Gesellschaft könnte niemand monieren, dass die Entscheidung, sich freiwillig zum Militär zu verpflichten, nicht völlig frei, sondern durch wirtschaftliche Notwendigkeit in unfairer Weise erzwungen sei.

Natürlich ist keine Gesellschaft vollkommen gleich. Somit schwebt über den Entscheidungen, welche die Menschen auf dem Arbeitsmarkt treffen, stets die Gefahr des Zwangs. Doch wie viel Gleichheit ist überhaupt nötig, damit Marktentscheidungen eher frei als unter Zwang getroffen werden? Ab wann untergräbt die strukturelle Ungleichheit die Fairness gesellschaftlicher Institutionen wie etwa der Freiwilligenarmee? Unter welchen Voraussetzungen ist der freie Markt wirklich frei?

Wollen wir diese Fragen beantworten, müssen wir uns Formen der Moralphilosophie und der politischen Philosophie zuwenden, die die Freiheit – und nicht den Nutzen – ins Zentrum ihrer Überlegungen zur Gerechtigkeit stellen. Deshalb werden wir diese Fragen zurückstellen, bis wir uns in späteren Kapiteln Immanuel Kant und John Rawls widmen.

Einwand 2: Staatsbürgerliche Tugend und das Gemeinwohl

In der Zwischenzeit wollen wir uns einen zweiten Einwand gegen die Nutzung des Marktes bei der Zuweisung des Militärdienstes ansehen. Er beruft sich auf die staatsbürgerliche Tugend und das Gemeinwohl.

Diesem Einwand zufolge ist der Militärdienst nicht bloß ein Job neben anderen; er ist eine Bürgerpflicht. Nach dieser Sichtweise sind alle Bürger verpflichtet, ihrem Land zu dienen. Manche Vertreter dieser Ansicht glauben, diese Verpflichtung könne nur durch den Militärdienst abgegolten werden, während andere meinen, sie könne auch durch alternative Formen nationaler Dienste erfüllt werden – etwa das Friedenskorps oder (in Deutschland) den Zivildienst. Wenn aber der Militärdienst – oder ein anderer nationaler Dienst – eine Bürgerpflicht darstellt, ist es falsch, ihn auf dem Markt zum Verkauf anzubieten.

Sehen wir uns eine andere Bürgerpflicht an: die Verpflichtung, als Jurymitglied oder Schöffe bei Gericht zu erscheinen. Bei der Ausübung dieser Pflicht kommt niemand ums Leben, aber sie kann lästig sein – besonders dann, wenn sie mit dem Beruf oder anderen dringenden Verpflichtungen kollidiert. Dennoch lassen wir es nicht zu, dass jemand einen Ersatz anheuert, der ihn bei Gericht vertritt. Ebenso wenig nutzen wir den Arbeitsmarkt, um ein Jurysystem aus bezahlten, professionellen Freiwilligen zu schaffen. Warum nicht? Aus Sicht der Marktlogik könnte man dieses Verfahren gut begründen. Gegen die Einberufung von Schöffen lässt sich das gleiche utilitaristische Argument vorbringen wie gegen die Einberufung von Soldaten: Lässt man zu, dass eine beschäftigte Person jemanden dafür bezahlt, sie in der Jury zu vertreten, ziehen daraus beide einen Vorteil. Noch besser wäre es, die verbindliche Schöffenpflicht ganz abzuschaffen: Würde man die erforderliche Zahl qualifizierter Juroren auf dem Arbeitsmarkt rekrutieren, könnte jeder, dem das gefällt, dieser Arbeit nachgehen, und alle anderen könnten sie meiden.

Warum also verzichten wir darauf, einen Arbeitsmarkt für Jurymitglieder zu schaffen? Vielleicht, weil wir befürchten, dass bezahlte Juroren sich überproportional aus einem schwierigen Umfeld rekrutieren würden, was der Qualität der Rechtsprechung abträglich wäre. Es gibt jedoch keinen Grund für die Annahme, Begüterte gäben bessere Juroren ab als Menschen mit bescheidenerem Hintergrund. Auf alle Fälle könnte man die Löhne und Vorteile stets so abstimmen (wie das bei der Armee geschehen ist), dass die Tätigkeit als Schöffe für Leute mit der erforderlichen Ausbildung und den entsprechenden Fähigkeiten reizvoll wäre.

Juroren werden deshalb einberufen und nicht angeheuert, weil wir die Aufgabe, bei Gericht Recht zu sprechen, als eine Verantwortung ansehen, an der alle Bürger beteiligt sein sollten. Jurymitglieder stimmen nicht einfach ab; sie verhandeln untereinander über die Beweis- und Rechtslage. Und diese Verhandlungen profitieren von den unterschiedlichen Lebenserfahrungen, die Juroren mit verschiedenen Lebenswegen einbringen. Die Einberufung einer Laienjury ist nicht bloß ein Weg zur Urteilsfindung. Sie ist auch eine Form staatsbürgerlicher Bildung und Ausdruck eines demokratischen Gemeinwesens. Selbst wenn die Geschworenenpflicht nicht immer erbaulich ist, sorgt die Tatsache, dass alle Bürger verpflichtet sind, daran teilzunehmen, für eine Verbindung zwischen den Gerichten und dem Volk.

Ähnliches ließe sich über den Militärdienst sagen. Die Begründung für die Wehrpflicht behauptet, der Wehrdienst sei wie die Geschworenenpflicht eine Bürgerpflicht – sie diene dem Ausdruck und der Förderung eines demokratischen Gemeinwesens. Verwandelt man den Militärdienst in ein Handelsgut, verrät man so gesehen die bürgerlichen Ideale, die ihn leiten sollten. Diesem Einwand zufolge ist es falsch, Soldaten zu bezahlen, damit sie für uns in den Krieg ziehen – nicht, weil das den Armen gegenüber unfair wäre, sondern weil es uns ermöglicht, eine Bürgerpflicht zu umgehen.

In einer Version dieses Arguments behauptet der Historiker David M. Kennedy, dass »die heutigen US-Streitkräfte viele Merkmale einer Söldnerarmee aufweisen«, womit er eine bezahlte Berufsarmee meint, die deutlich von der Gesellschaft getrennt ist, in deren Interesse sie kämpft.[17] Die Motive derer, die sich zum Militärdienst verpflichten, will er damit nicht herabsetzen. Er ist lediglich besorgt, dass zu viele Menschen ungeschoren davonkommen, wenn wir eine relativ kleine Zahl unserer Mitbürger dafür einstellen, um unsere Kriege auszufechten. Das gehe auf Kosten der Verbindung zwischen der Mehrheit der Bürger einer Demokratie und den Soldaten, die in deren Namen kämpfen.

Kennedy stellt fest, dass »der Anteil der Soldaten an der Bevölkerung heutzutage fünfundzwanzigmal geringer ist als zu Zeiten des Zweiten Weltkriegs«. Das macht es politischen Entscheidungsträgern relativ leicht, das Land in einen Krieg zu verwickeln, ohne dafür die tiefe und umfassende Zustimmung der Gesellschaft einwerben zu müssen. »Inzwischen kann die stärkste Militärmacht der Geschichte in die Schlacht geschickt werden – im Namen einer Gesellschaft, die dabei kaum ins Schwitzen gerät.«[18] Die Freiwilligenarmee entlässt die Mehrheit der Amerikaner aus der Verantwortung, für ihr Land zu kämpfen und zu sterben. Auch wenn das von manchen als Vorteil gesehen wird, ist diese Ausnahme von den gemeinsam zu tragenden Opfern nur um den Preis erodierender politischer Verantwortung zu haben:

> Eine weit überwiegende Mehrheit der Amerikaner ohne jedes Risiko, je mit dem Militärdienst in Berührung zu kommen, stellt letztlich einige der am wenigsten privilegierten ihrer Landsleute dafür an, manche ihrer gefährlichsten Tätigkeiten zu erfüllen, während sie selbst weiter ungestört ihren privaten Angelegenheiten nachgeht.[19]

Eine der berühmtesten Darstellungen der bürgerrechtlichen Begründung für die Wehrpflicht stammt von dem in Genf geborenen politischen Denker der Aufklärung Jean-Jacques Rousseau (1712–1778). In *Der Gesellschaftsvertrag* (1762) erklärt er, dass die Umwandlung einer Bürgerpflicht in ein handelbares Gut die Freiheit nicht fördert, sondern untergräbt:

> Sobald der Staatsdienst aufhört, die Hauptangelegenheit der Bürger zu sein, und sie ihm lieber mit ihrem Gelde als mit ihrer Person dienen, ist der Staat schon seinem Untergang nahe. Zum Kampfe schicken sie Miettruppen und bleiben zu Hause (…). In einem wahrhaft freien Lande tun die Bürger alles mit ihren Armen und nichts mit dem Gelde; weit entfernt, sich von ihren Pflichten freizumachen, würden sie noch dafür bezahlen, sie persönlich zu erfüllen. Ich stimme der gewöhnlichen Ansicht durchaus nicht bei; ich bin überzeugt, dass Frondienste mit der Freiheit weniger im Widerspruch stehen als Abgaben.[20]

Rousseaus kernige Vorstellung staatsbürgerlicher Tugend und sein argwöhnischer Blick auf Märkte wirken recht unzeitgemäß. Wir sind eher geneigt, den Staat mit seinen verpflichtenden Gesetzen und Regeln als Reich der Macht und den Markt als Reich der Freiheit anzusehen. Rousseau würde sagen, dass dies die Tatsachen auf den Kopf stelle – zumindest dort, wo es um staatsbürgerliche Werte geht.

Marktbefürworter dürften die Freiwilligenarmee verteidigen, indem sie Rousseaus anstrengende Definition der Bürgerpflichten zurückweisen oder ihre Relevanz für den Militärdienst verneinen. Doch die von ihm genannten bürgerlichen Ideale rufen nach wie vor eine gewisse Resonanz hervor – sogar in einer marktgläubigen Gesellschaft wie den USA. Die meisten Unterstützer der Freiwilligenarmee bestreiten heftig, dass es sich bei ihr um eine Söldnerarmee handele. Sie verweisen zu Recht darauf, dass viele der Soldaten aus patriotischen Gründen dienen und nicht ausschließlich wegen der Bezahlung und der Zusatzleistungen.

Aber warum halten wir diese Fragen für bedeutsam? Vorausgesetzt, die Soldaten erledigen ihre Aufgabe gut, warum sollten wir uns um ihre Motivation kümmern? Selbst wenn die Rekrutierung der Soldaten auf dem Arbeitsmarkt stattfindet, fällt es uns schwer, den Militärdienst nicht im Lichte älterer Vorstellungen über Patriotismus und Bürgertugend zu sehen.

Denn überlegen wir einmal: Worin besteht eigentlich der Unterschied zwischen der heutigen Freiwilligenarmee und einer Söldnertruppe? In beiden Fällen werden Soldaten fürs Kämpfen bezahlt. Beide verleiten Menschen dazu, sich gegen Geld zu verpflichten. Wenn der Markt eine angemessene Möglichkeit zur Aufstellung einer Armee bietet, was ist dann falsch an Söldnern?

Man könnte erwidern, Söldner seien Ausländer, die nur gegen Bezahlung kämpfen, während die amerikanische

Freiwilligenarmee ausschließlich Amerikaner einstellt. Wenn aber der Arbeitsmarkt eine angemessene Möglichkeit bietet, Truppen auszuheben, ist nicht klar, warum das US-Militär bei der Einstellung aufgrund der Staatsangehörigkeit diskriminieren sollte. Warum sollte man nicht aktiv Soldaten unter den Bürgern anderer Staaten anwerben, die diese Arbeit haben wollen und die entsprechenden Qualifikationen besitzen? Warum schafft man keine Fremdenlegion mit Soldaten aus Entwicklungsländern, wo die Löhne niedrig und gute Jobs selten sind?

Manchmal wird vorgebracht, ausländische Soldaten könnten weniger loyal sein als Amerikaner. Doch nationale Wurzeln sind keine Garantie für Loyalität auf dem Schlachtfeld, und Rekrutierungsoffiziere der Armee könnten die Zuverlässigkeit der Bewerber aus dem Ausland prüfen. Sobald man die Vorstellung akzeptiert hat, die Armee solle den Arbeitsmarkt nutzen, um ihre Reihen zu füllen, gibt es im Prinzip keinen Grund, die Ausschreibung auf amerikanische Staatsbürger zu beschränken – solange man nicht glaubt, dass der Dienst an der Waffe eine Bürgerpflicht und Ausdruck des Bürgerrechts ist. Wenn man dieser Ansicht ist, hat man einen Grund, die Marktlösung in Frage zu stellen.

Zwei Generationen nach dem Ende der Einberufungspraxis widerstrebt es den Amerikanern, die uneingeschränkte Marktlogik auf den Militärdienst anzuwenden. Die französische Fremdenlegion hat eine lange Tradition in der Rekrutierung ausländischer Soldaten, die für Frankreich kämpfen. Zwar ist es der Legion laut französischem Recht untersagt, außerhalb Frankreichs aktiv Legionäre anzuwerben, doch das Internet hat diese Einschränkung bedeutungslos werden lassen. Inzwischen werden Rekruten aus aller Welt in 13 Sprachen online angeworben. Etwa ein Viertel der Truppe stammt inzwischen aus Lateinamerika und ein wachsender Anteil aus China und anderen asiatischen Ländern.[21]

Die USA haben zwar keine Fremdenlegion aufgebaut, aber einen Schritt in diese Richtung vollzogen. Angesichts von Schwierigkeiten, die Rekrutierungsziele zu erfüllen, als sich die Kriege im Irak und in Afghanistan länger hinzogen, hat das Militär begonnen, Ausländer anzuwerben, die mit einem befristeten Visum vorübergehend in den USA leben. Als Anreize dienen unter anderem gute Bezahlung und die Aussicht auf eine rasche Erlangung der amerikanischen Staatsangehörigkeit. Mittlerweile stehen in den US-Streitkräften etwa 30 000 Ausländer im Sold. Neben Besitzern einer Green Card können nun auch Immigranten, ausländische Studenten und Flüchtlinge angeworben werden, die nur vorübergehend im Land sind.[22]

Die Logik des Marktes zeitigt noch weitere Folgen. Sobald man den Militärdienst als einen Job wie jeden anderen ansieht, gibt es keinen Grund dazu, den offiziellen Truppen die ganze Arbeit zu überlassen. Tatsächlich lagern die USA inzwischen militärische Funktionen in großem Maßstab aus. Private Sicherheitsfirmen spielen in Konflikten rund um die Welt eine immer größere Rolle und stellen einen beträchtlichen Teil der amerikanischen Militärpräsenz im Irak.

Wie die *Los Angeles Times* im Juli 2007 berichtete, überstieg die Zahl der von den USA bezahlten privaten Beschäftigten im Irak (180 000) die Zahl des dort stationierten Militärpersonals (160 000).[23] Viele der Vertragsfirmen kämpfen nicht, sondern dienen der logistischen Unterstützung – sie errichten Stützpunkte, reparieren Fahrzeuge, liefern Nachschub und Verpflegung. 50 000 Mitarbeiter dieser Firmen sind jedoch bewaffnete Sicherheitskräfte, die aufgrund ihrer Tätigkeit – Bewachung von Stützpunkten, Konvois und Diplomaten – oft in Kämpfe verwickelt werden.[24] Im Irak sind bereits mehr als 1200 privat Beschäftigte getötet worden. Doch sie kehren nicht in Särgen mit der US-Flagge zurück, und bei der Zählung der getöteten Soldaten werden sie nicht berücksichtigt.[25]

Eine der führenden privaten Militärfirmen ist Blackwater Worldwide. Erik Prince, Vorstandschef der Firma, ist ein ehemaliger Kampfschwimmer der US-Marine, der mit Inbrunst an den freien Markt glaubt. Er weist den Vorschlag zurück, seine Soldaten seien »Söldner« – er hält diese Bezeichnung für »beleidigend«.[26] Prince erklärt: »Wir bemühen uns, für den nationalen Sicherheitsapparat das zu tun, was Federal Express für den Postdienst geleistet hat.«[27]

Für ihre Dienste im Irak erhielt die Firma Blackwater mehr als eine Milliarde Dollar, stand aber oft im Zentrum der Kritik.[28] Die Rolle der Firma erregte 2004 erstmals öffentliche Aufmerksamkeit. Damals gerieten vier ihrer Angestellten in Falludscha in einen Hinterhalt und wurden getötet; zwei der Leichen hängte man an einer Brücke auf. Der Vorfall veranlasste Präsident George W. Bush, die Marines nach Falludscha zu schicken, wo sie einen massiven und kostspieligen Kampf mit Aufständischen führten.

2007 eröffneten auf einem Platz in Bagdad sechs Wachleute von Blackwater das Feuer auf eine Menschenmenge und töteten 17 Zivilisten. Die Wachleute, die behaupteten, zuerst beschossen worden zu sein, brauchten keine Anklage nach irakischem Recht zu befürchten, weil die amerikanische Verwaltungsbehörde nach der Invasion entsprechende Regeln erlassen hatte. Die Angestellten wurden vom US-Justizministerium schließlich wegen Totschlags angeklagt, und der Vorfall veranlasste die irakische Regierung, den Abzug von Blackwater aus dem Land zu fordern.[29]

Viele Kongressmitglieder und ein großer Teil der Öffentlichkeit sind gegen die Auslagerung des Krieges an gewinnorientierte Firmen wie Blackwater. Die Kritik bezieht sich vor allem darauf, dass diese Unternehmen für ihr Handeln nicht hinreichend zur Rechenschaft gezogen werden können. Mehrere Jahre vor der Schießerei der Blackwater-Leute gehörten private Beschäftigte zu denen, die im Gefängnis von Abu Ghraib Gefangene misshandelten. Während man die beteiligten Armeeangehörigen vor ein Kriegsgericht stellte, wurden die privaten Kräfte nicht bestraft.[30]

Aber nehmen wir einmal an, der US-Kongress würde die Regeln zum Einsatz privater Militärfirmen verschärfen und darauf achten, dass sie die gleichen Normen einhalten wie die regulären Truppen. Wäre dann nichts mehr dagegen einzuwenden, dass Privatfirmen unsere Kriege kämpfen? Oder macht es einen moralischen Unterschied, ob man Federal Express für die Auslieferung der Post bezahlt oder Blackwater damit beauftragt, auf dem Schlachtfeld tödliche Gewalt zu liefern?

Wollen wir diese Frage beantworten, müssen wir zunächst eine übergeordnete Frage angehen: Ist der Militärdienst (und vielleicht ganz allgemein jeder nationale Dienst) eine Bürgerpflicht, die alle Bürger zu erfüllen haben? Oder ist es eine harte und riskante Tätigkeit wie jede andere (beispielsweise Kohlebergbau oder kommerzieller Fischfang), die durch den Arbeitsmarkt angemessen reguliert wird? Und um dies klären zu können, müssen wir umfassender fragen: Welche Verpflichtungen schulden Bürger einer demokratischen Gesellschaft einander, und wie kommen solche Verpflichtungen zustande? Verschiedene Theorien der Gerechtigkeit bieten für diese Frage unterschiedliche Antworten an. Wenn wir weiter unten erkunden, auf welcher Grundlage Bürgerpflichten beruhen und wie weit sie reichen, werden wir in einer besseren Position sein, zu entscheiden, ob wir Soldaten einberufen oder anheuern sollten. In der Zwischenzeit sehen wir uns eine andere umstrittene Nutzung des Arbeitsmarktes an.

William und Elizabeth Stern, beide berufstätig, lebten als Paar in Tenafly, New Jersey. Er war Biochemiker, sie Kinderärztin. Sie wünschten sich ein Baby, konnten selbst aber keines bekommen – zumindest nicht ohne medizinisches Risiko für Elizabeth, die an Multipler Sklerose litt. Also wandten sie sich an ein Zentrum für unfruchtbare Paare, das »Ersatzschwangerschaften« arrangierte. Das Zentrum suchte per Anzeige nach »Ersatzmüttern« – Frauen, die bereit waren, gegen Bezahlung ein Baby für jemand anderen auszutragen.[31]

Eine der Frauen, die auf die Anzeige reagierten, war Mary Beth Whitehead, eine 29 Jahre alte Mutter zweier Kinder und Ehefrau eines Entsorgungsarbeiters. Im Februar 1985 unterschrieben William Stern und Mary Beth Whitehead einen Vertrag. Mary Beth willigte ein, sich mit Williams Sperma künstlich befruchten zu lassen, das Kind auszutragen und es ihm nach der Geburt zu übergeben. Sie willigte auch ein, auf ihre Mutterrechte zu verzichten, so dass Elizabeth Stern das Kind adoptieren konnte. William wiederum erklärte sich bereit, Mary Beth 10 000 Dollar (fällig bei Niederkunft) und zusätzlich die medizinischen Ausgaben zu bezahlen. (Außerdem bezahlte er dem Zentrum für unfruchtbare Paare für die Anbahnung des Handels eine Gebühr von 7500 Dollar.)

Nach mehreren künstlichen Befruchtungen wurde Mary Beth schwanger, und im März 1986 brachte sie ein Mädchen zur Welt. Die Sterns gaben ihm in Erwartung der bevorstehenden Adoption den Namen Melissa. Doch Mary Beth Whitehead wollte sich nicht von dem Kind trennen. Sie floh mit dem Baby nach Florida. Aber die Sterns erwirkten einen Gerichtsbeschluss, mit dem sie aufgefordert wurde, das Kind herauszugeben. Die Polizei Floridas fand

Mary Beth, das Baby wurde den Sterns übergeben, und der Streit um das Sorgerecht landete in New Jersey vor Gericht.

Der Richter hatte nun darüber zu befinden, ob der Vertrag durchgesetzt werden sollte. Was ist hier Ihrer Meinung nach richtig? Um die Sache zu vereinfachen, wollen wir uns nicht auf die rechtliche, sondern auf die moralische Frage konzentrieren. (Tatsächlich gab es in New Jersey damals keine gesetzliche Regelung, welche einen Vertrag über Leihmutterschaft erlaubt oder verboten hätte.)

Das stärkste Argument für die Gültigkeit des Vertrages ist, dass eine Abmachung eine Abmachung ist. Zwei Erwachsene hatten einvernehmlich eine freiwillige Vereinbarung getroffen, die beiden Parteien Vorteile bot: William Stern bekäme ein genetisch verwandtes Kind, Mary Beth Whitehead würde für neun Monate Arbeit 10 000 Dollar erhalten.

Zugegeben, das war kein gewöhnlicher Geschäftsabschluss. Deshalb könnte man aus zwei Gründen zögern, ihn durchzusetzen.

Erstens könnte man einwenden, dass die Einwilligung einer Frau, ein Baby zu bekommen und es für Geld auszutragen, auf einer unzureichenden Informationslage beruhe. Kann sie wirklich vorwegnehmen, wie sie sich fühlen wird, wenn es an der Zeit ist, das Kind wegzugeben? Wenn nicht, dann könnte man vorbringen, dass ihre anfängliche Zustimmung durch ihr Profitstreben verdunkelt gewesen sei – ihr sei nicht ausreichend bewusst gewesen, wie es sein würde, sich von ihrem Kind trennen zu müssen.

Zweitens könnte man es generell für unzulässig halten, mit Babys zu handeln oder die Fortpflanzungsfähigkeit einer Frau zu mieten, selbst wenn beide Parteien frei vereinbaren, dies zu tun. Man könnte vorbringen, solch eine Praxis verwandle Kinder in eine Handelsware und beute

Frauen dadurch aus, dass man Schwangerschaft und das Austragen von Kindern als gewinnbringendes Geschäft behandle.

Richter Harvey R. Sorkow, der den unter der Bezeichnung »Baby M« bekannt gewordenen Fall in der ersten Instanz zu entscheiden hatte, war von keinem dieser Einwände überzeugt.[32] Er bestätigte die Vereinbarung und berief sich darauf, dass Verträge heilig seien. Ein Deal sei ein Deal, und die leibliche Mutter habe kein Recht, den Vertrag einfach deshalb zu brechen, weil sie ihre Meinung geändert habe.[33]

Der Richter ging dabei auf beide Einwände ein. Zunächst verwarf er die Vorstellung, Mary Beths Zustimmung sei nicht ganz freiwillig erfolgt und ihre Einwilligung daher fragwürdig:

> Keine der Parteien hatte eine überlegene Verhandlungsposition. Jede verfügte über das, was die andere haben wollte. Für den von jeder Partei zu erbringenden Dienst wurde ein Preis festgelegt und eine Einigung erzielt. Keiner hat den anderen gezwungen. Auch nicht durch Kenntnisse, die den anderen benachteiligt haben. Und auch nicht durch ungleich verteilte Verhandlungsmacht.[34]

Zweitens verwarf Sorkow die Vorstellung, Leihmutterschaft laufe auf Babyhandel hinaus. Der Richter erklärte, der biologische Vater William Stern habe von Mary Beth Whitehead kein Baby gekauft, sondern sie für die Dienstleistung bezahlt, sein Kind auszutragen. »Der Vater kauft das Kind nicht bei der Geburt. Es ist sein eigenes, biologisch mit ihm verwandtes Kind. Er kann nicht erwerben, was er schon besitzt.«[35] Da das Baby mit Williams Sperma gezeugt wurde, war es, so der Richter, von Anfang an sein Kind. Deshalb habe es sich nicht um den Verkauf eines Babys gehandelt. Die bezahlten 10 000 Dollar bezögen sich auf eine Dienstleistung (die Schwangerschaft), nicht auf ein Produkt (das Kind).

Richter Sorkow wandte sich auch gegen die Behauptung, mit einer solchen Dienstleistung würden Frauen ausgebeutet. Er verglich bezahlte Schwangerschaft mit bezahlter Samenspende. Da es allen Männern erlaubt sei, ihr Sperma zu verkaufen, sollte es auch Frauen gestattet sein, ihre reproduktiven Kapazitäten zu verkaufen: »Wenn ein Mann die Mittel für eine Zeugung anbieten darf, muss es einer Frau ebenfalls erlaubt sein, dies zu tun.«[36] Eine andere Auffassung, erklärte er, würde Frauen den gleichen Schutz durch das Recht verweigern.

Mary Beth Whitehead legte beim New Jersey Supreme Court Berufung ein. Das Gericht hob Richter Sorkows Urteil auf und entschied einstimmig, der Vertrag über die Leihmutterschaft sei nichtig.[37] Das Gericht sprach William Stern allerdings das Sorgerecht für Baby M zu – mit der Begründung, dies sei im besten Interesse des Kindes. Unabhängig vom Vertrag war das Gericht nämlich der Überzeugung, die Sterns seien besser geeignet, Melissa aufzuziehen. Aber es setzte Mary Beth Whitehead wieder in ihr Recht als Kindsmutter ein und bat das Gericht der unteren Instanz, Besuchsrechte festzulegen.

Als Sprecher des Gerichts verwarf Oberrichter Robert Wilentz den Vertrag über Leihmutterschaft. Er erklärte, er sei nicht wirklich freiwillig abgeschlossen worden und als Babyhandel zu werten.

Erstens sei die Einwilligung nicht rechtens gewesen. Mary Beth Whitehead habe ihre Zustimmung, ein Kind auszutragen und es bei der Geburt abzugeben, nicht wirklich freiwillig gegeben, weil sie nicht umfassend informiert gewesen sei:

> Laut Vertrag ist die leibliche Mutter unwiderruflich verpflichtet, das Kind abzugeben – noch ehe sie weiß, wie stark die Bindung zu ihrem Kind sein wird. Sie trifft keineswegs eine völlig freiwillige, fundierte Entscheidung, denn jede vor der Geburt des Kindes getroffene Entscheidung ist in einem ganz wesentlichen Sinn nicht fundiert.[38]

Sobald das Kind geboren sei, sei die Mutter imstande, eine fundiertere Entscheidung zu treffen. Auch in der Zwischenzeit werde diese Entscheidung durch die »Androhung einer Klage und die Bezahlung von 10 000 Dollar« beeinflusst, wodurch sie »nicht völlig freiwillig erfolgt«.[39] Das Bedürfnis nach Geld mache es zudem wahrscheinlich, dass arme Frauen sich eher als Leihmütter für die Wohlhabenden verdingen als umgekehrt. Richter Wilentz meinte, auch dies stelle den freiwilligen Charakter solcher Vereinbarungen in Frage: »Wir bezweifeln, dass unfruchtbare Paare im Niedriglohnsektor Leihmütter im oberen Einkommensbereich finden werden.«[40]

Ein Grund, den Vertrag zu annullieren, war das unzureichende Einverständnis. Wilentz bot jedoch noch eine zweite, tiefer reichende Begründung an:

> Unabhängig von der Frage, wie zwingend ihr Bedürfnis nach Geld gewesen sein mag und in welchem Maß sie Einsicht in die Folgen hatte, sind wir der Ansicht, dass ihr Einverständnis irrelevant ist. In einer zivilisierten Gesellschaft gibt es Dinge, die man nicht für Geld kaufen kann.[41]

Gewerbliche Leihmutterschaft laufe auf Babyhandel hinaus, meinte Wilentz, und Babyhandel, wie freiwillig auch immer, sei falsch. Er wies das Argument zurück, bezahlt werde für die Dienstleitung der Ersatzmutter und nicht für das Kind. Laut Vertrag seien die 10 000 Dollar erst nach

Aufgabe des Sorgerechts und der Beendigung der Elternrechte durch Mary Beth Whitehead fällig gewesen.

> Es handelt sich um den Verkauf eines Kindes oder zumindest den Verkauf eines Rechtes der Mutter auf ihr Kind (...). Ein vom Gewinn motivierter Vermittler bringt den Verkauf zustande. Selbst wenn bei einzelnen Teilnehmern irgendwelche idealistischen Motive beteiligt gewesen sein sollten, spielt das Gewinnmotiv die entscheidende Rolle – es durchdringt die gesamte Transaktion und steuert sie letztlich.[42]

Leihmutterverträge und Gerechtigkeit

Wer hatte nun Recht im Fall Baby M – das Gericht der ersten Instanz, das den Vertrag durchsetzte, oder das Berufungsgericht, das ihn annullierte? Wenn wir die Frage beantworten wollen, müssen wir die moralische Kraft von Verträgen beurteilen und dazu die beiden Einwände, die gegen den Leihmuttervertrag vorgebracht wurden.

Die Argumentation zugunsten der Einhaltung des Leihmuttervertrags baut auf den beiden Theorien der Gerechtigkeit auf, die wir bislang betrachtet haben – Libertarianismus und Utilitarismus. Die libertarianische Begründung für Verträge besagt, dass sie die Wahlfreiheit widerspiegeln; einen einvernehmlichen Vertrag zwischen zwei Erwachsenen einzuhalten heißt, ihre Freiheit zu achten. Die utilitaristische Begründung für Verträge besagt, dass sie das Gemeinwohl fördern; wenn beide Seiten einem Handel zustimmen, müssen beide einen Vorteil oder ein gewisses Glück aus der Vereinbarung ableiten – andernfalls hätten sie ihn nicht abgeschlossen. Solange also nicht gezeigt werden kann, dass der Handel den Nutzen eines anderen mindert (und zwar um mehr, als er dem einen nützt), sollten

Tauschakte, die wechselseitig Vorteile bringen – das schließt auch Leihmutterverträge ein –, eingehalten werden.

Was ist mit den Einwänden? Wie überzeugend sind sie?

Einwand 1: Fehlerhafte Einwilligung

Der erste Einwand – die Frage, ob Mary Beth Whiteheads Zustimmung wirklich freiwillig war – wirft eine Frage nach den Bedingungen auf, unter denen Menschen Entscheidungen treffen. Demnach können wir nur dann frei entscheiden, wenn wir nicht unangemessen unter Druck stehen (etwa, weil wir Geld benötigen) und eine ungefähre Vorstellung von den Folgen unserer Handlung haben. Was im Einzelfall als unangemessener Druck oder als »unfundierte« Einwilligung zählt, ist natürlich umstritten. Dies wurde im Fall Baby M ebenso deutlich wie in den Debatten über die Freiwilligenarmee.

Es lohnt sich allerdings festzuhalten, dass die Debatte über die notwendigen Grundbedingungen einer konsensuell getroffenen Vereinbarung eigentlich ein Familienzwist innerhalb einer der drei Annäherungen an Gerechtigkeit ist, die wir im vorliegenden Buch betrachten – und zwar jener, die von der Freiheit ihren Ausgangspunkt nimmt. Der Libertarianismus ist, wie wir bereits gesehen haben, ein Mitglied dieser Familie. Ihm zufolge erfordert Gerechtigkeit, dass jede von den Menschen getroffene Entscheidung zu respektieren ist, vorausgesetzt, sie verletzt keine Rechte anderer. Andere »Freiheitstheorien« der Gerechtigkeit versehen die Voraussetzungen für einen Entschluss mit einigen Einschränkungen. Wie Richter Wilentz im Fall Baby M argumentieren sie, dass Entscheidungen, die unter Zwang oder uninformiert getroffen würden, nicht wirklich freiwillig seien.

Wir werden besser gerüstet sein, diese Debatte einzuschätzen, wenn wir uns später der Philosophie von John Rawls zuwenden. Er gehört zum Lager der Freiheitlichen, in dem man die libertarianische Definition der Gerechtigkeit ablehnt.

Einwand 2: Abwertung und höhere Werte

Was ist mit dem zweiten Einwand gegen Leihmutterverträge? Ihm zufolge gibt es manche Dinge, die nicht für Geld zu kaufen sein sollten, darunter auch Babys und die Reproduktionskapazitäten von Frauen. Was ist eigentlich falsch daran, dergleichen zu kaufen und zu verkaufen? Die überzeugendste Antwort lautet hier: Wenn man Babys und Schwangerschaften wie jede andere Ware behandelt, werden sie herabgewürdigt oder nicht angemessen bewertet.

Dieser Antwort liegt eine Vorstellung mit großer Reichweite zugrunde: Demnach können wir nicht einfach beliebig festlegen, wie Güter und soziale Handlungsweisen zu bewerten sind. Für gewisse Güter und Handlungsweisen sind bestimmte Bewertungsarten angemessen. Handelswaren wie Autos und Toaster bewertet man in angemessener Weise, wenn man sie benutzt oder sie herstellt und mit Gewinn verkauft. Es wäre jedoch ein Fehler, alles so zu behandeln, als sei es eine Ware. Beispielsweise wäre es falsch, Menschen wie eine Ware zu behandeln – also als bloße Dinge, die zu kaufen und zu verkaufen sind. Schließlich sind Menschen Personen, die Achtung verdient haben, und nicht beliebig zu benutzende Gegenstände. Sie gehören einer anderen Ordnung an.

Die zeitgenössische Moralphilosophin Elizabeth Anderson hat eine Version dieses Arguments auf die Leihmutter-Debatte angewandt. Sie findet, Leihmutterverträge würden Kinder und Geburtswehen abwerten, weil sie sie wie Handelswaren behandelten.[43] Mit Herabwürdigung meint sie, etwas werde mit einer geringeren Art der Wertschätzung behandelt, als angemessen sei. »Wir schätzen Dinge nicht einfach nur ›mehr‹ oder ›weniger‹, sondern auf qualitativ höhere oder niedrigere Art. Jemanden zu lieben oder zu achten heißt, sie oder ihn auf höhere Weise zu schätzen, als wenn man sie nur benutzen würde (...). Gewerbliche Leihmutterschaft würdigt Kinder insofern herab, als sie dadurch wie eine Ware behandelt werden.«[44] Kinder würden dann eher als Mittel zur Gewinnerzielung verwendet und nicht als Personen geschätzt, die unsere Liebe und Fürsorge verdienen.

Gewerbliche Leihmutterschaft werte aber auch Frauen ab, meint Anderson – weil deren Körper als Fabriken behandelt würden und weil man sie dafür bezahle, keine Bindung zu dem Kind aufzubauen, das sie austragen. Das »ersetzt die Normen der Elternschaft, von denen die Praxis der Kinderzeugung gewöhnlich geleitet wird, durch die ökonomischen Normen, die die gewöhnliche Produktion beherrschen«. Dadurch, dass die Leihmutter aufgefordert ist, »jegliche Elternliebe zu unterdrücken, die sie für das Kind empfinden mag«, verwandeln Leihmutterverträge laut Anderson »die Schwangerschaft der Frau in eine Form entfremdeter Arbeit«.[45]

> Im Leihmuttervertrag willigt die Mutter ein, keine Mutter-Kind-Beziehung zu ihrem Nachwuchs auszubilden oder es auch nur zu versuchen. Ihre Schwangerschaft wird entfremdet, weil sie sie von dem Ziel ablösen muss, das die soziale Praxis der Schwangerschaft zu Recht fordert: eine emotionale Bindung zu ihrem Kind.[46]

Im Zentrum von Andersons Argumentation steht die Vorstellung, dass Güter und Werte sich ihrer Art nach unterscheiden; deshalb sei es falsch, alle Güter auf dieselbe Weise zu schätzen wie Mittel zur Gewinnerzielung oder Gebrauchsgegenstände. Falls diese Vorstellung zutrifft, gebe es Dinge, die für Geld nicht zu kaufen sein sollten.

Das stellt auch für den Utilitarismus eine Herausforderung dar. Wenn Gerechtigkeit einfach darin besteht, dass man die Lust im Verhältnis zur Unlust maximiert, benötigen wir eine einzige, gleichbleibende Maßeinheit, mit deren Hilfe wir die Güter abwägen und schätzen können. Für genau diesen Zweck erfand Bentham das Konzept des Nutzens. Anderson dagegen meint, der Maßstab des Nutzens (oder des Geldes) führe zur Entwertung jener Güter und sozialen Handlungsweisen, die nur nach höheren Normen angemessen zu bewerten seien – beispielsweise Kinder, Schwangerschaft und Elternschaft.

Aber was macht diese höheren Normen aus? Und wie können wir erkennen, welche Bewertungsarten für welche Güter und sozialen Handlungsweisen angemessen sind? Eine Annäherung an diese Frage beginnt mit der Idee der Freiheit. Da Menschen zur Freiheit fähig sind, sollten sie nicht benutzt werden, als seien sie lediglich Objekte. Stattdessen sollten sie mit Respekt behandelt werden. Dieser Ansatz betont die grundlegende Unterscheidung zwischen Personen (denen eine bestimmte Würde zukommt) und bloßen Objekten oder Dingen (die einfach benutzt werden dürfen). Der bedeutendste Verfechter dieses Ansatzes ist Immanuel Kant, dem wir uns im nachfolgenden Kapitel zuwenden werden.

Eine weitere Annäherung an höhere Normen beginnt bei der Vorstellung, dass die richtige Art, Güter und soziale Handlungsweisen zu bewerten, von den Zwecken und Zielen abhängt, denen sie dienen. Erinnern wir uns: In ihrem Widerstand gegen Leihmutterschaft bringt Anderson vor, dass die gesellschaftliche Praxis der Schwangerschaft zu Recht ein bestimmtes Ziel fördert, nämlich eine emotionale Bindung der Mutter zu ihrem Kind. Ein Vertrag, der von der Mutter fordert, keine solche Bindung herzustellen, ist abwertend, weil er sie von diesem Ziel ablöst. Dadurch wird eine »Norm der Elternschaft« durch eine »ökonomische Norm« ersetzt.

Die Vorstellung, man könne die für soziale Handlungsweisen angemessenen Normen ausfindig machen, indem man sich das spezifische Ziel bzw. den Zweck dieses Handelns vor Augen führt, steht im Zentrum der aristotelischen Theorie der Gerechtigkeit. Diesen Ansatz werden wir in einem der späteren Kapitel untersuchen.

Solange wir diese Theorien der Moral und der Gerechtigkeit nicht untersuchen, können wir nicht wirklich feststellen, welche Güter und sozialen Handlungsweisen von Märkten gelenkt werden sollten. Doch die Debatte über Leihmutterschaft vermittelt uns ebenso wie der Streit um die Freiwilligenarmee einen Blick dafür, was auf dem Spiel steht.

Schwangerschaft auslagern

Melissa Stern, einst als Baby M bekannt, hat kürzlich einen Abschluss an der George Washington University gemacht, wo sie Religion als Hauptfach studiert hat.[47] Seit der berühmt gewordenen Sorgerechtsschlacht in New Jersey sind mehr als zwei Jahrzehnte vergangen, doch die Debatte über Leihmutterschaft geht weiter. Viele europäische Länder verbieten gewerbliche Leihmutterschaft. In den USA ist die Praxis in mehr als einem Dutzend Staaten legalisiert worden. Etwa ein weiteres Dutzend verbieten sie, in den übrigen Staaten ist ihr gesetzlicher Status unklar.[48]

Neue Reproduktionstechniken haben die Ökonomie der Leihmutterschaft auf eine Weise verändert, die die damit verbundenen ethischen Zwickmühlen verschärft. Als Mary Beth Whitehead einwilligte, gegen Bezahlung eine Schwangerschaft auf sich zu nehmen, steuerte sie sowohl das Ei als auch die Gebärmutter bei. Deshalb war sie die biologische Mutter des Kindes, das sie zur Welt brachte. Mit dem Aufkommen der In-vitro-Fertilisation ist es jedoch möglich geworden, dass eine Frau das Ei bereitstellt und eine andere es austrägt. Debora Spar, Professorin für Betriebswirtschaft an der Harvard Business School, hat die kommerziellen Vorteile der neuen Methode untersucht.[49] Vorher war es notwendig, dass die Auftraggeber einer Leihmutterschaft »ein Gesamtpaket aus Ei und Gebärmutter erwerben«. Mittlerweile können sie »das Ei von einer Quelle (in vielen Fällen die geplante Mutter) beziehen und die Gebärmutter von einer anderen«.[50]

Diese »Entkoppelung« der Lieferkette hat, wie Spar erläutert, auf dem Markt für Leihmütter für Wachstum gesorgt.[51] »Die Auflösung der herkömmlichen Verknüpfung zwischen Ei, Gebärmutter und Mutter hat bei der Leihmutterschaft die gesetzlichen und emotionalen Risiken verringert und einen neuen Markt erblühen lassen.« Die Makler von Leihmutterschaften seien zudem inzwischen »wählerischer« hinsichtlich der ausgesuchten Leihmütter; sie »suchen nach Eiern mit speziellen genetischen Zügen sowie nach Gebärmüttern, die mit einer bestimmten Persönlichkeit verknüpft sind«.[52] Potentielle Eltern müssten sich nicht länger um die genetischen Merkmale der Frau kümmern, die sie anheuern, um ihr Kind auszutragen, »weil sie Letztere andernorts beschaffen«.[53]

> Es ist ihnen egal, wie sie aussieht, und sie sind weniger besorgt, dass sie das Kind bei der Geburt beanspruchen könnte oder dass Gerichte geneigt sein könnten, zu ihren Gunsten zu entscheiden. Im Grunde brauchen sie lediglich eine gesunde

> Frau, die bereit ist, schwanger zu werden und während der Schwangerschaft bestimmte Verhaltensnormen zu beachten – kein Alkohol, kein Rauchen, keine Drogen.[54]

Während die Zahl in Frage kommender Leihmütter zugenommen hat, ist auch die Nachfrage entsprechend gestiegen. Leihmütter erhalten inzwischen etwa 20 000 bis 25 000 Dollar pro Schwangerschaft. Die Gesamtkosten des Arrangements (einschließlich der Arztrechnungen und Verwaltungsgebühren) liegen üblicherweise bei 75 000 bis 80 000 Dollar.

Angesichts dieser gepfefferten Preise überrascht es nicht, dass angehende Eltern nach weniger kostspieligen Alternativen suchen. Wie andere Produkte und Dienstleistungen in einer globalen Ökonomie wird die Leihmutterschaft inzwischen in Niedriglohnländer ausgelagert. 2002 legalisierte Indien die gewerbliche Leihmutterschaft in der Hoffnung, Kunden aus dem Ausland anzuziehen.[55]

Für die bezahlte Schwangerschaft dürfte die in Westindien gelegene Stadt Anand bald das werden, was Bangalore für Call-Center ist. 2008 trugen in der Stadt mehr als 50 Frauen Schwangerschaften für Paare in den USA, Taiwan, England und anderswo aus.[56] Eine der Kliniken dort stellt Wohngruppen (komplett mit Dienstmädchen, Köchen und Ärzten) für 15 schwangere Frauen bereit, die für Kunden aus aller Welt als Leihmütter dienen.[57] Die Frauen erhalten pro Schwangerschaft zwischen 4500 und 7500 Dollar – das ist oft mehr als das, was sie sonst in 15 Jahren verdienen könnten. Damit sind sie in der Lage, ein Haus zu kaufen oder die Ausbildung der eigenen Kinder zu finanzieren.[58] Für die angehenden Eltern, die nach Anand gehen, ist das Arrangement ein Schnäppchen. Mit etwa 25 000 Dollar (einschließlich Arztkosten, Bezahlung der Leihmutter, Flugkosten hin und zurück und Hotelkosten für zwei Reisen) machen die Gesamtkosten ungefähr ein Drittel des Betrages aus, den sie für eine Leihmutterschaft in den USA zu bezahlen hätten.[59]

Manche meinen, die Leihmutterschaft, wie sie heute praktiziert wird, sei moralisch weniger beunruhigend als das Arrangement, das zum Fall Baby M führte. Da die Leihmutter – so wird argumentiert – nicht das Ei liefert, sondern nur die Gebärmutter stellt und die Mühen der Schwangerschaft trägt, ist das Kind genetisch nicht ihres. Dieser Ansicht nach wird kein Baby verkauft, und es ist weniger wahrscheinlich, dass der Anspruch der Auftraggeber auf das Kind bestritten wird.

Doch das moralische Dilemma wird nicht dadurch gelöst, dass die Leihmutter ein fremdes Ei austrägt. Es mag ja sein, dass die Leihmütter weniger stark an die von ihnen ausgetragenen Kinder gebunden sind als Ersatzmütter, die auch noch das Ei beisteuern. Doch die Aufteilung der Mutterrolle in drei Funktionen (adoptierendes Elternteil, Eispenderin und Leihmutter zum Austragen) statt in zwei legt die Frage nicht bei, wer den größten Anspruch auf das Kind hat.

Wenn die Auslagerung der Schwangerschaft hier überhaupt etwas bewirkt hat, so dies, dass sie die moralischen Probleme schärfer herausgearbeitet hat. Die erheblichen Kostensenkungen für angehende Eltern und die im Vergleich zu den ortsüblichen Löhnen enormen wirtschaftlichen Vorteile, die sich für die indischen Leihmütter aus dieser Praxis ergeben, lassen keinen Zweifel daran, dass gewerbliche Leihmutterschaft das Gemeinwohl mehren kann. Aus utilitaristischer Sicht kann man also gegen die Etablierung der bezahlten Schwangerschaft als globaler Branche kaum etwas einwenden.

Doch die geographische Auslagerung der Schwangerschaft verschärft auch die moralischen Zweifel an dieser

Praxis. Suman Dodia, eine 26-jährige Inderin, die als Leihmutter für ein britisches Paar ein fremdes befruchtetes Ei austrug, hatte zuvor als Dienstmädchen 25 Dollar monatlich verdient. Für sie muss die Aussicht auf einen Verdienst von 4500 Dollar für neun Monate Arbeit fast unwiderstehlich gewesen sein.[60] Die Tatsache, dass sie ihre drei eigenen Kinder zu Hause geboren und nie einen Arzt aufgesucht hatte, ist nicht ganz frei von Ironie. In Bezug auf ihre bezahlte Schwangerschaft sagte sie: »Ich bin jetzt vorsichtiger als bei meinen eigenen Schwangerschaften.«[61] Obwohl die wirtschaftlichen Vorteile ihrer Entscheidung, Leihmutter zu werden, klar auf der Hand liegen, würden wir wahrscheinlich zögern, diese Entscheidung als frei zu bezeichnen. Überdies verstärkt die Schaffung einer Branche für bezahlte Schwangerschaft im globalen Maßstab – in armen Ländern wird sie tatsächlich als bewusste Politik betrieben – das Gefühl, dass Leihmutterschaft Frauen herabwürdigt, indem sie ihre Körper und ihre reproduktiven Kapazitäten instrumentalisiert.

Man kann sich nur schwer zwei menschliche Tätigkeiten vorstellen, die unterschiedlicher wären als das Austragen von Kindern und der Dienst an der Waffe. Doch die schwangeren Leihmütter in Indien und der Soldat, den Andrew Carnegie anheuerte, damit dieser seinen Platz im Bürgerkrieg einnahm, haben etwas gemeinsam. Wenn wir versuchen zu entscheiden, was daran richtig oder falsch sein mag, sehen wir uns mit zwei Fragen konfrontiert, an denen sich die konkurrierenden Vorstellungen von Gerechtigkeit scheiden: Wie frei sind die Entscheidungen, die wir auf dem freien Markt treffen? Und: Gibt es bestimmte Tugenden und höhere Werte, die von den Märkten nicht gewürdigt werden und die für Geld nicht zu kaufen sind?

5

Es kommt auf den Beweggrund an

IMMANUEL KANT

Wer an universelle Menschenrechte glaubt, ist wahrscheinlich kein Utilitarist. Wenn alle Menschen ungeachtet ihrer Herkunft oder Heimat zu respektieren sind, dann ist es falsch, sie für das kollektive Glück zu instrumentalisieren. (Denken wir an die Geschichte des unterernährten Kindes, das um der »Stadt des Glücks« willen im Keller schmachtet.)

Man könnte die Menschenrechte mit dem Argument verteidigen, dass sie langfristig den Nutzen mehren. In diesem Fall respektieren wir sie jedoch nicht, weil wir die Person achten, die sie besitzt, sondern weil die Verhältnisse für alle besser werden sollen. Es ist eine Sache, das Szenario mit dem leidenden Kind zu verurteilen, weil es den allgemeinen Nutzen mindert; es als immanent moralisches Unrecht – als Ungerechtigkeit gegenüber dem Kind – zu verurteilen, ist etwas anderes.

Falls Rechte nicht auf dem Nutzen beruhen: Was ist dann ihre moralische Grundlage? Libertarianer bieten eine mögliche Antwort an: Menschen sollten nicht bloß als Mittel für das Wohlergehen anderer benutzt werden, weil dadurch das Grundrecht auf Selbsteigentum verletzt würde. Mein Leben, meine Arbeit und meine Person gehören mir und sonst niemandem. Die Gesellschaft hat keinerlei Anspruch darauf.

In letzter Konsequenz führt das allerdings zu Konstellationen, die wohl nur hartgesottene Libertarianer verteidigen würden: einen ungeregelten Markt ohne Sicherheitsnetz für die Gestrandeten und dazu einen minimalen Staat, der darauf verzichtet, die Ungleichheit zu mildern und das Gemeinwohl zu fördern. Zudem wird hier das gegenseitige Einverständnis so hoch bewertet, dass selbstgewählte Verstöße gegen die menschliche Würde wie etwa einvernehmlicher Kannibalismus oder der Verkauf seiner selbst in die Sklaverei erlaubt sind.

Sogar John Locke (1632–1704), der große Theoretiker der Eigentumsrechte und der eingeschränkten Regierungsgewalt, hält nicht an einem unbegrenzten Recht auf Selbsteigentum fest. Er lehnt die Vorstellung ab, wir dürften über unser Leben und unsere Freiheit nach Belieben verfügen. Doch Lockes Theorie der unveräußerlichen Rechte bezieht Gott mit ein, was für diejenigen ein Problem darstellt, die eine nicht auf religiösen Annahmen beruhende moralische Basis für die Menschenrechte suchen.

Kants Begründung der Rechte

Immanuel Kant (1724–1804) bietet eine alternative Erklärung für unsere Rechte und Pflichten an – eine der stärksten und einflussreichsten Erklärungen, die je von einem Philosophen vorgebracht worden sind. Sie hängt nicht von der Vorstellung ab, wir besäßen uns selbst, oder von der Behauptung, unser Leben und unsere Freiheit seien eine Gabe Gottes. Vielmehr fußt sie auf der Überzeugung, dass wir als vernünftige Wesen Würde und Respekt verdienen.

Kant wurde 1724 im ostpreußischen Königsberg geboren und starb dort fast 80 Jahre später. Er stammte aus einer Familie mit bescheidenen Mitteln. Sein Vater war Sattlermeister, und beide Elternteile waren Pietisten, Mitglieder einer protestantischen Glaubensrichtung, die vor allem Wert auf das religiöse Innenleben und das Verrichten guter Werke legte.[1]

Sein Studium an der Universität Königsberg, wo er sich mit 16 Jahren einschrieb, verlief erfolgreich. Für eine gewisse Zeit arbeitete er als Hauslehrer, bis er mit 31 Jahren seine erste akademische Anstellung als Privatdozent erhielt. Bezahlt wurde er nach der Zahl der Studenten, die seine Vorlesungen besuchten. Er war ein beliebter und fleißiger Dozent und hielt wöchentlich ungefähr 20 Vorlesungen über Themen wie Metaphysik, Logik, Ethik, Recht, Geographie und Anthropologie.

1781 veröffentlichte er mit 57 Jahren sein erstes Hauptwerk, die *Kritik der reinen Vernunft*. Darin griff er die mit David Hume und John Locke verbundene empiristische Erkenntnistheorie an. Vier Jahre später veröffentlichte er die *Grundlegung zur Metaphysik der Sitten*, das erste von mehreren Werken zur Moralphilosophie. Fünf Jahre nach Jeremy Benthams *Principles of Morals and Legislation* (1780) lieferte Kants *Grundlegung* eine vernichtende Kritik des Utilitarismus. Kant argumentierte, bei der Moral gehe es nicht um die Maximierung des Glücks oder irgendeinen anderen Zweck. Vielmehr gehe es um die Achtung der Menschen als Zweck an sich selbst.

Kants *Grundlegung* erschien kurz nach der Amerikanischen Revolution (1776) und unmittelbar vor der Französischen Revolution (1789). In Übereinstimmung mit dem Geist und der moralischen Emphase dieser Revolutionen bietet sie eine stabile Grundlage für das, was die Revolutionäre des 18. Jahrhunderts als »Rights of Man« bezeichneten und was wir zu Beginn des 21. Jahrhunderts »universelle Menschenrechte« nennen.

Kants Philosophie ist anstrengend. Doch davon sollten

wir uns nicht abschrecken lassen. Sie ist der Mühe wert, weil es um sehr viel geht. Die *Grundlegung* greift eine große Frage auf: Was ist der höchste Grundsatz der Moral? Und im Zuge der Beantwortung dieser Frage nimmt sie sich eines weiteren überaus wichtigen Themas an: Was ist Freiheit?

Seit mehr als zweihundert Jahren stellen Kants Antworten auf diese Fragen eine Herausforderung für die Moralphilosophie und die politische Philosophie dar. Doch sein historischer Einfluss ist nicht der einzige Grund, warum wir uns mit ihm beschäftigen sollten. Obwohl Kants Philosophie auf den ersten Blick einschüchternd erscheinen mag, liefert sie die Grundlagen für einen beträchtlichen Ausschnitt des zeitgenössischen Denkens über Moral und Politik, selbst wenn uns das oft nicht bewusst ist. Zu versuchen, Kant zu verstehen, ist also nicht nur eine Übung im Philosophieren, sondern verschafft uns auch die Möglichkeit, einige der entscheidenden, aber oft impliziten Annahmen zu entdecken, die unserem öffentlichen Leben zugrunde liegen.

Kants Betonung der menschlichen Würde beeinflusst die heutigen Vorstellungen von den universellen Menschenrechten. Von größerer Bedeutung ist, dass seine Begründung der Freiheit in vielen unserer aktuellen Debatten über Gerechtigkeit auftaucht. In der Einführung zum vorliegenden Buch habe ich drei Annäherungen an die Gerechtigkeit unterschieden. Dem utilitaristischen Ansatz zufolge bestimmt man, welche Handlungen gerecht sind, indem man fragt, was das Wohlergehen oder die kollektive Glückseligkeit insgesamt maximiert. Ein weiterer Ansatz verknüpft Gerechtigkeit mit Freiheit. Ein Beispiel für diesen Ansatz sind die Libertarianer. Sie sagen, Einkommen und Reichtum seien immer dann gerecht verteilt, wenn sie aus dem freien Austausch von Gütern und Dienstleistungen hervorgingen. Es sei ungerecht, den Markt zu regulieren, weil damit die Wahlfreiheit des Einzelnen verletzt werde. Ein dritter Ansatz besagt, Gerechtigkeit bedeute, dass den Menschen gegeben werde, was ihnen moralisch zustehe; Güter werden demnach zugeteilt, um Tugend zu fördern und zu belohnen. Wenn wir uns Aristoteles zuwenden, werden wir sehen, dass der auf den Tugenden beruhende Ansatz die Gerechtigkeit mit Überlegungen zum guten Leben verbindet.

Kant verwirft Ansatz eins (Maximierung des Wohlergehens) und Ansatz drei (Förderung der Tugend). Beide Konzepte achten seiner Meinung nach die Freiheit des Menschen nicht genug. Demnach ist Kant ein Verfechter des zweiten Ansatzes, der Gerechtigkeit und Moral mit der Freiheit verknüpft. Seine Idee von Freiheit ist jedoch um einiges anspruchsvoller als die Freiheit der Wahl, die wir ausüben, wenn wir Güter auf dem Markt kaufen und verkaufen. Was wir gewöhnlich als Marktfreiheit oder Verbraucherentscheidung verstehen, ist in Kants Augen keine echte Freiheit, weil wir damit lediglich Bedürfnisse befriedigen, die wir selbst wiederum gar nicht frei gewählt haben.

Auf Kants höhere Vorstellung von Freiheit werden wir gleich zu sprechen kommen. Vorher aber wollen wir uns ansehen, warum er glaubt, dass die Utilitaristen einen Fehler machen, wenn sie Gerechtigkeit und Moral als eine Frage der Glücksmaximierung ansehen.

Die Schwierigkeiten mit der Glücksmaximierung

Kant lehnt den Utilitarismus ab. Weil der Utilitarismus Rechte durch eine Kalkulation begründet, macht er sie nach seiner Ansicht angreifbar. Zudem gibt es ein Problem, das tiefer geht, denn für Kant führt der Versuch, moralische Prinzipien aus unseren zufälligen Begierden abzuleiten, in die Irre. Etwas wird nicht dadurch richtig, dass es vielen Menschen Lust bereitet. Die bloße Tatsache, dass die Mehrheit, wie groß sie auch sei, ein bestimmtes Gesetz bevorzugt, macht daraus kein gerechtes Gesetz.

Kant meint, Moral könne nicht bloß auf empirische Erwägungen gegründet werden, etwa auf die Interessen, Wünsche, Begierden und Vorlieben, die Menschen zu einer beliebigen Zeit haben. Diese Faktoren seien wandelbar und zufällig, weshalb sie kaum als Grundlage universeller Moralprinzipien – etwa der universellen Menschenrechte – dienen könnten. Eine Gründung moralischer Prinzipien auf Vorlieben und Begierden – selbst wenn es der Wunsch nach Glückseligkeit ist – verkenne, worum es bei der Moral überhaupt gehe. Das utilitaristische Prinzip der Glückseligkeit trage »gar nichts zur Gründung der Sittlichkeit bei, indem es ganz was anderes ist, einen glücklichen, als einen guten Menschen, und diesen klug und auf seinen Vorteil abgewitzt, als ihn tugendhaft zu machen«.[2] Eine Begründung der Sittlichkeit auf Interessen und Vorlieben zerstöre ihre Würde. Sie lehre uns nicht, wie wir Falsch von Richtig unterscheiden können, sondern »nur den Kalkül besser ziehen«.[3]

Was bleibt übrig, wenn unsere Wünsche und Begierden nicht als Grundlage der Moral dienen können? Eine Möglichkeit ist Gott. Doch das ist nicht die Antwort Kants. Obwohl Christ, gründet Kant die Sittlichkeit nicht auf göttliche Autorität. Vielmehr sagt er, wir könnten das höchste Prinzip der Moral erkennen, indem wir uns von unserer »reinen praktischen Vernunft« leiten lassen. Um zu sehen, wie wir uns gemäß Kant den Weg zum moralischen Gesetz erarbeiten können, wollen wir nun die von Kant gemeinte enge Verbindung zwischen unserer Fähigkeit zur Vernunft und unserer Fähigkeit zur Freiheit erkunden.

Kant argumentiert, dass jede Person Respekt verdient –

nicht weil wir uns selbst besitzen, sondern weil wir vernunftbegabte Wesen sind, die frei handeln und entscheiden können.

Kant meint nicht, dass es uns stets gelingt, vernünftig zu handeln oder selbstbestimmt zu entscheiden – manchmal ist es uns möglich, manchmal nicht. Er meint lediglich, dass wir die Fähigkeit zur Vernunft und zur Freiheit haben und dass diese Fähigkeit dem Menschen an sich zu eigen ist.

Bereitwillig räumt Kant ein, dass unsere Fähigkeit zur Vernunft nicht die einzige Fähigkeit sei, die wir besitzen – wir hätten auch die Fähigkeit, Lust und Unlust zu empfinden. Er sieht, dass wir sowohl fühlende als auch rationale Wesen sind. Unter »fühlend« versteht Kant, dass wir auf unsere Sinne, unsere Empfindungen reagieren. Demnach hatte Bentham recht, als er bemerkte, dass wir Lust mögen und Unlust ablehnen. Falsch war aber, darauf zu bestehen, dass sie »unsere höchsten Herren« seien. Kant meint, die Vernunft könne herrschen, zumindest zeitweilig. Wenn die Vernunft den Willen regiert, sind wir nicht von dem Begehren angetrieben, Lust zu suchen und Unlust zu meiden.

Unsere Fähigkeit zur Vernunft ist so gesehen an unsere Fähigkeit zur Freiheit gebunden. Diese beiden Fähigkeiten gemeinsam machen uns zum Menschen und trennen uns von einer rein animalischen Existenz. Sie machen aus uns mehr als Kreaturen des Verlangens.

Was ist Freiheit?

Damit Kants Moralphilosophie für uns einen Sinn ergibt, müssen wir verstehen, was er mit Freiheit meint. Oft stellen wir uns vor, Freiheit bestehe darin, dass wir ungehindert tun können, was wir wollen. Dem widerspricht Kant. Seine Vorstellung von Freiheit ist strenger und anspruchsvoller.

Kants Überlegung verläuft so: Wenn wir wie die Tiere nach Lust streben und Unlust vermeiden, handeln wir nicht wirklich frei, sondern als Sklaven unserer Begierden und Wünsche. Warum? Immer, wenn wir versuchen, unsere Begierden zu befriedigen, geschieht alles, was wir tun, um eines außerhalb von uns gelegenen Zieles willen. Ich gehe hierhin, um meinen Hunger zu stillen, und dorthin, um meinen Durst zu löschen.

Angenommen, ich versuche zu entscheiden, welches Eis ich bestellen möchte: Sollte ich mich für Schokolade, Vanille oder Espresso Toffee Crunch entscheiden? Auch wenn ich vielleicht denke, meine Wahlfreiheit auszuüben, versuche ich in Wahrheit lediglich herauszufinden, welcher Geschmack meinen Vorlieben entgegenkommt – Vorlieben, die ich überhaupt nicht gewählt habe. Für Kant ist entscheidend, dass wir dabei nicht frei handeln, sondern gemäß einer von außen an uns herangetragenen Bestimmung. Denn schließlich habe ich mir kaum ausgesucht, dass ich Espresso Toffee Crunch Vanille vorziehe. Ich tue es einfach.

Vor einigen Jahren lautete ein Werbespruch von Sprite: »Hör auf deinen Durst!« Die Werbung enthielt (sicher unbeabsichtigt) eine Kant'sche Einsicht. Wenn ich nach einer Dose Sprite (oder Pepsi oder Coke) greife, handle ich aus Gehorsam, nicht aus Freiheit. Ich reagiere auf einen Wunsch, den ich nicht frei gewählt habe. Ich gehorche meinem Durst.

Die Leute streiten sich oft über die Rolle, die Natur bzw. Kultur – »nature and nurture« – bei der Ausformung unseres Verhaltens spielen. Ist der Wunsch nach Sprite (oder anderen Zuckerlimonaden) in den Genen festgeschrieben oder durch Werbung induziert? Für Kant verfehlt diese Debatte jedoch den Kern der Sache. Denn egal, ob mein Verhalten biologisch determiniert oder kulturell konditioniert ist, wahrhaft frei ist es nicht. Freies Handeln heißt laut

Kant, selbstbestimmt zu handeln. Und selbstbestimmt handeln heißt: Handeln gemäß einem Gesetz, das ich mir selbst gegeben habe – und nicht nach dem Diktat der Natur oder einer gesellschaftlichen Übereinkunft.

Was Kant mit selbstbestimmtem Handeln meint, wird verständlich, indem man versucht, sich das Gegenteil von Selbstbestimmung oder Autonomie zu vergegenwärtigen. Kant hat dafür das Wort *Heteronomie* geprägt. Wenn ich fremdbestimmt handle, handle ich gemäß Bestimmungen, die außerhalb meiner selbst liegen. Ein Beispiel: Wenn ich eine Billardkugel fallen lasse, fällt sie zu Boden. Wenn sie fällt, handelt die Billardkugel nicht frei; ihre Bewegung wird durch Naturgesetze gesteuert – in diesem Fall durch das Gravitationsgesetz.

Nehmen wir an, ich falle vom Empire State Building (oder werde hinabgestoßen). Keiner würde sagen, dass ich frei handle, während ich in Richtung Erde stürze; meine Bewegung wird wie die der Billardkugel vom Gravitationsgesetz bestimmt.

Nehmen wir nun an, ich lande auf einer anderen Person und töte sie. Für den unglücklichen Todesfall bin ich moralisch nicht verantwortlich – ebenso wenig wie die Billardkugel moralisch verantwortlich ist, wenn sie aus großer Höhe herabfällt und jemanden am Kopf trifft. Weder ich noch die Billardkugel handeln frei. In beiden Fällen herrscht das Gravitationsgesetz. Da keine Selbstbestimmung vorliegt, kann es keine moralische Verantwortung geben.

Somit finden wir hier die Verbindung zwischen Freiheit als Selbstbestimmung und Kants Vorstellung der Sittlichkeit. Frei handeln heißt nicht, die besten Mittel zu einem gegebenen Zweck zu wählen; es heißt, den Zweck als solchen zu wählen, um seiner selbst willen – eine Entscheidung, die Menschen treffen können, nicht aber Billardkugeln (oder auch die meisten Tiere).

Personen und Sachen

Es ist drei Uhr früh, und der Zimmergenosse fragt, warum man so spät noch auf ist und moralische Zwickmühlen wälzt – es geht um Loks mit versagenden Bremsen.

»Ich will eine gute Arbeit im Hauptseminar Ethik schreiben«, lautet die Antwort.

»Warum das?«, fragt der Zimmergenosse.

»Um eine gute Note zu bekommen.«

»Aber was willst du mit einer guten Note?«

»Ich will einen guten Job im Investmentbanking.«

»Warum gerade da?«

»Eines Tages will ich Hedgefonds-Manager werden.«

»Und warum Hedgefonds-Manager?«

»Um massenhaft Geld zu machen.«

»Warum willst du massenhaft Geld machen?«

»Damit ich möglichst oft Hummer essen kann – ich liebe Hummer einfach. Und deshalb bin ich lange wach und denke über Loks mit versagenden Bremsen nach.«

Hier haben wir ein Beispiel für das, was Kant als Fremdbestimmung bezeichnen würde – man handelt um einer anderen Sache willen, um einer anderen Person willen und so weiter. Wenn wir fremdbestimmt handeln, handeln wir zugunsten von Zwecken, die uns äußerlich sind. Wir sind Mittel und nicht Urheber der Zwecke, die wir verfolgen.

Kants Vorstellung von Selbstbestimmung bildet dazu einen starken Kontrast. Wenn wir autonom und in Einklang mit einem Gesetz handeln, das wir uns selbst geben, so tun wir etwas um seiner selbst willen, wegen eines Zwecks an sich. Wir sind nicht länger Mittel zu Zwecken, die uns äußerlich sind. Diese Fähigkeit, selbstbestimmt zu handeln, gibt dem menschlichen Leben seine besondere Würde. Sie bezeichnet den Unterschied zwischen Personen und Sachen.

Die menschliche Würde zu achten heißt für Kant, Personen als Zweck an sich zu behandeln. Deshalb ist es falsch, Menschen um des Gemeinwohls willen zu instrumentalisieren, wie es der Utilitarismus tut. Stößt man den dicken Mann auf die Schienen, um die Lok zu stoppen, benutzt man ihn als Mittel und achtet ihn nicht als Person. Ein aufgeklärter Utilitarist (wie Mill) würde sich vielleicht weigern, den Mann hinabzustoßen, weil er besorgt ist, dass sekundäre Auswirkungen den Nutzen auf lange Sicht mindern könnten. (Die Menschen würden bald Angst davor haben, auf Brücken zu stehen usw.) Kant dagegen würde daran festhalten, dass dies der falsche Grund sei, jemanden nicht von der Brücke zu stoßen. Denn auch hier würde das mögliche Opfer als Werkzeug angesehen, als Objekt, als bloßes Mittel für das Glück anderer. Er würde nicht um seiner selbst willen am Leben gelassen, sondern dafür, dass andere Menschen ohne Furcht über Brücken gehen können.

Das wirft die Frage auf, was einer Handlung moralischen Wert verleiht. Damit kommen wir von Immanuel Kants anspruchsvoller Vorstellung von Freiheit zu seiner gleichermaßen anspruchsvollen Vorstellung von Sittlichkeit.

Was ist Moral?

Kant zufolge besteht der moralische Wert einer Handlung nicht in den Folgen, die sich aus ihr ergeben, sondern in der Absicht, in der die Handlung ausgeführt wird. Es kommt auf das Motiv an, und dieses Motiv muss von bestimmter Art sein. Das Richtige muss getan werden, weil es richtig ist, und aus keinem anderen Grund.

»Der gute Wille ist nicht durch das, was er bewirkt, oder ausrichtet (…) gut«, schreibt Kant. Er ist an sich gut, ob er Erfolg hat oder nicht. »Wenn gleich (…) es diesem Willen gänzlich an Vermögen fehlete, seine Absicht durchzusetzen; wenn bei seiner größten Bestrebung dennoch nichts von ihm ausgerichtet würde (…), so würde er wie ein Juwel doch für sich selbst glänzen, als etwas, das seinen vollen Wert in sich selbst hat.«[4]

Damit ein Handeln moralisch gut ist, »ist es nicht genug, dass es dem sittlichen Gesetze *gemäß* sei, sondern es muss auch *um desselben willen* geschehen.«[5] Und das Motiv, das dem Handeln moralischen Wert verleiht, ist das Motiv der Pflicht, worunter Kant versteht, dass man das Richtige aus dem richtigen Grund tut.[6]

Wenn Kant äußert, nur das Motiv der Pflicht verleihe einer Handlung moralischen Wert, so sagt er noch nicht, welche speziellen Pflichten wir haben. Er gibt nicht vor, was das höchste Prinzip der Sittlichkeit befiehlt. Er merkt nur an, dass wir, wenn wir den sittlichen Wert einer Handlung einschätzen, die Absicht bewerten, mit der sie ausgeführt wird, und nicht die Folgen, die sich daraus ergeben.

Wenn wir aus einem anderen Beweggrund als dem der Pflicht handeln, etwa aus Eigeninteresse, so fehlt unserem Handeln der sittliche Wert. Dasselbe gilt für unsere Wünsche, Begierden, Vorlieben und unser Verlangen. Kant konfrontiert Beweggründe dieser Art – Beweggründe der »Neigung« – mit dem Motiv der Pflicht. Und er hält daran fest, dass nur Handlungen, die der Pflicht wegen ausgeführt werden, sittlichen Wert besitzen.

Der berechnende Krämer und das Better Business Bureau

Kant liefert mehrere Beispiele, die den Unterschied zwischen Pflicht und Neigung verdeutlichen. Das erste betrifft einen vorsichtigen Krämer. Ein unerfahrener Kunde, sagen wir ein Kind, betritt einen Kramladen, um einen Laib Brot zu kaufen. Der Krämer könnte dem Kind zu viel berechnen – mehr als den üblichen Preis für einen Laib Brot –, und das Kind würde es nicht bemerken. Wenn aber andere herausfänden, dass er ein Kind auf diese Weise übervorteilt hat, und das weitererzählten, würde, wie der Krämer erkennt, sein Geschäft leiden. Deshalb beschließt er, dem Kind nicht zu viel abzunehmen. Er berechnet ihm den üblichen Preis. Der Krämer tut also das Richtige, aber aus dem falschen Grund. Er geht allein deswegen korrekt mit dem Kind um, weil er seinen Ruf schützen will. Der Krämer handelt nur aus Eigeninteresse ehrlich – seinem Handeln fehlt der sittliche Wert.[7]

Eine moderne Parallele zu Kants vorsichtigem Krämer findet man in der Werbekampagne des Better Business Bureau in New York (einer Verbraucherschutzorganisation, die Firmen nach deren Geschäftsgepflogenheiten bewertet). Um neue Mitglieder anzuwerben, schaltet das BBB manchmal eine ganzseitige Anzeige in der *New York Times* – Überschrift: »Ehrlichkeit ist die beste Politik. Sie bringt auch den höchsten Gewinn.« Der Anzeigentext lässt keinen Zweifel aufkommen, an welches Motiv hier appelliert wird.

> Ehrlichkeit. Sie ist so wichtig wie jeder andere Aktivposten. Denn ein Unternehmen, das ehrlich, offen und korrekt handelt, wird zwangsläufig erfolgreich sein. Genau deswegen unterstützen wir das Better Business Bureau. Machen Sie mit. Profitieren Sie gemeinsam mit uns.

Kant würde das Better Business Bureau nicht verurteilen; es ist zu loben, wenn man ehrliches Geschäftsgebaren fördert. Es gibt jedoch einen wichtigen moralischen Unterschied zwischen Ehrlichkeit um ihrer selbst willen und Ehrlichkeit um der Bilanz willen. Ersteres ist eine auf Grundsätze gestützte Haltung, Letzteres lediglich vorsichtig. Kant meint, nur die auf Grundsätzen beruhende Haltung sei pflichtgemäß und verleihe einer Handlung sittlichen Wert.

Oder sehen wir uns folgendes Beispiel an. Vor einigen Jahren versuchte die Universität Maryland, ein weitverbreitetes Problem anzugehen: das Schummeln während der Klausuren. Die Universitätsleitung forderte die Studenten auf, eine Selbstverpflichtung zu unterschreiben, während der Klausuren nicht zu mogeln. Als Anreiz überreichte man Studenten, die diese Verpflichtung akzeptierten, eine Rabattkarte, die in örtlichen Läden Preisnachlässe von 10 bis 25 Prozent bot.[8] Kein Mensch weiß, wie viele Studenten wegen eines Rabatts beim örtlichen Pizzabäcker versprachen, nicht zu mogeln. Die meisten von uns würden jedoch zustimmen, dass es der gekauften Ehrlichkeit an moralischem Wert fehlt. Egal, ob die Preisnachlässe die Fälle von Mogelei verringert haben oder nicht – die moralische Frage ist, ob Ehrlichkeit, die durch den Wunsch nach einem Preisnachlass oder einer finanziellen Belohnung motiviert ist, sittlichen Wert besitzt. Kant würde das verneinen.

Diese Fälle zeigen, dass Kants Behauptung, nur der Beweggrund der Pflicht – man tut etwas, weil es richtig ist, nicht weil es nützlich oder üblich ist – verleihe einer Handlung sittlichen Wert, nicht unplausibel ist. Zwei weitere Beispiele zeigen jedoch, dass es so einfach nun auch wieder nicht ist.

Am Leben bleiben

Das erste Beispiel betrifft die Pflicht (so sieht es Kant), sein eigenes Leben zu erhalten. Da die meisten Menschen ohnehin eher geneigt sind, weiterzuleben, tritt diese Pflicht nur selten in Erscheinung. Deshalb fehlt es den meisten Vorsichtsmaßnahmen, mit denen wir unser Leben bewahren, an moralischem Gehalt. Wer den Sicherheitsgurt anlegt oder den Cholesterinwert unter Kontrolle hält, handelt vorsichtig, nicht moralisch.

Kant räumt ein, dass oft schwierig zu erkennen sei, was Menschen zu einem bestimmten Verhalten bewege. Und er erkennt an, dass die Motive Pflicht und Neigung gleichzeitig vorhanden sein können. Ihm kommt es darauf an, dass nur der Beweggrund der Pflicht – wir tun etwas, weil es richtig ist, nicht, weil es nützlich oder erfreulich oder bequem ist – einer Handlung sittlichen Wert verleiht. Diesen Punkt veranschaulicht er mit dem Beispiel des Suizids.

Die meisten Menschen leben immerfort weiter, weil sie das Leben lieben, und nicht, weil sie die Pflicht dazu haben. Kant stellt einen Fall vor, in dem das Motiv der Pflicht in den Blick gerät. Er stellt sich einen hoffnungslosen, trübseligen Menschen vor, der so verzweifelt ist, dass ihn der Lebensmut verlässt. Wenn so ein Mensch den Willen zum Weiterleben nicht aus der Neigung, sondern aus der Pflicht ableitet, dann hat sein Handeln sittlichen Wert.[9]

Kant behauptet nicht, nur verzweifelte Menschen könnten die Pflicht erfüllen, sich am Leben zu erhalten. Es sei durchaus möglich, das Leben zu lieben und es dennoch aus dem richtigen Grund zu bewahren – weil man nämlich die Pflicht habe, dies zu tun. Der Wunsch, weiterzuleben, untergräbt dabei nicht den sittlichen Wert – vorausgesetzt, man respektiert auch die Pflicht, das eigene Leben zu erhalten, und tut es im Bewusstsein dieser Begründung.

Der moralische Menschenfeind

Der vielleicht schwierigste Testfall für Kants Ansicht betrifft die Pflicht, anderen zu helfen. Manche Menschen sind altruistisch. Sie empfinden Mitleid für andere, und es macht ihnen Freude, ihnen zu helfen. Doch der guten Tat aus Mitleid, »so pflichtmäßig, so liebenswürdig sie auch ist«, fehlt es an sittlichem Wert. Das mag der Intuition zuwiderlaufen. Ist es nicht gut, zu denen zu gehören, denen es Freude bereitet, anderen zu helfen? Kant würde das bejahen. Er ist gewiss nicht der Ansicht, es sei falsch, aus Mitgefühl zu handeln. Aber er unterscheidet zwischen diesem Beweggrund, anderen zu helfen – etwas Gutes zu tun macht mir Freude –, und dem Motiv der Pflicht. Und er bleibt dabei, dass nur das Motiv der Pflicht einer Handlung sittlichen Wert verleiht. Das Mitleid des Menschenfreundes verdient »Lob und Aufmunterung, aber nicht Hochschätzung«.[10]

Doch was ist dann erforderlich, damit eine gute Tat sittlichen Wert bekommt? Kant bietet ein Szenario an: Stellen wir uns vor, unser Menschenfreund erlebt ein Unglück, das seine Menschenliebe erlöschen lässt. Er wird zum Misanthropen, dem es gänzlich an Sympathie und Mitgefühl fehlt. Doch die kaltherzige Seele reißt sich aus dieser Gleichgültigkeit – und kommt ihren Mitmenschen zu Hilfe. Obwohl ihm jede Neigung zu helfen fehlt, tut er es »lediglich aus Pflicht«. Nun erst hat sein Handeln echten moralischen Wert.[11]

Dieses Urteil mag uns in mancherlei Hinsicht seltsam vorkommen. Will Kant Menschenfeinde zu moralischen Beispielen aufwerten? Wohl kaum. Empfindet man Vergnügen daran, das Richtige zu tun, untergräbt das zwar nicht zwangsläufig den moralischen Wert der Handlung; es kommt aber darauf an, so Kant, dass die gute Tat vollbracht wird, weil sie an sich richtig ist – ob uns das nun Freude bereitet oder nicht.

Der Held des Buchstabierwettbewerbs

Nehmen wir einen Vorfall, der sich vor einigen Jahren beim nationalen Buchstabierwettbewerb in Washington, D. C., ereignet hat. Ein Dreizehnjähriger wurde aufgefordert,

»echolalia« zu buchstabieren. Das Wort bezeichnet die Neigung, alles zu wiederholen, was man hört. Obwohl der Junge das Wort falsch buchstabierte, glaubten die Juroren, es richtig zu hören, und ließen ihn in die nächste Runde einziehen. Als der Junge erfuhr, dass er das Wort falsch buchstabiert hatte, ging er zu den Juroren und sagte es ihnen. Er musste letztlich ausscheiden, aber am nächsten Tag wurde der junge Mann in den Schlagzeilen zum »Helden des Buchstabierwettbewerbs« erklärt, und sein Foto erschien in der *New York Times.* »Die Juroren meinten, ich hätte große Aufrichtigkeit gezeigt«, erzählte der Junge den Reportern. Er fügte hinzu, er habe es zum Teil deshalb getan, weil er sich »nicht wie ein Ekel vorkommen« wollte.[12]

Als ich dieses Zitat des Buchstabierhelden las, fragte ich mich, was Kant wohl gedacht hätte. Sich nicht wie ein Ekel vorkommen zu wollen ist natürlich eine Neigung. Dies scheint den moralischen Wert seiner Handlung zu untergraben. Doch das wäre ein zu hartes Urteil. Es würde bedeuten, dass nur unempfindliche Menschen moralisch wertvoll handeln könnten. Ich glaube nicht, dass es das war, was Kant gemeint hat.

Wenn der Junge nur deshalb die Wahrheit gesagt hat, weil er sich nicht schuldig fühlen oder nicht in Verruf geraten wollte, falls sein Fehler entdeckt würde, dann wäre es moralisch ohne Wert gewesen, dass er die Wahrheit gesagt hat. Wenn er dagegen die Wahrheit gesagt hat, weil ihm klar war, dass dies das Richtige war, hat sein Verhalten moralischen Wert – ungeachtet der Freude oder Befriedigung, die vielleicht damit einherging. Solange jemand das Richtige aus dem richtigen Grund tut, kann man sich deswegen gut fühlen, ohne dass der moralische Wert ausgehöhlt würde.

Das gilt auch für Kants Menschenfreund. Wenn er anderen einfach deswegen zu Hilfe kommt, weil es ihm Freude macht, fehlt seinem Handeln moralischer Wert. Wenn er es dagegen als seine Pflicht ansieht, den Mitmenschen zu helfen, und aufgrund dieser Pflicht handelt, dann wertet die Freude, die er dabei empfindet, seine Handlung nicht ab.

Natürlich kommt es in der Praxis häufig vor, dass sich Pflicht und Neigung überlagern. Oft ist es schon schwierig, die eigenen Empfindungen klar auseinanderzuhalten, ganz zu schweigen davon, die Motive anderer Menschen genau zu erkennen. Kant bestreitet das nicht. Ebenso wenig glaubt er, nur ein hartherziger Misanthrop könne moralisch wertvolle Handlungen ausführen. Sein Beispiel mit dem Menschenfeind sollte lediglich das Motiv der Pflicht – unvermischt mit Sympathie oder Mitleid – herausstellen, um zu verdeutlichen, dass es nicht die Folgen einer Tat sind, die unseren guten Taten moralischen Wert verleihen, sondern das Grundprinzip, an dem wir unser Handeln ausrichten.

Was ist der oberste Grundsatz der Sittlichkeit?

Wenn Sittlichkeit bedeutet, aus Pflicht zu handeln, bleibt zu zeigen, was die Pflicht erfordert. Und dafür, so Kant, muss man wissen, was der oberste Grundsatz der Sittlichkeit ist. In seiner *Grundlegung* versucht Kant, genau diese Frage zu beantworten.

Wir können uns Kants Antwort nähern, wenn wir uns ansehen, wie er drei große Ideen verknüpft: Moral bzw. Sittlichkeit, Freiheit und Vernunft. Er erklärt diese Vorstellungen anhand einer Reihe von Gegensätzen oder Dualismen. Das schließt einiges an spezieller Terminologie ein, aber wer sich die Parallelen zwischen diesen gegensätzlichen Begriffen merkt, ist schon dabei, Kants Moralphilosophie zu verstehen. Hier sind die Gegensätze, die man im Kopf behalten sollte:

Gegensatz 1 (Sittlichkeit): Pflicht vs. Neigung
Gegensatz 2 (Freiheit): Selbst- vs. Fremdbestimmung
Gegensatz 3 (Vernunft): kategorische vs. hypothetische Imperative

Das erste Gegensatzpaar zwischen Pflicht und Neigung haben wir schon erkundet. Nur der Beweggrund der Pflicht kann einer Handlung moralischen Wert verleihen. Nun möchte ich versuchen, die beiden anderen Punkte zu erläutern.

Der zweite Gegensatz bezieht sich auf den menschlichen Willen – ist er autonom oder heteronom? Gemäß Kant bin ich nur dann frei, wenn mein Wille selbstbestimmt ist – regiert durch ein Gesetz, das ich mir selbst gebe. Noch einmal: Oft glauben wir, Freiheit bedeute, dass wir tun können, was wir wollen, und dass wir unsere Wünsche ungehindert verfolgen können. Doch Kant stellt diese Anschauung der Freiheit in Frage: Wenn man diese Wünsche anfangs gar nicht frei gewählt hat, wie kann man dann glauben, man sei frei, wenn man ihnen nachgeht?

Wenn mein Wille heteronom oder fremdbestimmt ist, wird er von etwas gesteuert, das außerhalb meiner Selbst liegt. Das aber wirft eine schwierige Frage auf: Wenn Freiheit mehr bedeutet, als meinen Wünschen und Neigungen zu folgen, wie ist sie dann überhaupt möglich? Ist nicht alles, was ich mache, durch Begehren oder Neigungen begründet, die auf äußere Einflüsse zurückgehen?

Die Antwort liegt durchaus nicht auf der Hand. Kant merkt an, dass jedes Ding in der Natur notwendigerweise bestimmten Gesetzen gehorcht – etwa den Gesetzen der Physik und dem Gesetz von Ursache und Wirkung.[13] Das schließt den Menschen ein. Schließlich sind wir Wesen der Natur. Menschen sind von den Naturgesetzen nicht ausgenommen.

Wenn wir aber zur Freiheit fähig sind, müssen wir imstande sein, gemäß einer anderen Art von Gesetz zu handeln, einem Gesetz, das sich von den Gesetzen der Physik unterscheidet. Kant meint, jede Handlung sei durch Gesetze der einen oder der anderen Art gelenkt. Und wenn unsere Handlungen allein von den Gesetzen der Physik gesteuert würden, dann würden wir uns nicht von einer Billardkugel unterscheiden. Wenn wir aber zur Freiheit fähig sind, müssen wir imstande sein, nicht nach einem uns gegebenen oder auferlegten Gesetz zu handeln, sondern gemäß einem Gesetz, das wir uns selbst geben. Doch woher könnte ein solches Gesetz kommen?

Kants Antwort: aus der Vernunft. Wir sind nicht bloß fühlende Wesen, beherrscht von der Lust und der Unlust unserer Sinne; wir sind auch rationale, zur Vernunft fähige Wesen. Wenn mein Wille von der Vernunft bestimmt wird, dann erhält er die Macht, unabhängig vom Diktat der Natur oder der Neigung zu entscheiden. (Anzumerken ist, dass Kant nicht behauptet, mein Wille sei immer von der Vernunft gelenkt; er sagt nur, dass mein Wille, sofern ich fähig bin, frei und gemäß einem Gesetz zu handeln, von der Vernunft gesteuert wird.)

Natürlich ist Kant nicht der erste Philosoph, der vorbringt, dass Menschen zur Vernunft fähig seien. Doch seine Vorstellung von Vernunft ist besonders anspruchsvoll – so wie seine Entwürfe von Freiheit und Moral. Für die empiristischen Philosophen einschließlich der Utilitaristen ist Vernunft nicht mehr als ein Werkzeug. Sie ermöglicht es uns, Mittel zur Verfolgung bestimmter Zwecke ausfindig zu machen – Zwecke, die von der Vernunft selbst nicht geliefert werden. Thomas Hobbes bezeichnete die Vernunft als »Pfadfinder der Begierden«. David Hume nannte die Vernunft einen »Sklaven der Leidenschaften«.

Auch den Utilitaristen zufolge besteht die Aufgabe der

Vernunft nicht darin, die Zwecke zu bestimmen, deren Verfolgung sich lohnt. Sie hat herauszufinden, wie die Wünsche zu erfüllen sind, die wir zufällig haben, um so den Nutzen zu maximieren.

Kant wertet die Vernunft demgegenüber massiv auf. Für ihn ist sie nicht nur der Sklave der Leidenschaften. Wäre sie nur das, sagt Kant, dann wären wir mit dem Instinkt besser dran.[14] Kants Vorstellung von Vernunft – der praktischen Vernunft, die mit Moral zu tun hat – beschreibt keine instrumentelle Vernunft, sondern »die reine a priori gesetzgebende Vernunft, die auf keinen empirischen Zweck (...) Rücksicht nimmt«.[15]

Kategorische versus hypothetische Imperative

Wie aber kann die Vernunft das erreichen? Kant unterscheidet zwei Wege, auf denen die Vernunft dem Willen befehlen kann – zwei verschiedene Typen von Imperativen. Einer davon, vielleicht der vertrauteste, ist ein hypothetischer Imperativ. Hypothetische Imperative bedienen sich der instrumentellen Vernunft: Wenn du X willst, dann mache Y. Wenn du einen guten Ruf als Geschäftsmann haben willst, dann gehe ehrlich mit deinen Kunden um.

Den hypothetischen Imperativen, die immer nur bedingt, von Fall zu Fall, gültig sind, stellt Kant eine Art von unbedingtem Imperativ entgegen – den kategorischen Imperativ. »Wenn nun die Handlung bloß (...) als Mittel gut sein würde«, schreibt Kant, »so ist der Imperativ *hypothetisch*; wird sie als *an sich gut* vorgestellt, mithin als notwendig in einem an sich der Vernunft gemäßen Willen, als Prinzip desselben, so ist er kategorisch.«[16]

Der Ausdruck »kategorisch« mag sich nach Philosophenjargon anhören, ist aber von unserem üblichen Gebrauch des Begriffs nicht allzu weit entfernt. Mit »kategorisch« meint Kant »unbedingt«. Wenn beispielsweise ein Politiker einen angeblichen Skandal kategorisch bestreitet, ist die Verneinung nicht bloß nachdrücklich; sie ist ohne einschränkende Bedingung gemeint – ohne Schlupfloch oder Ausnahme. Ähnlich sind eine kategorische Pflicht oder ein kategorisches Recht ungeachtet aller Begleitumstände gültig.

Für Kant befiehlt ein kategorischer Imperativ in – nun ja – kategorischer Weise; er bezieht sich nicht auf irgendeinen anderen Zweck oder ist davon abhängig. »Er betrifft nicht die Materie der Handlung und das, was aus ihr erfolgen soll, sondern die Form und das Prinzip, woraus sie selbst folgt, und das Wesentlich-Gute derselben besteht in der Gesinnung, der Erfolg mag sein, welcher er wolle.«[17] Nur ein kategorischer Imperativ, meint Kant, kommt als Grundlage der Moral in Frage.

Nun kommt die Verbindung zwischen den drei parallelen Gegensätzen in den Blick. Um selbstbestimmt und frei zu sein, ist es notwendig, dass ich nicht aufgrund eines hypothetischen, sondern aufgrund eines kategorischen Imperativs handle.

Das lässt immer noch eine große Frage offen: Wie könnte ein solcher kategorischer Imperativ denn überhaupt lauten? Was befiehlt er uns? Kant sagt, wir können dies beantworten, indem wir uns ein »praktisches Gesetz« vorstellen, das uns als vernünftige Wesen – ungeachtet unserer speziellen Absichten und Zwecke – bindet.[18] Worum handelt es sich?

Kategorischer Imperativ I: Eine Maxime verallgemeinern

Die erste Version bezeichnet Kant als Formel des allgemeinen Gesetzes: »Handle nur nach derjenigen Maxime, durch die du zugleich wollen kannst, dass sie ein allgemeines Gesetz werde.«[19] Mit »Maxime« meint Kant eine Regel, die meinem Handeln zugrunde liegt. Wir sollten also nur aufgrund von Prinzipien handeln, die wir ohne Widersprüche verallgemeinern können.

Um zu sehen, wie Kant sich das vorstellt, wollen wir eine konkrete moralische Frage betrachten: Ist es jemals richtig, ein Versprechen zu geben, das man nicht einhalten kann?

Angenommen, ich benötige dringend Geld und bitte jemanden um ein Darlehen. Ich weiß sehr wohl, dass ich nicht imstande sein werde, es in nächster Zeit zurückzuzahlen. Ist es moralisch zulässig, das Darlehen zu erhalten, indem ich fälschlicherweise zusichere, das Geld prompt zurückzuzahlen, obwohl ich weiß, dass ich dieses Versprechen nicht halten kann? Ist ein falsches Versprechen mit dem kategorischen Imperativ vereinbar? Kant sagt nein, offensichtlich nicht. Dass die falsche Zusage dem kategorischen Imperativ widerspricht, erkenne ich, wenn ich versuche, sie zur Maxime zu verallgemeinern.[20] Sie würde in diesem Fall etwa so lauten: »Wann immer jemand dringend Geld benötigt, sollte er um ein Darlehen bitten und dessen Rückzahlung versprechen, selbst wenn er weiß, dass er dazu nicht in der Lage sein wird.«

Würde man versuchen, solch eine Maxime auf diese Weise weiter zu verallgemeinern und zugleich danach zu handeln, würde man nach Kant auf einen Widerspruch stoßen: Wenn jeder, der Geld benötigt, falsche Versprechungen machte, würde niemand solchen Versprechungen glauben. Tatsächlich gäbe es so etwas wie Versprechungen nicht mehr, weil durch die Verallgemeinerung falscher Zusagen das System gegenseitiger Absprachen zusammenbrechen würde. Dann aber würde man vergeblich hoffen, Geld aufgrund von Versprechungen zu erhalten. Das zeigt, dass es moralisch verkehrt ist, falsche Versprechungen zu machen – es steht im Widerspruch zum kategorischen Imperativ.

Manche finden diese Version von Kants kategorischem Imperativ nicht überzeugend. Die Formel vom allgemeinen Gesetz ähnelt ein wenig der moralischen Binsenweisheit, die Erwachsene verwenden, um Kinder zur Ordnung zu rufen, wenn sie sich vordrängeln oder anderen ins Wort fallen: »Was wäre, wenn das alle so machten?« Würden alle lügen, könnte sich keiner mehr auf das Wort des anderen verlassen, und damit wäre niemandem gedient. Falls Kant das zum Ausdruck bringen wollte, so wäre dies allerdings ein Argument, das die Folgen berücksichtigt – das falsche Versprechen würde also nicht grundsätzlich verworfen, sondern wegen seiner vielleicht schädlichen Auswirkungen oder Konsequenzen.

Kein Geringerer als John Stuart Mill äußerte diese Kritik an Kant. Doch Mill hat den Kern von Kants Gedankengang missverstanden. Wenn ich prüfe, ob ich die Maxime meiner Handlung verallgemeinern und weiterhin danach handeln kann, ist das für Kant kein Verfahren, über mögliche Folgen zu spekulieren. Es ist ein Test, der mir sagt, ob meine Maxime mit dem kategorischen Imperativ in Einklang ist. Ein falsches Versprechen ist nicht deshalb verkehrt, weil es ins Große übertragen das soziale Vertrauen unterhöhlen würde (auch wenn das durchaus geschehen könnte). Es ist verkehrt, weil ich, wenn ich es abgebe, meine persönlichen Bedürfnisse und Wünsche (in diesem Fall Geld) denen aller anderen überordne.

Der Test per Verallgemeinerung verweist auf einen starken moralischen Anspruch: Damit lässt sich prüfen, ob die von mir geplante Handlung meine Interessen über die aller anderen stellt.

Kategorischer Imperativ II: Personen als Zwecke behandeln

In Kants zweiter Formulierung wird die moralische Stärke des kategorischen Imperativs deutlicher – es ist die Formel von der Menschheit als Zweck, nicht als Mittel. Kant führt die zweite Version des kategorischen Imperativs folgendermaßen ein: Wir können das moralische Gesetz nicht auf irgendwelche Einzelinteressen, Zwecke oder Ziele gründen, weil es dann nur auf die Person bezogen wäre, um deren Ziele es geht. »Gesetzt aber, es gäbe etwas, *dessen Dasein an sich selbst* einen absoluten Wert hat«, als Zweck an sich selbst, dann »würde in ihm, und nur in ihm allein, der Grund eines möglichen kategorischen Imperativs (…) liegen.«[21]

Aber was könnte überhaupt einen absoluten Wert als Zweck an sich selbst haben? Kants Antwort: die Menschheit. »Nun sage ich: der Mensch, und überhaupt jedes vernünftige Wesen, existiert als Zweck an sich selbst, nicht bloß als Mittel zum beliebigen Gebrauche für diesen oder jenen Willen.«[22] Dies, ruft Kant uns in Erinnerung, sei der grundlegende Unterschied zwischen Personen und Sachen. Personen sind vernünftige Wesen. Sie besitzen nicht nur einen relativen Wert, sondern einen absoluten Wert in sich selbst. Das heißt, vernünftige Wesen haben Würde.

Diese Argumentation führt Kant zur zweiten Formulierung des kategorischen Imperativs: »Handle so, dass du die Menschheit, sowohl in deiner Person als in der Person eines jeden andern, jederzeit zugleich als Zweck, niemals bloß als Mittel brauchest.«[23] Das ist die Formel für die Menschheit als Zweck.

Sehen wir uns erneut das falsche Versprechen an. Mit Hilfe der zweiten Formulierung des kategorischen Imperativs erkennen wir aus einer leicht veränderten Perspektive, warum diese Handlungsweise verkehrt ist. Wenn ich verspreche, das Geld zurückzuzahlen, das ich mir leihen möchte, obwohl ich weiß, dass ich das nicht kann, manipuliere ich mein Gegenüber. Ich benutze ihn als Mittel für meine finanzielle Solvenz und behandle ihn nicht als jemanden, der Achtung verdient.

Nehmen wir nun den Suizid. Anzumerken ist hier, dass sowohl Mord als auch Suizid zum kategorischen Imperativ in Widerspruch stehen. Mord und Suizid betrachten wir moralisch gesehen oft als völlig verschiedene Handlungen: Jemand anderen zu töten heißt, ihm gegen seinen Willen das Leben zu nehmen, während Suizid die Entscheidung desjenigen ist, der ihn begeht. Doch Kants Forderung, die Menschheit als Zweck zu behandeln, schließt Mord und Suizid aus demselben Grund aus.

Wenn ich einen Mord begehe, nehme ich jemandem das Leben, weil ich irgendein persönliches Interesse verfolge – ich will etwa eine Bank ausrauben, meine politische Macht konsolidieren oder meine Wut ablassen. Ich benutze das Opfer als Mittel und missachte seine Menschlichkeit. Deshalb verstößt Mord gegen den kategorischen Imperativ.

Für Kant verstößt Suizid in gleicher Weise gegen den kategorischen Imperativ. Wenn ich mein Leben beende, um einer schmerzlichen Situation zu entkommen, benutze ich mich selbst als Mittel, um mein eigenes Leiden zu beenden. Doch eine Person ist, wie Kant uns in Erinnerung ruft, keine Sache, »mithin nicht etwas, das bloß als Mittel gebraucht werden kann«. Ich habe nicht das Recht, über die Menschheit in meiner Person zu verfügen – so wenig wie über irgendeinen anderen Menschen. Für Kant ist der Suizid aus demselben Grund falsch wie der Mord. In beiden Fällen werden Menschen als Sachen behandelt, und die Menschheit als Zweck an sich selbst wird missachtet.[24]

Das Beispiel des Suizids stellt ein entscheidendes Merkmal dessen heraus, was Kant als unsere Pflicht ansieht: unsere Mitmenschen zu achten. Für Kant gehen Selbstachtung und Achtung für andere Menschen aus ein und demselben Grundsatz hervor. Die Pflicht zur Achtung schulden wir ausnahmslos allen vernünftigen Wesen. Ganz egal, um wen es sich dabei konkret handelt.

Es gibt einen Unterschied zwischen Achtung und anderen Formen menschlicher Bindung. Liebe, Zuneigung, Solidarität und Freundschaft sind moralische Empfindungen, die uns stärker zu einigen Menschen hinziehen als zu anderen. Sie haben damit zu tun, wer sie im Besonderen sind. Wir lieben unsere Ehepartner und die Mitglieder unserer Familie. Wir empfinden Zuneigung für Menschen, mit denen wir uns identifizieren können. Wir empfinden Solidarität mit unseren Freunden und Gefährten.

Doch die Kant'sche Achtung ist Achtung für den Menschen als solchen, für seine Fähigkeit zur Vernunft, die ohne Unterschied uns allen zu eigen ist. Das erklärt, warum der Kant'sche Grundsatz der Achtung sich für die Begründung der allgemeinen Menschenrechte anbietet. Für Kant ist es ein Gebot der Gerechtigkeit, die Menschenrechte ausnahmslos allen Personen zu gewähren, unabhängig davon, wo sie leben oder wie gut wir sie kennen. Einfach deshalb, weil sie der Vernunft fähige Menschen sind, haben wir sie entsprechend zu achten.

Moral und Freiheit

Mittlerweile können wir die Verbindung zwischen Moral und Freiheit so sehen, wie Kant sie sich vorstellt. Moralisch handeln heißt demnach aus Pflicht handeln – um des moralischen Gesetzes willen. Das moralische Gesetz besteht aus einem kategorischen Imperativ, einem Grundsatz, der uns auffordert, Menschen – als Zweck an sich selbst – mit Respekt zu behandeln. Nur wenn ich in Übereinstimmung mit dem kategorischen Imperativ handle, handle ich frei. Denn wann immer ich gemäß einem hypothetischen Imperativ handle, handle ich wegen eines bestimmten Interesses oder Zwecks, der außerhalb meiner selbst existiert. Mein Wille wird nicht durch mich bestimmt, sondern durch äußere Kräfte – denen ich zufällig unterworfen bin.

Dem Diktat der Natur und der Umstände kann ich nur entkommen, indem ich selbstbestimmt handle, gemäß einem Gesetz, das ich mir – unabhängig von meinen Wünschen und Begierden – selbst gebe. Somit sind Kants anspruchsvolle Vorstellungen von Freiheit und Sittlichkeit miteinander verbunden. Frei, also selbstbestimmt zu handeln und moralisch gemäß dem kategorischen Imperativ zu handeln ist ein und dasselbe.

Mit dieser Art, über Moral und Freiheit nachzudenken, gelangt Immanuel Kant zu seiner vernichtenden Kritik des Utilitarismus. Die Bemühung, Moral auf bestimmte Interessen oder Wünsche (etwa Glück oder Nutzen) zu gründen, musste scheitern. »Denn man bekam niemals Pflicht, sondern Notwendigkeit der Handlung aus einem gewissen Interesse heraus.« Und bei jedem auf Interesse gegründeten Prinzip »musste der Imperativ jederzeit bedingt ausfallen, und konnte zum moralischen Gebote gar nicht taugen«.[25]

Fragen an Kant

Kants Moralphilosophie ist kraftvoll und überzeugend – wenn auch nicht unbedingt leicht zugänglich. Wer ihr bis hierher gefolgt ist, hat vielleicht ein paar Fragen. Es folgen vier der wichtigsten:

Frage 1: *Kants kategorischer Imperativ verlangt von uns, jeden mit Achtung zu behandeln – als einen Zweck an sich selbst. Ist das nicht ziemlich das Gleiche wie die goldene Regel »Was du nicht willst, das man dir tu, das füge keinem andern zu«?*

Antwort: Nein. Die goldene Regel hängt davon ab, wie Menschen gerne behandelt werden möchten. Der kategorische Imperativ fordert, dass wir von solchen Zufälligkeiten absehen und Menschen als vernünftige Wesen achten, unabhängig davon, was sie in einer bestimmten Lage vielleicht wünschen mögen.

Nehmen wir an, jemand erfährt, dass sein Bruder bei einem Autounfall ums Leben gekommen ist. Die betagte und gebrechliche Mutter, die in einem Pflegeheim lebt, erkundigt sich nach ihm. Soll man ihr nun die Wahrheit sagen oder ihr den Schock und den Schmerz ersparen? Was ist das Richtige? Die goldene Regel würde fragen: »Wie möchtest du unter ähnlichen Umständen behandelt werden?« Die Antwort dürfte verschieden ausfallen. Manche würden es vorziehen, in schutzlosen Momenten von harten Wahrheiten verschont zu bleiben; andere wollen die Wahrheit wissen, auch wenn sie schmerzt.

Für Kant hingegen ist das die falsche Frage. Es kommt nicht darauf an, wie man sich selbst (oder wie sich die Mutter) unter diesen Umständen fühlen würde, sondern darauf, was es bedeutet, jemanden als vernünftiges Wesen zu behandeln. Hier liegt ein Fall vor, in dem das Mitleid in die eine Richtung weisen dürfte, die Kant'sche Pflichtethik jedoch in die andere. Würde man seine Mutter aus Rücksicht auf ihre Gefühle belügen, würde man sie aus Sicht des kategorischen Imperativs wohl eher als Mittel benutzen, ihr Wohlbefinden zu erhalten, anstatt sie als vernünftiges Wesen zu achten.

Frage 2: *Kant scheint zu meinen, autonomes Handeln und Pflichtgehorsam seien dasselbe. Aber wie kann das sein? Gemäß einer Pflicht zu handeln heißt, einem Gesetz zu gehorchen. Wie kann Unterwerfung unter ein Gesetz mit Freiheit vereinbar sein?*

Antwort: Pflicht und Selbstbestimmung fallen nur unter einer einzigen Bedingung zusammen: wenn ich selbst Schöpfer des Gesetzes bin, dem ich zu gehorchen habe. Meine Würde als freier Mensch besteht nicht darin, dass ich dem moralischen Gesetz unterworfen bin, sondern darin, dass ich Urheber dieses Gesetzes bin. Wenn wir uns an den kategorischen Imperativ halten, halten wir uns an ein Gesetz, das wir selbst gewählt haben. »Die Würde eines vernünftigen Wesens« besteht genau darin, dass es »keinem Gesetze gehorcht, als dem, das es zugleich selbst gibt«.[26]

Frage 3: *Wenn Selbstbestimmung heißt, gemäß einem Gesetz zu handeln, das ich mir selbst gebe, was garantiert dann, dass jedermann sich für dasselbe moralische Gesetz entscheidet? Falls der kategorische Imperativ das Produkt meines Willens ist, ist es dann nicht wahrscheinlich, dass verschiedene Menschen mit unterschiedlichen kategorischen Imperativen ankommen? Kant scheint zu glauben, wir würden alle dem gleichen moralischen Gesetz zustimmen. Wie aber können wir sicher sein, dass andere Menschen nicht anders argumentieren und zu unterschiedlichen moralischen Gesetzen gelangen?*

Antwort: Wenn wir das moralische Gesetz wollen, wählen wir es nicht als die spezielle Person, die jeder von uns ist, sondern mit unserer »reinen praktischen Vernunft«. Es wäre verkehrt anzunehmen, das moralische Gesetz würde von uns als Individuen gewählt. Wenn wir von unseren persönlichen Interessen, Begierden und Zwecken aus argumentieren, mag uns das natürlich zu einer beliebigen Zahl von Prinzipien führen. Doch wären dies nach Kant keine moralischen Grundsätze, sondern bestenfalls Alltagsweisheiten. Sofern wir uns der reinen praktischen Vernunft bedienen, sehen wir von unseren Partikularinteressen ab, so dass jeder zum selben Schluss kommen muss – zum universell gültigen kategorischen Imperativ. »Also ist ein freier Wille und ein Wille unter sittlichen Gesetzen einerlei.«[27]

Frage 4: *Kant meint, dass Moral, wenn sie mehr sei als eine Frage der Berechnung, die Form eines kategorischen Imperativs annehmen müsse. Wie aber können wir wissen, ob eine Moral unabhängig vom Spiel der Macht und der Interessen existiert? Können wir je sicher sein, dass wir imstande sind, selbstbestimmt und aus freiem Willen zu handeln? Was ist, wenn Wissenschaftler (etwa durch bildgebende Verfahren oder mit Hilfe der kognitiven Neurowissenschaft) entdecken, dass wir gar keinen freien Willen haben? Wäre Kants Moralphilosophie damit widerlegt?*

Antwort: Die Willensfreiheit gehört nicht zu den Dingen, die die Wissenschaft beweisen oder widerlegen kann. Das gilt auch für die Moral. Zwar sind Menschen Bewohner des Reichs der Natur; alles, was wir tun, lässt sich aus physikalischer oder biologischer Sicht beschreiben. Wenn ich meine Hand hebe, um abzustimmen, kann meine Handlung durch Begriffe dargestellt werden, die sich auf Muskeln, Neuronen, Synapsen und Zellen beziehen. Sie kann aber auch durch Vorstellungen und Überzeugungen beschrieben werden. Kant sagt, es bleibe uns gar nichts anderes übrig, als uns von beiden Standpunkten aus zu verstehen – dem empirischen Reich von Physik und Biologie und einem »intelligiblen« Reich des freien menschlichen Handelns.

Um diese Frage eingehender beantworten zu können, muss ich ein wenig mehr zu diesen beiden Sichtweisen sagen, die wir gegenüber dem menschlichen Handeln und den unser Handeln bestimmenden Gesetzen einnehmen können. Zum einen unterliegt der Mensch, so Kant, den Naturgesetzen, zweitens ist er aber auch der intelligiblen Welt zugehörig und unterliegt damit Gesetzen, die »nicht empirisch, sondern bloß in der Vernunft gegründet« sind.[28]

Der Gegensatz zwischen beiden Perspektiven passt ins Schema:

Gegensatz 1	(Sittlichkeit): Pflicht vs. Neigung
Gegensatz 2	(Freiheit): Selbst- vs. Fremdbestimmung
Gegensatz 3	(Vernunft): kategorische vs. hypothetische Imperative
Gegensatz 4	(Standpunkte): intelligible Welt vs. Sinnenwelt

Als Naturwesen gehöre ich zur Sinnenwelt. Meine Handlungen sind bestimmt von den Naturgesetzen und den Gesetzmäßigkeiten von Ursache und Wirkung. Diesen Aspekt des menschlichen Tuns können Physik, Biologie und Neurowissenschaften beschreiben. Als Vernunftwesen lebe ich in einer Verstandeswelt. Unabhängig von den Naturgesetzen bin ich hier zur Autonomie fähig – ich kann gemäß einem Gesetz handeln, das ich mir selbst gebe. Kant meint, nur von diesem zweiten (intelligiblen) Standpunkt aus könne ich mich selbst als frei ansehen, »denn Unabhängigkeit von den bestimmten Ursachen der Sinnenwelt (dergleichen die Vernunft jederzeit sich selbst beilegen muss) ist Freiheit«.[29]

Wäre ich nur ein rein empirisches Wesen, dann wäre ich zur Freiheit nicht fähig; jede Willensausübung wäre durch irgendwelche Interessen oder Begierden bedingt, und jede Wahl wäre eine heteronome Entscheidung, gelenkt von der

Verfolgung irgendeines Zwecks. Mein Wille könnte nie eine erste Ursache sein, sondern nur die Wirkung einer vorhergegangenen Ursache, das Werkzeug eines Impulses oder einer Neigung.

Insofern wir uns als frei denken, können wir uns nicht ausschließlich als empirische Wesen denken. »Denn jetzt sehen wir, dass, wenn wir uns als frei denken, so versetzen wir uns als Glieder in die Verstandeswelt, und erkennen die Autonomie des Willens, samt ihrer Folge, der Moralität.«[30]

Wie also sind – um zur Ausgangsfrage zurückzukehren – kategorische Imperative möglich? Nur weil »die Idee der Freiheit mich zu einem Gliede einer intelligiblen Welt macht«.[31] Die Vorstellung, dass wir frei handeln, die moralische Verantwortung für unsere Handlungen übernehmen und andere Menschen als moralisch verantwortlich für deren Handlungen betrachten können – all das erfordert, dass wir uns selbst aus dieser Perspektive sehen, vom Standpunkt eines Handelnden und nicht eines bloßen Objekts.

Wer sich dieser Vorstellung wirklich widersetzen und behaupten will, menschliche Freiheit und moralische Verantwortung seien pure Illusion, der kann durch Kants Erklärung nicht widerlegt werden. Doch ohne eine gewisse Idee von Freiheit und Moralität wäre es schwierig, wenn nicht unmöglich, uns selbst zu verstehen und unserem Leben einen Sinn zu geben. Und jede solche Idee, glaubt Kant, verpflichtet uns dazu, beide Standpunkte – den des Handelnden und den des Objekts – gleichermaßen wahrzunehmen. Sobald man die Kraft dieses Bildes erkannt hat, sieht man, warum die Wissenschaft die Möglichkeit der Freiheit nie beweisen oder widerlegen kann.

Erinnern wir uns: Kant räumt ein, dass wir nicht nur vernünftige Wesen sind. Wir leben nicht nur in der Welt des Verstandes. Wären wir lediglich rationale, den Gesetzen und Zwängen der Natur nicht unterworfene Wesen, würden alle unsere Handlungen »der Autonomie des Willens jederzeit gemäß sein«.[32] Weil wir aber im Reich der Notwendigkeit und im Reich der Freiheit zugleich leben, gibt es potentiell immer eine Lücke zwischen dem, was wir tun, und dem, was wir tun sollten – zwischen der Art, wie die Dinge sind, und der Art, wie sie sein sollten.

Anders formuliert: Moralität ist nicht empirisch. Sie steht ein Stück weit abseits vom Getriebe der Welt. Sie gibt ein Urteil über die Welt ab. Die Naturwissenschaft kann moralische Fragen nicht erfassen, weil sie innerhalb der Sinnenwelt operiert.

»Daher wird es der subtilsten Philosophie eben so unmöglich, wie der gemeinsten Menschenvernunft, die Freiheit wegzuvernünfteln.«[33] Und das gilt auch für die kognitive Neurowissenschaft, wie raffiniert sie auch sein mag. Wissenschaft kann die Natur erforschen und die empirische Welt befragen, aber moralische Fragen beantworten oder den freien Willen widerlegen kann sie nicht. Denn Moralität und Freiheit sind keine empirischen Vorstellungen. Wir können nicht beweisen, dass es sie gibt, aber unserem moralischen Leben können wir keinen Sinn geben, wenn wir sie nicht voraussetzen.

Sex, Lügen und Politik

Kants Moralphilosophie lässt sich unter anderem ausloten, indem man sich ansieht, wie er sie auf einige konkrete Fragen angewandt hat. Ich möchte beispielhaft drei Anwendungsfelder betrachten: Sex, Lügen und Politik. Philosophen sind nicht immer die besten Interpreten ihrer eigenen Philosophie. Doch Kants Überlegungen sind schon für sich genommen interessant und werfen auch etwas Licht auf seine Philosophie als Ganzes.

Kants Argumentation gegen Gelegenheitssex

Was die Sexualmoral angeht, vertritt Kant traditionelle und konservative Ansichten. Abgesehen vom Beischlaf zwischen Ehemann und Ehefrau, lehnt er jede vorstellbare Sexualpraxis ab. Ob alle Ansichten Kants zur Sexualität aus seiner Moralphilosophie folgen, ist nicht so entscheidend wie die darunterliegende Vorstellung, dass wir uns nicht selbst besitzen und deshalb auch nicht frei über uns verfügen können. Gegen gelegentlichen, einvernehmlichen Sex (darunter versteht er außerehelichen Sex) spricht er sich deshalb aus, weil dieser beide Partner abwertet und zu Objekten degradiert. Gelegenheitssex sei unzulässig, denkt Kant, weil es nur darum gehe, die eigene sexuelle Begierde zu befriedigen, und nicht um die Achtung vor der Menschlichkeit des Partners.

> Die Neigung, die man zum Weibe hat, geht nicht auf sie als auf einen Menschen, sondern weil sie ein Weib ist, demnach ist einem Manne die Menschheit am Weibe gleichgültig und nur das Geschlecht der Gegenstand seiner Neigungen.[34]

Selbst wenn Gelegenheitssex mit der wechselseitigen Befriedigung der Partner einhergeht, »so ist diese Neigung ein Principium der Erniedrigung der Menschheit, ein Quell, ein Geschlecht dem anderen vorzuziehen und es aus Befriedigung der Neigung zu entehren«.[35] (Aus Gründen, auf die wir gleich kommen werden, glaubt Kant, die Ehe hebe die Sexualität auf eine höhere Stufe, weil sie sie außerhalb physischer Belohnung stelle und sie mit der Würde des Menschen in Einklang bringe.)

Was die Prostitution betrifft, so fragt Kant, unter welchen Bedingungen der Gebrauch unserer geschlechtlichen

Fähigkeiten moralisch vertretbar sei. In dieser wie in anderen Situationen lautet seine Antwort, dass wir andere – oder uns selbst – nicht als bloße Objekte behandeln sollten. In starkem Kontrast zu libertarianischen Vorstellungen des Selbsteigentums beharrt Kant darauf, dass wir uns nicht selbst besitzen. Die moralische Forderung, Personen als Zwecke statt als bloße Mittel zu behandeln, beschränkt die Verwendungsmöglichkeiten unseres Körpers. »Der Mensch kann über sich selbst nicht disponieren, weil er keine Sache ist. Der Mensch ist nicht ein Eigentum von sich selbst.«[36]

Wer in den heutigen Debatten über Sexualmoral die Selbstbestimmungsrechte anführt, argumentiert, dass der Einzelne sehr wohl frei darüber entscheiden dürfe, was er mit seinem eigenen Körper anstelle. Doch das ist nicht das, was Kant unter Autonomie versteht. Paradoxerweise setzt seine Vorstellung von Selbstbestimmung gewisse Grenzen für die Art und Weise, in der wir mit uns selbst umgehen dürfen. Denn erinnern wir uns: Autonom sein heißt, von einem Gesetz – dem kategorischen Imperativ – regiert zu werden, das man sich selbst gegeben hat. Und der kategorische Imperativ erfordert, dass ich alle Menschen (mich selbst eingeschlossen) mit Respekt behandle – als Zweck, nicht bloß als Mittel. Autonom handeln heißt für Kant also, sich selbst mit Respekt zu behandeln und sich nicht selbst zum Objekt zu degradieren.

Zu Kants Zeiten gab es noch keinen Markt für Nieren, doch die Reichen kauften von den Armen Zähne, um sie sich implantieren zu lassen. (Die Zeichnung *Transplanting of Teeth* des englischen Karikaturisten Thomas Rowlandson aus dem 18. Jahrhundert zeigt eine Szene im Behandlungszimmer eines Dentisten, wo ein Wundarzt einem Schornsteinfeger Zähne zieht, während wohlhabende Damen auf ihre Implantate warten.) Kant betrachtete diese Praxis als Verletzung der menschlichen Würde. Ein Mensch

»ist nicht befugt, einen Zahn oder ein anderes Glied von sich zu verkaufen«.[37] Wer es tue, behandele sich selbst als Objekt, als bloßes Mittel, als Werkzeug für Profite.

Die Prostitution hielt Kant aus denselben Gründen für verwerflich. »Wenn nun aber eine Person sich aus Interesse als ein Gegenstand der Befriedigung der Geschlechterneigung des anderen gebrauchen lässt, dann (...) macht sie sich dadurch zu einer Sache, wodurch der andere seinen Appetit stillt, ebenso wie durch Schweinsbraten seinen Hunger.« Menschen seien »nicht befugt, zur Befriedigung der Geschlechterneigung aus Interesse sich als eine Sache dem anderen zum Gebrauch darzugeben«. So zu handeln hieße nämlich, eine Person als bloße Sache zu behandeln, als Gebrauchsgegenstand. »Der moralische Grund ist also, dass der Mensch nicht sein Eigentum sei und mit seinem Körper machen kann, was er will.«[38]

Kants Einspruch gegen Prostitution und Gelegenheitssex arbeitet den Gegensatz zwischen der Autonomie in seinem Sinn – dem freien Willen eines vernünftigen Wesens – und individuellen einvernehmlichen Handlungen heraus. Das moralische Gesetz, zu dem wir durch die Ausübung unseres Willens gelangen, verlangt, dass wir die Menschheit – in uns selbst wie in anderen Menschen – nie nur als Mittel behandeln, sondern als Zweck an sich selbst. Obwohl diese moralische Forderung auf der Autonomie des Individuums beruht, schließt sie gewisse einvernehmliche Handlungen unter Erwachsenen aus – nämlich jene, die im Widerspruch zur menschlichen Würde und zur Selbstachtung stehen.

Kant kommt zu dem Schluss, nur Geschlechtsverkehr innerhalb der Ehe könne die »Abwertung der Menschlichkeit« vermeiden. Lediglich dann, wenn zwei Menschen einander gänzlich überlassen und nicht nur den Gebrauch ihrer Geschlechtseigenschaften, könne Sex den anderen nicht zum Objekt machen. Nur wenn ein Mensch dem anderen »seine Person, sein Glück, sein Unglück und alle seine Umstände übergibt«, könne die Geschlechterneigung unter den »Menschen eine Vereinigung«[39] hervorbringen.

Kant sagt nicht, dass jede Ehe eine solche Vereinigung mit sich bringt. Und er hat vermutlich unrecht, wenn er glaubt, solche Vereinigungen könnten niemals außerhalb der Ehe auftreten oder sexuelle Beziehungen außerhalb der Ehe würden nichts weiter als sexuelle Belohnungen bereithalten. Doch seine Ansichten zur Sexualität stellen den Unterschied zwischen zwei Ideen heraus, die in heutigen Debatten oft durcheinandergebracht werden – zwischen einer Ethik der Selbstverwirklichung und einer Ethik, in der die Achtung vor der Autonomie und Würde der Menschen im Zentrum steht.

Ist es falsch, einen Mörder zu belügen?

Was das Lügen angeht, vertritt Kant eine harte Einstellung. In der *Grundlegung* dient es ihm als wichtigstes Beispiel für unmoralisches Verhalten. Aber nehmen wir an, ein Freund versteckt sich bei uns zu Hause, und ein Mörder, der nach ihm sucht, kommt an die Tür. Wäre es nicht richtig, den Mörder zu belügen? Kant verneint das. Die Pflicht, die Wahrheit zu sagen, besteht ungeachtet der Folgen.

Benjamin Constant, ein französischer Philosoph und Zeitgenosse Kants, nahm an dieser kompromisslosen Haltung Anstoß. Die Pflicht, nur die Wahrheit zu sagen, so Constant, gelte nur gegenüber jenen, die ein Recht auf Wahrheit hätten, was bei dem Mörder gewiss nicht der Fall sei. Kant erwiderte, es sei falsch, den Mörder zu belügen, und zwar nicht, weil es sein Recht verletze, sondern weil es gegen das Prinzip des Rechts verstoße: »Wahrhaftigkeit in Aussagen, die man nicht umgehen kann, ist formale Pflicht des Menschen gegen jeden, es mag ihm oder einem andern daraus auch noch so großer Nachteil erwachsen.«[40]

Zugegeben, einem Mörder dabei zu helfen, seine schreckliche Tat auszuführen, ist ein ziemlich schwerwiegender »Nachteil«. Aber vergessen wir nicht: Für Kant geht es bei der Moral nicht um die Folgen, sondern ums Prinzip. Die Folgen seiner Handlung – in diesem Fall: die Wahrheit zu sagen – lassen sich nicht steuern, da sie mit Zufälligkeiten verknüpft sind. Vielleicht ist der Freund aus Angst vor dem Mörder ja bereits durch die Hintertür entkommen. Die Wahrheit muss man nicht deshalb sagen, stellt Kant fest, weil der Mörder ein Recht auf sie hätte. Es geht darum, dass eine Lüge – jede Lüge – »die Rechtsquelle unbrauchbar macht (...). Es ist also ein heiliges, unbedingt gebietendes, durch keine Convenienzen einzuschränkendes Vernunftgebot: in allen Erklärungen wahrhaft (ehrlich) zu sein.«[41]

Diese Position erscheint merkwürdig und extrem. Mit Sicherheit sind wir moralisch nicht verpflichtet, einem SS-Mann zu erzählen, dass Anne Frank und ihre Familie sich im Dachboden versteckt halten. Es sieht beinahe so aus, als würde Kant, indem er darauf besteht, dem Mörder an der Tür die Wahrheit zu sagen, den kategorischen Imperativ entweder falsch anwenden oder dessen Verrücktheit beweisen.

Aber auch wenn einem Kants Behauptung unplausibel erscheint, möchte ich eine Art von Verteidigung vorlegen. Meine Rechtfertigung weicht zwar von der Kants ab, ist aber nichtsdestoweniger im Geiste seiner Philosophie formuliert und wirft, wie ich hoffe, ein wenig Licht darauf.

Stellen Sie sich vor, Sie befänden sich in der Zwangslage mit einer Freundin, die sich im Schrank versteckt, und dem Mörder vor der Tür. Natürlich wollen Sie dem Mörder nicht helfen, seinen bösen Plan in die Tat umzusetzen – so viel steht fest. Sie möchten also nichts sagen, was den Mörder zu Ihrer Freundin führt. Die Frage lautet: Was sagen Sie ihm? Sie haben zwei Möglichkeiten. Sie könnten einfach lügen: »Nein, sie ist nicht da.« Oder Sie könnten eine wahre, aber irreführende Aussage machen: »Vor einer Stunde habe ich sie unten auf der Straße gesehen, beim Lebensmittelladen.«

Aus Kants Sicht ist die zweite Strategie moralisch zulässig, die erste dagegen nicht. Man könnte das als kleinliche Krittelei betrachten, denn worin besteht, moralisch gesehen, schon der Unterschied zwischen einer technisch wahren, aber irreführenden Antwort und einer klaren Lüge? In beiden Fällen hoffe ich, den Mörder in die Irre zu führen und ihn glauben zu machen, dass meine Freundin sich nicht im Haus versteckt hält.

Kant glaubt, bei dieser Unterscheidung gehe es um sehr viel. Sehen wir uns beispielsweise die »frommen Lügen« an, die kleinen Unwahrheiten, die wir manchmal aus Höflichkeit äußern. Nehmen wir an, ein Freund überreicht Ihnen ein Geschenk. Sie öffnen die Schachtel und finden darin eine lächerliche Krawatte, die Sie niemals tragen würden. Wie reagieren Sie? Sie könnten sagen: »Die ist aber schön!« Das wäre eine fromme Lüge. Oder Sie könnten sagen: »Das war doch nicht nötig!« Oder: »Eine solche Krawatte habe ich noch nie gesehen. Ich danke dir.« Wie die fromme Lüge dürften diese Aussagen meinem Freund den falschen Eindruck vermitteln, dass ich die Krawatte mag. Sie wären aber immerhin wahr.

Kant würde die fromme Lüge missbilligen, weil sie aus Angst vor den unerwünschten Folgen eine Ausnahme vom moralischen Gesetz zulässt. Die Gefühle eines anderen zu schonen ist ein lobenswertes Ziel, doch es muss in seiner Sicht auf eine Weise verfolgt werden, die mit dem kategorischen Imperativ in Einklang steht. Und dieser fordert, dass wir bereit sind, den Grundsatz, nach dem wir handeln, zu verallgemeinern. Wenn wir Ausnahmen zulassen, wann immer wir glauben, unsere Ziele seien dafür hinreichend überzeugend, dann löst sich der kategorische Charakter des moralischen Gesetzes in Luft auf. Die wahre, aber irreführende Aussage dagegen gefährdet den kategorischen Imperativ nicht in der gleichen Weise. Tatsächlich griff Kant diese Unterscheidung einst auf, als er selbst mit einem Dilemma konfrontiert war.

Hätte Kant Bill Clinton verteidigt?

Einige Jahre vor seinem Meinungsaustausch mit Constant befand Kant sich selbst in Schwierigkeiten mit dem preußischen König Friedrich Wilhelm II. Der Monarch und seine Zensoren hielten Kants Schriften über die Religion für despektierlich gegenüber dem Christentum. Sie verlangten vom ihm die Zusicherung, sich jeder weiteren Äußerung zu diesem Thema zu enthalten. Kant antwortete mit einer sorgfältig formulierten Erklärung: »Als Ew. Königl. Maj. getreuester Unterthan [erkläre ich] feierlichst (...), dass ich mich fernerhin aller öffentlichen Vorträge die Religion betreffend, es sei die natürliche oder geoffenbarte, sowohl in Vorlesungen als in Schriften gänzlich enthalten werde.«[42] Kant gab seine Erklärung in dem Bewusstsein ab, dass der König wahrscheinlich nicht mehr allzu lange leben würde. Als Friedrich Wilhelm einige Jahre darauf starb, sah Kant sich von seinem Versprechen entbunden, da es ihn ja nur als »getreuesten Untertan seiner Majestät« verpflichtete. Kant erläuterte später: »Auch diesen Ausdruck wählte ich vorsichtig, damit ich nicht der Freiheit (...) auf immer, sondern nur so lange Se. Maj. am Leben wäre, entsagte.«[43] Mit dieser schlauen Ausflucht gelang es Kant, diesem Ausbund preußischer Rechtschaffenheit, die Zensoren in die Irre zu führen, ohne sie zu belügen.

Haarspalterei? Mag sein. Dennoch scheint in der Unterscheidung zwischen einer glatten Lüge und einem kunstvollen Winkelzug etwas auf dem Spiel zu stehen, was moralisch bedeutsam ist. Nehmen wir den ehemaligen US-Präsidenten Bill Clinton. Keine öffentliche Person der USA in der jüngeren Vergangenheit gestaltete ihre Dementis sorgfältiger. Als man ihn während seines ersten Wahlkampfs um das Amt des Präsidenten fragte, ob er je Drogen genommen habe, erwiderte Clinton, er habe nie gegen die Antidrogengesetze seines Landes oder Bundesstaats verstoßen. Später räumte er ein, als Student in Oxford (England) Marihuana ausprobiert zu haben.

Sein bemerkenswertestes Dementi dieser Art war die Reaktion auf Berichte, er habe im Weißen Haus Sex mit Monica Lewinsky, einer 22-jährigen Praktikantin, gehabt: »Aber ich möchte dem amerikanischen Volk eines sagen. Ich möchte, dass Sie mir zuhören. (…) Ich hatte keine sexuelle Beziehung mit dieser Frau, Ms. Lewinsky.«

Später kam heraus, dass der Präsident sehr wohl sexuelle Kontakte mit Monica Lewinsky gehabt hatte, und der Skandal führte zu einem Amtsenthebungsverfahren. Während der Anhörungen debattierte der republikanische Kongressabgeordnete Bob Inglis mit Clintons Anwalt Gregory Craig darüber, ob der Präsident gelogen hatte, als er »sexuelle Beziehungen« abstritt:

Inglis: Nun, Mr. Craig, hat er das amerikanische Volk belogen, als er sagte: »Ich hatte keine sexuelle Beziehung mit dieser Frau?« Hat er gelogen?

Craig: Er hat sicher in die Irre geführt und getäuscht …

Inglis: Einen Moment bitte. Hat er gelogen?

Craig: Dem amerikanischen Volk gegenüber … er hat es in die Irre geführt und in diesem Augenblick nicht die Wahrheit gesagt.

Inglis: Okay, Sie verlassen sich nicht darauf ... und der Präsident hat persönlich betont ... dass keine rechtlichen Manöver oder Formalien zur Verdunkelung der moralischen Wahrheit zulässig sein sollten. Hat er das amerikanische Volk belogen, als er sagte: »Ich hatte keine sexuelle Beziehung mit dieser Frau«?

Craig: Er glaubt nicht, dass er gelogen hat, und wegen der Art und Weise ... lassen Sie mich das erklären, Herr Abgeordneter.

Inglis: Er glaubt nicht, dass er gelogen hat?

Craig: Nein, er glaubt nicht, dass er gelogen hat, weil seine Vorstellung, was Sex ist, der Wörterbuchdefinition entspricht. Vielleicht sind Sie anderer Meinung, aber so wie er das sieht, war seine Definition nicht ...

Inglis: Okay, dieses Argument verstehe ich.

Craig: Okay.

Inglis: Wirklich erstaunlich, dass Sie jetzt vor uns sitzen und alle seine ... seine Entschuldigungen zurücknehmen.

Craig: Nein.

Inglis: Sie nehmen sie alle zurück, oder?

Craig: Nein, natürlich nicht.

Inglis: Weil Sie jetzt wieder auf Ihre Argumentation zurückkommen ... es gibt viele Argumente, die Sie hier vorbringen können. Eines davon lautet, er hatte mit ihr keinen Sex. Es war Oralsex, kein richtiger Sex. Ist es das, was Sie uns heute sagen wollen, dass er keinen Sex mit Monica Lewinsky hatte?

Craig: Er hat dem amerikanischen Volk gesagt, er hatte keine sexuellen Beziehungen. Und mir ist klar, dass Sie das nicht mögen, Herr Abgeordneter, weil es ... Sie werden es als formalistische Verteidigung oder Haarspalterei ansehen, als Ausflucht. Aber sexuelle Beziehungen werden in jedem Wörterbuch auf gewisse Art definiert, und mit

Monica Lewinsky hatte er diese Art sexuellen Kontakts nicht ... Hat er nun das amerikanische Volk getäuscht? Ja. War es falsch? Ja. War es zu tadeln? Ja.[44]

Der Anwalt des Präsidenten räumte wie schon Clinton zuvor ein, dass die Beziehung mit der Praktikantin falsch, ungehörig und tadelnswert gewesen sei und die Aussagen des Präsidenten die Öffentlichkeit »in die Irre geführt und getäuscht« hätten. Er weigerte sich lediglich zuzugeben, der Präsident habe gelogen.

Was stand bei dieser Weigerung auf dem Spiel? Es kann nicht auf die lediglich legalistische Erklärung hinauslaufen, dass Lügen in einer eidesstattlichen Erklärung oder vor Gericht einen Grund für eine Anklage wegen Meineides darstellen. Clintons fragliche Aussage erfolgte nicht unter Eid, sondern in einer Fernseherklärung an die amerikanische Öffentlichkeit. Dennoch glaubten sowohl Bob Inglis als auch Clintons Verteidiger, dass es bei der Feststellung, ob Clinton gelogen oder nur in die Irre geführt und getäuscht habe, um etwas Bedeutsames ging. Ihr lebhafter Disput über die Frage »Hat er gelogen?« stützt den Gedanken Kants, dass zwischen einer Lüge und einer irreführenden Wahrheit ein moralisch relevanter Unterschied besteht.

Worin aber könnte dieser Unterschied bestehen? Die Absicht ist wohl in beiden Fällen die gleiche. Ob ich den Mörder an der Tür nun belüge oder ihm mit einer schlauen Ausflucht komme: Meine Absicht ist, ihn irrigerweise glauben zu lassen, meine Freundin sei nicht bei mir zu Hause versteckt. Und laut Kants Moraltheorie zählt die Absicht, der Beweggrund.

Ich glaube, der Unterschied ist folgender: Eine sorgfältig konstruierte Ausflucht würdigt die Pflicht zur Wahrheit, eine glatte Lüge hingegen nicht. Jeder, der die Mühe auf sich nimmt, eine irreführende, aber technisch wahre Aussage auszuhecken, wo auch eine schlichte Lüge genügen würde, drückt damit – wie indirekt auch immer – Achtung vor dem moralischen Gesetz aus.

Eine irreführende Wahrheit enthält nicht eine, sondern zwei Absichten. Wenn ich den Mörder einfach belüge, handle ich nach einem einzigen Beweggrund – ich will meine Freundin vor Schaden bewahren. Wenn ich dem Mörder erzähle, ich hätte meine Freundin vorhin beim Lebensmittelladen gesehen, handle ich aus zwei Motiven – ich schütze meine Freundin und halte mich gleichzeitig an die Pflicht, die Wahrheit zu sagen. In beiden Fällen verfolge ich ein lobenswertes Ziel: meine Freundin zu schützen. Doch nur im zweiten Fall verfolge ich dieses Ziel auf eine Weise, die mit meiner Pflicht in Einklang steht.

Man könnte einwenden, eine formal wahre, aber irreführende Aussage könne nicht ohne Widersprüche verallgemeinert werden. Aber man sehe sich den Unterschied an: Wenn jeder angesichts eines peinlichen Sexskandals (oder eines Mörders vor der Haustür) lügen würde, dann würde keiner mehr solchen Aussagen glauben, und sie würden nicht mehr funktionieren. Von irreführenden Wahrheiten lässt sich das nicht sagen. Würden alle, die sich in einer gefährlichen oder peinlichen Lage befinden, auf sorgfältig ausgearbeitete Ausflüchte zurückgreifen, so würden die Leute nicht zwangsläufig aufhören, ihnen zu glauben. Vielmehr würden die Menschen lernen, wie Anwälte zuzuhören, und solche Aussagen mit einem Blick auf ihre buchstäbliche Bedeutung analysieren. Genau das geschah, als sich die Presse und die Öffentlichkeit mit Clintons sorgfältig formulierten Dementis vertraut machten.

Kant sagt nicht, dass es besser sei, wenn die Leute die Dementis von Politikern auf ihre buchstäbliche Bedeutung abklopfen, anstatt ihnen überhaupt nicht mehr zu glauben. Das würde auf eine Argumentation hinauslaufen, die sich an den Folgen einer Handlung orientiert. Ihm kommt es vielmehr darauf an, dass eine irreführende, aber wahre Aussage den Zuhörer nicht in gleicher Weise manipuliert oder vor den Kopf stößt wie eine glatte Lüge. Es bleibt immer möglich, dass ein aufmerksamer Zuhörer die Wahrheit zwischen den Zeilen erkennt.

Man kann also begründet zu dem Schluss kommen, dass gemäß Kants Moraltheorie wahre, aber irreführende Aussagen – gegenüber einem Mörder an der Tür, den preußischen Zensoren oder dem republikanischen Sonderermittler – moralisch zulässig sind, glatte Lügen jedoch nicht.

Man könnte meinen, ich hätte etwas zu viel Mühe darauf verwendet, Kant aus einer wenig überzeugenden Position herauszuhauen. Seine Behauptung, es sei falsch, den Mörder an der Tür zu belügen, könnte letztlich nicht zu halten sein. Doch die Unterscheidung zwischen einer glatten Lüge und einer irreführenden Wahrheit trägt dazu bei, Kants Moraltheorie anschaulich zu machen. Und sie bringt eine überraschende Ähnlichkeit zwischen Bill Clinton und dem nüchternen Moralisten aus Königsberg an den Tag.

Kant und Gerechtigkeit

Anders als Aristoteles, Bentham und Mill verfasste Kant kein wichtiges Werk über politische Theorie, sondern nur ein paar Aufsätze. Dennoch enthält die Erklärung von Moralität und Freiheit, die aus seinen ethischen Schriften hervorgeht, starke Implikationen für eine Theorie der Gerechtigkeit. Obwohl Kant diese Implikationen nicht im Detail ausarbeitet, verwirft die von ihm bevorzugte politische Theorie den Utilitarismus zugunsten einer Theorie der Gerechtigkeit, die auf einem Gesellschaftsvertrag beruht.

Zunächst weist Kant den Utilitarismus zurück – nicht nur als Grundlage der persönlichen Moral, sondern auch als Basis für die Gesetzgebung. Aus seiner Sicht zielt eine gerechte Verfassung darauf ab, die individuelle Freiheit jedes Einzelnen mit der aller anderen in Einklang zu bringen. Das hat nichts mit der Maximierung des Nutzens zu tun, der sich in die Bestimmung der grundlegenden »Gesetze schlechterdings nicht (...) mischen muss«. Da »die Menschen (...) in Ansehung auf den empirischen Zweck (dergleichen alle unter dem allgemeinen Namen Glückseligkeit begriffen worden) (...) gar verschieden denken«, kann der Nutzen nicht die Grundlage der Gerechtigkeit und des Rechtes bilden. Eine Gesellschaft, in der die Rechte auf dem Nutzen beruhten, wäre aufgefordert, eine bestimmte Vorstellung von Glückseligkeit über andere entsprechende Vorstellungen zu stellen. Würde man die Verfassung auf eine spezielle Vorstellung vom Glück (etwa die vom Glück der Mehrheit) gründen, so würden manchen die Werte anderer aufgezwungen; damit wäre das Recht jedes Einzelnen, die eigenen Zwecke zu verfolgen, nicht respektiert. »Niemand kann mich zwingen, auf seine Art (wie er sich das Wohlsein anderer Menschen denkt) glücklich zu sein«, schreibt Kant, »sondern ein jeder darf seine Glückseligkeit auf dem Wege suchen, welcher ihm selbst gut dünkt, wenn er nur der Freiheit anderer, einem ähnlichen Zwecke nachzustreben, (...) nicht Abbruch tut.«[45]

Ein zweites Merkmal von Kants politischer Theorie besteht darin, dass sie Gerechtigkeit und Rechte aus einem Gesellschaftsvertrag ableitet – allerdings einem Gesellschaftsvertrag mit einer überraschenden Pointe. Frühere Vertragsdenker wie etwa John Locke meinten, eine legitime Herrschaft gehe aus einem Gesellschaftsvertrag unter Männern und Frauen hervor, die sich zu irgendeiner Zeit miteinander über die Grundsätze ihres gemeinschaftlichen Lebens geeinigt hätten. Kant sieht das anders: Auch wenn eine legitime Herrschaft auf einem ursprünglichen Vertrag beruhen muss, ist »dieser Vertrag (...) keineswegs als ein *Faktum* vorauszusetzen«.[46] Kant besteht darauf, dass der ursprüngliche Kontrakt nicht wirklich, sondern nur in der Vorstellung existiert.

Aber warum sollte man eine gerechte Verfassung überhaupt aus einem imaginären anstatt aus einem realen Vertrag ableiten? Ein Grund ist historischer Natur: Oft ist in der frühen Geschichte der Nationen schwer nachzuweisen, dass es je zu einem Gesellschaftsvertrag gekommen ist. Ein zweiter Grund ist philosophisch: Moralische Grundsätze sind nicht aus empirischen Fakten allein abzuleiten. So, wie das Moralgesetz nicht auf den Interessen oder Wünschen Einzelner beruhen kann, können auch Grundsätze der Gerechtigkeit nicht auf den Interessen oder Wünschen der Gemeinschaft aufbauen. Die bloße Tatsache, dass eine Gruppe von Menschen in der Vergangenheit einer Verfassung zustimmte, macht diese noch nicht zu einer gerechten Verfassung.

Welche Art von imaginärem Vertrag könnte dieses Problem vermeiden? Kant nennt es einfach »eine *bloße Idee* der Vernunft, die aber ihre unbezweifelte (praktische) Realität hat«. Es gilt, den Gesetzgeber dazu zu bringen, seine Gesetze so zu erlassen, dass »sie aus dem vereinigten Willen eines ganzen Volks haben entspringen können«, und jeden einzelnen Bürger so dazu zu verpflichten, als ob er »zu einem solchen Willen mit zusammen gestimmet habe«. Kant kommt zu dem Schluss, dieser imaginäre Akt kollektiver Zustimmung sei »der Probierstein der Rechtmäßigkeit eines jeden öffentlichen Gesetzes«.[47]

Immanuel Kant sagte uns nicht, wie dieser imaginäre Vertrag aussehen könnte oder welche Grundsätze der Gerechtigkeit aus ihm hervorgehen würden. John Rawls, ein politischer Philosoph aus Amerika, sollte fast zwei Jahrhunderte später versuchen, diese Frage zu beantworten.

6

Plädoyer zugunsten der Gleichheit

JOHN RAWLS

Die meisten Amerikaner haben keinen Gesellschaftsvertrag unterzeichnet. Und zugestimmt, sich an die Verfassung zu halten, haben genau genommen nur die eingebürgerten Amerikaner – Einwanderer, die als Voraussetzung für ihre Staatsbürgerschaft einen Treueeid ablegen mussten. Alle anderen wurden nie um ihre Einwilligung gebeten. Warum also sind sie verpflichtet, dem Gesetz zu gehorchen? Und wie können wir erkennen, ob unser Staat und seine Regierung auf die Zustimmung der Regierten gegründet sind?

John Locke sagt, wir hätten stillschweigend zugestimmt. Jeder, der sich der Vorteile eines Staates erfreut – und sei es nur, weil er auf einer öffentlichen Straße unterwegs ist –, willigt implizit in die Gesetze ein und ist durch sie gebunden.[1] Doch stillschweigendes Einverständnis ist eine sehr schwache Form der Zustimmung. Es ist schwer nachzuvollziehen, was ein bloßer Spaziergang durch die Stadt mit der Ratifizierung einer Verfassung zu tun haben soll.

Immanuel Kant beruft sich auf eine hypothetische Zustimmung. Ein Gesetz ist demnach gerecht, wenn die Öffentlichkeit als Ganzes zugestimmt haben könnte. Doch auch das ist eine irritierende Alternative zu einem richtigen Gesellschaftsvertrag. Wie kann eine hypothetische Vereinbarung moralisch genauso bindend sein wie eine reale?

Der amerikanische Philosoph John Rawls (1921–2002) legt eine erhellende Antwort auf diese Frage vor. In *Eine Theorie der Gerechtigkeit* (1971) schlägt er vor, über Gerechtigkeit nachzudenken, indem wir uns fragen, welchen Grundsätzen wir in einem Urzustand der Gleichheit zustimmen würden.[2]

Rawls argumentiert wie folgt: Nehmen wir an, wir versammeln uns, so wie wir gerade sind, um zu beschließen, welche Grundsätze unser Gemeinschaftsleben beherrschen sollen – um einen Gesellschaftsvertrag niederzuschreiben. Welche Grundsätze würden wir beschließen? Wahrscheinlich hätten wir Probleme, uns zu einigen. Die verschiedenen Menschen würden unterschiedliche Prinzipien bevorzugen, die ihre jeweiligen Interessen widerspiegeln – ihre moralischen und religiösen Überzeugungen und ihre soziale Stellung. Manche sind reich, manche arm, einige sind mehr, andere weniger mächtig und gut vernetzt. Manche gehören rassischen, ethnischen oder religiösen Minderheiten an, andere nicht. Wir könnten uns vielleicht auf einen Kompromiss einigen. Doch selbst der würde wahrscheinlich die überlegene Verhandlungsmacht einer bestimmten Fraktion widerspiegeln. Es gibt keinen Grund für die Annahme, ein auf diesem Weg entstandener Gesellschaftsvertrag führe zu einer gerechten Ordnung. Führen wir nun ein Gedankenexperiment durch: Unterstellen wir, dass wir bei der Versammlung nicht wissen, wo wir jeweils am Ende in der Gesellschaft stehen werden. Das heißt, wir entscheiden über die Grundsätze unseres Zusammenlebens hinter einem »Schleier des Nichtwissens«, der uns zeitweilig die Erinnerung daran raubt, wer wir eigentlich sind. Wir kennen weder unsere soziale Schicht noch unser Geschlecht, unsere Rasse oder Ethnie, unsere politischen Meinungen oder religiösen Überzeugungen. Ebenso wenig wissen wir von unseren Vorzügen und Problemen – ob wir gesund oder gebrechlich sind, hochgebildet oder Schulabbrecher, in eine unterstützende oder eine zerbrochene Familie hineingeboren. Wüssten wir nichts dergleichen, würden wir letztlich aus einem Urzustand der Gleichheit heraus entscheiden. Da niemand eine überlegene Verhandlungsposition besäße, wären die Grundsätze, auf die wir uns einigten, gerecht.

So stellt sich Rawls den Gesellschaftsvertrag vor: als hypothetische Vereinbarung in einem Urzustand der Gleichheit. Rawls lädt uns zu der Frage ein, welche Grundsätze wir – als vernünftige, eigennützige Menschen – wählen würden, wenn wir uns in dieser Position befänden. Er geht nicht davon aus, dass wir im richtigen Leben eigenschaftslose Egoisten sind, sondern nimmt nur an, dass wir für das Gedankenexperiment unsere moralischen und religiösen Überzeugungen beiseitestellen.

Welche Grundsätze würden wir wählen?

Vor allem, meint Rawls, würden wir uns nicht für den Utilitarismus entscheiden. Hinter dem Schleier des Nichtwissens müssten alle befürchten, einer unterdrückten Minderheit anzugehören. Und keiner würde riskieren wollen, den Christen abzugeben, der zum Vergnügen der Massen den Löwen vorgeworfen wird. Ebenso wenig würden wir uns auf den Gedanken des Laissez-faire einlassen, jenen Grundsatz der Libertarianer, der den Menschen das Recht gibt, all das Geld zu behalten, das sie in einer Marktwirtschaft einnehmen. »Vielleicht werde ich ja ein Bill Gates«, würde jeder überlegen, »aber genauso gut könnte ich auch als Obdachloser enden. Deshalb ist es wohl besser, ein System zu meiden, in dem ich bettelarm und hilflos stranden könnte.«

Rawls glaubt, aus dem hypothetischen Vertrag würden zwei Prinzipien der Gerechtigkeit hervorgehen. Das erste bringe gleiche Grundfreiheiten für alle Bürger – etwa Rede- und Religionsfreiheit. Dieses Prinzip habe Vorrang vor allen Erwägungen des gesellschaftlichen Nutzens und des Gemeinwohls. Der zweite Grundsatz betreffe die soziale und wirtschaftliche Gleichheit. Auch wenn er keine gleiche Verteilung von Einkommen und Wohlstand fordert, lässt Rawls doch nur jene sozialen und wirtschaftlichen Ungleichheiten zu, die sich zum Vorteil der am wenigsten begüterten Gesellschaftsmitglieder auswirken.

Philosophen streiten darüber, ob die Unterzeichner von Rawls' hypothetischem Gesellschaftsvertrag tatsächlich die von ihm genannten Grundsätze wählen würden. Wir werden gleich sehen, warum Rawls glaubt, dass diese beiden Prinzipien gewählt werden würden. Doch ehe wir uns ihnen zuwenden, wollen wir eine übergeordnete Frage aufgreifen: Ist Rawls' Gedankenexperiment der richtige Ansatz, über Gerechtigkeit nachzudenken? Wie können Prinzipien der Gerechtigkeit aus einer Übereinkunft abgeleitet werden, die nie getroffen wurde?

Verträge und ihre moralischen Grenzen

Um die moralische Kraft von Rawls' hypothetischem Vertrag einschätzen zu können, ist es hilfreich, die moralischen Grenzen tatsächlicher Verträge zu bestimmen. Wenn zwei Leute einen Handel abschließen, gehen wir manchmal davon aus, dass die Klauseln ihrer Vereinbarung fair sein müssen. Anders gesagt, wir unterstellen, dass Verträge die von ihnen hervorgebrachten Klauseln rechtfertigen. Doch das tun sie nicht – zumindest nicht von selbst. Konkrete Verträge sind keine eigenständigen moralischen Werkzeuge. Die bloße Tatsache, dass wir uns einig geworden sind, bedeutet nicht, dass der zwischen uns geschlossene Vertrag auch fair ist. Bei jedem Kontrakt kann man fragen: »Ist es fair, was sie vereinbart haben?« Wollen wir diese Frage beantworten, können wir nicht einfach auf die Übereinkunft selbst verweisen; wir brauchen eine Art unabhängige Norm für Fairness.

Woher könnte eine solche Norm kommen? Vielleicht denkt der eine oder andere dabei an einen größeren, übergeordneten Vertrag – etwa eine Verfassung. Doch Verfassungen unterliegen der gleichen Beschränkung wie andere Vereinbarungen. Die Tatsache, dass eine Verfassung vom Volk ratifiziert ist, beweist nicht, dass ihre Bestimmungen gerecht sind. Nehmen wir etwa die US-Verfassung von 1787: Trotz ihrer vielen Vorzüge war sie dadurch kompromittiert, dass sie die Sklaverei akzeptierte – dieser Mangel blieb bis nach dem Ende des Bürgerkriegs bestehen. Die Tatsache, dass die Verfassung gebilligt wurde – erst durch die Delegierten in Philadelphia, dann durch die einzelnen Staaten –, führte nicht dazu, sie gerecht zu machen.

Man könnte vorbringen, dieser Mangel lasse sich auf einen Fehler bei der Konsensfindung zurückführen. Afroamerikanische Sklaven waren im Verfassungskonvent ebenso wenig vertreten wie Frauen, die das Wahlrecht erst über ein Jahrhundert später erlangten. Es ist sicher möglich, dass eine repräsentativere Versammlung eine gerechtere Verfassung hervorgebracht hätte. Doch das ist pure Spekulation. Kein realer Gesellschaftsvertrag und keine noch so repräsentative Versammlung können gewährleisten, dass faire Bestimmungen für unser Zusammenleben getroffen werden.

Allen, die glauben, Moralität beginne und ende mit der konsensuellen Vereinbarung, dürfte diese Behauptung ungeheuerlich vorkommen. Doch sie ist gar nicht so umstritten. Oft genug stellen wir die Fairness abgeschlossener Vereinbarungen in Frage. Außerdem sind wir uns der Zufälligkeiten bewusst, die zu schlechten Abschlüssen führen können: Eine der Parteien kann vielleicht besser verhandeln oder ist in einer vorteilhaften Verhandlungsposition, oder sie verfügt über einen Wissensvorsprung. Die berühmten Worte Don Corleones in *Der Pate* – »Ich werde ihm ein Angebot machen, das er nicht ablehnen kann« – lassen an den Druck denken, der auf manchen Verhandlungen liegt.

Wenn wir anerkennen, dass Verträge nicht zwangsläufig gerecht sind, heißt das nicht, dass wir unsere Vereinbarungen nach Belieben brechen können. Wir sind möglicherweise verpflichtet, selbst einen unfairen Handel zu erfüllen, zumindest bis zu einem gewissen Punkt. Unser Einverständnis zählt, auch wenn es nicht zwangsläufig zur Gerechtigkeit führt. Allerdings ist es weniger entscheidend, als wir manchmal glauben. Oft schreiben wir der Vereinbarung eine moralische Verbindlichkeit zu, die sich eigentlich aus anderen Quellen speist.

Nehmen wir an, wir schließen ein Geschäft ab: Sie bringen mir hundert Hummer, und ich bezahle Ihnen 1000 Dollar. Sie fangen und liefern die Hummer, ich esse sie mit Genuss, weigere mich aber, dafür zu bezahlen. Nun behaupten Sie, ich schulde Ihnen das Geld. »Warum?«, frage ich. Sie verweisen vielleicht auf unsere Abmachung, aber ebenso gut könnten Sie auf die harte Arbeit hinweisen, die Sie verrichten mussten, um die Hummer in die Falle zu kriegen, während Sie sich darauf verließen, ich würde sie auch kaufen. Sie könnten sagen, wegen der Anstrengungen, die Sie in meinem Interesse geleistet hätten, sei ich verpflichtet zu bezahlen.

Nun wollen wir uns ansehen, ob wir uns einen Fall ausdenken können, bei dem die Verpflichtung allein auf einer Vereinbarung beruht – ohne das zusätzliche moralische Gewicht der Arbeit, die Sie in meinem Interesse geleistet haben. Wir schließen den gleichen Handel noch einmal ab, doch kurz darauf, noch ehe Sie eine Sekunde darauf verwendet haben, Hummer einzubringen, rufe ich Sie an und sage: »Ich habe es mir anders überlegt. Ich will keine Hummer mehr.« Schulde ich Ihnen nach wie vor die 1000 Dollar? Erwidern Sie: »Eine Abmachung ist eine Abmachung«, und bestehen darauf, dass meine Zustimmung eine Verpflichtung nach sich zieht, selbst wenn keinerlei Leistung erbracht worden ist?

Über diese Frage debattieren Rechtsphilosophen seit langer Zeit. Kann eine Vereinbarung als solche bereits eine Verpflichtung begründen, oder ist dazu auch eine Leistung oder gegenseitiges Vertrauen erforderlich?[3] Diese Auseinandersetzung sagt uns etwas über den moralischen Gehalt von Verträgen: Konkreten Abmachungen kommt nämlich nur insofern moralisches Gewicht zu, als sie zwei Ideale verkörpern: Selbstbestimmung und Gegenseitigkeit.

Als freiwillige Handlungen drücken Verträge unsere Autonomie aus; die daraus entstehenden Verpflichtungen haben Gewicht, weil sie selbstauferlegt sind – wir nehmen sie freiwillig auf uns. Und als Werkzeuge wechselseitigen Nutzens beziehen sich Verträge auf das Ideal der Gegenseitigkeit; die Verpflichtung, sie zu erfüllen, erwächst aus der Pflicht, anderen ihre Leistungen zu vergelten.

In der Praxis sind diese Ideale – Autonomie und Gegenseitigkeit – unvollkommen verwirklicht. Manche Abmachungen erfolgen zwar freiwillig, sind aber nicht für beide Seiten von Vorteil. Und manchmal sehen wir uns verpflichtet, jemandem etwas zurückzuzahlen, selbst wenn keine explizite Abmachung getroffen worden ist. Das verweist auf die Grenzen der Übereinkunft: In manchen Fällen reicht sie nicht aus, eine moralisch bindende Verpflichtung hervorzubringen; in anderen ist eine Übereinkunft vielleicht gar nicht notwendig.

Grenzen der Übereinkunft: Baseballbilder und Toiletten

Sehen wir uns zwei Fälle an, in denen eine Vereinbarung allein nicht ausreicht: Als meine beiden Söhne jung waren, sammelten sie Baseballbilder und tauschten sie untereinander. Der Ältere wusste mehr über die Spieler und den Wert der Bilder. Gelegentlich bot er seinem jüngeren Bruder einen Tausch an, der unfair war – sagen wir, zwei Einwechselspieler gegen den Superstar Ken Griffey, Jr. Ich führte also eine Regel ein, wonach kein Handel abgeschlossen war, solange ich ihn nicht genehmigt hatte. Für manchen mag das wie Bevormundung aussehen – und das war es auch. (Für genau solche Situationen ist sie ja schließlich da.) Aber unter diesen Umständen können rein freiwillige Tauschakte eben eindeutig unfair sein.

Vor einigen Jahren las ich einen Zeitungsbericht über einen extremeren Fall: In der Toilette einer betagten Witwe in Chicago war etwas undicht. Für die Reparatur beauftragte sie einen Handwerker – für 50 000 Dollar. Sie unterschrieb einen Vertrag, der sie verpflichtete, 25 000 Dollar als Abschlag zu bezahlen und den Rest nach Auftragserfüllung. Der Plan flog auf, als sie zur Bank ging, um die 25 000 Dollar abzuheben. Der Bankangestellte erkundigte sich, wofür sie so viel Geld abheben wolle, und die Frau erwiderte, sie müsse den Klempner bezahlen. Der Angestellte benachrichtigte die Polizei, die den skrupellosen Handwerker wegen Betruges verhaftete.[4]

Abgesehen von den hartgesottensten Verfechtern der Vertragsfreiheit würde wohl jeder zugeben, dass die Vereinbarung über eine Toilettenreparatur für 50 000 Dollar ungeheuer unfair war – und zwar ungeachtet der Tatsache, dass zwei Parteien bewusst zugestimmt hatten. Dieser Fall illustriert zwei Aspekte der moralischen Grenzen von Verträgen: Erstens garantiert eine Abmachung nicht, dass diese Übereinkunft fair ist. Zweitens reicht sie auch nicht aus, einen verbindlichen moralischen Anspruch zu begründen. Der geschilderte Vertrag ist alles andere als ein Werkzeug zum beiderseitigen Vorteil – er spricht dem Ideal der Gegenseitigkeit Hohn. Das erklärt meiner Ansicht nach, warum nur wenige darauf bestehen würden, die betagte Dame sei moralisch verpflichtet gewesen, den skandalösen Betrag zu bezahlen.

Man könnte erwidern, dass dem Klempnerbetrug kein wirklich freiwillig abgeschlossener Vertrag zugrunde lag, sondern dass es sich hierbei um eine Form der Ausbeutung gehandelt habe, in der ein rücksichtsloser Handwerker eine alte Frau übervorteilte, die es nicht besser wusste. Ich kenne den Fall zwar nicht in allen Einzelheiten, aber gehen wir einmal davon aus, dass der Klempner die Frau nicht gezwungen hat und sie geistig gesund war (wenn auch schlecht informiert über die Kosten von Klempnerarbeiten), als sie der Abmachung zustimmte. Die Tatsache, dass die Vereinbarung freiwillig erfolgte, garantiert in keiner Weise, dass es dabei um den Austausch gleichwertiger Güter ging.

Bislang habe ich versucht zu zeigen, dass eine Abmachung keine hinreichende Bedingung für eine moralische Verpflichtung ist; sie kann vom Ideal des gegenseitigen Nutzens so weit entfernt sein, dass sie auch durch ihren freiwilligen Charakter nicht zu retten ist. Nun möchte ich eine weitere, provokantere Behauptung aufstellen: Übereinkunft ist keine notwendige Bedingung für eine moralische Verpflichtung. Wenn der gegenseitige Nutzen hinreichend deutlich ist, dann könnte der moralische Imperativ der Gegenseitigkeit sogar ohne einen Akt der Übereinkunft gelten.

Ich denke hier an die Art von Fall, mit der der schottische Moralphilosoph David Hume konfrontiert war. Als Hume jung war, verfasste er eine vernichtende Kritik von Lockes Gesellschaftsvertrag. Er bezeichnete ihn als »philosophische Erdichtung, die niemals Wirklichkeit besaß und niemals Wirklichkeit besitzen konnte«[5], und meinte, er sei »einer der geheimnisvollsten und unbegreiflichsten Vorgänge, die überhaupt gedacht werden können«[6]. Jahre später hatte Hume ein Erlebnis, das seine Ablehnung der Übereinkunft als Grundlage einer gegenseitigen Verpflichtung auf die Probe stellte.[7]

Hume besaß ein Haus in Edinburgh. Er vermietete es an seinen Freund James Boswell, der es seinerseits einem Untermieter zur Verfügung stellte. Der Untermieter entschied, dass bei dem Haus einige Reparaturen notwendig waren. Er beauftragte einen Handwerker mit den Arbeiten, ohne Hume vorher zu fragen. Der Handwerker führte die Reparaturen aus und schickte die Rechnung an Hume – der sich weigerte, sie zu bezahlen, weil er der Reparatur nicht zugestimmt hatte. Er hatte den Handwerker nicht beauftragt. Der Fall kam vor Gericht. Der Handwerker gab zu, dass Hume nicht zugestimmt hatte. Doch die Reparaturen seien nötig gewesen, und er habe sie ausgeführt.

Hume hielt das für ein schlechtes Argument. »Dass die Arbeiten notwendig waren«, erklärte er dem Gericht, sei »keine gute Antwort, weil er nach dem gleichen Grundsatz durch jedes Haus in Edinburgh gehen darf und ohne Einwilligung des Vermieters machen kann, was ihm angemessen erscheint (...) und immer den gleichen Grund dafür angeben darf, dass nämlich die Arbeit notwendig war und das Haus dadurch aufgewertet wurde.« Doch das sei »eine ganz neue und (...) ganz und gar unhaltbare Lehre«.[8]

Als es um Reparaturen an seinem Haus ging, wandte sich Hume also gegen eine rein auf dem gegenseitigen Vorteil beruhende Theorie der Verpflichtung. Doch seine Begründung fiel durch, und das Gericht verurteilte ihn zur Zahlung.

Die Vorstellung, die Verpflichtung zur Vergeltung einer Leistung könne ohne eine vorherige Übereinkunft entstehen, ist im Fall von Humes Haus moralisch nachvollziehbar. Doch das kann leicht in höchst aggressive Verkaufstaktiken und Nötigung kippen. In den 80er Jahren waren »Windschutzscheibenputzer« in New York eine weithin gefürchtete Erscheinung. Bewaffnet mit einem Gummiwischer und einem Eimer Wasser, pflegten sie sich an Autos heranzumachen, die bei Rot an der Ampel hielten. Sie reinigten die Windschutzscheibe (oft ohne den Fahrer um Erlaubnis zu bitten) und forderten dann eine Bezahlung. Sie arbeiteten gemäß der Vorstellung, dass eine Vorleistung auch zu einer Verpflichtung führe, ganz wie der Handwerker bei Hume. Doch wegen der fehlenden Übereinkunft verschwamm die Grenze zwischen einer erbrachten Dienstleistung und dem Tatbestand der Nötigung. Bürgermeister Rudolph Giuliani beschloss in den 90ern, bei den Wischleuten hart durchzugreifen, und befahl der Polizei, sie zu verhaften.[9]

Sams mobiler Autodienst

Hier noch ein Beispiel für die Verwirrung, die aufkommen kann, wenn die auf Zustimmung aufbauende von der auf der erbrachten Leistung beruhenden Verpflichtung nicht klar unterschieden wird. Vor vielen Jahren fuhr ich als Doktorand mit ein paar Freunden quer durchs Land. Wir hielten an einer Raststätte in Hammond, Indiana, und gingen in einen Laden. Als wir zu unserem Auto zurückkamen, sprang es nicht mehr an. Keiner von uns hatte viel Ahnung von Autos. Als wir überlegten, was wir tun konnten, hielt neben uns ein Lieferwagen. Er trug die Aufschrift »Sams Mobile Repair Van«. Ein Mann, vermutlich Sam, stieg aus.

Er kam näher und fragte, ob er helfen könne. »Hier meine Bedingungen«, erklärte er. »Ich berechne 50 Dollar die Stunde. Wenn ich das Auto in fünf Minuten repariere, schulden Sie mir 50 Dollar. Wenn ich eine Stunde mit dem Auto beschäftigt bin und es nicht reparieren kann, schulden Sie mir trotzdem 50 Dollar.«

»Wie stehen die Chancen, dass Sie das Auto reparieren können?«, fragte ich. Ohne mir zu antworten, fing er an, unter der Lenksäule herumzufummeln. Ich war unsicher, was zu tun war, meine Freunde ebenfalls. Nach kurzer Zeit kam der Mann wieder unter der Lenksäule hervor und erklärte: »Schön, mit dem Zündsystem ist alles in Ordnung, aber wir haben noch 45 Minuten übrig. Wollen Sie, dass ich einen Blick unter die Haube werfe?«

»Moment mal«, sagte ich. »Ich habe Sie gar nicht beauftragt. Wir haben keinerlei Abmachung getroffen.« Der Mann wurde sehr wütend und erklärte: »Wollen Sie damit sagen, Sie hätten mich nicht bezahlt, wenn ich gerade eben Ihr Auto repariert hätte, als ich unter die Lenksäule schaute?«

Ich erwiderte: »Das ist eine andere Frage.«

Ich habe damals darauf verzichtet, ihn auf den Unterschied zwischen einer Vereinbarung und einer erbrachten Leistung als Grundlage von Verpflichtungen aufmerksam zu machen. Es hätte wohl auch nichts genützt. Doch der Zwischenfall mit Sam, dem Automechaniker, verdeutlicht eine weitverbreitete Verwechslung. Wenn Sam das Auto beim Fummeln an der Lenksäule repariert hätte, so hätte ich ihm, meinte er, die 50 Dollar geschuldet. Einverstanden.

Allerdings hätte ich ihm das Geld geschuldet, weil er eine zu honorierende Leistung erbracht hatte – das Auto wäre repariert gewesen. Und weil ich ihm etwas schuldete, folgerte er, ich müsse (stillschweigend) eingewilligt haben, ihn zu beauftragen. Diese Folgerung ist aber falsch. Sie unterstellt zu Unrecht, dass jeder Verpflichtung eine Abmachung vorausgegangen sein muss – eine Art Vertragsabschluss. Sie übersieht die Möglichkeit, dass eine Verpflichtung auch ohne Übereinkunft zustande kommen kann. Hätte Sam mein Auto repariert, wäre ich ihm etwas schuldig gewesen. Es wäre unfair gewesen, ihm einfach nur zu danken und davonzufahren. Das bedeutet aber nicht, dass ich ihn zuvor beauftragt hätte.

Wenn ich die Geschichte meinen Studenten erzähle, meinen die meisten, angesichts der Situation hätte ich Sam die 50 Dollar nicht geschuldet. Viele begründen diese Ansicht jedoch anders als ich. Sie sagen, da ich Sam nicht ausdrücklich beauftragt hätte, sei ich ihm auch nichts schuldig – selbst dann nicht, wenn er das Auto repariert hätte. Jede Bezahlung wäre ein Akt der Großzügigkeit gewesen – eine Art Trinkgeld, keine Verpflichtung. Sie vertreten die Ansicht, dass eine Vereinbarung zwingend nötig sei, um einen Anspruch zu begründen.

Trotz unserer Neigung, in jeden moralischen Anspruch eine vorhergegangene Abmachung hineinzulesen, ist es schwer, unser moralisches Leben zu verstehen, ohne den Imperativ der Reziprozität, der Gegenseitigkeit, zu berücksichtigen. Sehen wir uns einen Ehevertrag an. Nehmen wir an, ich entdecke nach zwanzig Jahren ehelicher Treue meinerseits, dass meine Frau ein Verhältnis mit einem anderen Mann hatte. Für meine moralische Entrüstung könnte ich zwei Gründe anführen. Einer bezieht sich auf die Übereinkunft: »Wir hatten doch eine Abmachung. Du hast es geschworen. Du hast dein Versprechen gebrochen.« Der zweite betrifft die Gegenseitigkeit: »Ich war doch immer treu. So etwas habe ich nicht verdient. Das ist keine Art, meine Loyalität zu vergelten.« Und so weiter. Die zweite Beschwerde beruft sich nicht auf die Übereinkunft, und die ist auch nicht erforderlich. Moralisch nachvollziehbar wäre sie sogar dann, wenn wir nie ein Ehegelöbnis abgelegt, sondern all die Jahre nur als Partner zusammengelebt hätten.

Der vollkommene Vertrag

Was sagen uns diese verschiedenen Missgeschicke über die Moralität von Verträgen?

Verträge beziehen ihre moralische Kraft aus zwei verschiedenen Idealen: dem Ideal der Selbstbestimmung und dem der Gegenseitigkeit. Die meisten realen Verträge verkörpern diese Ideale nur unvollständig. Wenn ich es mit jemandem zu tun habe, der sich in einer überlegenen Verhandlungsposition befindet, erfolgt meine Zustimmung vielleicht nicht ganz freiwillig, sondern unter Druck oder im Extremfall sogar unter Zwang. Wenn ich mit jemandem verhandle, der sich besser mit den zu tauschenden Dingen auskennt als ich, ist der Abschluss vielleicht nicht für beide vorteilhaft. Im Extremfall werde ich vielleicht sogar betrogen oder getäuscht.

Im richtigen Leben sind die Menschen stets unterschiedlich. Das heißt, ihre Verhandlungsmacht und Sachkenntnis werden sich niemals gleichen. Und solange das gilt, garantiert eine Übereinkunft als solche noch nicht, dass es sich dabei um eine faire Abmachung handelt. Deshalb sind echte Verträge keine sich selbst genügenden moralischen Werkzeuge. Es ist immer sinnvoll zu fragen: »Ist das überhaupt fair, was da vereinbart wurde?«

Aber stellen wir uns einmal einen Vertrag zwischen Parteien vor, deren Macht und Sachkenntnis gleich sind – ihre Verhandlungspositionen sind absolut gleichwertig, nicht verschieden. Und stellen wir uns vor, es gehe bei diesem Vertrag nicht um eine Klempnerarbeit oder irgendeinen gewöhnlichen Deal, sondern um die Grundsätze, die unser Gemeinschaftsleben beherrschen und uns unsere Rechte und Pflichten als Bürger zuweisen sollen. Ein solcher Vertrag ließe keinen Raum für Zwang, Täuschung oder andere unfaire Vorteile. Seine Klauseln, wie immer sie lauten mögen, wären allein aufgrund der Vereinbarung gerecht.

Wer sich einen solchen Vertrag vorstellen kann, ist bei Rawls' Vorstellung von einer hypothetischen Vereinbarung im Urzustand der Gleichheit angelangt. Der Schleier des Nichtwissens garantiert die Gleichheit von Macht und Sachkenntnis und stellt sicher, dass niemand seinen eigenen Platz in der Gesellschaft, seine Stärken oder Schwächen, seine Werte oder Ziele kennt. Diese Unkenntnis sorgt so dafür, dass niemand (nicht einmal unwissentlich) von einer günstigen Verhandlungsposition profitieren kann.

> Wird die Kenntnis von Einzelumständen zugelassen, so ist das Ergebnis durch Zufälligkeiten verzerrt (…). Sollen sich aus dem Urzustand gerechte Vereinbarungen ergeben, so müssen sich die Vertragspartner in fairen Situationen befinden und als moralische Subjekte gleich behandelt werden. Die Willkür in der Welt muss in Form der ursprünglichen Vertragssituation zurechtgerückt werden.[10]

Der Witz besteht darin, dass eine hypothetische Vereinbarung hinter einem Schleier des Nichtwissens nicht etwa ein blasser Abklatsch richtiger Verträge und damit moralisch schwächer ist; nein, sie ist die reine Form eines perfekten Vertrages und damit moralisch stärker.

Nehmen wir an, Rawls hätte recht: Über Gerechtigkeit sollten wir nachdenken, indem wir uns fragen, welche Grundsätze wir in einem Urzustand der Gleichheit hinter einem Schleier des Nichtwissens wählen würden. Welche Prinzipien ergäben sich daraus?

Rawls zufolge würden wir uns nicht für den Utilitarismus entscheiden. Hinter dem Schleier des Nichtwissens bleibt uns ja verborgen, wo wir in der Gesellschaft landen werden. Wir wissen aber, dass wir mit Achtung behandelt werden wollen. Falls sich erweist, dass wir einer ethnischen oder religiösen Minderheit angehören, wollen wir nicht unterdrückt werden, selbst wenn die Mehrheit davon profitiert. Sobald der Schleier des Nichtwissens sich hebt und das richtige Leben beginnt, wollen wir uns nicht als Opfer religiöser Verfolgung oder rassischer Diskriminierung wiederfinden. Um uns vor diesen Gefahren zu schützen, würden wir den Utilitarismus verwerfen und dem Grundsatz gleicher Grundfreiheiten – einschließlich der Rede- und der Gedankenfreiheit – für alle Bürger zustimmen. Und wir würden darauf bestehen, dass dieser Grundsatz Vorrang vor allen Versuchen hätte, das Gemeinwohl zu maximieren. Für soziale und ökonomische Vorteile würden wir unsere Grundrechte und Freiheiten nicht opfern.

Welchen Grundsatz würden wir wählen, um soziale und wirtschaftliche Ungleichheiten zu regulieren? Der Gefahr, uns in erdrückender Armut wiederzufinden, könnten wir begegnen, indem wir eine gleiche Verteilung von Einkommen und Wohlstand anstreben. Allerdings könnte uns auch der Gedanke kommen, dass es für alle – auch für die Ärmsten – besser wäre, ein gewisses Maß an Ungleichheit zuzulassen, etwa höhere Bezahlung für Ärzte und weniger Geld für Busfahrer, vielleicht weil dadurch der Zugang zu medizinischer Versorgung für die Armen erleichtert würde. Wenn wir diese Möglichkeit in Betracht ziehen, übernehmen wir das, was Rawls als »Unterschiedsprinzip« bezeichnet: Erlaubt sind nur die sozialen und wirtschaftlichen Ungleichheiten, die sich zum Vorteil der am wenigsten begünstigten Gesellschaftsmitglieder auswirken.

Wie egalitär ist das Unterschiedsprinzip überhaupt? Das ist schwer zu sagen, weil der Effekt von Einkommensunterschieden von den sozialen und wirtschaftlichen Umständen abhängt. Angenommen, eine höhere Bezahlung für Ärzte würde zu einer besseren und umfangreicheren medizinischen Versorgung in verarmten ländlichen Gebieten führen. In diesem Fall könnte der Einkommensunterschied mit Rawls' Grundsatz vereinbar sein. Aber angenommen, eine höhere Bezahlung für Ärzte würde sich nicht auf den Gesundheitsdienst in den Appalachen auswirken, sondern einfach für mehr Schönheitschirurgen in Beverly Hills sorgen. In diesem Fall wäre der Einkommensunterschied aus Rawls' Sicht nur schwer zu rechtfertigen.

Was ist mit den Millioneneinkünften des Basketballspielers Michael Jordan oder dem gewaltigen Vermögen von Bill Gates? Könnten diese Ungleichheiten mit dem Unterschiedsprinzip vereinbar sein? Selbstverständlich – Rawls' Theorie will nicht bewerten, wie fair das Salär eines einzelnen Menschen ist; sie befasst sich vielmehr mit der Grundstruktur der Gesellschaft und der Art und Weise, in der sie Rechte und Pflichten, Einkommen und Wohlstand, Macht und Chancen vergibt. Für Rawls geht es um die Frage, ob Gates' Vermögen als Teil eines Systems zustande gekommen ist, das insgesamt gesehen zum Vorteil der am wenigsten Begünstigten wirkt. Existiert beispielsweise ein System der progressiven Besteuerung, das die Vermögenden stärker besteuert, um damit den Armen Gesundheit, Ausbildung und Wohlfahrt zu finanzieren? Falls dem so ist und falls das System den Armen ein besseres Leben ermöglicht als bei einer egalitäreren Regelung, könnten solche Ungleichheiten mit dem Unterschiedsprinzip in Einklang stehen.

Einige Philosophen fragen sich jedoch, ob die Menschen des Urzustands tatsächlich das Unterschiedsprinzip wählen würden. Wie kann Rawls wissen, dass die Menschen hinter dem Schleier des Nichtwissens nicht Zocker wären, bereit, ihre Chancen in einer hochgradig ungleichen Gesellschaft zu suchen – in der Hoffnung, ganz oben zu landen? Möglicherweise würde mancher sogar für eine Feudalgesellschaft stimmen, um König werden zu können –, und dafür das Risiko in Kauf nehmen, als landloser Leibeigener zu enden.

Rawls glaubt nicht, dass Menschen, die Grundsätze zur Regelung ihrer grundlegenden Lebensaussichten wählen, sich auf solche Risiken einließen. Solange sie nicht wüssten, dass sie gerne hohe Risiken eingehen (und der Schleier des Nichtwissens verbirgt dieses Wissen vor ihnen), würden die Menschen keine riskanten Wetten mit hohen Einsätzen abschließen.

Doch Rawls' Begründung für das Unterschiedsprinzip beruht nicht ausschließlich auf der Annahme, die Menschen im Urzustand seien risikoscheu. Der Idee vom Schleier des Nichtwissens liegt ein moralisches Argument zugrunde, das unabhängig von diesem Gedankenexperiment ist. Der Grundgedanke läuft darauf hinaus, dass die Verteilung von Einkommen und Chancen nicht auf Faktoren aufbauen sollte, die aus moralischer Sicht willkürlich sind.

Moralische Willkür – und was daraus folgt

Rawls entwickelt dieses Argument, indem er mehrere konkurrierende Theorien der Gerechtigkeit miteinander vergleicht. Er beginnt mit Aristokratien und Kastengesellschaften. Heutzutage vertritt keiner die Ansicht, feudale Aristokratien oder Kastensysteme seien gerecht. Diese Systeme seien, wie Rawls anmerkt, unfair, weil sie Einkommen, Vermögen, Chancen und Macht gemäß den Zufällen der Geburt zuteilten. Wer in den Adel hineingeboren werde, habe Rechte und Befugnisse, die den Leibeigenen verwehrt seien. Die Umstände der Geburt zu beeinflussen, liege aber offenkundig nicht in unserer Macht. Demnach sei es ungerecht, die Lebensaussichten von dieser willkürlichen Tatsache abhängig zu machen.

Marktgesellschaften beseitigen diese Willkür zumindest in gewissem Ausmaß. Für alle, die über die erforderlichen Begabungen verfügen, eröffnen sie gewisse Möglichkeiten und schaffen Gleichheit vor dem Gesetz. Den Bürgern werden gleiche Grundrechte zugesichert, und die Verteilung von Einkommen und Vermögen wird vom freien Markt bestimmt. Dieses System – ein freier Markt mit formaler Chancengleichheit – entspricht der libertarianischen Theorie der Gerechtigkeit. Gegenüber Feudal- und Kastengesellschaften stellt es eine Verbesserung dar, weil es starre Hierarchien der Geburt verwirft. Von Gesetzes wegen ist es jedem erlaubt, sich zu bemühen und mit allen anderen in Wettbewerb zu treten.

In der Praxis allerdings können die Chancen natürlich alles andere als gleich sein. Wer aus einer reichen Familie kommt und eine gute Ausbildung erhält, hat offensichtliche Vorteile gegenüber seinen Mitmenschen, bei denen das nicht der Fall ist. Es ist gut, allen gleichermaßen zu erlauben, ins Rennen zu gehen. Wenn aber die Läufer von verschiedenen Positionen aus starten, ist das Rennen kaum fair. Deshalb, so Rawls, kann eine Verteilung von Einkommen und Vermögen, die aus einem freien Markt mit formaler Chancengleichheit hervorgeht, nicht als gerecht angesehen werden. Die offensichtlichste Ungerechtigkeit des

Systems der natürlichen Freiheit bestehe darin, »dass die Verteilung ungebührlich von diesen Faktoren beeinflusst werden darf, die unter moralischen Gesichtspunkten so willkürlich sind«.[11]

Um diese Ungerechtigkeit zu beheben, kann man soziale und wirtschaftliche Unterschiede ausgleichen. Eine faire Leistungsgesellschaft (»Meritokratie«) versucht das, indem sie über eine nur formale Chancengleichheit hinausgeht. Sie stellt gleiche Bildungschancen bereit und beseitigt damit Erfolgshindernisse – Menschen aus ärmeren Familien können so auf gleicher Grundlage mit Leuten konkurrieren, die aus privilegierteren Kreisen stammen. Sie führt zum Beispiel Frühförderprogramme sowie Programme zur Kinderernährung und zur Gesundheitsfürsorge ein, Programme für Ausbildung und Berufspraxis. Kurz: Sie kümmert sich um alles, was erforderlich ist, um allen, ungeachtet der Klasse oder des familiären Hintergrundes, die gleiche Startposition zu verschaffen.

Nach der Vorstellung der Meritokraten ist die aus einem freien Markt hervorgehende Verteilung von Einkommen und Vermögen gerecht – solange jeder die gleiche Chance hat, seine Begabungen zu entwickeln. Nur wenn alle an derselben Startlinie beginnen, haben die Gewinner des Rennens ihre Belohnungen verdient.

Rawls glaubt, der meritokratische Entwurf gleiche gewisse moralisch willkürliche Vorteile aus, sei jedoch letztendlich ebenfalls ungerecht. Denn selbst wenn es gelingt, allen zur gleichen Startposition zu verhelfen, ist mehr oder weniger vorhersagbar, wer das Rennen gewinnen wird: die schnellsten Läufer. Es ist aber nicht allein das eigene Verdienst, ein schneller Läufer zu sein. Es ist in gleicher Weise moralisch zufällig wie die Herkunft. »Selbst wenn sie den Einfluss sozialer Zufälle perfekt beseitigt«, schreibt Rawls, »erlaubt es immer noch, dass die Verteilung von Einkommen und Vermögen durch die natürliche Verteilung von Fähigkeiten und Begabungen bestimmt wird.«[12]

Sollte Rawls recht haben, bringt selbst ein freier Markt in einer Gesellschaft mit gleichen Ausbildungschancen keine gerechte Verteilung von Einkommen und Vermögen mit sich. Der Grund: »Innerhalb der durch die allgemeinen Bedingungen gezogenen Grenzen ist die Verteilung das Ergebnis der Lotterie der Natur, und das ist unter moralischen Gesichtspunkten willkürlich. Für den Einfluss natürlicher Fähigkeiten auf die Einkommens- und Vermögensverteilung gibt es keine besseren Gründe als für den geschichtlicher und gesellschaftlicher Zufälle.«[13]

Rawls kommt zu dem Schluss, der meritokratische Entwurf von Gerechtigkeit sei aus dem gleichen Grund (wenn auch in geringerem Umfang) verfehlt wie der libertarianische Entwurf. »Denn wenn man einmal mit dem Einfluss entweder gesellschaftlicher oder natürlicher Zufälle auf Verteilung unzufrieden ist, dann wird man durch Nachdenken dazu geführt, mit beidem unzufrieden zu sein. Vom moralischen Gesichtspunkt aus erscheinen beide als gleich willkürlich.«[14]

Sobald wir einen Blick für die moralische Willkür entwickeln, die sowohl die libertarianische als auch die meritokratische Theorie der Gerechtigkeit belastet, so Rawls, streben wir zwangsläufig einen egalitäreren Entwurf an. Wie könnte ein solcher Entwurf aussehen? Es ist eine Sache, ungleiche Bildungschancen zu beheben, aber eine ganz andere, angeborene Unterschiede auszugleichen. Wenn es uns stört, dass manche Läufer schneller sind als andere, müssen wir dann nicht die begabten Läufer zwingen, Bleischuhe zu tragen? Einige Kritiker des Egalitarismus glauben, als einzige Alternative zu einer meritokratischen Marktgesellschaft komme eine nivellierende Gleichheit in Frage, die den Begabten Steine in den Weg legte.

Diese Sorge spielt Kurt Vonnegut in seiner Kurzgeschichte »Harrison Bergeron« als negative Utopie durch. »Man schrieb das Jahr 2081«, beginnt die Story, »und alle waren endlich gleich (...). Niemand war schlauer als irgendein anderer. Niemand sah besser aus als der andere. Niemand war stärker oder schneller als der andere.« Diese durchgängige Gleichheit wurde von Vertretern des Zentralen Störungsausgleichs durchgesetzt. Bürger, die mit einer überdurchschnittlichen Intelligenz geschlagen waren, hatten einen kleinen geistigen Störsender im Ohr zu tragen. Ungefähr alle 20 Sekunden sandte der Sender ein scharfes Geräusch, um Leute wie G. davon abzuhalten, »dass sie aus ihren Geistesgaben einen unfairen Nutzen zogen«.[15]

Der 14-jährige Harrison Bergeron ist ungewöhnlich intelligent, hübsch und begabt, weshalb er mit schwereren Handicaps versehen wird als die meisten anderen. Statt des kleinen Ohrsenders »trug er ein riesiges Paar Kopfhörer und eine Brille mit dicken, gewellten Linsen.« Um sein gutes Aussehen zu verbergen, verlangte man, dass Harrison ständig »einen roten Gummiball als Nase trug, seine Augenbrauen abrasierte und seine ebenmäßigen weißen Zähne mit unregelmäßig hervorstehenden schwarzen Kappen überzog.« Um seine körperliche Stärke auszugleichen, musste er beim Gehen schwere Metallgewichte tragen. »Während er um sein Leben rannte, trug Harrison ein Gewicht von 300 Pfund.«[16]

Eines Tages, in einem Akt heroischen Widerstandes gegen die egalitäre Tyrannei, wirft Harrison seine Behinderungen ab. Um der Story nicht die Pointe zu nehmen, verrate ich nicht, wie sie ausgeht. Doch es sollte bereits deutlich geworden sein, wie Vonneguts Story eine vertraute Klage gegen egalitäre Theorien der Gerechtigkeit veranschaulicht.

Doch auf Rawls' Theorie der Gerechtigkeit trifft dieser Einwand nicht zu. Er zeigt, dass nivellierende Gleichheit nicht die einzige Alternative zu einer meritokratischen Marktgesellschaft ist. Seine Alternative, die er das »Unterschiedsprinzip« nennt, korrigiert die ungleiche Verteilung von Talenten und Voraussetzungen, ohne die Befähigten zu behindern. Wie das? Ermutige die Begabten, ihre Fähigkeiten zu entwickeln und auszuüben, aber mit der Übereinkunft, dass die Belohnungen, die diese Talente auf den Märkten einfahren, der Gemeinschaft insgesamt gehören. Behindere die besten Läufer nicht; lasse sie laufen und ihr Bestes geben. Vereinbare aber vorher, dass die Gewinne nicht ihnen allein gehören, sondern mit denen geteilt werden sollten, denen ähnliche Gaben fehlen.

Obwohl das Unterschiedsprinzip keine gleiche Verteilung von Einkommen und Vermögen fordert, drückt die ihm zugrunde liegende Theorie eine starke, wenn nicht gar inspirierende Vision von Gleichheit aus:

> Das Unterschiedsprinzip bedeutet faktisch, dass man die Verteilung der natürlichen Gaben in gewisser Hinsicht als Gemeinschaftssache betrachtet und in jedem Falle die größeren sozialen und wirtschaftlichen Vorteile aufteilt, die durch die Komplementaritäten dieser Verteilung ermöglicht werden. Wer von der Natur begünstigt ist, sei es, wer es wolle, der darf sich der Früchte nur so weit erfreuen, wie das auch die Lage der Benachteiligten verbessert. Die von der Natur begünstigt Bevorzugten dürfen keine Vorteile haben, bloß weil sie begabter sind, sondern nur zur Deckung der Kosten ihrer Ausbildung und zu solcher Verwendung ihrer Gaben, dass auch den weniger Begünstigten geholfen wird. Niemand hat seine besseren natürlichen Fähigkeiten oder einen besseren Startplatz in der Gesellschaft verdient. Doch das ist natürlich kein Grund, diese Unterschiede zu übersehen oder gar zu beseiti-

gen. Vielmehr lässt sich die Grundstruktur so gestalten, dass diese Zufälle auch den am wenigsten Begünstigten zugute kommen.[17]

Sehen wir uns nun die vier konkurrierenden Theorien der Verteilungsgerechtigkeit an:

1. Feudal- oder Kastensystem: starre, auf Geburt beruhende Hierarchie
2. Libertarianisch: freier Markt mit formaler Chancengleichheit
3. Meritokratie: freier Markt mit fairer Chancengleichheit
4. Egalitär: Rawls' Unterschiedsprinzip

Rawls bringt vor, die ersten drei Theorien begründeten distributive Anteile mit rein willkürlichen Faktoren – seien dies nun der Zufall der Geburt, soziale oder wirtschaftlicher Vorteile oder natürliche Begabungen und Fähigkeiten. Allein das Unterschiedsprinzip vermeide es, die Verteilung von Einkommen und Vermögen auf diese Kontingenzen zu gründen.

Obwohl das Argument der moralischen Willkür nicht vom Argument des Urzustands abhängt, ähnelt es ihm in folgender Hinsicht: Beide halten daran fest, dass wir, wenn wir über Gerechtigkeit nachdenken, Zufälligkeiten aller Art ignorieren sollten.

Einwand 1: Anreize

Rawls' Begründung für das Unterschiedsprinzip zieht zwei wesentliche Einwände auf sich. Erstens: Wie steht es mit Anreizen? Wenn die Begabten nur unter der Bedingung von ihren Gaben profitieren können, dass auch die am wenigsten Begünstigen einen Vorteil davon haben: Was ist, wenn sie beschließen, weniger zu arbeiten oder ihre Fähigkeiten gar nicht erst zu entwickeln? Wenn die Steuersätze hoch oder Lohnunterschiede gering sind, würden begabte Leute, die vielleicht Chirurg hätten werden können, dann nicht weniger anspruchsvolle Arbeitsbereiche vorziehen? Würde Michael Jordan dann nicht weniger intensiv an seinem Sprungwurf arbeiten oder seine Karriere früher beenden?

Darauf erwidert Rawls, das Unterschiedsprinzip lasse Einkommensunterschiede um der Anreize willen zu, vorausgesetzt, die Anreize seien notwendig, um das Los der am wenigsten Begünstigten zu verbessern. Vorstandsvorsitzenden mehr zu bezahlen oder die Besteuerung Wohlhabender zu verringern, um das Bruttoinlandsprodukt zu steigern, würde nicht genügen. Wenn die Anreize aber ein Wirtschaftswachstum erzeugen, das den Armen ein besseres Leben ermöglicht als bei einer egalitäreren Struktur, dann sind sie nach dem Unterschiedsprinzip erlaubt.

Von besonderer Bedeutung ist hier, dass es einen Unterschied macht, ob Lohndifferenzen mit der Notwendigkeit von Anreizen begründet werden oder ob man sagt, die Erfolgreichen hätten ein moralisches Anrecht auf eine höhere Bezahlung. Rawls zufolge sind ungleiche Einkommen nur insofern gerechtfertigt, als sie Anstrengungen wachrufen, die letztlich auch den Benachteiligten zugutekommen, nicht aber, weil Vorstandsvorsitzende oder Sportstars es verdienen, besser bezahlt zu werden als Fabrikarbeiter.

Einwand 2: Anstrengung

Damit kommen wir zu einem zweiten, schwerer wiegenden Einwand gegen Rawls' Theorie der Gerechtigkeit: Wie steht es mit dem persönlichen Einsatz? Rawls verwirft die meritokratische Theorie der Gerechtigkeit mit der Begründung, die Menschen seien für ihre natürlichen Gaben nicht selbst verantwortlich. Aber wie verhält es sich mit der Arbeit, die man darauf verwendet, seine Gaben zu kultivieren? Bill Gates hat lange und hart daran gearbeitet, Microsoft zu einer erfolgreichen Firma zu machen. Michael Jordan verwandte unendlich viele Stunden darauf, seine Geschicklichkeit im Basketball zu verbessern. Verdienen sie nicht die Belohnungen, die ihre Anstrengungen einbringen – ungeachtet ihrer Talente und Gaben?

Auf solche Einwände erwidert Rawls, dass auch die Fähigkeit, sich anzustrengen, das Ergebnis einer günstigen Erziehung sein könne. »Selbst die Bereitschaft zum Einsatz, zur Bemühung, die im gewöhnlichen Sinn verdienstvoll ist, hängt noch von günstigen Familienumständen und gesellschaftlichen Verhältnissen ab.«[18] Wie andere Erfolgsfaktoren werde auch unsere Fähigkeit zur Selbstdisziplin durch Zufälligkeiten beeinflusst, für die wir selbst nichts könnten. Es dürfte auf der Hand liegen, »dass der Einsatz, zu dem jemand bereit ist, von seinen natürlichen Fähigkeiten und den ihm offenstehenden Möglichkeiten abhängt. Die Begabteren werden unter sonst gleichen Umständen mehr gewissenhaftes Bemühen an den Tag legen (…).«[19]

Wenn ich meine Studenten mit Rawls' Argumentation zur Arbeitsmoral konfrontiere, protestieren viele energisch. Sie sagen, ihre Erfolge einschließlich der Zulassung für Harvard seien das Ergebnis der eigenen harten Arbeit und nicht moralisch willkürlichen Faktoren geschuldet, auf die sie keinen Einfluss hätten. Eine Theorie der Gerechtigkeit, die nahelegt, dass wir die Belohnungen für unsere Anstrengung moralisch nicht verdienen, betrachten sie mit Misstrauen.

Im Anschluss an die Debatte führe ich regelmäßig eine nichtrepräsentative Umfrage durch. Ich verweise darauf, dass Psychologen behaupten, die Reihenfolge der Geburt habe Einfluss auf die Neigung, sich anzustrengen – etwa um in Harvard aufgenommen zu werden. Die Erstgeborenen würden angeblich eine stärkere Arbeitsmoral an den Tag legen, mehr Geld verdienen und auch sonst erfolgreicher sein als ihre jüngeren Geschwister. Diese Studien sind umstritten, und ich weiß nicht, ob ihre Befunde zutreffen. Doch zum Spaß frage ich meine Studenten, wie viele von ihnen Erstgeborene sind. Etwa 75 bis 80 Prozent heben die Hand. Das Ergebnis ist bislang bei jeder Umfrage gleich ausgefallen.

Niemand behauptet, Erstgeborene seien für ihren Status selbst verantwortlich. Wenn aber etwas so Willkürliches wie die Reihenfolge der Geburt unsere Neigung zu harter Arbeit und bewusster Anstrengung beeinflussen kann, dann dürfte Rawls nicht ganz unrecht haben. Selbst unsere Anstrengung kann nicht die Grundlage moralisch gerechtfertigter Meriten sein.

Die Behauptung, Menschen hätten die aus Anstrengung und harter Arbeit hervorgehenden Belohnungen verdient, ist aus einem weiteren Grund fragwürdig: Obwohl Verfechter der Meritokratie oft die Vorzüge der Anstrengung anführen, glauben sie nicht wirklich, dass Anstrengung allein die Grundlage von Einkommen und Wohlstand sein sollte. Nehmen wir zwei Bauarbeiter. Einer ist muskulös und kräftig und kann pro Tag vier Wände hochziehen, ohne in Schweiß auszubrechen. Der andere ist dürr und schwach und kann höchstens zwei Ziegelsteine auf einmal tragen. Obwohl er sehr hart arbeitet, braucht er eine Woche, um zu erledigen, was sein muskulöser Kollege locker an einem Tag schafft. Kein Vertreter der Meritokratie würde sagen, der schwache, aber schwer schuftende Arbeiter verdiene eine höhere Bezahlung als der starke, weil er sich mehr anstrenge.

Oder nehmen wir Michael Jordan. Gut, er hat hart trainiert. Doch manche weniger begabten Basketballspieler trainieren noch härter. Niemand würde behaupten, sie hätten als Belohnung für die endlosen Stunden in der Turnhalle einen besseren Vertrag verdient als Jordan.

Demnach ist es eigentlich die Leistung, die nach Ansicht des Meritokraten belohnt werden sollte. Ob wir für unsere Arbeitsmoral nun selbst verantwortlich sind oder nicht – unsere Leistung hängt zumindest teilweise von natürlichen Begabungen ab, auf die wir keinen Einfluss haben.

Was uns zusteht – und was nicht

Wenn Rawls' Argument über die moralische Beliebigkeit von Begabungen zutrifft, führt das zu einem überraschenden Schluss: Verteilungsgerechtigkeit hat nichts damit zu tun, dass wir nach unseren moralischen Verdiensten belohnt werden.

Er räumt ein, dass diese Schlussfolgerung unserer Intuition widerspricht: »Der gemeine Verstand neigt zu der Auffassung, dass Einkommen und Vermögen und die Güter des Lebens überhaupt gemäß dem Verdienst verteilt werden sollten. Gerechtigkeit ist Glück nach Maßgabe der Tugend (...). Doch die Theorie der Gerechtigkeit als Fairness lehnt diese Vorstellung ab.«[20]

Rawls untergräbt die meritokratische Ansicht, indem er ihre Grundvoraussetzung in Frage stellt: Mit der Abschaffung der sozialen und wirtschaftlichen Erfolgsbarrieren könne man endlich davon ausgehen, dass die Menschen die Belohnungen, die ihre Talente einbringen, wirklich »verdienen«. Rawls hält dagegen:

> Man hat seinen Platz in der Verteilung der natürlichen Gaben ebenso wenig verdient wie seine Ausgangsposition in der Ge-

> sellschaft. Ob man den überlegenen Charakter, der die Initiative zur Ausbildung der Fähigkeiten mit sich bringt, als Verdienst betrachten kann, ist ebenfalls fraglich; denn ein solcher Charakter hängt in erheblichem Maße von glücklichen familiären und gesellschaftlichen Bedingungen in der Kindheit ab, die man sich nicht als Verdienst anrechnen kann. Der Begriff des Verdienstes ist hier nicht am Platze.[21]

Wenn es bei der Verteilungsgerechtigkeit nicht darum geht, moralische Verdienste zu belohnen: Heißt das, dass Menschen, die hart arbeiten und sich an die Regeln halten, keinerlei Anspruch auf die Belohnungen haben, die sie für ihre Anstrengung erhalten? Das nun wieder auch nicht. Rawls macht hier einen wichtigen, aber subtilen Unterschied – und zwar zwischen moralischen Verdiensten und den legitimen Erwartungen, die sich auf ein Anrecht gründen. Der Unterschied: Anders als der Anspruch, der sich auf ein Verdienst beruft, kann ein Anrecht nur entstehen, sobald bestimmte Spielregeln eingeführt sind. Es sagt uns nichts darüber, welche Regeln gelten.

Der Konflikt zwischen Verdienst und Anrecht zieht sich implizit durch viele unserer hitzigsten Debatten über Gerechtigkeit – etwa wenn es heißt, höhere Steuertarife für Wohlhabende würden ihnen etwas vorenthalten, was ihnen moralisch zustehe. Oder: Die Berücksichtigung rassischer und ethnischer Vielfalt als Faktor bei der Hochschulzulassung nehme Anwärtern mit glänzendem Abiturzeugnis einen Vorteil, den sie moralisch verdient hätten. Andere sagen: Nein – die Leute verdienen diese Vorteile nicht aus moralischen Gründen; wir müssen zuerst beschließen, welche Spielregeln (Steuertarife, Zulassungskriterien) gelten sollen. Erst dann können wir sagen, wer ein Anrecht worauf hat.

Nehmen wir den Unterschied zwischen einem Glücksspiel und einem Geschicklichkeitsspiel. Angenommen, ich spiele in einer Lotterie. Wenn meine Zahlen gezogen werden, habe ich ein Anrecht auf meinen Gewinn. Ich kann jedoch nicht sagen, ich hätte es verdient zu gewinnen, weil jede Lotterie ein Glücksspiel ist. Gewinn oder Verlust haben nichts mit meiner Tugend oder meiner Geschicklichkeit im Spiel zu tun.

Stellen wir uns nun vor, die Boston Red Sox gewinnen die World Series im Baseball. Danach haben sie ein Anrecht auf den Pokal. Ob der Sieg nun verdient war oder nicht, ist eine andere Frage. Die Antwort hinge davon ab, wie sie gespielt haben. Haben sie wegen eines glücklichen Zufalls gewonnen (beispielsweise durch kritische Fehlentscheidungen des Schiedsrichters)? Oder doch, weil sie wirklich besser gespielt haben als ihre Gegner und dabei all die Fertigkeiten und Vorzüge (gute Würfe, Treffsicherheit, glänzende Abwehr) zeigten, die Baseball in seinen besten Momenten ausmachen?

Anders als beim Glücksspiel kann es bei einem Geschicklichkeitsspiel einen Unterschied geben: Wer nach den Regeln ein Anrecht auf den Gewinn hat, muss den Sieg deshalb noch lange nicht verdient haben. Das liegt daran, dass bei Geschicklichkeitsspielen neben dem Glück auch die Performance und das Können eine Rolle spielen.

Rawls bringt vor, bei Verteilungsgerechtigkeit gehe es nicht darum, Vorzüge oder moralische Verdienste zu belohnen, sondern darum, die legitimen Erwartungen zu erfüllen, die sich aus den gesellschaftlichen Spielregeln ergeben. Sobald die Prinzipien der Gerechtigkeit die Regeln der sozialen Zusammenarbeit festgelegt haben, haben die Menschen ein Anrecht auf die Leistungen, die ihnen nach diesen Regeln zustehen. Wenn aber umgekehrt das Steuersystem dann von ihnen verlangt, dass sie einen Teil ihres Einkommens abgeben, um den Benachteiligten zu helfen, dürfen sie sich nicht beklagen, dass ihnen damit etwas entzogen würde, was sie moralisch verdienen.

> Ein gerechtes System gewährt also das, worauf die Menschen einen Anspruch haben; es erfüllt ihre berechtigten Erwartungen, die sich auf die gesellschaftlichen Institutionen gründen. Doch ihre berechtigten Ansprüche sind nicht proportional zu ihrem inneren Wert, sie hängen nicht einmal von ihm ab. Die Gerechtigkeitsgrundsätze, die die Grundstruktur (…) bestimmen, erwähnen das moralische Verdienst nicht, und die Verteilung richtet sich keineswegs nach ihm.[22]

John Rawls verwirft den Anspruch auf das uns moralisch Zustehende als Grundlage der Verteilungsgerechtigkeit aus zwei Gründen. Erstens könne ich es mir nicht vollständig selbst zurechnen, wenn ich über Talente verfügen würde, die es mir ermöglichten, erfolgreicher am Wettbewerb teilzunehmen als meine Konkurrenten. Ebenso entscheidend sei jedoch zweitens, dass die Eigenschaften, die eine Gesellschaft zu einem bestimmten Zeitpunkt honorierte, ebenfalls zufällig seien. Selbst wenn ich meine Talente als mein Eigentum beanspruchen könnte, gälte immer noch, dass die durch diese Talente eingefahrenen Belohnungen von den Zufälligkeiten aus Angebot und Nachfrage abhängen würden. In der Toskana des Mittelalters etwa wurden Freskenmaler sehr hoch geschätzt; im Kalifornien des 21. Jahrhunderts sind es die Computerprogrammierer – und so weiter.

Ob meine Fähigkeiten viel oder wenig einbringen, hängt davon ab, was die Gesellschaft gerade zufällig wünscht. Was als Beitrag zählt, wird von den Eigenschaften bestimmt, die im Moment gefragt sind. Sehen wir uns folgende Lohnunterschiede an:

- In den USA verdient ein Lehrer im Durchschnitt 43 000 Dollar pro Jahr. David Letterman, Gastgeber einer Late-Night-Show, verdient jährlich 31 Millionen Dollar.
- John Roberts, Vorsitzender am höchsten Gericht der USA, erhält 217 400 Dollar jährlich. Judge Judy (die Hauptperson einer TV-Gerichtsshow bei CBS) verdient mit ihrer Reality-Show 25 Millionen Dollar im Jahr.

Sind diese Unterschiede in der Bezahlung fair? Für Rawls würde die Antwort davon abhängen, ob sie in einem System der Besteuerung und Umverteilung zustande kommen, das sich zugunsten der am stärksten Benachteiligten auswirkt. In diesem Fall hätten David Letterman und Judge Judy ein Anrecht auf ihre Einkünfte. Man kann jedoch nicht sagen, dass Judge Judy es verdiene, hundert Mal mehr einzunehmen als der Vorsitzende Richter Roberts, oder dass Letterman es verdiene, siebenhundert Mal mehr einzunehmen als ein Lehrer. Die Tatsache, dass sie zufällig in einer Gesellschaft leben, die riesige Summen an Fernsehstars verschwendet, ist für sie ein Glücksfall, aber nichts, was sie verdienen.

Wer erfolgreich ist, übersieht oft diesen Zufallsaspekt seines Erfolges. Zum Glück besitzen viele von uns wenigstens in gewissem Umfang Eigenschaften, die unsere Gesellschaft schätzt. In einer kapitalistischen Gesellschaft ist es hilfreich, unternehmerischen Elan zu haben. In einer bürokratischen Gesellschaft nützt es einem, dem Vorgesetzten um den Bart gehen zu können. In einer Gesellschaft der Massendemokratie hilft es einem, wenn man im Fernsehen gut aussieht und sich in kurzen, oberflächlichen Sprüchen äußert. In einer streitbaren Gesellschaft ist es hilfreich, Jura zu studieren und in den Debattierklubs zu glänzen.

Wir selbst können nichts dafür, dass die Gesellschaft

solche Dinge hoch bewertet. Nehmen wir an, wir lebten mitsamt unseren Talenten nicht in einer technologisch hoch entwickelten, durch juristische Auseinandersetzungen geprägten Gesellschaft, sondern unter Jägern und Kriegern – in einer Gesellschaft, die Prestige und Belohnungen an Menschen mit großer Körperkraft oder religiöser Frömmigkeit vergibt. Was würde dann aus unseren Talenten werden? Sie würden uns eindeutig nicht besonders weit bringen. Und zweifellos würden einige von uns andere Talente entwickeln. Aber wären wir dann weniger wertvoll oder weniger tugendhaft als jetzt?

Rawls verneint das. Wir würden vielleicht einen kleineren Teil vom Kuchen abbekommen, und das wäre auch angemessen. Doch obwohl sich unser Anrecht nun verringert hätte, wären wir nicht weniger wertvoll als andere oder würden weniger »verdienen«. Das gilt ebenso für alle Gesellschaftsmitglieder, die weniger von den Talenten besitzen, die unsere Gesellschaft zufällig belohnt, und deshalb keine prestigeträchtige Stellung einnehmen.

Demnach haben wir zwar ein Recht auf die Leistungen, die die Spielregeln vorsehen, wenn wir unsere Talente ausüben. Es ist aber ein Fehler und eine Täuschung, anzunehmen, wir würden vor allem eine Gesellschaft verdienen, die genau jene Eigenschaften schätzt, die wir im Überfluss besitzen.

In seinem Film *Stardust Memories* trägt Woody Allen eine ähnliche Ansicht vor. Allen, der eine ihm ähnliche Figur – einen berühmten Komiker namens Sandy – spielt, trifft sich mit Jerry, einem frustrierten Freund aus seinem früheren Viertel, der sich ärgert, weil aus ihm nur ein Taxifahrer geworden ist:

Sandy: Was machst du jetzt so beruflich?
Jerry: Weißt du, was ich jetzt mache? Ich fahre Taxi.

Sandy: Das … das ist doch gar keine schlechte Sache. Du siehst gut aus.

Jerry: Aber was bin ich im Vergleich zu dir …

Sandy: Ich sag dir, im Grunde bin ich immer noch der Junge von nebenan, der Witze erzählt.

Jerry: Jaaah …

Sandy: Du musst immer daran denken, dass wir in einer Gesellschaft leben, die dem Witz einen außerordentlich hohen Stellenwert einräumt. Stell dir vor … stell dir vor, ich wäre als Indianer geboren – die Jungs brauchen nämlich gar keine Komiker –, dann wäre ich jetzt arbeitslos.

Jerry: Ach komm, Sandy, das ist aber auch ein ziemlich schwacher Trost für mich.[23]

Der Taxifahrer lässt sich durch den Hinweis des Komikers über die moralische Zufälligkeit von Ruhm und Vermögen nicht umstimmen. Der Stachel seines kläglichen Schicksals sitzt zu tief – es hilft ihm nicht, es als Folge dummer Zufälle anzusehen.

In einer Meritokratie glauben die meisten Menschen unweigerlich, sie hätten ihren Erfolg – oder auch ihren Misserfolg – verdient; diese Vorstellung ist nur sehr schwer aus den Köpfen zu bekommen. Ob es überhaupt möglich ist, die Verteilungsgerechtigkeit von der Vorstellung des Verdienstes abzukoppeln, werden wir auf den folgenden Seiten ausloten.

Ist das Leben ungerecht?

Als Ronald Reagan 1980 im Wahlkampf um das Präsidentenamt steckte, veröffentlichte der Ökonom Milton Friedman zusammen mit seiner Frau Rose einen Bestseller mit dem Titel *Chancen, die ich meine*. Es handelte sich um eine beherzte, rückhaltlose Verteidigung der freien Marktwirtschaft, und es wurde zur Pflichtlektüre – geradezu zu einer Hymne – der Reagan-Jahre.

Friedman verteidigte in diesem Buch die Grundsätze des Laissez-faire gegen sämtliche egalitären Einwände und machte dabei eine überraschende Konzession: Er gab zu, dass Menschen aus wohlhabenden Familien, die Eliteschulen besuchten, einen unfairen Vorteil gegenüber denjenigen mit einem weniger privilegierten Hintergrund hätten. Er räumte außerdem ein, dass alle, die ohne eigenes Zutun bestimmte Talente und Gaben erbten, gegenüber anderen einen unfairen Vorteil hätten.

Anders als John Rawls bestand Milton Friedman jedoch darauf, dass wir nicht versuchen sollten, diese Unfairness zu beheben. Stattdessen sollten wir lernen, mit ihr zu leben, und uns zudem der damit einhergehenden Vorteile erfreuen:

> Das Leben ist nicht gerecht. Man ist oft versucht zu glauben, dass der Staat das in Ordnung bringen kann, was die Natur vernachlässigt hat. Aber es ist genauso wichtig zu erkennen, wie viel wir von dieser Ungerechtigkeit profitieren, über die wir klagen. (...) Es ist nicht gerecht (...), dass Muhammad Ali geboren wurde mit der Fähigkeit, die ihn einen großen Boxer werden ließ (...). Es ist sicherlich ungerecht, dass Muhammad Ali in einer Nacht Millionen Dollar verdienen kann. Aber wäre es nicht noch viel ungerechter gegenüber denen, die ihn gerne boxen sehen, wenn man Muhammad Ali – in der Verfolgung eines abstrakten Gerechtigkeitsideals – nicht erlaubt hätte, für einen Boxkampf (...) mehr zu verdienen (...) als der ungelernte Handlanger für einen Tag Hilfsarbeit auf den Docks?[24]

In *Eine Theorie der Gerechtigkeit* verwirft Rawls solch selbstgefällige Ratschläge. In einer spannenden Passage äußert er eine altbekannte Wahrheit, die wir oft vergessen: Dass die Dinge so sind, wie sie sind, heißt nicht, dass sie auch so sein sollten.

> Im Lichte dieser Betrachtungen kann man die Behauptung zurückweisen, das System der Institutionen sei immer mangelhaft, weil die Zufälligkeiten der natürlichen Begabung und der gesellschaftlichen Verhältnisse ungerecht seien und diese Ungerechtigkeit sich unvermeidlich auf die menschlichen Regelungen übertrage. Das soll manchmal als Entschuldigung für die Duldung von Ungerechtigkeiten dienen, als ob die Weigerung, sich mit Ungerechtigkeit abzufinden, damit zu vergleichen wäre, dass sich jemand mit dem Tod nicht abfinden kann. Die natürliche Verteilung ist weder gerecht noch ungerecht; es ist auch nicht ungerecht, dass die Menschen in eine bestimmte Position der Gesellschaft hineingeboren werden. Das sind einfach nur natürliche Tatsachen. Gerecht und ungerecht ist die Art, wie sich die Institutionen angesichts dieser Tatsachen verhalten.[25]

Rawls schlägt vor, wir sollten übereinkommen, »natürliche und gesellschaftliche Zufälle nur hinzunehmen, wenn das dem gemeinsamen Wohl dient«.[26] Aber ob sich Rawls' Theorie der Gerechtigkeit nun durchsetzt oder nicht: Sie repräsentiert den bislang überzeugendsten Versuch der politischen Philosophie in Amerika, eine weitgehend egalitäre Gesellschaft zu denken.

7

Eine Frage der Vielfalt

POSITIVE DISKRIMINIERUNG

Cheryl Hopwood stammte nicht aus einer begüterten Familie. Sie wurde von einer alleinerziehenden Mutter aufgezogen und arbeitete sich durch Highschool und Community College bis zur California State University in Sacramento hoch. Dann zog sie nach Texas um und bewarb sich an der University of Texas Law School – der besten juristischen Ausbildungsstätte im Staat und einer der führenden juristischen Hochschulen in ganz Amerika. Obwohl Hopwood einen Punktedurchschnitt von 3,8 hatte und bei den Zulassungsprüfungen gute Ergebnisse erzielte, wurde sie nicht angenommen.[1]

Hopwood, von weißer Hautfarbe, hielt ihre Ablehnung für unfair. Einige der an ihrer Stelle angenommenen Bewerber waren Amerikaner afrikanischer und mexikanischer Abstammung, deren Collegenoten und Prüfungsergebnisse schlechter waren als ihre. Die Schule vertrat eine Politik der *Affirmative Action* – der positiven Diskriminierung –, bei der Bewerber aus Minderheiten bevorzugt wurden. Tatsächlich hatte man alle Studenten aus Minderheiten angenommen, deren Noten und Testergebnisse mit denen Hopwoods vergleichbar waren.

Mit der Begründung, Opfer einer Diskriminierung geworden zu sein, legte Hopwood ihren Fall einem Bundesgericht vor. Die Universität erwiderte, zu den Aufgaben der

Hochschule gehöre es, die rassische und ethnische Vielfalt in den Rechtsberufen von Texas zu steigern: »In einer Zivilgesellschaft beruht das Rechtssystem überwiegend darauf, dass die Gesellschaft bereit ist, seine Urteile zu akzeptieren«, erklärte Michael Sharlot, der Dekan der Juristenschule. »Das zu erreichen wird schwieriger, wenn nicht Mitglieder aller Gruppen in der Justizverwaltung eine Rolle spielen.«[2] In Texas stellen Amerikaner afrikanischer oder mexikanischer Abstammung 40 Prozent der Bevölkerung, während sie in der Justizverwaltung einen weit geringeren Anteil ausmachen. Als Hopwood sich bewarb, zielte die Zulassungspraxis der Law School an der University of Texas darauf ab, etwa 15 Prozent des Jahrgangs aus Minderheiten zu rekrutieren.[3]

Um dieses Ziel zu erreichen, legte die Universität für Bewerber aus Minderheiten niedrigere Zulassungskriterien fest als für Bewerber, die nicht aus Minderheiten stammten. Seitens der Universität meinte man, alle angenommenen Studenten aus Minderheiten seien für die Arbeit qualifiziert; fast alle würden die Hochschule mit einem Abschluss verlassen und das juristische Examen bestehen. Für Hopwood war das ein schwacher Trost – sie glaubte, man habe sie unfair behandelt und hätte sie zulassen müssen.

Hopwoods Klage gegen die positive Diskriminierung war nicht die erste, die vor Gericht verhandelt wurde, und es sollte auch nicht die letzte bleiben. Mehr als drei Jahrzehnte hindurch haben die Gerichte mit den schwierigen moralischen und rechtlichen Fragen gerungen, die die positive Diskriminierung aufwirft. 1978 bestätigte der U. S. Supreme Court im Fall *Bakke* mit knapper Mehrheit eine Zulassungspraxis der positiven Diskriminierung seitens der medizinischen Fakultät der University of California in Davis.[4] 2003 entschied ein Supreme Court mit der Hälfte der Richterstimmen in einem Fall der University of Michigan Law School, dass die Rasse als Faktor bei der Zulassung herangezogen werden durfte.[5] Inzwischen haben Wähler in Kalifornien, Washington und Michigan Bürgerbegehren initiiert, die darauf abzielen, Bevorzugung aufgrund der Rassenzugehörigkeit in öffentlichen Bildungsstätten und bei der Stellenvergabe zu verbieten.

Für die Gerichte ging es um die Frage, ob positive Diskriminierung bei der Einstellung und Zulassung den Gleichheitsgrundsatz der US-Verfassung verletzt. Aber lassen wir die Verfassungsfrage beiseite und wenden wir uns gleich der moralischen Frage zu: Ist es ungerecht, Rasse und Ethnie als Faktoren bei der Einstellung oder der Universitätszulassung heranzuziehen?

Wollen wir diese Frage beantworten, müssen wir uns drei Gründe vergegenwärtigen, die die Verfechter der positiven Diskriminierung dafür vorbringen, Rasse und Ethnie zu berücksichtigen: Korrektur der Verzerrungen in genormten Prüfungen, Ausgleich für Fehler der Vergangenheit und Förderung der Vielfalt.

Korrektur der Prüfungsverzerrungen

Rasse und Ethnie werden unter anderem deshalb in Betracht gezogen, weil mögliche Verzerrungen in genormten Tests korrigiert werden sollen. Die Aussagekraft solcher Tests ist lange umstritten gewesen. 1951 erzielte ein Bewerber für das Doktorandenprogramm der School of Religion an der Boston University beim Zulassungsexamen ein mittelmäßiges Ergebnis. Der junge Martin Luther King, der zu einem der größten Redner in der Geschichte Amerikas werden sollte, schnitt beim Test zur Bestimmung der »verbalen Befähigung« unterdurchschnittlich ab.[6] Zum Glück wurde er dennoch angenommen.

Einigen Studien zufolge schneiden schwarze oder hispanoamerikanische Studenten bei genormten Tests insgesamt schlechter ab als weiße Studenten der gleichen sozialen Schicht. Doch was immer der Grund für die Prüfungsverzerrung sein mag – verwendet man genormte Tests zur Vorhersage akademischer Erfolge, ist es erforderlich, die Resultate im Licht der familiären, sozialen und kulturellen Hintergründe sowie des Bildungshintergrunds der Studenten zu interpretieren. Bei einem Studenten, der eine öffentliche Schule in der South Bronx besucht hat, bedeutet ein hoher Punktwert mehr als die gleiche Punktzahl beim Absolventen einer Elite-Privatschule an der Upper East Side von Manhattan.

Doch wenn man die Testergebnisse im Licht des rassischen, ethnischen und wirtschaftlichen Hintergrunds von Studenten bewertet, ist das kein Angriff auf die Vorstellung, Colleges und Universitäten sollten die geeignetsten Studenten annehmen; es ist einfach ein Versuch, das genaueste Messverfahren für die akademischen Aussichten des Einzelnen zu finden.

Die eigentliche Debatte um positive Diskriminierung befasst sich mit zwei anderen Begründungen: dem Argument des Ausgleichs und dem Argument der Vielfalt.

Ausgleich für frühere Benachteiligungen

Das Argument des Ausgleichs betrachtet positive Diskriminierung als Wiedergutmachung für frühere Benachteiligungen. Demnach sollte man Studenten aus Minderheiten bevorzugen, um eine vorangegangene negative Diskriminierung zu kompensieren. Diese Argumentation sieht die Zulassung in erster Linie als einen Bonus, der so zuzuteilen ist, dass vergangene Ungerechtigkeit und deren anhaltende Wirkungen ausgeglichen werden.

Das Argument des Ausgleichs ist jedoch sehr umstritten. Kritiker verweisen darauf, dass die Nutznießer nicht zwangsläufig diejenigen sind, die gelitten haben, und dass jene, die für die Kosten aufkommen müssen, selten für die zu korrigierenden Fehler verantwortlich sind. Viele Nutznießer der positiven Diskriminierung sind Studenten aus der Mittelschicht, die nicht die Härten junger Afro- und Hispanoamerikaner aus den Innenstädten zu erdulden hatten. Warum sollte ein afroamerikanischer Student aus einem wohlhabenden Vorort Houstons einen Vorsprung vor Cheryl Hopwood erhalten, die vielleicht mit härteren ökonomischen Schwierigkeiten zu kämpfen hatte?

Wenn es darum gehe, den Benachteiligten zu helfen, so die Kritiker, sollte die positive Diskriminierung auf die soziale Klasse und nicht auf die Rasse gegründet werden. Und wenn man denn schon eine rassisch begründete Bevorzugung als Ausgleich für die historische Ungerechtigkeit der Sklaverei und der Rassentrennung beabsichtige: Wie könne es fair sein, Menschen wie Hopwood dafür bezahlen zu lassen, die gar keine Ungerechtigkeit begangen haben?

Ob diesem Einwand erfolgreich zu begegnen ist, hängt mit der schwierigen Idee einer kollektiven Verantwortung zusammen: Können wir je moralisch dazu verpflichtet sein, die Fehler einer früheren Generation auszugleichen? Wollen wir diese Frage beantworten, müssen wir mehr darüber wissen, wie moralische Verpflichtungen zustande kommen. Gehen wir nur als Individuen Verpflichtungen ein, oder sind wir als Mitglieder von Gemeinschaften mit historischer Identität gefordert? Da wir weiter unten auf diese Frage zurückkommen werden, wollen wir sie für den Moment zurückstellen und uns dem Argument der Vielfalt zuwenden.

Förderung der Vielfalt

Das Argument der Vielfalt hängt nicht von umstrittenen Vorstellungen von kollektiver Verantwortung ab. Es spielt auch keine Rolle, ob der bevorzugte Student persönlich unter Diskriminierung oder Benachteiligung gelitten hat. Es sieht die Zulassung nicht so sehr als Belohnung für den Empfänger, sondern als Mittel, einen gesellschaftlich wünschenswerten Zustand herzustellen.

Die Begründung mit der Vielfalt ist ein Argument im Namen des Gemeinwohls – des Wohls der Schule selbst und der Gesellschaft im Ganzen. Erstens meint es, eine rassisch gemischte Studentenschaft sei wünschenswert, weil sie es den Studenten ermögliche, stärker voneinander zu profitieren. Eine lediglich aus einem Teil des Landes rekrutierte Studentenschaft würde die Spannweite der intellektuellen und kulturellen Perspektiven einschränken, und das würde auch dann gelten, wenn sie nach Rasse, Ethnie und sozialer Schicht homogen zusammengesetzt sei. Zweitens behauptet das Argument der Vielfalt, dass es zum Gemeinwohl beitrage, wenn durch die Universität benachteiligte Minderheiten gezielt in die Lage versetzt würden, Führungspositionen in wichtigen öffentlichen und beruflichen Feldern zu übernehmen.

Das Argument der Vielfalt wird von Colleges und Universitäten am häufigsten vorgebracht, etwa vom Dekan der University of Texas Law School, als er mit dem Fall Hopwood konfrontiert wurde. Die Law School hatte es sich zur Aufgabe gemacht, die Vielfalt in den Rechtsberufen von Texas zu fördern und Afro- wie Hispanoamerikaner in die Lage zu versetzen, Führungsrollen in der Verwaltung und der Justiz zu bekleiden. Daran gemessen, so der Dekan, sei das Programm der positiven Diskriminierung für die Juristenhochschule ein Erfolg gewesen: »Wir begegnen Absolventen aus Minderheiten als Wahlbeamte, als Mitarbeiter in bekannten Anwaltskanzleien und als Mitglieder der gesetzgebenden Gewalt und der Landesbank von Texas. Minderheiten in wichtigen Ämtern in Texas werden durch unsere Absolventen vertreten.«[7]

Als der Fall *Bakke* beim U. S. Supreme Court vorgetragen wurde, legte das Harvard College einen Schriftsatz der »Freunde des Gerichts« vor, in dem die positive Diskriminierung aus erzieherischen Gründen gerechtfertigt wurde.[8] Darin wurde festgestellt, dass Noten und Testergebnisse nie das alleinige Kriterium der Zulassung gewesen seien. »Wenn ausgezeichnete Studienergebnisse das einzige oder auch nur überwiegende Kriterium wären, würde das Harvard College einen erheblichen Teil seiner Vitalität und intellektuellen Exzellenz verlieren (...). Die Qualität der allen Studenten gebotenen Ausbildungserfahrung würde leiden.« In der Vergangenheit sei Vielfalt so charakterisiert gewesen: »Studenten aus Kalifornien, New York und Massachusetts, Stadtbewohner und Bauernjungen, Geiger, Maler und Football-Spieler, Biologen, Historiker und Altphilologen, potentielle Börsenhändler, Akademiker und Politiker.« Inzwischen jedoch berücksichtige das College auch rassische und ethnische Vielfalt:

> Ein Bauernjunge aus Idaho kann etwas ins Harvard College einbringen, was einer aus Boston nicht kann. Ähnlich kann ein schwarzer Student etwas beitragen, was ein weißer nicht anzubieten hat. Die Qualität der Ausbildungserfahrung hängt teilweise von diesen Unterschieden des Hintergrunds und Aussehens ab, welche die Studenten mit einbringen.[9]

Kritiker des Arguments der Vielfalt bieten zwei Arten von Einwänden an – einer ist praktischer, der andere grundsätzlicher Natur. Der praktische Einwand stellt die Wirksamkeit von Maßnahmen zur positiven Diskriminierung in Frage. Demzufolge bringe die rassische Bevorzugung keine pluralistischere Gesellschaft und keine Reduktion von Vorurteilen mit sich. Vielmehr beschädige sie das Selbstwertgefühl von Studenten aus Minderheiten, verstärke das Rassenbewusstsein auf allen Seiten, erhöhe rassische Spannungen und provoziere Missgunst aufseiten der Weißen, die glaubten, auch sie sollten eine Chance bekommen. Der praktische Einwand behauptet also nicht, die positive Diskriminierung sei ungerecht, sondern eher, dass sie ihre Ziele nicht erreiche und mehr Schaden als Nutzen bringe.

Affirmative Action und die Rechte des Einzelnen

Der grundsätzliche Einwand behauptet, es sei unfair, Rasse oder Ethnie als Faktor bei der Zulassung heranzuziehen, selbst wenn das Ziel einer stärker differenzierten Studentenschaft oder einer ausgeglicheneren Gesellschaft wertvoll und eine Politik positiver Diskriminierung erfolgreich sein mag. Der Grund: Damit würden die Rechte von Bewerbern wie Cheryl Hopwood verletzt, die ohne eigenes Verschulden im Wettbewerb benachteiligt seien.

Für einen Utilitaristen hätte der Einwand kaum Gewicht. Das Plädoyer für positive Diskriminierung würde einfach davon abhängen, dass man die aus ihr hervorgehenden gesellschaftlichen Vorteile gegen die Enttäuschung abwägt, die bei Hopwood und anderen leer ausgehenden weißen Bewerbern ausgelöst wird. Doch viele Verfechter der positiven Diskriminierung sind keine Utilitaristen; es sind an Kant oder Rawls orientierte Liberale, die glauben, selbst wünschenswerte Zwecke dürften nicht über die Rechte des Einzelnen hinweggehen. Wenn das Zulassungskriterium der Rasse Hopwoods Rechte verletzt, ist dieses Vorgehen so gesehen ungerecht.

Ronald Dworkin, ein Rechtsphilosoph, begegnet diesem Einwand, indem er vorbringt, die Anwendung rassischer Kriterien bei der positiven Diskriminierung verstoße nicht gegen irgendwelche Rechte.[10] Welches Recht, fragt er, sei Hopwood verwehrt worden? Vielleicht glaubt sie, Menschen hätten ein Recht darauf, nicht nach Kriterien (etwa der Rasse) beurteilt zu werden, auf die sie keinen Einfluss hätten. Doch die meisten herkömmlichen Kriterien für die Zulassung zur Universität enthalten Faktoren, die niemand kontrollieren kann. Es ist nicht mein Fehler, dass ich aus Massachusetts und nicht aus Idaho komme, dass ich ein lausiger Football-Spieler bin oder keine Melodie halten kann. Ich kann auch nichts dafür, dass mir die Fähigkeit fehlt, beim Test gut abzuschneiden.

Vielleicht geht es ja um das Recht, allein nach akademischen Gesichtspunkten beurteilt zu werden und nicht danach, ob ich gut im Football bin, aus Idaho komme oder freiwillig in einer Suppenküche geholfen habe. Wenn meine Noten, Testergebnisse und andere akademische Kriterien mich in die oberste Gruppe der Bewerber bringen, verdiene ich dieser Ansicht nach, angenommen zu werden.

Aber wie Dworkin hervorhebt, gibt es kein solches Recht. Manche amerikanische Universitäten mögen ja Studenten allein aufgrund akademischer Eignung aufnehmen, doch bei den meisten ist das nicht der Fall. Universitäten definieren ihre Aufgaben auf unterschiedliche Art. Dworkin zufolge hat kein Bewerber ein Recht darauf, dass die Universität ihre Zulassungspraxis so gestaltet, dass irgendeine spezielle Art der Qualifikation – ob nun akademisches Können, athletische Fähigkeiten oder sonst etwas – über alles gestellt ist. Sobald die Universität ihre Aufgabe definiert und ihre Zulassungskriterien festlegt, kann jeder mit

Recht eine Zulassung erwarten, der diesen Normen besser gerecht wird als andere Bewerber. Wer am Ende in der Spitzengruppe der Anwärter landet – unter Berücksichtigung akademischer Zukunft, ethnischer und geographischer Vielfalt, sportlicher Stärke, außerschulischer Aktivitäten, sozialer Dienste und so weiter –, der hat ein Anrecht darauf, angenommen zu werden; es wäre unfair, ihn oder sie auszuschließen. Niemand hat hingegen ein Recht, zuvorderst nach einem bestimmten Kriterium bewertet zu werden.[11]

Hier haben wir die weitreichende, aber umstrittene Behauptung, die im Zentrum des Arguments zugunsten positiver Diskriminierung steht: Eine Zulassung ist nichts, was einem als Belohnung für überlegene Verdienste oder Tugenden zuteilwird. Weder der Student mit guten Testergebnissen noch der Student aus einer benachteiligten Minderheit verdient es in moralischer Hinsicht, an der Universität angenommen zu werden. Ihre Zulassung ist insofern gerechtfertigt, als sie dazu beiträgt, dass die Hochschule ihren selbstdefinierten Daseinszweck erfüllt, nicht aber, weil sie die Studenten für irgendwelche Verdienste oder Tugenden belohnt. Gerechtigkeit bei der Zulassung hat nach Ronald Dworkin nichts mit einer Belohnung von Verdiensten oder Tugenden zu tun; was als faire Möglichkeit gilt, Plätze in den Anfangssemestern zu vergeben, können wir erst wissen, wenn die Universität ihre Aufgabe definiert hat. Diese Aufgabe legt die relevanten Vorzüge fest, nicht umgekehrt.

Dworkins Erklärung der Gerechtigkeit bei der Zulassung zur Universität entspricht damit Rawls' Vorstellungen einer gerechten Einkommensverteilung: Moralische Verdienste spielen keine Rolle.

Heißt das, Colleges und Universitäten können ihre Ziele und Aufgaben nach Gutdünken definieren, und jede Zulassungspolitik, die mit der selbsterklärten Zielsetzung übereinstimmt, sei fair? Was ist in diesem Fall mit der Rassentrennung in den Universitäten des amerikanischen Südens, die noch nicht lange zurückliegt? Wie der Zufall so spielt, stand die Law School der University of Texas im Zentrum eines früheren Verfassungskonflikts. Als man 1946 die Rassentrennung an der Schule einführte, verweigerte man Heman Marion Sweatt die Zulassung mit der Begründung, die Schule nehme keine Schwarzen auf. Seine Klage führte zu einer wegweisenden Entscheidung des Obersten Gerichts der USA im Fall *Sweatt v. Painter* (1950), die der Rassentrennung in der höheren Bildung einen schweren Schlag versetzte.

Wenn aber die Fairness eines Zulassungsverfahrens allein danach beurteilt wird, ob sie mit der Zielsetzung der Schule übereinstimmt – was war dann falsch an der damals vorgelegten Begründung der Texas Law School? Ihr Ziel sei es, Anwälte für Kanzleien in Texas auszubilden. Da diese Kanzleien keine Schwarzen einstellten, so die Hochschule, sei ihrem Ziel nicht gedient, wenn sie Heman Marion Sweatt zum Studium zuließe.

Man könnte vorbringen, eine öffentliche Einrichtung wie die Texas Law School sei bei der Auswahl ihrer Zielsetzung stärkeren Beschränkungen unterworfen als private Universitäten. Es trifft zwar zu, dass die bedeutenden Verfassungsklagen gegen positive Diskriminierung im Bereich der gehobenen Bildung staatliche Universitäten betrafen – die University of California in Davis (im Fall *Bakke*), die University of Texas (*Hopwood*) und die University of Michigan (*Grutter*). Da wir aber danach fragen, was an einer bestimmten Zulassungspraxis gerecht ist, und nicht danach, was legal ist, ist die Unterscheidung zwischen öffentlichen und privaten Universitäten nicht entscheidend.

Private Vereinigungen können ebenso gut wie öffentliche Einrichtungen für ihre Ungerechtigkeit kritisiert werden. Erinnern wir uns an die Sit-ins in den Mensen, mit denen gegen Rassendiskriminierung bei der Trennung im amerikanischen Süden protestiert wurde. Die Mensen befanden sich in Privatbesitz, doch die von ihnen praktizierte Rassendiskriminierung war trotzdem ungerecht. (Tatsächlich erklärte der Civil Rights Act von 1964 solch eine Diskriminierung für illegal.)

Oder nehmen wir die antijudischen Quoten, die von einigen Elite-Universitäten der Ivy League in den 20er und 30er Jahren formell oder informell angewandt wurden. Waren diese Quoten moralisch vertretbar, nur weil die Universitäten in privater und nicht in öffentlicher Hand waren? 1922 schlug der Harvard-Präsident A. Lawrence Lowell vor, den Anteil eingeschriebener Juden im Sinne einer Verringerung des Antisemitismus auf zwölf Prozent zu begrenzen. »Die antisemitischen Gefühle unter Studenten nehmen zu«, erklärte er, »und sie wachsen proportional zum Anstieg der Zahl der Juden.«[12] In den 30ern schrieb der Leiter der Zulassungsstelle des Dartmouth College einem Ehemaligen, der sich über die wachsende Zahl von Juden auf dem Campus beschwert hatte: »Ich freue mich über Ihre Kommentare zum Judenproblem ... Wenn wir in der Klasse von 1938 die 5 oder 6 Prozent überschreiten, werde ich unsagbar bekümmert sein.« 1945 rechtfertigte der Leiter von Dartmouth die Beschränkungen bei der Einschreibung von Juden mit der Berufung auf die Zielsetzung der Schule: »Dartmouth ist eine christliche Universität, gegründet zur Christianisierung ihrer Studenten.«[13]

Wenn Universitäten – wie das Diversitätsargument zugunsten positiver Diskriminierung unterstellt – beliebige Zulassungskriterien festlegen dürfen, die ihre selbstdefinierten Ziele fördern: Ist es dann überhaupt möglich, rassistisch motivierte und antisemitische Einschränkungen zu verurteilen? Gibt es eine grundsätzliche Unterscheidung zwischen den rassischen Kriterien, mit denen man im Süden der Rassentrennung Menschen ausgeschlossen hat, und Kriterien, die im Sinne der positiven Diskriminierung wirken? Am offensichtlichsten ist die Antwort, dass die Texas Law School in den Zeiten der Rassentrennung die Rasse als Merkmal der Minderwertigkeit verwendete, während die heutige Vorzugsbehandlung bestimmter ethnischer Gruppen niemanden beleidigt oder stigmatisiert. Hopwood betrachtete ihre Zurückweisung als unfair, konnte jedoch nicht behaupten, darin zeige sich Hass oder Verachtung.

Das ist Dworkins Antwort. Der rassische Ausschluss in der Zeit der Segregation sei »der abscheulichen Idee, eine Rasse könne an sich wertvoller sein als eine andere«, gefolgt, während die positive Diskriminierung kein solches Vorurteil einschließe. Sie behaupte einfach, dass es – angesichts der Bedeutung, Vielfalt in Schlüsselpositionen zu fördern – »hilfreich sein könnte«, Afro- oder Hispanoamerikaner zu sein.[14]

Abgewiesene Bewerber wie Hopwood dürften diese Unterscheidung unbefriedigend finden, doch sie besitzt eine gewisse moralische Stärke. Die Juristenhochschule sagt nicht, Hopwood sei weniger wert oder den an ihrer Stelle angenommenen Studenten aus Minderheiten falle ein Vorteil zu, der ihr nicht zustehe. Sie erklärt einfach, die rassische und ethnische Vielfalt im Hörsaal und im Gerichtsaal diene den Zielen der Law School. Und solange die Verfolgung dieser Ziele nicht irgendwie die Rechte der Verlierer verletze, könnten enttäuschte Bewerber nicht behaupten, sie seien unfair behandelt worden.

Hier ein Test für das Argument der Vielfalt: Kann es gelegentlich rassisch begründete Vorzugsbehandlung für Weiße rechtfertigen? Nehmen wir den Fall von Starrett City. Dieser Wohnkomplex in Brooklyn mit 20 000 Einwohnern ist das größte mit Bundesmitteln subventionierte Wohnprojekt in den USA. Es wurde Mitte der 70er Jahre eröffnet und sollte eine rassisch durchmischte Community bilden. Dieses Ziel erreichte man mittels »Vergabelenkung« – der Anteil der afro- und hispanoamerikanischen Bevölkerung wurde auf etwa 40 Prozent beschränkt. Kurz, man stützte sich auf ein Quotensystem. Die Quoten beruhten nicht auf Vorurteilen oder Missachtung, sondern auf einer Theorie über rassische »Umschlagspunkte«, die sich aus anderen urbanen Wohnprojekten ableitete. Die Verantwortlichen wollten den Umschlagspunkt vermeiden, der in anderen Vierteln eine »Flucht der Weißen« ausgelöst und die Integration untergraben hatte. Man hoffte, eine stabile, heterogene Gemeinschaft beizubehalten, wenn man ein rassisches und ethnisches Gleichgewicht anpeilte.[15]

Es funktionierte. Die Wohngegend wurde sehr begehrt, viele Familien wollten dort hinziehen, und Starrett City richtete eine Warteliste ein. Aufgrund des Quotensystems, das Afroamerikanern weniger Wohnungen zuteilte als Weißen, mussten schwarze Familien länger warten als weiße Familien. Mitte der 80er hatte eine weiße Familie drei bis vier Monate auf eine Wohnung zu warten, während es für schwarze Familien volle zwei Jahre waren.

Hier lag also ein Quotensystem vor, das weiße Bewerber begünstigte – nicht auf der Basis rassischer Vorurteile, sondern wegen des Ziels, eine integrierte Gemeinschaft beizubehalten. Einige schwarze Bewerber fanden die rassenbewusste Praxis unfair und reichten Klage wegen Diskriminierung ein. Vertreten wurden sie von der NAACP (National Association for the Advancement of Colored People – *Nationale Organisation für die Förderung farbiger Menschen*), die in anderen Zusammenhängen positive Diskriminierung befürwortete. Schließlich einigte man sich auf einen Vergleich, der es Starrett City erlaubte, sein Quotensystem beizubehalten, den Staat aber verpflichtete, bei anderen Wohnprojekten den Zuzug von Minderheiten auszuweiten.

War das rassenbewusste Verfahren von Starrett City für die Zuteilung von Wohnungen ungerecht? Nein, nicht wenn man das Argument der Vielfalt zugunsten der positiven Diskriminierung akzeptiert. Rassische und ethnische Vielfalt wirkt sich in Wohnprojekten anders aus als in Hörsälen, und es steht jeweils etwas anderes auf dem Spiel. Doch aus der Perspektive der Fairness stehen oder fallen die beiden Beispiele gemeinsam. Wenn Vielfalt dem Gemeinwohl dient und niemand aufgrund von Hass oder Verachtung abgelehnt wird, dann verletzt die positive Diskriminierung niemandes Rechte. Warum nicht? Nun, gemäß Rawls' Argument steht eine Wohnung oder ein Studienplatz niemandem aufgrund der eigenen, unabhängig bestimmten Verdienste oder Tugenden zu. Was einen Anspruch begründet, kann erst festgelegt werden, wenn die Wohnungsbehörde oder die Hochschulleitung ihre Zielsetzung definiert hat.

Gerechtigkeit und Verdienst

Verteilungsgerechtigkeit frei von allen Vorstellungen eigener Verdienste zu denken ist moralisch attraktiv, aber auch beunruhigend. Attraktiv ist es, weil es die selbstgefällige, in meritokratischen Gesellschaften verbreitete Annahme untergräbt, Erfolg sei die Krönung der Tugend und die Reichen seien reich, weil ihnen mehr zustehe als den Armen. Rawls erinnert uns daran, dass niemand seine natürlichen Fähigkeiten verdient hat oder einen Anspruch auf einen besseren Startplatz in der Gesellschaft besitzt. Ebenso wenig verdanken wir es eigenem Zutun, dass wir in einer Gesellschaft leben, die zufällig unsere speziellen Stärken schätzt. Dieser Umstand ist ein Gradmesser für unser Glück, nicht für unsere Tugend.

Was an der Trennung von Gerechtigkeit und Verdienst beunruhigend ist, ist nicht so leicht in Worte zu fassen. Die Überzeugung, der wirtschaftliche Erfolg sei eine Belohnung für diejenigen, die sie verdienen, sitzt sehr tief – in den USA vielleicht tiefer als in anderen Gesellschaften. Politiker verkünden ständig, wer »hart arbeitet und sich an die Regeln hält«, verdiene es, voranzukommen, und ermutigen Menschen, die den amerikanischen Traum verwirklichen, ihren Erfolg als Spiegel ihrer Tugend zu sehen. Diese Überzeugung ist im besten Fall ein zwiespältiger Segen. Ihr Fortbestehen stellt ein Hindernis für gesellschaftliche Solidarität dar; je mehr wir unseren Erfolg als Folge eigenen Handelns ansehen, desto weniger fühlen wir uns verantwortlich für jene, die zurückfallen.

Möglicherweise ist diese hartnäckige Überzeugung dass Erfolg als Belohnung für unsere Tugenden zu betrachten sei – einfach nur ein Fehler, ein Mythos, von dem wir uns lösen sollten. Rawls' Ausführungen über die moralische Willkür des Glücks scheinen dies nahezulegen. Dennoch ist es vielleicht politisch wie philosophisch unmöglich, die Diskussion über Gerechtigkeit so entschieden von der Frage nach den Verdiensten abzulösen, wie Rawls und Dworkin es vorschlagen. Ich möchte darlegen, warum.

Erstens ist Gerechtigkeit oft mit der Frage der Ehre verbunden. Debatten über Verteilungsgerechtigkeit drehen sich nicht allein darum, wer was bekommt, sondern auch darum, welche Eigenschaften ausgezeichnet und belohnt werden sollten.

Zweitens ist die Vorstellung, Vorzüge kämen allein dadurch zustande, dass soziale Institutionen eine bestimmte Zielsetzung definieren, nicht ganz unproblematisch: Die Ziele der sozialen Institutionen und Praktiken, um die es in der Regel geht – Schulen, Universitäten, Stellenbesetzungen, öffentliche Ämter –, können nicht nach Gutdünken definiert werden. Schließlich stehen sie zumindest teilweise für die speziellen Werte, die sie weitergeben. Zwar kann man darüber diskutieren, worin die Zielsetzung einer juristischen Hochschule oder einer Armee oder eines Orchesters bestehen sollte, aber das heißt keineswegs, dass alles erlaubt ist. Bestimmte Institutionen verkörpern bestimmte Werte, und es kann durchaus eine Art von Verfälschung darstellen, diese Werte bei der Rollenzuweisung zu missachten.

Auf welche Weise Gerechtigkeit mit der Frage der Auszeichnung zusammenhängt, können wir mit einem erneuten Blick auf den Fall Hopwood erkennen. Nehmen wir an, Dworkin habe recht mit der Aussage, moralische Verdienste sollten nichts damit zu tun haben, wer zugelassen wird. Hier der Brief mit der Ablehnung, den die Hochschule an Hopwood dann hätte senden sollen:[16]

Sehr geehrte Ms. Hopwood,
wir müssen Ihnen leider mitteilen, dass Ihre Zulassungsbewerbung abgelehnt wurde. Sie sollten wissen, dass wir Sie mit unserer Entscheidung nicht kränken wollten. Wir schätzen Sie nicht gering. Tatsächlich glauben wir nicht, dass Sie es weniger verdient hätten als diejenigen, die angenommen wurden.

Es ist nicht Ihr Fehler, dass die Gesellschaft zum derzeitigen Zeitpunkt die von Ihnen angebotenen Eigen-

schaften zufällig nicht benötigt. Jene, die an Ihrer Stelle angenommen wurden, verdienen weder den Studienplatz noch Lob für die Eigenschaften, die zu ihrer Aufnahme führten. Wir setzen sie – und Sie – nur als Mittel für einen weiter gefassten gesellschaftlichen Zweck ein.

Uns ist bewusst, dass Sie diese Nachricht enttäuschen wird. Ihre Enttäuschung sollte jedoch nicht durch die Vorstellung verschärft werden, dass diese Ablehnung in irgendeiner Weise Ihren persönlichen Wert widerspiegelt. Sie haben unser Mitgefühl in dem Sinne, dass Sie zufällig nicht die Qualitäten besaßen, die die Gesellschaft genau dann wünschte, als Sie sich bewarben. Wir wünschen Ihnen beim nächsten Anlauf mehr Glück.

Hochachtungsvoll …

Und hier die von jeder Wertschätzung befreite Benachrichtigung über die Aufnahme, die eine philosophisch ehrliche Hochschule denjenigen zusenden sollte, die angenommen wurden:

Sehr geehrter Bewerber,
wir freuen uns, Ihnen mitteilen zu können, dass Ihre Zulassungsbewerbung Erfolg hatte. Es zeigt sich, dass Sie zufällig genau diejenigen Merkmale besitzen, die die Gesellschaft derzeit benötigt, weshalb wir uns entschieden haben, Ihre Gaben dadurch zum Vorteil der Gesellschaft zu nutzen, dass wir Sie zum Jurastudium zulassen.

Man darf Ihnen gratulieren; nicht in dem Sinne, dass es Ihr Verdienst ist, über die Eigenschaften zu verfügen, die zu Ihrer Zulassung geführt haben, sondern nur in dem Sinne, wie man dem Gewinner in einer Lotterie gratuliert. Ihr Glück ist, dass Sie im richtigen Moment mit den passenden Merkmalen zur Stelle waren. Wenn Sie sich entscheiden, unser Angebot anzunehmen, werden Sie letztlich ein Anrecht auf die Vorteile und Leistungen haben, die mit dieser Verwendungsweise durch die Gesellschaft einhergehen. Das ist fraglos ein Grund zu feiern.

Sie oder wahrscheinlicher Ihre Eltern dürften allerdings versucht sein, zu glauben, dass diese Zulassung ein günstiges Licht wenn nicht auf Ihre angeborenen Gaben, so doch zumindest auf die bewussten Anstrengungen wirft, die Sie alle unternommen haben, um Ihre Fähigkeiten zu kultivieren. Doch die Vorstellung, Sie hätten auch nur den überlegenen Charakter, der für diese Anstrengung erforderlich war, durch eigenes Zutun verdient, ist problematisch, denn selbst Ihr Charakter hängt von glücklichen Umständen verschiedenster Art ab, für die Sie keine Anerkennung einfordern können. Sich dies als Verdienst anzurechnen wäre nicht angemessen.

Dessen ungeachtet freuen wir uns, Sie im Herbst begrüßen zu dürfen.

Hochachtungsvoll …

Solche Briefe könnten die Kränkung für jene verringern, die abgelehnt werden, und die Hybris derer dämpfen, die angenommen werden. Warum also verschicken Colleges (und erwarten Bewerber) weiterhin Briefe voller Glückwunsch- und Auszeichnungsrhetorik? Vielleicht deswegen, weil Colleges nicht vollständig von der Idee lassen können, ihre Rolle bestehe nicht nur darin, bestimmte Zwecke voranzubringen, sondern auch darin, gewisse Tugenden zu belohnen.

Warum sollten Studienplätze nicht versteigert werden?

Das führt uns zur zweiten Frage: ob Colleges und Universitäten ihre Zielsetzung nach Belieben definieren dürfen. Lassen wir ethnische und rassische Bevorzugung für den Augenblick beiseite und sehen uns eine weitere Kontroverse zum Thema positive Diskriminierung an – die Debatte über »legacy preferences«. Viele Hochschulen geben Kindern ihrer Ehemaligen bei der Zulassung einen Vorsprung. Einer der Gründe dafür ist, dass man auf diese Weise im Lauf der Zeit ein wenig Korpsgeist und ein Gefühl der Schulzugehörigkeit aufbauen möchte. Ein weiterer Grund ist die Hoffnung, dankbare Eltern unter den Ehemaligen würden ihrer Alma Mater großzügige finanzielle Unterstützung zukommen lassen.

Um die finanzielle Begründung herauszuarbeiten, wollen wir uns das ansehen, was Universitäten als »development admits« bezeichnen – die Aufnahme von Bewerbern, die nicht Kinder von Ehemaligen sind, aber reiche Eltern haben, die für die Hochschule einen ansehnlichen finanziellen Beitrag leisten können. Viele Universitäten nehmen solche Studenten selbst dann auf, wenn ihre Noten und Testergebnisse nicht so gut sind wie sonst gefordert. Um diese Idee auf die Spitze zu treiben, stellen wir uns eine Universität vor, die beschließt, 10 Prozent der Studienplätze jedes Jahrgangs durch eine Versteigerung an die Meistbietenden zu vergeben.

Wäre dieses Vergabesystem fair? Für jemanden, der glaubt, es sei für die Bewerber ausschlaggebend, auf die eine oder andere Weise etwas zur Zielsetzung der Universität beizutragen, dürfte die Antwort ja lauten. Was immer eine Universität anstreben mag, sie benötigt dafür Geld.

Nach Dworkins Vorstellungen hat eine Studentin, die

aufgrund einer Spende von zehn Millionen Dollar für eine neue Hochschulbibliothek angenommen wird, den anderen Bewerbern gegenüber durchaus einen legitimen Vorzug aufzuweisen: Ihre Aufnahme dient dem Wohl der Universität insgesamt. Studenten, die zugunsten des Kindes eines reichen Spenders abgelehnt werden, könnten sich beschweren, man habe sie unfair behandelt. Doch Dworkins Antwort auf Hopwood lässt sich auch auf jene anwenden. Fairness erfordert lediglich, dass niemand aufgrund von Vorurteilen oder Verachtung abgelehnt wird und dass Bewerber nach Kriterien beurteilt werden, die mit der von der Universität selbst festgelegten Zielsetzung zusammenhängen. Im vorliegenden Fall sind diese Bedingungen erfüllt. Die Studenten, die nicht angenommen werden, sind nicht Opfer von Vorurteilen; sie haben nur das Pech, keine Eltern zu haben, die bereit und in der Lage sind, eine neue Bibliothek zu spenden. Diese Norm ist allerdings zu schwach. Es erscheint nach wie vor als unfair, wenn wohlhabende Eltern in der Lage sind, ihrem Kind eine Eintrittskarte für die Ivy League zu kaufen. Aber worin genau besteht die Ungerechtigkeit? Sie kann nicht in der Tatsache liegen, dass Bewerber aus armen oder Mittelschichtfamilien in eine nachteilige Position gebracht werden, ohne dies ändern zu können. Dworkin zufolge sind viele Faktoren, die wir nicht beeinflussen können, legitime Kriterien für die Zulassung.

Vielleicht hat das, was an der Versteigerung stört, weniger mit den Bewerbern zu tun als mit der Integrität der Universität. Plätze an den Meistbietenden zu verkaufen ist eher einem Rockkonzert oder einem Sportereignis angemessen als einem Ausbildungsinstitut. Wie der Zugang zu einem Gut gerecht zu regeln ist, könnte etwas mit der Natur dieses Guts zu tun haben, mit seinem Zweck. In der Debatte über positive Diskriminierung spiegeln sich konkurrierende Ansichten über den Zweck von Hochschulen: In welchem Umfang sollten sie akademische Exzellenz verfolgen oder die Werte der Zivilgesellschaft fördern? Und wie sollten diese Ziele gegeneinander abgewogen werden? Obwohl eine Hochschulausbildung auch dazu dient, Studenten auf erfolgreiche Karrieren vorzubereiten, ist ihr vorrangiger Zweck nicht kommerzieller Natur. Verkauft man Ausbildung also, als wäre sie lediglich ein Konsumgut, ist das eine Art von Korrumpierung.

Was aber ist dann der Zweck einer Universität? Harvard ist nicht Walmart oder gar eine Filiale der Luxuskaufhauskette Bloomingdale's. Zweck der Universität ist nicht, Einkommen zu maximieren, sondern dem Gemeinwohl durch Lehre und Forschung zu dienen. Zwar sind Lehre und Forschung teuer, und Universitäten verwenden viel Mühe darauf, Geld aufzutreiben. Aber wenn das Ziel des Gelderwerbs so weit vorherrscht, dass es die Studienzulassung lenkt, hat sich die Universität weit von den wissenschaftlichen und bürgerlichen Werten abbringen lassen, die ihre vorrangige Existenzberechtigung ausmachen.

Die Vorstellung, dass Gerechtigkeit bei der Vergabe von Studienplätzen etwas mit den Werten zu tun hat, die von Universitäten verkörpert werden, erklärt, warum der Verkauf von Zulassungen ungerecht ist. Außerdem erklärt sie, warum es schwerfällt, Fragen der Gerechtigkeit und der Rechte von Fragen der Ehre und der Tugend zu trennen. Universitäten vergeben Auszeichnungen, um diejenigen zu feiern, die Tugenden aufweisen, für deren Förderung Universitäten existieren. In gewisser Hinsicht sind damit alle Titel, die eine Universität vergibt, Ehrentitel.

Verknüpft man Debatten über Gerechtigkeit mit Diskussionen über Ehre, Tugend und die Bedeutung von Werten, mag einem das wie ein sicheres Rezept dafür scheinen, sich hoffnungslos zu zerstreiten. Die Menschen haben unterschiedliche Vorstellungen von Ehre und Tugend. Die angemessene Zielsetzung sozialer Institutionen – seien es Universitäten, Firmen, das Militär, die akademischen Berufe oder die politische Gemeinschaft ganz allgemein – ist höchst umstritten. Folglich ist es reizvoll, eine Grundlage für Gerechtigkeit und Rechte zu finden, die sich von diesen Kontroversen fernhält.

Ein großer Teil der modernen politischen Philosophie bemüht sich genau darum. Wie wir gesehen haben, sind die Philosophien von Kant und Rawls kühne Versuche, eine Grundlage für Gerechtigkeit und Rechte zu finden, die neutral ist in Hinblick auf konkurrierende Visionen vom guten Leben. Es ist nun an der Zeit zu überprüfen, ob ihr Projekt erfolgreich ist.

8

Wem steht was zu?

ARISTOTELES

Callie Smartt war eine beliebte Cheerleaderin an der Andrews Highschool in West Texas. Sie litt an Zerebraler Kinderlähmung und war auf den Rollstuhl angewiesen, aber das konnte die Begeisterung nicht dämpfen, die sie bei den Spielen der Schulmannschaft durch ihre lebhafte Präsenz an der Außenlinie unter Football-Spielern und Fans auslöste. Am Ende der Saison jedoch wurde Callie aus dem Kader geworfen.[1]

Auf Drängen einiger anderer Cheerleaderinnen und deren Eltern wurde Callie von Vertretern der Schule mitgeteilt, wenn sie im nächsten Jahr wieder zum Kader gehören wolle, müsse sie wie alle anderen an einem straffen Gymnastikprogramm teilnehmen, das Spagat und andere Formen des Bodenturnens einschließe. Der Vater der Teamkapitänin setzte sich an die Spitze der Opposition gegen Callies erneute Aufnahme in das Team. Er behauptete, sich um ihre Sicherheit Sorgen zu machen. Callies Mutter hatte dagegen den Verdacht, die Gegner seien wegen des Beifalls, den Callie bekam, von Missgunst motiviert.

Callies Geschichte wirft zwei Fragen auf. Eine betrifft die Fairness. Durfte Callie zur Gymnastik verpflichtet werden, um sich als Cheerleaderin zu qualifizieren, oder war diese Forderung angesichts ihrer Behinderung unfair? Eine Möglichkeit, diese Frage zu beantworten, fußt auf dem

Prinzip der Nichtdiskriminierung: Vorausgesetzt, Callie kann in der Rolle als Cheerleaderin eine gute Leistung erbringen, dann sollte sie nicht allein deswegen ausgeschlossen werden, weil sie ohne eigenes Verschulden physisch nicht in der Lage ist, Gymnastikübungen auszuführen.

Doch das Prinzip der Nichtdiskriminierung ist keine große Hilfe, weil es die im Zentrum der Kontroverse stehende Frage nicht beantworten kann: Was heißt es, in der Rolle einer Cheerleaderin eine gute Leistung zu zeigen? Callies Gegner behaupten, eine gute Cheerleaderin müsse Bodenturnen und Spagat beherrschen. Denn mit diesen Kunststücken bringen Cheerleaderinnen die Menge traditionell in Stimmung. Callies Unterstützer würden sagen, damit würde der Zweck des Cheerleadings mit einem seiner Mittel verwechselt. Beim Cheerleading komme es vor allem darauf an, das Gemeinschaftsgefühl der Schüler zu wecken und die Fans anzufeuern. Wenn Callie im Rollstuhl die Seitenlinie hinauf- und hinunterpresche und dabei ihre Pompons schüttle und ihr Lächeln aufblitzen lasse, tue sie genau das, was man von Cheerleaderinnen erwarte: die Menge anfeuern. Wenn wir also entscheiden wollen, welche Qualifikationen nötig sind, müssen wir bestimmen, was der Kern des Cheerleadings ist und was nur schmückendes Beiwerk.

Die zweite Frage, die sich aus Callies Story ergibt, bezieht sich auf Ressentiments. Welche Art von Ärger könnte den Vater der Teamkapitänin antreiben? Warum stört er sich daran, dass Callie Mitglied des Kaders ist? Die Befürchtung, Callies Aufnahme könne seine Tochter ihren Platz kosten, kann es nicht sein, denn sie gehört bereits zum Team. Auch nicht der schlichte Neid, den er vielleicht einem Mädchen gegenüber empfinden könnte, das seine Tochter bei den Gymnastikübungen aussticht – denn das kann Callie selbstverständlich nicht.

Mein Verdacht ist, dass seine Missgunst vielleicht aus

dem Gefühl entspringt, Callie werde eine Ehre zuteil, die ihr nicht zukomme, weil damit der Stolz, den er für das Können seiner Tochter als Cheerleaderin empfindet, in gewisser Weise ins Lächerliche gezogen wird. Wenn tolles Cheerleading auch vom Rollstuhl aus möglich ist, dann wird die besondere Auszeichnung, die jemandem für seine glänzenden Leistungen im Bodenturnen (und den Spagat) zuteilwird, geschmälert.

Falls Callie Cheerleaderin sein sollte, weil sie trotz ihrer Behinderung Tugenden zeigt, die der Rolle angemessen sind, stellt ihr Anspruch eine gewisse Gefahr für die Ehre dar, die den anderen Cheerleaderinnen zuteilwird. Die von ihnen gezeigten gymnastischen Fertigkeiten scheinen für Exzellenz beim Cheerleading nicht länger entscheidend zu sein, sondern nur eine von vielen Möglichkeiten, eine Menge anzufeuern. Auch wenn der Vater der Cheerleader-Anführerin alles andere als großmütig war, hatte er doch korrekt erfasst, was auf dem Spiel stand. Eine gesellschaftliche Praxis, die in ihrem Zweck und den damit verbundenen Ehren einst als feststehend angesehen worden war, wurde nun dank Callie neu definiert. Sie hatte vorgeführt, dass es mehr als nur eine Möglichkeit gibt, Cheerleaderin zu sein.

Man beachte die Verbindung zwischen der ersten, die Fairness betreffenden Frage und der zweiten, die sich auf Ehre und Missgunst bezieht. Wollen wir bestimmen, welches Vorgehen bei der Vergabe von Positionen fair ist, müssen wir Natur und Zweck dieser Institution bestimmen. Ansonsten können wir nicht angeben, welche Eigenschaften dafür entscheidend sind. Doch die Bestimmung des Wesens von Cheerleading kann kontrovers verlaufen, weil sie uns in Debatten darüber verwickelt, welche Eigenschaften eine Auszeichnung verdienen. Der Zweck des Cheerleadings hängt zum Teil davon ab, welche Tugenden unserer Ansicht nach Anerkennung und Belohnung verdienen.

Wie diese Episode zeigt, haben soziale Praktiken wie Cheerleading nicht nur einen instrumentellen Zweck (das Team anzufeuern), sondern es geht auch darum, ein bestimmtes beispielhaftes Verhalten zu ehren und bestimmte herausragende Fähigkeiten und Tugenden zu würdigen. Wenn die Highschool ihre Cheerleaderinnen wählt, fördert sie nicht nur den Gemeinschaftsgeist unter den Schülern, sondern preist auch Eigenschaften, von denen sie hofft, dass die Studenten sie bewundern und nachahmen werden. Das erklärt, warum der Streit so intensiv geführt wurde. Außerdem erklärt es, was ansonsten rätselhaft gewesen wäre: wie diejenigen, die dem Kader schon angehörten (und ihre Eltern), den Eindruck haben konnten, dass in der Debatte über Callies Eignung für sie persönlich etwas auf dem Spiel stand. Diese Eltern wollten, dass das Cheerleading die traditionellen Tugenden der Cheerleaderinnen, über die ihre Töchter verfügten, in Ehren hielt.

Gerechtigkeit, Telos und Ehre

So gesehen ist die Meinungsverschiedenheit über Cheerleaderinnen in West-Texas ein kurzer Einführungskurs in die Gerechtigkeitstheorie des Aristoteles. Im Zentrum seiner politischen Philosophie stehen zwei Ideen, die beide in der Auseinandersetzung über Callie eine Rolle spielen:

1. Gerechtigkeit ist teleologisch. Zur Definition von Rechten ist es erforderlich, das *Telos* (Zweck, Ziel oder wesentliche Natur) der in Frage stehenden gesellschaftlichen Praxis zu bestimmen.
2. Gerechtigkeit hat mit Ehre zu tun. Über das Telos einer solchen Praxis nachzudenken – oder darüber zu streiten – heißt zumindest teilweise, darüber nachzudenken

oder zu streiten, welche Tugenden diese Praxis auszeichnen und belohnen sollte.

Der Schlüssel zum Verständnis von Aristoteles' Ethik und Politik liegt darin, dass man die normative Kraft dieser beiden Erwägungen und die zwischen ihnen bestehende Beziehung erkennt.

Moderne Theorien der Gerechtigkeit bemühen sich, Fragen der Fairness und der Rechte von solchen Debatten zu trennen, in denen es um Ehre, Tugend und moralische Verdienste geht. Sie suchen Prinzipien der Gerechtigkeit, die in Hinblick auf die Ziele neutral sind und die Menschen in die Lage versetzen, ihre Ziele selbst zu wählen und zu verfolgen. Aristoteles (384–322 v. Chr.) hingegen glaubt nicht, dass Gerechtigkeit auf diese Weise neutral sein könne. Er ist überzeugt, dass Debatten über Gerechtigkeit unausweichlich Debatten über Ehre, Tugend und die Natur des guten Lebens seien.

Wenn wir erkennen, warum Aristoteles glaubt, dass Gerechtigkeit und das gute Leben verknüpft sein müssen, sehen wir auch besser, was auf dem Spiel steht, wenn man versucht, diese beiden Aspekte zu trennen.

Für Aristoteles heißt Gerechtigkeit, den Menschen zu geben, was sie verdienen – also jeder Person das zu geben, was ihr zukommt. Doch was kommt einem Menschen zu? Was sind seine Vorzüge oder Verdienste? Das Recht schließt zwei Faktoren ein: »Es hat eine sachliche und persönliche Seite.« Und allgemein sagen wir, »dass es für Gleiche ein Gleiches geben müsse«.[2] Hieraus ergibt sich eine schwierige Frage: »Gleich« in welcher Hinsicht? Das hängt davon ab, was wir verteilen – und von den für diese Dinge relevanten Tugenden.

Nehmen wir an, wir verteilen Flöten. Wer sollte die besten erhalten? Aristoteles' Antwort: die besten Flötenspieler.

Das Recht unterscheidet nach den Vorzügen, nach der relevanten Leistung. Und im Falle des Flötenspiels besteht der relevante Vorzug darin, dass jemand gut spielen kann. Es wäre ungerecht, auf einer anderen Grundlage zu urteilen, etwa Reichtum, Adel, Schönheit oder einfach einer Verlosung.

> Edle Geburt und Schönheit [mögen] ein höheres Gut [sein] als die Flötenkunst, und wenn auch im Verhältnis diese Güter mehr über die Flötenkunst hervorragen als jener in seiner Flötenkunst über sie, [so müsste man doch] diesem die ausgezeichnetsten Flöten übergeben.[3]

Glänzende Leistungen von solch verschiedener Art miteinander zu vergleichen hat etwas Komisches. Es ist, als würde man folgende Frage stellen: »Bin ich hübscher, als sie gut Lacrosse spielen kann?« Oder: »War Babe Ruth ein größerer Baseball-Spieler als Shakespeare ein Stückeschreiber?« Fragen dieser Art dürften eigentlich nur als Gesellschaftsspiele einen Sinn ergeben. Aristoteles kommt es aber darauf an, dass wir bei der Vergabe von Flöten nicht nach der reichsten oder der schönsten oder gar der absolut besten Person suchen sollten, sondern nach dem besten Flötenspieler Ausschau halten.

Diese Vorstellung ist uns vollkommen vertraut. Viele Orchester lassen Bewerber hinter einem Schirm vorspielen, damit die Qualität der Musik ohne Voreingenommenheit oder Ablenkung beurteilt werden kann. Aristoteles' Begründung ist indessen weniger bekannt. Der offensichtlichste Grund, die besten Flöten an die besten Flötenspieler zu vergeben, besteht für uns darin, dass auf diese Weise die beste Musik zustande kommt, was für uns Zuhörer vorteilhaft ist. Anders Aristoteles: Er glaubt, die besten Flöten sollten an die besten Flötenspieler vergeben werden, weil

Flöten genau dazu da sind – sie sollen gut gespielt werden. Flöten dienen dem Zweck, exzellente Musik hervorzubringen. Wer diesen Zweck am besten erfüllen kann, der sollte die besten Flöten erhalten.

Nun ist ebenso wahr, dass die Vergabe der besten Instrumente an die besten Musiker den willkommenen Nebeneffekt hat, auch die beste Musik hervorzubringen, was alle erfreuen wird – und dadurch entsteht das größte Glück der größten Zahl. Wichtig ist aber zu erkennen, dass Aristoteles' Begründung über diese utilitaristische Einschätzung hinausgeht.

Die Art, in der Aristoteles vom Zweck eines Gutes auf seine angemessene Zuteilung kommt, ist ein Beispiel für teleologisches Denken (»teleologisch« leitet sich von dem bereits erwähnten griechischen Wort *»telos«* ab, das »Zweck« oder »Ziel« bedeutet). Wenn wir die gerechte Verteilung eines Gutes bestimmen wollen, müssen wir laut Aristoteles nach dem Telos, dem Zweck des zu vergebenden Gutes fragen.

Teleologisches Denken: Tennisplätze und Pu der Bär

Teleologisches Denken mag einem als merkwürdige Methode zum Nachdenken über Gerechtigkeit vorkommen, ist aber in gewisser Hinsicht nachvollziehbar. Nehmen wir an, wir müssen entscheiden, wie die besten Tennisplätze auf dem Hochschulgelände zu vergeben sind. Wir könnten eine hohe Gebühr festsetzen und so diejenigen vorziehen, die am meisten dafür bezahlen können. Oder wir geben den großen Tieren der Uni den Vorzug, etwa dem Hochschulpräsidenten oder den Nobelpreisträgern unter den Wissenschaftlern. Aber nehmen wir an, zwei renommierte

Wissenschaftler würden eher lustlos Tennis spielen und den Ball kaum übers Netz bekommen – und dann käme die Tennisauswahl der Schule vorbei und beanspruchte den Platz. Wären wir nicht geneigt, die Wissenschaftler auf einen schlechteren Platz zu verweisen, damit die Auswahlspieler den besten nutzen können? Und würden wir es nicht damit begründen, dass der beste Tennisspieler den besten Platz am besten nutzen kann, während er an mittelmäßige Spieler verschwendet wäre?

Oder nehmen wir an, eine Stradivari sei zu verkaufen. Ein reicher Sammler überbietet Itzhak Perlman und will das Instrument in seinem Wohnzimmer ausstellen. Würden wir das nicht als eine Art Verlust betrachten, vielleicht sogar als Ungerechtigkeit? Nicht, weil wir meinen, die Auktion sei an sich unfair, sondern weil das Ergebnis nicht passt? Hinter dieser Reaktion liegt vielleicht der (teleologische) Gedanke, eine Stradivari sei dafür gedacht, gespielt und nicht ausgestellt zu werden.

In der Antike spielte das teleologische Denken eine größere Rolle als heute. Platon und Aristoteles glaubten, Feuer steige auf, weil es dem Himmel als seiner natürlichen Heimat entgegenstrebe, und Steine würden fallen, weil sie bestrebt seien, der Erde näher zu sein, wo sie ja hingehörten. Sie glaubten, die Natur unterliege einer bedeutsamen Ordnung. Die Natur und unseren Platz in ihr zu verstehen lief darauf hinaus, ihren Zweck und ihre Bedeutung zu begreifen.

Mit dem Aufkommen der modernen Wissenschaft sah man die Natur nicht länger als bedeutsame Ordnung an. Vielmehr verstand man sie als mechanistisch und von den Gesetzen der Physik beherrscht. Es galt nun als naiv und anthropozentrisch, Naturerscheinungen in Begriffen von Zwecken, Bedeutungen und Zielen zu erklären.

Trotz dieser Verschiebung sind wir für die Versuchung,

die Welt als geordnet und als zweckdienliches Ganzes zu betrachten, immer noch anfällig. Sie hält sich besonders bei Kindern, denen man erst beibringen muss, die Welt nicht mehr auf diese Weise zu sehen. Mir fiel das auf, als meine Kinder sehr klein waren und ich ihnen aus dem Buch *Pu der Bär* von A. A. Milne vorlas. Die Geschichte beschwört einen kindlichen Blick auf die Natur herauf; sie ist dort verzaubert und durch Bedeutung und Zweck animiert.

Am Anfang des Buches spaziert Pu der Bär in den Wald und kommt zu einer großen Eiche. In ihrem Wipfel »tönte ein lautes Summen«.

> *Winnie-der-Pu setzte sich am Fuß des Baumes hin, stützte seinen Kopf in die Pfoten und begann nachzudenken.*
>
> *Zuerst sagte er zu sich selbst: »Dieses Geräusch da oben muss etwas bedeuten. Es gibt kein Geräusch, das immerfort summt und summt, wenn es nicht etwas Bestimmtes bedeutet, und der einzige Grund, den ich für ein solches Geräusch kenne, ist der, dass eine Biene da herumfliegt.«*
>
> *Dann überlegte er wieder eine lange Zeit und stellte schließlich fest: »Und der einzige mir bekannte Zweck, eine Biene zu sein, ist der, Honig zu liefern.«*
>
> *Zufrieden stand er auf und sagte: »Und der einzige Zweck, Honig zu liefern, ist der, dass er von mir gegessen wird.« Pu der Bär begann also den Baum hinaufzuklettern.*[4]

Pus kindliche Überlegung zu den Bienen ist ein gutes Beispiel für teleologisches Denken. Wenn wir erwachsen sind, gelangen wir meist darüber hinaus, die Welt der Natur auf diese Art zu betrachten, und halten sie für bezaubernd und auch für ein wenig wunderlich. Und weil wir das teleologische Denken in der Wissenschaft verworfen haben, sind wir geneigt, es auch in Politik und Moral abzulehnen. Doch es ist gar nicht leicht, beim Nachdenken über soziale Institutionen und politische Verfahrensweisen ohne teleologisches Denken auszukommen. Heute nimmt zwar kein Naturwissenschaftler Aristoteles' Werke über Biologie oder Physik mehr ernst. Doch seine Schriften zur Moralphilosophie und politischen Philosophie werden von den Studenten in den Fächern Ethik und Politik weiterhin mit Gewinn gelesen.

Was ist das Telos einer Universität?

Auch die Debatte über positive Diskriminierung lässt sich aristotelisch reformulieren. Wir beginnen damit, einfach nach Verteilungskriterien zu suchen: Wer hat ein Recht, an der Universität angenommen zu werden? Wenn wir uns damit befassen, taucht (zumindest implizit) die Frage auf, was denn der Zweck oder das Telos einer Hochschule sei.

Wie so oft ist das Telos nicht offensichtlich, sondern umstritten. Manche sagen, Universitäten seien zur Förderung wissenschaftlicher Exzellenz da und akademische Kriterien sollten die Zulassung regeln. Andere meinen, Universitäten seien auch dazu da, bestimmten Werten der Zivilgesellschaft auf die Sprünge zu helfen, weshalb die Kriterien für eine Zulassung beispielsweise auch die Fähigkeit einschließen sollten, in einer ethnisch heterogenen Gesellschaft eine Führungsrolle einzunehmen. Will man die angemessenen Zulassungskriterien bestimmen, scheint es also entscheidend, vorher den Zweck einer Universität zu klären.

Eng verbunden mit der Debatte über die Zielsetzung einer Universität ist die Frage zur Wertschätzung: Welche Tugenden oder Leistungen sollen von Hochschulen ausgezeichnet und belohnt werden? Wer glaubt, Universitäten seien dazu da, allein wissenschaftliche Exzellenz zu preisen und zu belohnen, dürfte positive Diskriminierung ablehnen. Wer dagegen meint, sie seien auch dazu da, gewisse gesellschaftspolitische Ideale zu fördern, dürfte dieses Verfahren wohl begrüßen.

Dass Diskussionen über Universitäten – und Cheerleaderinnen oder Flöten – natürlicherweise so verlaufen, bestätigt die Aussage des Aristoteles: Auseinandersetzungen über Gerechtigkeit und Rechte sind oft Debatten über die Zielsetzung oder das Telos einer sozialen Institution. Sie drehen sich um konkurrierende Vorstellungen der Tugenden, die von diesen Institutionen ausgezeichnet und belohnt werden sollen.

Was können wir tun, wenn Menschen über das Telos oder die Zielsetzung der fraglichen Aktivität uneins sind? Ist es möglich, über das Telos einer sozialen Einrichtung nachzudenken, oder besteht die Zielsetzung einer Universität einfach in dem, was die Gründer oder das Führungsgremium dazu erklären?

Aristoteles glaubt, es sei möglich, vernünftig über die Zielsetzung sozialer Institutionen nachzudenken. Ihr Wesenskern sei nicht ein für alle Mal festgelegt, aber auch nicht einfach Ansichtssache. (Wenn die Zielsetzung des Harvard College einfach nur durch die Absichten seiner Gründer festgelegt wäre, bestünde sein Hauptzweck noch heute darin, Gemeindepfarrer auszubilden.)

Wie aber lässt sich angesichts der offenkundigen Uneinigkeit über die Zielsetzung einer gesellschaftlichen Praxis vernünftig darüber nachdenken? Und wie kommen die Vorstellungen über Auszeichnung und Tugend ins Spiel? In seiner Erörterung der Politik bietet Aristoteles seine am besten begründete Antwort auf diese Fragen.

Was ist der Zweck von Politik?

Wenn wir heutzutage Fragen der Verteilungsgerechtigkeit erörtern, befassen wir uns vorwiegend mit der Verteilung von Einkommen, Vermögen und Chancen. Für Aristoteles betraf Verteilungsgerechtigkeit jedoch nicht hauptsächlich Geld, sondern vor allem Ämter und Auszeichnungen. Wer sollte das Recht haben, zu herrschen? Wie sollte politische Autorität vergeben werden?

Auf den ersten Blick scheint die Antwort auf der Hand zu liegen – natürlich auf der Basis von Gleichheit: Eine Person, eine Stimme. Jedes andere Vorgehen wäre eine Diskriminierung. Doch Aristoteles erinnert uns daran, dass alle Theorien der Verteilungsgerechtigkeit diskriminieren. Die Frage lautet: Welche Unterscheidungen sind gerecht? Die Antwort hängt von der Zielsetzung der fraglichen Aktivität ab.

Ehe wir also angeben können, wie politische Rechte und Autoritäten vergeben werden sollten, müssen wir uns nach der Zielsetzung, dem Telos von Politik erkundigen. Wir müssen fragen: »Wozu ist eine politische Vereinigung da?«

Diese Frage mag unbeantwortbar erscheinen. Unterschiedliche politische Gemeinschaften kümmern sich um unterschiedliche Dinge. Es ist eine Sache, über den Zweck einer Flöte oder einer Universität zu debattieren – ungeachtet eines gewissen Spielraums für Uneinigkeiten sind ihre Zwecke mehr oder weniger präzise zu umreißen: Der Zweck einer Flöte hat etwas mit Musik zu tun, der Zweck einer Universität mit Ausbildung. Doch können wir auch den Zweck oder das Ziel einer politischen Tätigkeit als solcher wirklich bestimmen?

Heutzutage gehen wir gemeinhin nicht mehr davon aus, dass Politik ein spezielles, materielles Ziel habe. Vielmehr erscheint sie offen für die unterschiedlichen Ziele der Bürger. Halten wir die Wahlen nicht deswegen ab, damit die Menschen jederzeit wählen können, welche Zwecke und Ziele sie kollektiv verfolgt sehen wollen? Würde man einer politischen Gemeinschaft im Vorhinein einen bestimmten Zweck oder ein Ziel zuschreiben, sähe das aus, als komme man damit dem Recht der Bürger zuvor, selbst zu entscheiden. Daraus ergäbe sich auch die Gefahr, Werte durchzusetzen, die nicht von allen geteilt werden. Unser Widerstreben, Politik mit einem festgelegten Telos oder Ziel zu versehen, spiegelt eine Sorge um die Freiheit des Einzelnen. Denn wir betrachten Politik als ein Verfahren, das Menschen in die Lage versetzt, ihre Ziele selbst zu wählen.

Aristoteles sieht das anders. Für ihn liegt der Zweck der Politik nicht darin, ein Gerüst von Rechten aufzubauen, das gegenüber Zielen neutral ist. Sie soll gute Bürger hervorbringen und deren guten Charakter kultivieren.

> So ist es auch offenbar, dass ein Staat, der in Wahrheit so genannt wird und nicht bloß der Rede wegen so heißt, um die Tugend Sorge trägt. Es bedeutete sonst nämlich die Gemeinschaft nur eine Bundesgenossenschaft. (…) Und das Gesetz bedeutete nur eine Übereinkunft (…) und einen Bürgen gegenseitigen Rechts, doch ist es nicht in der Lage, die Bürger gut und gerecht zu machen.[5]

Aristoteles kritisiert in der Folge sowohl Oligarchen als auch Demokraten dafür, dass sie die politische Autorität für sich reklamieren. Beide hätten nur zum Teil recht. Die Oligarchen erheben den Anspruch, sie, die Reichen, sollten herrschen. Die Demokraten erheben den Anspruch, die Geburt als freier Mensch solle einziges Kriterium für das Bürgerrecht und die Teilhabe an der politischen Autorität sein. Doch beide Gruppen würden ihre Ansprüche übertreiben, weil beide den Zweck einer politischen Gemeinschaft falsch deuteten.

Die Oligarchen hätten unrecht, weil es in einer politischen Gemeinschaft nicht allein darum gehe, Eigentum zu schützen oder wirtschaftlichen Wohlstand zu fördern. Verhielte es sich so, würde den Vermögenden der größte Anteil an der politischen Macht zustehen. Die Demokraten wiederum hätten unrecht, weil politische Gemeinschaft nicht allein darin bestehe, den Weg der Mehrheit zu gehen. Aristoteles verwirft die Vorstellung, der Zweck von Politik bestehe darin, die Vorlieben der Mehrheit zu befriedigen.

Beide Seiten übersehen in seinen Augen das höchste Ziel der Politik, das in der Sorge um die Tugend der Bürger bestehe. Der Staat existiert »nicht um einer Bundesgenossenschaft wegen ... noch wegen des Tauschhandels und des gegenseitigen Nutzens«.[6] Für Aristoteles geht es in der Politik um etwas Höheres: Man soll lernen, wie man ein gutes Leben führt. Ziel der Politik ist nichts Geringeres, als die Menschen in die Lage zu versetzen, ihre spezifisch menschlichen Fähigkeiten und Tugenden zu entwickeln – über das Gemeinwohl zu verhandeln, praktisches Urteilsvermögen zu erwerben, an der Selbstverwaltung teilzunehmen und sich um das Schicksal der Gemeinschaft insgesamt zu kümmern.

Aristoteles erkennt an, dass andere, geringere Formen des Zusammenschlusses wie etwa Verteidigungsbündnisse und Handelsabkommen nützlich seien. Er besteht jedoch darauf, dass Vereinigungen dieser Art noch keine wahren politischen Gemeinschaften seien. Warum nicht? Weil ihre Ziele beschränkt sind. Organisationen wie NATO, NAFTA und WTO befassen sich nur mit Sicherheit oder wirtschaftlichem Austausch; sie konstituieren keine gemeinsame Lebensweise, die den Charakter ihrer Teilnehmer formt. Und das lässt sich auch von einem Staat sagen, der sich nur um

Sicherheit und Handel sorgt und gegenüber der moralischen und bürgerlichen Erziehung gleichgültig ist. »Wenn nämlich jemand die Orte in eines zusammenrückte, (…) so ergäbe das noch nicht einen Staat«, schreibt Aristoteles.[7] »Der Staat ist [keine] örtliche und zur Verhinderung gegenseitigen Unrechts und um des Austauschs der Erzeugnisse willen bestehende Gemeinschaft.« Diese Bedingungen mögen für einen Staat notwendig sein, sie sind aber nicht hinreichend. »Ziel des Staates ist demnach das gute Leben, und all das Gesagte ist um des Zieles willen da.«[8]

Wenn die politische Gemeinschaft dazu da ist, das gute Leben zu fördern, was ergibt sich daraus dann für die Vergabe von Ämtern und Auszeichnungen? Nun, was für Flöten gilt, gilt auch für die Politik: Aristoteles schließt vom Zweck eines Gutes auf die angemessene Art seiner Verteilung. »Welche also am meisten für eine derartige Gemeinschaft beitragen«, sind diejenigen, die in bürgerlichen Tugenden glänzen und die es am besten verstehen, über das Gemeinwohl zu beratschlagen. Es sind jene, die sich in Hinblick auf die bürgerlichen Tugenden am meisten auszeichnen – nicht die reichsten, die zahlreichsten oder die hübschesten –, die am meisten Anrecht auf Einfluss und Anerkennung haben.[9]

Da das Ziel der Politik das gute Leben ist, sollten laut Aristoteles die höchsten Ämter und Auszeichnungen an Menschen wie Perikles gehen, deren bürgerliche Tugend am größten und die in der Bestimmung des Gemeinwohls am besten sind. Besitzende sollten mitreden dürfen, Mehrheiten eine gewisse Rolle spielen. Der größte Einfluss solle freilich jenen zustehen, deren Charaktereigenschaften und Urteilsvermögen es erlauben, dass sie entscheiden, wann und wie man in den Krieg gegen Sparta zieht.

Der Grund, weshalb Menschen wie Perikles (oder Abraham Lincoln) die höchsten Ämter und Ehren erhalten sollten, liegt nicht einfach darin, dass sie eine kluge Politik machen, die alle besserstellt. Die politische Gemeinschaft besteht zumindest auch teilweise deswegen, weil sie bürgerliche Tugenden auszeichnet und belohnt. Gesteht man denjenigen öffentliche Anerkennung zu, die exzellente staatsbürgerliche Tugenden zeigen, dient das der erzieherischen Rolle des guten Staates. Auch hier ist wieder zu erkennen, wie das teleologische Denken und die Frage der Anerkennung mit Gerechtigkeit einhergehen.

Tugend und Politik

Falls Aristoteles zu Recht vorträgt, das Ziel von Politik sei das gute Leben, kann man leicht zu dem Schluss kommen, dass denjenigen, die die größte bürgerliche Tugend erkennen lassen, die höchsten Ämter und Auszeichnungen zustehen. Aber trifft es überhaupt zu, dass Politik um des guten Lebens willen da ist? Das ist bestenfalls eine umstrittene Behauptung. Heutzutage betrachten wir Politik in der Regel als notwendiges Übel. Wenn wir an Politik denken, denken wir an Kompromisse, Posen, Sonderinteressen und Korruption. Selbst idealistische Formen von Politik werden eher als Mittel zu einem Zweck begriffen – als Werkzeug für soziale Gerechtigkeit, als Möglichkeit, die Welt in einen besseren Ort zu verwandeln – und nicht als wesentlicher Aspekt des guten Lebens.

Warum aber glaubt dann Aristoteles, dass nur ein politisches Leben ein gutes Leben sei? Warum können wir nicht auch ohne Politik ein gutes und tugendhaftes Leben führen?

Die Antwort findet sich in unserer Natur. Nur durch das Leben in einer Gemeinschaft und die Teilnahme an der Politik verwirklichen wir unsere menschliche Natur. Aristoteles sieht den Menschen als Wesen, das »in höherem Grade ein staatsbezogenes Lebewesen ist als jede Biene und jedes Herdentier«. Er begründet es so: Die Natur schafft nichts vergebens, und im Unterschied zu anderen Tieren sind Menschen mit Sprache begabt. Andere Tiere können Laute hervorbringen, und Laute können Lust und Schmerz anzeigen. Doch Sprache als allein menschliche Fähigkeit ist nicht nur dazu da, Lust und Unlust zu artikulieren. Mit ihr kann erklärt werden, was gerecht und was ungerecht ist, und zwischen Richtig und Falsch unterschieden werden. All das können wir nicht schweigend begreifen und ihm dann Worte zuweisen; Sprache ist das Medium, durch das wir über das Gute nachdenken und in dem wir es wahrnehmen können.[10]

Allein in politischer Gemeinschaft, behauptet Aristoteles, können wir unsere spezifisch menschliche Sprachfähigkeit ausüben, denn nur in einer Polis beraten wir uns mit anderen über Gerechtigkeit und Ungerechtigkeit und die Natur des guten Lebens. »Und der Natur nach früher ist der Staat als (...) jeder einzelne von uns«, schreibt er in Buch I der *Politik*.[11] Mit *früher* meint Aristoteles hier eine Priorität in der Funktion oder im Zweck, keine zeitliche Abfolge. Individuen, Familien und Sippen existierten schon vor den Städten, doch nur in der Polis sind wir imstande, unsere Natur zu verwirklichen. Sind wir aber isoliert, dann genügen wir uns nicht selbst, weil wir unsere Fähigkeit für Sprache und moralische Beratung nicht entwickeln können:

> Wenn aber jemand nicht in der Lage ist, an der Gemeinschaft teilzuhaben, oder zufolge seiner Selbstgenügsamkeit ihrer nicht mehr bedarf, der ist kein Teil des Staates, somit also entweder ein wildes Tier oder gar ein Gott.[12]

Demnach erfüllen wir unsere Natur nur dann, wenn wir unsere Sprachfähigkeit ausüben, was wiederum erfordert, dass wir mit uns selbst und mit anderen über Richtig und Falsch, Gut und Böse, Gerechtigkeit und Ungerechtigkeit zu Rate gehen.

Warum aber, dürfte sich mancher fragen, können wir diese Fähigkeiten nur in der Politik ausüben? Wollen wir diese Frage beantworten, müssen wir die Erklärung der Tugend und des guten Lebens betrachten, die Aristoteles in seiner *Nikomachischen Ethik* vorstellt. Obwohl es dort vorwiegend um Moralphilosophie geht, zeigt die Schrift, wie die Aneignung von Tugend mit dem aktiven Dasein als Bürger verknüpft ist.

Das moralische Leben zielt demnach auf das Glück, wobei Aristoteles mit *Glück* nicht dasselbe meint wie der Utilitarismus – ein Übergewicht der Lust über die Unlust. Tugendhaft ist für ihn ein Mensch, der in Verbindung mit den richtigen Dingen Lust und Unlust empfindet. Wenn es jemandem beispielsweise Vergnügen bereitet, bei Hundekämpfen zuzusehen, halten wir das für ein zu überwindendes Laster und nicht für eine wahre Quelle des Glücks. Moralische Vortrefflichkeit hat nichts damit zu tun, Vergnügungen und Leiden gegeneinander aufzurechnen, sondern damit, sie in die richtige Ordnung zu bringen, so dass wir uns an edlen Dingen erfreuen und an minderwertigen leiden. Glück ist kein Gemütszustand, sondern eine Daseinsweise – »ein Tätigsein der Seele im Sinne der ihr wesenhaften Tüchtigkeit«.[13]

Warum aber ist es für eine tugendhafte Lebensführung erforderlich, in einer Polis zu leben? Warum können wir feste moralische Prinzipien nicht zu Hause erlernen, in einer Philosophievorlesung oder durch die Lektüre eines Buches über Ethik – und sie dann bei Bedarf anwenden? Aristoteles meint, auf diese Weise würden wir nicht tugendhaft werden. Sittlichen Vorzügen näherten wir uns durch »Gewöhnung«. Wir erlernten sie, indem wir sie ausübten. »Die sittlichen Werte (...) gewinnen wir erst, indem wir uns tätig bemühen. Bei Kunst und Handwerk ist es genauso.«[14]

Learning by Doing

So gesehen wird man auf ähnliche Weise tugendhaft, wie man sich das Flötenspiel aneignet. Niemand lernt ein Musikinstrument zu spielen, indem er ein Buch liest oder einer Vorlesung lauscht. Man muss üben. Genauso wie es nicht hilft, vollendeten Musikern zuzuhören – Geiger wird man nicht ohne Geigenspiel. Das gilt auch für sittliche Vortrefflichkeit: »So werden wir (...) auch gerecht, indem wir gerecht handeln, besonnen, indem wir besonnen, und tapfer, indem wir tapfer handeln.«[15]

Es verhält sich ähnlich wie bei anderen Tätigkeiten, etwa dem Kochen. Es gibt viele Kochbücher, doch niemand wird einfach dadurch ein guter Koch, dass er sie liest – es braucht die Praxis am Herd. Ein weiteres Beispiel ist das Erzählen von Witzen. Niemand wird Komiker, indem er Witzbücher liest und komische Geschichten sammelt. Die Grundsätze der Komik lassen sich auch nicht einfach erlernen. Man muss üben – Tempo, Timing, Bewegungen und Tonfall – und Jack Benny, Johnny Carson, Eddie Murphy oder Robin Williams studieren.

Wenn sittliche Tugend erlernt werden kann, müssen wir zuerst irgendwie die richtigen Gewohnheiten entwickeln. Für Aristoteles ist das der oberste Zweck des Gesetzes: die Gewohnheiten zu kultivieren, die zu guten Charaktereigenschaften führen. »Die Gesetzgeber suchen die Bürger durch Gewöhnung zu veredeln, und dies ist die Tendenz eines jeden Gesetzgebers. Wenn er dabei nicht richtig verfährt, so verfehlt er sein Ziel, und so kommt es zu dem Unterschied zwischen guter Verfassung und verfehlter Verfassung.« Moralische Erziehung befasst sich weniger damit, Regeln zu erlassen, sondern formt Gewohnheiten und bildet den Charakter. »Ob wir also gleich von Jugend auf in dieser oder jener Richtung uns formen – darauf kommt es nicht wenig an, sondern sehr viel, ja alles.«[16]

Auch wenn Aristoteles die Gewohnheit so stark betont, heißt das nicht, dass er sittliche Tugend als eine Art Routineverhalten betrachtet. Gewöhnung ist der erste Schritt in der moralischen Erziehung. Doch wenn alles gutgeht, verfestigt sich die Gewohnheit schließlich, und wir erkennen, worauf es dabei ankommt. Die Benimm-Kolumnistin Judith Martin (alias »Miss Manners«) beklagte einmal die verlorengegangene Gewohnheit, Dankesbriefe zu schreiben. Heute, so merkte sie an, gingen wir davon aus, dass Gefühle mehr zählen als Manieren – solange wir Dankbarkeit empfinden, müssen wir uns um solche Formalitäten nicht kümmern. Miss Manners ist anderer Meinung: »Im Gegenteil, ich glaube, es ist sicherer, darauf zu hoffen, dass die Einübung angemessenen Verhaltens schließlich tugendhaftes Empfinden fördert; wer genügend Dankesbriefe schreibt, verspürt am Ende vielleicht einen Anflug von Dankbarkeit.«[17]

So stellt sich Aristoteles sittliche Tugend vor: Sind wir von tugendhaftem Verhalten durchdrungen, so hilft uns das, die Disposition zu moralischem Handeln zu erwerben.

Meist glaubt man, moralisches Handeln bedeute, sich gemäß einer Vorschrift oder einer Regel zu verhalten. Aristoteles meint jedoch, damit werde eine entscheidende Eigenschaft sittlicher Tugend verfehlt. Wir könnten nämlich durchaus über die richtige Regel verfügen und trotzdem nicht wissen, wie oder wann sie anzuwenden ist. Bei moralischer Erziehung gehe es darum, die speziellen Situationen unterscheiden zu lernen, die nach dieser Regel anstatt nach einer anderen verlangen. »Im Bereiche des Handelns aber und der Nützlichkeit gibt es keine eigentliche Stabilität – übrigens auch nicht in Fragen der Gesundheit. (...) Der Handelnde ist im Gegenteil jeweils auf sich selbst gestellt und muss sich nach den Erfordernissen des Augenblicks richten, man denke nur an die Kunst des Arztes oder des Steuermanns.«[18]

Gemäß Aristoteles kann zur sittlichen Tugend nur eine einzige allgemeine Aussage gemacht werden: Sie ist ein Mittelweg zwischen den Extremen. Er räumt jedoch bereitwillig ein, dass uns dieser Allgemeinplatz nicht besonders weiterhilft, weil es nicht leicht sei, in jeder gegebenen Situation den Mittelweg zu finden. Die Herausforderung bestehe darin, »das Richtige zu bestimmen in Hinsicht auf Person, Ausmaß, Zeit, Zweck und Weise«.[19]

Das heißt: Gewohnheit, so wichtig sie sein mag, ist nicht alles. In neuen Situationen müssen wir jeweils wissen, welche Gewohnheit unter den entsprechenden Umständen angemessen ist. Sittliche Tugend erfordert also Urteilsvermögen, eine Art des Wissens, die Aristoteles als »praktisches Können« bezeichnet. Anders als wissenschaftliche Kenntnisse, die »das Allgemeine und (...) das Notwendige« betreffen, bezieht sich das praktische Können direkt auf unser Handeln. Es muss »auch in den Einzelfällen klar sehen. Denn [sein] Wesen ist Handeln, das Handeln aber hat es mit Einzelfällen zu tun.«[21] Aristoteles definiert praktisches Können als »eine mit richtigem Planen verbundene, zur Grundhaltung verfestigte Fähigkeit, die auf das Handeln im Bereich der Werte abzielt«.[22]

Praktisches Können ist eine sittliche Tugend mit politischen Implikationen. Leute mit praktischem Wissen können geschickt darüber zu Rate gehen, was gut ist – nicht nur für sie selbst, sondern für ihre Mitbürger und für die

Menschen ganz allgemein. Beratschlagen ist nicht dasselbe wie Philosophieren, weil es sich auf das bezieht, was veränderlich ist und den Einzelfall betrifft. Es richtet sich auf das Handeln im Hier und Jetzt. Doch es ist mehr als Berechnung. Es versucht, das unter den jeweiligen Umständen erreichbare höchste menschliche Gut herauszufinden.[23]

Das gute Leben

Inzwischen können wir besser erkennen, warum Politik nach Aristoteles' Ansicht für das gute Leben wesentlich ist. Erstens schärfen die Gesetze der Polis einem gute Gewohnheiten ein, formen gute Charaktereigenschaften und fördern unsere staatsbürgerliche Tugend. Zweitens üben wir uns als Bürger in der Fähigkeit zum Beratschlagen und erwerben so praktische Kenntnisse auf dem Feld der Tugend. Das können wir nicht zu Hause praktizieren. Dort können wir nur zusehen und uns fragen, was wir täten, wenn wir zu entscheiden hätten. Doch das ist etwas anderes als die aktive Beteiligung an den wichtigen Entscheidungen und die Übernahme von Verantwortung für das Schicksal der Gemeinschaft als Ganzes. Gut zu beratschlagen lernen wir nur, wenn wir in die politische Arena treten, die Alternativen abwägen, unseren Fall vortragen, herrschen und beherrscht werden – kurz, als aktive Staatsbürger.

Aristoteles' Sicht der Bürgerschaft ist erhabener und anspruchsvoller als unsere. Für ihn ist Politik nicht Ökonomie mit anderen Mitteln. Sie zielt auf Höheres als die Maximierung des Nutzens oder die Bereitstellung fairer Spielregeln bei der Verfolgung individueller Interessen. Sie ist vielmehr Ausdruck unserer Natur, eine Gelegenheit, unsere menschlichen Fähigkeiten zu entfalten – ein wesentlicher Aspekt des guten Lebens.

Aristoteles' Verteidigung der Sklaverei

In die von Aristoteles gepriesene Bürgerschaft waren nicht alle einbezogen. Frauen waren ebenso wenig wählbar wie Sklaven. Aristoteles zufolge waren sie aufgrund ihrer Natur nicht zum Bürger geeignet. Inzwischen betrachten wir einen solchen Ausschluss als offensichtliche Ungerechtigkeit. Doch erinnern wir uns daran, dass diese Ungerechtigkeiten noch für mehr als 2000 Jahre nach Aristoteles Bestand hatten. In den USA wurde die Sklaverei erst 1865 abgeschafft, und Frauen erlangten das Wahlrecht gar erst 1920. Dass diese Ungerechtigkeiten historisch so lange bestanden, ist dennoch keine Entschuldigung dafür, dass Aristoteles sie akzeptiert hat.

Was die Sklaverei angeht, hat Aristoteles sie nicht nur akzeptiert, sondern sogar eine philosophische Rechtfertigung dafür vorgelegt. Es lohnt sich, seine Verteidigung der Sklaverei zu untersuchen – sie wirft ein Licht auf seine politische Theorie insgesamt. Manche erkennen in Aristoteles' Argumentation zugunsten der Sklaverei einen Defekt des teleologischen Denkens an sich; andere sehen darin eine fehlgeleitete Anwendung dieser Art des Denkens, verdunkelt durch die Vorurteile seiner Zeit.

Ich glaube nicht, dass die Verteidigung der Sklaverei durch Aristoteles ein Anzeichen für einen grundlegenden Konstruktionsfehler seiner politischen Theorie ist. Wichtig ist aber, die argumentative Kraft dieser weitreichenden Behauptung zu erkennen.

Für Aristoteles ist Gerechtigkeit eine Frage der passenden Zuordnung. Rechte zuzuweisen heißt, das Telos sozialer Institutionen zu finden und den Menschen die Rollen gemäß ihrer Natur zuzuteilen. Gibt man den Menschen das, was ihnen entspricht, so verschafft man ihnen die Ämter und Ehren, die sie verdienen, und die sozialen Rollen, die mit ihrer Natur übereinstimmen.

Modernen politischen Theorien ist die Vorstellung von einer passenden Zuordnung nicht geheuer. Liberale Theorien der Gerechtigkeit von Kant bis Rawls stören sich daran, dass teleologische Konzepte nicht mit Freiheit in Einklang zu bringen sind. Für sie geht es nicht um passende Zuordnung, sondern um eine Wahlmöglichkeit. Rechte zuzuteilen heißt nicht, Menschen die ihnen gemäßen Rollen zuzuweisen, sondern die Menschen selbst wählen zu lassen.

Aus dieser Perspektive sind die Begriffe »Telos« und »Zuordnung« verdächtig, wenn nicht gar gefährlich. Wer kann schon sagen, welche Rolle zu mir passt oder meiner Natur angemessen ist? Wenn ich meine Rolle in der Gesellschaft nicht frei wählen darf, könnte ich durchaus gegen meinen Willen in eine solche gezwungen werden. Folglich kann die Zuordnung leicht in Sklaverei übergehen, wenn die Mächtigen entscheiden, dass eine bestimmte Gruppe lediglich für eine untergeordnete Rolle geeignet sei.

Aufgrund dieser Besorgnis argumentiert die liberale politische Theorie, soziale Rollen sollten gewählt und nicht vergeben werden. Statt Menschen in Rollen einzupassen, die unserer Ansicht nach ihrer Natur entsprechen, sollten wir sie in die Lage versetzen, ihre Rollen selbst zu wählen. Aus dieser Sicht ist Sklaverei falsch, weil sie Menschen in Rollen zwingt, die sie nicht selbst gewählt haben. Die Lösung: Wir verwerfen eine Ethik des Telos und der Zuordnung zugunsten einer Ethik der Entscheidung und der Übereinkunft.

Doch das hieße, das Kind mit dem Bade auszuschütten. Aristoteles' Verteidigung der Sklaverei ist kein Beweis gegen teleologisches Denken. Im Gegenteil: Aristoteles' eigene Theorie der Gerechtigkeit bietet einen guten Ausgangspunkt für eine Kritik seiner Ansichten zur Sklaverei. Sein

Begriff der Gerechtigkeit als Zuordnung ist in Wahrheit moralisch anspruchsvoller und potentiell kritischer gegenüber existierenden Vergabeverfahren von Arbeit als Theorien, die auf Wahl und Übereinkunft beruhen. Wir wollen die Argumentation des Aristoteles untersuchen, um zu sehen, wieso das so ist.

Damit Sklaverei gerecht ist, müssen laut Aristoteles zwei Bedingungen erfüllt sein: Sie muss notwendig sein, und sie muss natürlich sein. Sklaverei sei notwendig, so Aristoteles, weil sich jemand um die häuslichen Pflichten kümmern müsse, während die Bürger in der Versammlung über das Gemeinwohl beratschlagten. Die Polis erfordert so gesehen eine Arbeitsteilung – solange wir keine Maschinen erfinden, die alle untergeordneten Aufgaben übernehmen können, müssen manche die Notwendigkeiten des Lebens erledigen, damit andere die Freiheit bekommen, an der Politik teilzunehmen.

Aristoteles kommt also zu dem Schluss, die Sklaverei sei notwendig. Doch die Notwendigkeit allein reicht nicht aus. Damit sie gerecht ist, müssen auch bestimmte Menschen von Natur aus geeignet sein, diese Rolle zu übernehmen.[24] So fragt Aristoteles, ob es »einen Menschen gibt, der von Natur aus solcher Art ist, oder nicht, und ob es besser ist und gerecht für jemanden Sklave zu sein oder nicht, ob vielmehr jede Art der Sklaverei wider die Natur ist«.[25] Wenn es solche Menschen nicht gibt, reicht die politische und ökonomische Notwendigkeit nicht aus, Sklaverei zu rechtfertigen.

Aristoteles kommt zu dem Schluss, dass es solche Menschen gibt. Manche Leute seien geborene Sklaven. Sie unterschieden sich von gewöhnlichen Menschen in gleicher Weise wie der Körper von der Seele. Solche Menschen »sind von Natur aus Sklaven, für die es besser ist, unter (…) Herrschaft zu stehen«.[26]

Weiter meint er: »Es ist nämlich von Natur aus der ein Sklave, der einem anderen gehören kann – deshalb gehört er ja auch einem anderen –, und der nur soweit Anteil an der Vernunft hat, als er sie wahrnimmt, ohne aber über sie zu verfügen.«[27]

Und: »Dass demnach von Natur aus die einen Freie sind und die anderen Sklaven, ist offenbar; und für die Sklaven ist es zuträglich, Sklaven zu sein, und gerecht.«[28]

Aristoteles scheint in der von ihm aufgestellten Behauptung etwas zu spüren, was fragwürdig ist, weshalb er schnell einschränkt: »Dass aber auch diejenigen, die gegenteilige Behauptungen aufstellen, in gewisser Hinsicht richtig sprechen, ist unschwer zu sehen.«[29] Angesichts der im Athen seiner Zeit bestehenden Sklaverei musste Aristoteles zugeben, dass die Kritiker nicht ganz unrecht hatten. Viele Sklaven befanden sich aus einem völlig zufälligen Grund in dieser Situation: Es waren ehemalige Freie, die man im Krieg gefangen genommen hatte. Ihr Status als Sklaven hatte nichts damit zu tun, dass die Rolle zu ihnen gepasst hätte. Für sie war die Sklaverei nicht natürlich – sie hatten einfach nur Pech gehabt. Nach Aristoteles' eigenen Standards ist ihre Sklaverei ungerecht, weil »nicht so gemeinhin die einen von Natur aus Sklaven sind und die anderen Freie«.[30]

Wie lässt sich also feststellen, wer zum Sklaven taugt? Prinzipiell müsste man laut Aristoteles prüfen, wer als Sklave aufblühe und wer sich in der Rolle aufreibe oder zu fliehen versuche. Die Notwendigkeit, Gewalt anzuwenden, sei ein guter Hinweis darauf, dass der fragliche Sklave nicht für die Rolle geeignet sei.[32] Für Aristoteles ist Zwang ein Zeichen von Ungerechtigkeit – nicht weil die freiwillige Übereinkunft die Basis der sozialen Ordnung ist, sondern weil die Notwendigkeit von Zwang eine unnatürliche Zuordnung nahelegt. Diejenigen, die in eine mit ihrer Natur übereinstimmende Rolle gestellt sind, müssen nicht in diese gezwungen werden.

Für die liberale politische Theorie ist die Sklaverei ungerecht, weil sie Zwang ausübt. Für teleologische Theorien ist Sklaverei ungerecht, weil sie im Widerspruch zu unserer Natur steht; Zwang ist demnach ein Symptom der Ungerechtigkeit, nicht ihr Ursprung. Es ist also durchaus möglich, innerhalb der teleologischen Ethik zu erklären, warum Sklaverei ungerecht ist – und Aristoteles setzt auch dazu an, ohne dabei allerdings eine besondere Konsequenz an den Tag zu legen.

Letztlich setzt die Ethik von Telos und Zuordnung einen anspruchsvolleren moralischen Standard als die liberale Ethik von Wahl und Übereinkunft.[32] Nehmen wir die Frage der Gerechtigkeit am Arbeitsplatz: Stellen wir uns eine monotone, gefährliche Arbeit vor, etwa am Fließband in einer Fabrik, die Hühnerfleisch verarbeitet. Ist diese Form von Arbeit gerecht oder ungerecht?

Für den Libertarianer würde die Antwort davon abhängen, ob die Arbeiter ihre Arbeitskraft aus freien Stücken gegen eine Entlohnung eingetauscht haben. Für Rawls wäre sie nur dann gerecht, wenn der freie Tausch der Arbeitskraft auch unter fairen Grundbedingungen abgelaufen wäre. Für Aristoteles jedoch wäre nicht einmal dies ausreichend: Soll die Arbeit gerecht sein, muss sie der Natur der Arbeiter entsprechen, die sie ausführen. Manche Tätigkeiten bestehen diesen Test nicht. Sie sind so gefährlich, monoton und stumpfsinnig, dass sie für Menschen nicht geeignet sind. In diesen Fällen verlangt die Gerechtigkeit, dass die Arbeit in Übereinstimmung mit unserer Natur umorganisiert wird – ist sie doch sonst ebenso ungerecht wie die Sklaverei.

Casey Martin war Profigolfer mit einem kranken Bein. Das Gehen auf dem Golfplatz bereitete ihm wegen einer Gefäßerkrankung beträchtliche Schmerzen und war mit einem erheblichen Risiko für Blutungen und Brüche verbunden. Trotz seiner Behinderung hatte Martin in diesem Sport immer herausragende Ergebnisse erzielt. Auf dem College hatte er im Meisterschaftsteam von Stanford gespielt, ehe er Profi wurde.

Martin bat die PGA (Professional Golfers Association) um die Genehmigung, bei Turnieren einen Golfkarren verwenden zu dürfen. Die PGA lehnte das mit Hinweis auf die Regel ab, wonach Golfkarren bei Spitzenturnieren der Profis verboten waren. Martin ging mit seinem Fall vor Gericht. Er brachte vor, das Gesetz zur Gleichstellung von Menschen mit Behinderungen von 1990 verlange vernünftige Anpassungshilfen, sofern das die Natur der Tätigkeit nicht grundlegend verändere.[33]

Während der Verhandlung sagten einige der größten Golfspieler aus. Arnold Palmer, Jack Nicklaus und Ken Venturi verteidigten das Verbot von Golfkarren. Sie sagten, bei Golfturnieren sei Ermüdung ein bedeutender Faktor, und Martin bekäme einen unfairen Vorteil, wenn er fahren könne, statt zu gehen.

Der Fall ging bis zum Obersten Gerichtshof der USA, wo die Richter sich mit etwas abmühten, was einem von ihnen als Frage vorkam, die unter ihrer Würde liege und für die ihnen zugleich die Lösungskompetenz abginge: »Ist jemand, der von Abschlag zu Abschlag über den Golfplatz fährt, *wirklich* ein Golfer?«[34]

In Wahrheit aber warf der Fall eine Frage der Gerechtigkeit in klassischer aristotelischer Form auf: Um entscheiden zu können, ob Martin ein Recht auf einen Golfkarren hatte, mussten die Richter bestimmen, was das Golfspiel eigentlich ausmache. Ist es ein wesentlicher Bestandteil des Spiels, dass man dabei zu Fuß unterwegs ist, oder nur ein nebensächlicher Aspekt? Wenn das Gehen, wie von der PGA behauptet, ein wesentliches Merkmal des Golfspiels wäre, dann würde es die Natur des Spiels grundlegend ändern, wenn Martin mit einem Golfkarren fahren würde. Um die Rechtsfrage zu klären, musste das Gericht das Telos oder die wesentliche Natur des Spiels bestimmen.

Das Gericht entschied mit sieben zu zwei Stimmen, dass Martin ein Recht darauf habe, einen Golfkarren zu verwenden. Richter John Paul Stevens, der Berichterstatter der Mehrheit, analysierte die Geschichte des Golfspiels und kam zu dem Schluss, die Nutzung von Golfkarren sei mit dem grundlegenden Charakter des Spiels nicht unvereinbar. »Von Anfang an lag das Wesen des Spiels darin, *Schläge* auszuführen – mit Hilfe von Schlägern einen Ball mit möglichst wenig Schlägen vom Abschlag bis zu einem in gewisser Entfernung befindlichen Loch zu befördern.«[35] Die Behauptung, das Gehen stelle die physische Ausdauer eines Golfers auf die Probe, konterte Stevens mit dem Verweis auf die Aussage eines Professors für Physiologie. Dieser hatte berechnet, dass beim Abgehen von 18 Löchern lediglich etwa 500 Kilokalorien verbraucht würden – »ernährungstechnisch weniger als ein Big Mac«.[36] Golf sei »eine Tätigkeit niedriger Intensität, weshalb die Ermüdung während des Spiels vorwiegend ein psychisches Phänomen ist, dessen entscheidende Faktoren Stress und Motivation bilden«.[37] Das Gericht kam zu dem Schluss, es verändere das Spiel nicht grundlegend und verschaffe Martin auch keinen unfairen Vorteil, wenn man ihm gestatte, einen Karren zu benutzen.

Richter Antonin Scalia stimmte dem nicht zu. In seinem abweichenden Votum verwarf er die Ansicht, das Gericht könne die wesentliche Natur des Golfspiels bestimmen. Es ging ihm nicht einfach darum, dass Richtern die Autorität oder Kompetenz fehle, die Frage zu entscheiden. Er bestritt die aristotelische Prämisse, die der Meinung des Gerichts zugrunde lag, wonach es möglich sei, über das Telos oder das Wesen eines Spiels nachzudenken:

> Mit der Aussage, etwas sei »wesentlich«, drückt man gewöhnlich aus, dass es notwendig sei, um ein bestimmtes Ziel zu erreichen. Da aber die eigentliche Natur eines Spiels darin besteht, dass es außer dem Vergnügen kein Ziel hat (darin unterscheiden sich Spiele von produktiver Tätigkeit), ist es völlig unmöglich, irgendeine der willkürlichen Regeln eines Spiels als »wesentlich« zu bezeichnen.[38]

Da die Golfregeln wie bei allen Spielen völlig willkürlich sind, schrieb Scalia, gebe es keinen Grund, die von der PGA festgelegten Regeln in Frage zu stellen. Wenn die Fans sie nicht mögen, »können sie ihnen ihre Unterstützung entziehen«. Niemand könne jedoch sagen, diese oder jene Regel sei irrelevant für die Fertigkeiten, die man beim Golf unter Beweis zu stellen habe.

Scalias Ansicht ist aus mehreren Gründen fragwürdig. Erstens setzt sie den Sport herab. Kein echter Fan würde behaupten, sein Sport sei von völlig willkürlichen Regeln beherrscht und habe kein reales Ziel oder keinen Sinn. Wenn die Leute wirklich der Ansicht wären, die Regeln ihrer Lieblingssportart seien willkürlich und nicht dazu gedacht, bestimmte Fertigkeiten und Talente wachzurufen und zu zelebrieren, würde es ihnen schwerfallen, sich für das Ergebnis des Spiels zu interessieren. Sport würde zu einem Spektakel entwertet und wäre lediglich eine Quelle der Unterhaltung, nicht der Wertschätzung.

Zweitens ist es durchaus möglich, über die Verdienste

bestimmter Regeln zu streiten und zu entscheiden, ob sie das Spiel verbessern oder beeinträchtigen. Solche Debatten gibt es ständig – in Rundfunksendungen mit Hörerbeteiligung und unter den Funktionären. Nehmen wir die Diskussion um die Designated-Hitter-Regel im Baseball. Manche sagen, sie mache das Spiel besser, weil sie es erlaube, die üblicherweise schlecht schlagenden Werfer durch einen besseren Schlagmann zu ersetzen. Andere meinen, die Regel beschädige das Spiel, weil sie das Schlagen überbewerte und komplexe strategische Elemente vernachlässige. Jede Haltung beruht auf einer bestimmten Vorstellung, worum es beim Baseball auf höchstem Niveau überhaupt geht: Welche Fertigkeiten stehen auf dem Prüfstand, welche Talente und Vorzüge werden in der Ausübung des Sports gefeiert und belohnt? Die Debatte ist letztlich eine Diskussion über das Telos des Baseballs – so, wie die Debatte über positive Diskriminierung eine Diskussion über den Zweck der Universität darstellt.

Wenn Scalia schließlich dem Golfspiel ein Telos abspricht, so verfehlt er diese Dimension der Debatte. Worum ging es am Ende in der vierjährigen Auseinandersetzung über Golfkarren? Oberflächlich gesehen war es eine Auseinandersetzung über Fairness. Die PGA und die Golfgrößen behaupteten, Martin erhielte einen unfairen Vorteil, wenn er fahren dürfe. Martin entgegnete, angesichts seiner Behinderung sorge der Golfkarren nur für einen gerechten Ausgleich. Ginge es jedoch allein um Fairness, gäbe es eine einfache und auf der Hand liegende Lösung: Alle Golfer dürfen bei Turnieren Golfkarren nutzen. Denn wenn jeder fahren kann, wird der Fairness-Einwand gegenstandslos. Für den Profi-Golfsport war diese Lösung jedoch ein Gräuel – noch weniger vorstellbar als eine Ausnahme für Casey Martin. Warum? Weil es in dem Streit mehr um Ehre und Anerkennung ging als um Fairness; es ging speziell um den

Wunsch der PGA und der Spitzengolfer, dass ihr Sport als athletische Veranstaltung anerkannt und respektiert wurde.

Ohne jemandem zu nahe treten zu wollen: Was den Status ihres Spiels angeht, sind Golfer ein wenig empfindlich. Man muss weder laufen noch springen, und der Ball bewegt sich während des Ausholens in der Regel nicht vom Fleck. Die den großen Golfern zugestandene Ehre und Anerkennung hängen gleichwohl davon ab, dass der Sport als körperlich anspruchsvoller athletischer Wettbewerb gesehen wird. Golfkarren im Wettbewerb würden das Bild des Golfers als Sportler unweigerlich beschädigen. Das dürfte die Vehemenz erklären, mit der einige Golfprofis sich Martins Bitte widersetzten. Hier die Ansicht von Tom Kite, einem Veteranen der PGA-Tour, in einem Artikel der *New York Times*:

> Mir scheint, alle, die Casey Martins Recht auf Nutzung eines Golfkarrens unterstützen, ignorieren die Tatsache, dass wir hier über einen Wettkampfsport reden (...). Wir reden über eine Sportveranstaltung. Und jeder, der Profigolf nicht für einen athletischen Sport hält, ist einfach nie dabei gewesen oder hat nicht selbst gespielt.[39]

Wer auch immer recht haben mag, was den Wesenskern des Golfspiels angeht: Der Rechtsstreit über den Golfkarren von Casey Martin liefert eine lebendige Illustration für Aristoteles' Theorie der Gerechtigkeit. Debatten über Gerechtigkeit und Rechte sind zwangsläufig oft auch Debatten über den Zweck sozialer Institutionen, über die Werte, die sie verkörpern, und die Tugenden, die sie ehren und belohnen. Trotz unserer Bemühungen, die Gesetze gegenüber solchen Fragen neutral zu gestalten, ist es vielleicht unmöglich, anzugeben, was gerecht ist, ohne über die Natur des guten Lebens zu streiten.

9

Was sind wir einander schuldig?

LOYALITÄTSKONFLIKTE

»Es tut mir leid« zu sagen ist nie einfach. Besonders schwierig kann es aber sein, eine Entschuldigung öffentlich im Namen des eigenen Landes auszusprechen. Die vergangenen Jahrzehnte haben eine Flut schmerzlicher Dispute über öffentliche Entschuldigungen für historische Ungerechtigkeiten mit sich gebracht.

Entschuldigungen und Reparationen

Viele der erinnerungspolitischen Debatten beziehen sich auf Unrecht, das während des Zweiten Weltkriegs begangen wurde. Deutschland hat viele Milliarden Dollar an Wiedergutmachung für den Holocaust bezahlt – an einzelne Überlebende und an den Staat Israel.[1] Über die Jahre haben deutsche Politiker offizielle Entschuldigungen geäußert und in unterschiedlichem Ausmaß Verantwortung für die Nazivergangenheit übernommen. In einer Rede vor dem Bundestag behauptete der deutsche Bundeskanzler Konrad Adenauer 1951: »Das deutsche Volk hat in seiner überwiegenden Mehrheit die an den Juden begangenen Verbrechen verabscheut und hat sich an ihnen nicht beteiligt.« Doch er sagte auch: »Im Namen des deutschen Volkes sind aber unsagbare Verbrechen begangen worden, die zur moralischen und materiellen Wiedergutmachung verpflichten.«[2] Im Jahr 2000 entschuldigte sich der deutsche Bundespräsident Johannes Rau in einer Rede vor der israelischen Knesset und erbat »Vergebung für das, was Deutsche getan haben«.[3]

Japan hingegen entschuldigte sich für seine Gräueltaten im Krieg zögerlicher. In den 30er und 40er Jahren waren Zehntausende Frauen und Mädchen aus Korea und anderen asiatischen Staaten in Bordelle gezwungen und von japanischen Soldaten als Sexsklavinnen missbraucht worden.[4] Seit den 90er Jahren sieht Japan sich wachsendem internationalen Druck ausgesetzt, sich gegenüber den sogenannten »Trostfrauen« formell zu entschuldigen und sie zu entschädigen. In den 90ern wurden den Opfern von einem privaten Fonds Zahlungen angeboten, und japanische Führungspersönlichkeiten äußerten eingeschränkte Entschuldigungen.[5] Aber noch 2007 bestand der japanische Premierminister Shinzō Abe darauf, dass das japanische Militär nicht für die Zwangsprostitution der Frauen verantwortlich sei. Als Reaktion verabschiedete der US-Kongress eine Resolution, in der die japanische Regierung dringend aufgefordert wurde, die Rolle ihres Militärs bei der Versklavung der Trostfrauen formell anzuerkennen und sich dafür zu entschuldigen.[6]

Andere Auseinandersetzungen über Entschuldigungen betreffen historische Ungerechtigkeiten gegenüber indigenen Völkern. In Australien gab es in den letzten Jahren heftige Debatten über die Verpflichtungen der Regierung gegenüber den Aborigines. Von den 1910er Jahren bis in die 70er hatte man Mischlingskinder von Aborigines zwangsweise von ihren Müttern getrennt und in Pflegefamilien oder Lagern untergebracht. (In den meisten Fällen waren die Mütter Aborigines, die Väter Weiße.) Die Politik zielte darauf ab, die Kinder an die Gesellschaft der Weißen zu assimilieren und das Verschwinden der Aborigine-Kultur zu beschleunigen.[7] Die von der Regierung gebilligten Kindesentführungen sind in *Long Walk Home* dargestellt. In diesem Spielfilm wird die Geschichte dreier junger Mädchen erzählt, die 1931 aus einem Lager fliehen und sich auf eine Reise von 1200 Meilen machen, um zu ihren Müttern zurückzukehren.

1997 dokumentierte eine Menschenrechtskommission die Grausamkeiten, die man der »gestohlenen Generation« der Aborigines angetan hatte, und empfahl, einen jährlichen Gedenktag der nationalen Entschuldigung einzurichten.[8] Der damalige Premierminister John Howard lehnte eine öffentliche Entschuldigung jedoch ab. Die Frage wurde zu einem Streitthema der australischen Politik. Erst 2008 äußerte der neu gewählte Premierminister Kevin Rudd eine offizielle Entschuldigung gegenüber den Aborigines. Zwar bot er keine individuellen Entschädigungen an, er sagte aber Maßnahmen zu, mit denen die sozialen und wirtschaftlichen Benachteiligungen, die die eingeborene Bevölkerung Australiens zu erleiden hatte, überwunden werden sollten.[9]

Auch in den USA sind in den letzten Jahrzehnten vermehrt Debatten über öffentliche Entschuldigungen und Reparationen geführt worden. 1988 unterzeichnete Präsident Ronald Reagan das Gesetz über eine offizielle Entschuldigung gegenüber den Amerikanern japanischer Abstammung, die während des Zweiten Weltkriegs in Internierungslagern an der Westküste festgehalten worden waren.[10] Zusätzlich zu dieser Entschuldigung brachte er ein Gesetz auf den Weg, das eine Entschädigung von 20 000 Dollar für jeden Überlebenden der Lager vorsah und dazu Geldmittel für die Förderung der japanisch-amerikanischen Kultur und Geschichte. 1993 entschuldigte sich der Kongress für ein weiter zurückliegendes historisches Unrecht: den Sturz des unabhängigen Königreiches Hawaii ein Jahrhundert zuvor.[11]

Die vielleicht größte anstehende Entschuldigungsfrage in den USA betrifft das Vermächtnis der Sklaverei. Das Versprechen des Bürgerkriegs, jedem befreiten Sklaven »40 Morgen Land und ein Maultier« zu übereignen, wurde nie eingelöst. In den 90ern erlangte die Bewegung für Reparationen an Schwarze neue Aufmerksamkeit.[12] Seit 1989 schlägt der Kongressabgeordnete John Conyers jedes Jahr vor, gesetzliche Schritte für die Schaffung einer Kommission einzuleiten, die eine Wiedergutmachung für Afroamerikaner untersuchen soll.[13] Obwohl die Idee der Wiedergutmachung von vielen Organisationen der Afroamerikaner und von Menschenrechtsgruppen unterstützt wird, hat sie sich in der breiten Öffentlichkeit noch nicht durchgesetzt.[14] Wie Umfragen zeigen, befürwortet eine Mehrheit der Afroamerikaner Reparationen, während es unter den Weißen nur vier Prozent sind.[15]

Auch wenn die Bewegung für Reparationen vielleicht inzwischen zum Stillstand gekommen ist, haben die letzten Jahre eine Welle offizieller Entschuldigungen mit sich gebracht. Virginia, einst der größte Sklavenhalterstaat, entschuldigte sich 2007 als Erster für die Sklaverei.[16] Ihm folgten zahlreiche andere Staaten, darunter Alabama, Maryland, North Carolina, New Jersey und Florida.[17] 2008 verabschiedete dann das Abgeordnetenhaus der USA eine Resolution mit einer Entschuldigung gegenüber den Afroamerikanern wegen der Sklaverei und der Jim-Crow-Ära der Rassentrennung, die sich bis in die Mitte des 20. Jahrhunderts erstreckt hatte.[18]

Sollten Länder sich für historisches Unrecht entschuldigen? Wollen wir diese Frage beantworten, müssen wir einige schwierige Fragen über kollektive Verantwortung und die Ansprüche politischer Gemeinschaften durchdenken.

Als Rechtfertigung öffentlicher Entschuldigungen wird vor allem angeführt, dass das Andenken an diejenigen gewürdigt werden solle, die durch die politische Gemeinschaft (oder in deren Namen) Unrecht erlitten hätten. Zudem sollten so die weiterhin bestehenden Auswirkungen der Ungerechtigkeit auf die Opfer und deren Nachkommen anerkannt werden. Solche Entschuldigungen gelten als Sühne für das Unrecht, das jene verursacht haben, die die Ungerechtigkeit begangen oder sie nicht verhindert haben. Als öffentliche Geste können offizielle Entschuldigungen dazu beitragen, die Wunden der Vergangenheit zu heilen, und eine Grundlage für moralische und politische Versöhnung liefern.

Reparationen und andere Formen finanzieller Entschädigung lassen sich ähnlich rechtfertigen – als handfester Ausdruck von Entschuldigung und Sühne. Außerdem können sie dabei helfen, die Folgen der Ungerechtigkeit für die Opfer und deren Erben zu lindern.

Ob diese Gründe ausreichen, eine Entschuldigung zu rechtfertigen, hängt von den Umständen ab. In manchen Fällen können Versuche, öffentliche Entschuldigungen oder Reparationen zu erzwingen, mehr schaden als nützen – etwa dann, wenn sie alte Animositäten wecken, historische Feindschaften verschärfen, eine Selbstwahrnehmung als Opfer etablieren oder Ressentiments hervorrufen. Solche Sorgen werden oft von Gegnern öffentlicher Entschuldigungen geäußert.

Ob ein Akt der Entschuldigung oder der Wiedergutmachung eine politische Gemeinschaft insgesamt gesehen gesunden lässt oder eher schädigt, ist eine komplexe politische Frage. Die Antwort wird von Fall zu Fall unterschiedlich ausfallen.

Müssen wir für die Sünden unserer Vorfahren büßen?

Ich möchte mich jedoch auf ein anderes Argument konzentrieren, das die Gegner von Entschuldigungen für historische Ungerechtigkeiten oft vorbringen – ein grundsätzlicheres Argument, das nicht von den Zufälligkeiten der Situation abhängt. Es besagt, dass gegenwärtig lebende Menschen sich nicht für Unrecht entschuldigen sollen – und es eigentlich auch gar nicht können –, das frühere Generationen begangen haben.[19] Entschuldigt man sich für ein Unrecht, bedeutet das letzten Endes, dass man eine gewisse Verantwortung dafür übernimmt. Für etwas, das man nicht selbst begangen hat, kann man sich aber nicht entschuldigen. Wie also sollte man sich für etwas entschuldigen, das begangen wurde, ehe man überhaupt auf der Welt war?

Der australische Premierminister John Howard begründete seine Ablehnung einer offiziellen Entschuldigung gegenüber den Aborigines so: »Ich glaube nicht, dass die derzeitige Generation der Australier sich formell entschuldigen und die Verantwortung für die Taten einer früheren Generation übernehmen sollte.«[20]

Ein vergleichbares Argument wurde in der Debatte über Reparationen für Sklaverei in den USA vorgebracht. Der Kongressabgeordnete Henry Hyde, ein Republikaner, kritisierte den Wiedergutmachungsgedanken mit folgender Begründung: »Ich habe nie einen Sklaven besessen. Ich habe niemals jemanden geknechtet. Ich glaube nicht, dass ich für jemanden bezahlen sollte, der Generationen vor meiner Geburt Sklaven besaß.«[21] Walter E. Williams, ein Afroamerikaner, der ebenfalls gegen Reparationen war, äußerte eine ähnliche Ansicht: »Wenn die Regierung das Geld von einer Zauberfee oder vom Weihnachtsmann bekäme, wäre das toll. Doch die Regierung muss sich das Geld von den Bürgern holen, und heute sind keine Bürger mehr am Leben, die für die Sklaverei verantwortlich gewesen sind.«[22]

Es mag so aussehen, als werfe besonders die Besteuerung heutiger Bürger wegen eines vergangenen Unrechts ein Problem auf. Doch die gleiche Frage taucht auch in Debatten über Entschuldigungen auf, die nicht mit finanziellen Entschädigungen verbunden sind.

Bei Entschuldigungen zählt der Gedanke. Es geht um die Vorstellung, Verantwortung anzuerkennen. Jeder kann ein Unrecht beklagen. Doch nur, wer in irgendeiner Hinsicht mit dem Unrecht zu tun hat, kann sich dafür entschuldigen. Kritiker der Entschuldigungen erfassen genau, was moralisch auf dem Spiel steht. Und sie verwerfen die Vorstellung, die jeweils lebende Generation könne für die Sünden ihrer Vorfahren moralisch verantwortlich sein.

Als das Parlament von New Jersey 2008 die Frage der Entschuldigung erörterte, fragte ein republikanischer Abgeordneter: »Wer unter den heute Lebenden ist der Sklavenhaltung schuldig und damit in der Lage, sich für das Vergehen zu entschuldigen?« Für ihn lag es auf der Hand, dass es da keinen gebe: »Die heutigen Einwohner von New Jersey, selbst jene, die ihre Abstammung bis zu (...) Sklavenhaltern zurückverfolgen können, tragen keine kollektive Schuld oder Verantwortung für Ungerechtigkeiten, die sie persönlich nicht begangen haben.«[23] Als das US-Repräsentantenhaus antrat, um über eine Entschuldigung für Sklaverei und Rassentrennung abzustimmen, meinte ein republikanischer Kritiker, das sei in etwa so, als würde man sich für Taten entschuldigen, die der eigene »Ur-Ur-Urgroßvater« begangen habe.[24]

Der grundsätzliche Einwand gegen offizielle Entschuldigungen ist nicht leicht zurückzuweisen. Er beruht auf der Vorstellung, wir seien nur für das verantwortlich, was wir selbst tun, nicht aber für die Handlungen anderer Menschen oder für Ereignisse, die wir nicht steuern können. Wir sind so gesehen nicht verantwortlich für die Sünden unserer Eltern oder Großeltern oder eben unserer Landsleute.

Der grundsätzliche Einwand gegen offizielle Entschuldigungen ist von Gewicht, weil er sich auf eine starke und attraktive Vorstellung bezieht. Wir könnten sie als Idee des »moralischen Individualismus« bezeichnen. Die Lehre des moralischen Individualismus geht nicht davon aus, dass Menschen egoistisch sind, sondern sie postuliert, dass wir nur Verpflichtungen unterworfen sind, die wir freiwillig eingehen. Was immer ich anderen schulde, schulde ich ihnen aufgrund einer gewissen Übereinkunft – einer Entscheidung, einer Zusage oder einer getroffenen Abmachung, die ich selbst, ob nun stillschweigend oder explizit, getätigt habe.

Die Vorstellung, meine Verantwortung sei auf das beschränkt, was ich mir selbst auferlege, hat befreiende Wirkung. Sie geht davon aus, dass wir als moralisch Handelnde freie und unabhängige Individuen sind. Keine moralischen Fesseln hindern uns daran, unsere Ziele selbst zu wählen. Nicht Brauchtum, Tradition oder ererbter Status, sondern die freie Entscheidung jedes Einzelnen ist die Quelle der moralischen Verpflichtungen, die uns binden.

Es liegt auf der Hand, dass diese Sicht der Freiheit wenig Raum lässt für kollektive Verantwortung oder für eine Pflicht, die moralische Bürde historischen, von unseren Vorfahren begangenen Unrechts zu tragen. Hätte ich meinem Großvater versprochen, seine Schulden zu begleichen oder mich für seine Sünden zu entschuldigen, wäre das etwas anderes. Meine Pflicht, für Erstattung zu sorgen, wäre eine auf Übereinkunft beruhende Verpflichtung – sie ergäbe sich aber nicht aus einer kollektiven, die Generationen übergreifenden Identität. Ohne ein solches Versprechen erkennt der moralische Individualist keinerlei Pflicht an, für die Sünden der Vorfahren zu büßen. Schließlich waren das ihre und nicht seine Sünden.

Falls die Freiheitsvorstellung des moralischen Individualismus zutrifft, haben die Kritiker offizieller Entschuldigungen nicht ganz unrecht; für die Verfehlungen unserer Vorfahren tragen wir keine moralische Last. Doch es geht um weit mehr als um Entschuldigungen und kollektive Verantwortung. Die individualistische Sicht der Freiheit liegt vielen Theorien der Gerechtigkeit zugrunde, die uns von der zeitgenössischen Politik her wohlvertraut sind. Wenn diese Vorstellung von Freiheit allerdings falsch ist – und davon bin ich überzeugt –, dann müssen wir einige der grundlegenden Merkmale unseres öffentlichen Lebens überdenken.

Wie wir gesehen haben, spielen die Vorstellungen von Übereinkunft und freier Entscheidung eine große Rolle – nicht nur in der zeitgenössischen Politik, sondern auch in modernen Theorien der Gerechtigkeit. Werfen wir einen Blick zurück und sehen uns an, wie unterschiedliche Begriffe von Wahl und Übereinkunft dazu beigetragen haben, unsere heutigen Annahmen zu formen.

Eine frühe Version des wählenden Individuums stammt von John Locke. Er meinte, eine legitime Herrschaft müsse auf Übereinkunft beruhen. Warum? Weil wir freie und unabhängige Wesen seien – keiner väterlichen Autorität oder dem Gottesgnadentum eines Königs unterworfen. Da wir »von Natur alle frei, gleich und unabhängig sind, [kann] niemand ohne seine Einwilligung aus diesem Zustand verstoßen und der politischen Gewalt eines anderen unterworfen werden«.[25]

Ein Jahrhundert später bot Immanuel Kant eine stärkere Version des wählenden Individuums an. Im Gegensatz zu utilitaristischen und empiristischen Philosophen behauptete Kant, wir seien mehr als ein Bündel von Vorlieben und Begierden. Frei sein heiße selbstbestimmt sein, und das bedeute, dass ich von einem Gesetz regiert werde, das ich mir selbst gegeben habe.

Die Autonomie Kants ist anspruchsvoller als die Vorstellung einer Übereinkunft. Wenn ich das sittliche Gesetz will, so entscheide ich nicht einfach nach meinen zufälligen Begierden oder Treuepflichten. Vielmehr sehe ich von meinen speziellen Interessen und Bindungen ab und wähle es als Teilhaber der reinen praktischen Vernunft.

Im 20. Jahrhundert übernahm John Rawls Kants Entwurf des autonomen Selbst bzw. des selbstbestimmten Individuums und bezog sich in seiner Theorie der Gerechtigkeit darauf. Wie Kant stellte Rawls fest, dass die von uns getroffenen Entscheidungen oft moralisch willkürliche Zufälle widerspiegeln. Entscheidet sich beispielsweise jemand dafür, in einem ausbeuterischen Betrieb zu arbeiten, kann das dringender wirtschaftlicher Not entspringen und keiner in irgendeinem vernünftigen Sinn freien Entscheidung. Wenn wir also wollen, dass die Gesellschaft ein freiwilliger Zusammenschluss ist, dann können wir sie nicht auf eine simple Übereinkunft gründen. Stattdessen sollten wir fragen, welchen Grundsätzen von Gerechtigkeit wir zustimmen würden, wenn wir unsere Einzelinteressen und Vorteile beiseitelassen und hinter einem Schleier des Nichtwissens entscheiden würden.

Kants Idee eines autonomen Willens und Rawls' Vorstellung einer hypothetischen Übereinkunft hinter einem

Schleier des Nichtwissens haben eines gemeinsam: Beide denken sich den moralisch Handelnden als unabhängig von seinen besonderen Zielen und Bindungen. Wenn wir das moralische Gesetz wollen (Kant) oder die Grundsätze der Gerechtigkeit wählen (Rawls), tun wir das ohne Bezug auf die Rollen und Identitäten, die unsere eigene Stellung in der Welt bestimmen und uns zu den speziellen Menschen machen, die wir sind.

Wenn wir beim Nachdenken über Gerechtigkeit von unseren jeweils eigenen Identitäten absehen müssen, ist nicht leicht zu begründen, warum die heutigen Deutschen für den Holocaust entschädigen oder Amerikaner der gegenwärtigen Generation das Unrecht der Sklaverei und der Rassentrennung wiedergutmachen sollten. Warum? Nun, wenn ich von meiner Identität als Deutscher oder Amerikaner absehe und mich als freies und unabhängiges Selbst vorstelle, gibt es keinen Grund für die Annahme, meine Verpflichtung zum Ausgleich dieser historischen Ungerechtigkeiten sei größer als die eines beliebigen anderen.

Stellt man sich Personen als freie, unabhängige Individuen vor, ergibt sich daraus nicht nur ein Unterschied bei Fragen der kollektiven Verantwortung über Generationen hinweg, sondern es schließt auch noch einen Aspekt ein, der weiter reicht: Denkt man den moralisch Handelnden in dieser Weise, hat das Folgen für die Art, in der wir über Gerechtigkeit in einem umfassenderen Sinn nachdenken. Die Vorstellung, wir seien frei entscheidende, unabhängige Individuen, stützt die Idee, dass die Grundsätze der Gerechtigkeit, die unsere Rechte bestimmen, nicht auf irgendwelchen moralischen oder religiösen Entwürfen beliebiger Art beruhen, sondern vielmehr versuchen sollten, gegenüber konkurrierenden Visionen des guten Lebens neutral zu sein.

Der Gedanke, der Staat solle sich bemühen, in Hinblick auf die verschiedenartigen Vorstellungen vom guten Leben neutral zu sein, steht für einen Abschied von alten Politikvorstellungen. Für Aristoteles besteht der Zweck von Politik nicht nur darin, ökonomischen Austausch zu erleichtern und die gemeinschaftliche Verteidigung zu organisieren, sondern sie hat auch den guten Charakter zu fördern und gute Bürger heranzubilden. Auseinandersetzungen über Gerechtigkeit sind deshalb zwangsläufig auch Auseinandersetzungen über das gute Leben. Wenn wir vorhaben, »über die beste Staatsverfassung die entsprechende Untersuchung anzustellen, muss zunächst genau [bestimmt werden], welches Leben das wählenswerteste ist. Ist das nämlich unklar, muss auch die beste Staatsverfassung unklar sein«.[26]

Die Vorstellung, Politik befasse sich mit der Förderung der Tugend, kommt heute vielen merkwürdig, wenn nicht gar gefährlich vor. Wer kann schon sagen, worin Tugend besteht? Und was ist, wenn die Leute anderer Meinung sind? Wenn das Gesetz bestrebt ist, gewisse moralische und religiöse Ideale voranzubringen: Führt das nicht zu Intoleranz und Zwang? Wenn wir an Staaten denken, die sich bemühen, Tugend zu fördern, fällt uns nicht zuerst die Polis Athens ein; wir denken eher an den religiösen Fundamentalismus der Vergangenheit und der Gegenwart – Steinigung für Ehebruch, Burkas, Hexenprozesse und so weiter.

Theorien der Gerechtigkeit, die auf einer bestimmten religiösen oder säkularen Vorstellung des guten Lebens beruhen, stehen für Kant und Rawls im Widerspruch zur Freiheit. Solche Theorien zwingen den Menschen bestimmte Werte auf und missachten sie deshalb als freie und unabhängige Individuen, die imstande sind, ihre eigenen Zwecke und Ziele zu wählen. Somit gehen das frei entscheidende Selbst und der neutrale Staat Hand in Hand: Gerade weil wir freie und unabhängige Individuen sind, benötigen wir einen Rechtsrahmen, der Zielen gegenüber neutral ist, sich weigert, in moralischen wie religiösen Auseinandersetzungen Partei zu ergreifen, und es den Bürgern freistellt, ihre eigenen Werte zu wählen.

Man mag einwenden, keine Theorie der Gerechtigkeit und der Rechte könne moralisch neutral sein. In gewisser Hinsicht ist das offenkundig wahr. Kant und Rawls vertreten keinen moralischen Relativismus. Die Vorstellung, Menschen sollten ihre eigenen Ziele selbst wählen können, ist an sich eine starke Idee. Sie sagt uns jedoch nicht, wie wir unser Leben führen sollen. Sie verlangt nur, dass wir unsere Ziele in Einklang mit dem Recht anderer verfolgen, es genauso zu halten. Der Reiz eines neutralen Rahmens liegt genau in seiner Weigerung, einen bestimmten Lebensstil oder eine Vorstellung des Guten zu bevorzugen.

Kant und Rawls streben ein bestimmtes Ideal an und wenden sich in diesem Zuge besonders gegen Theorien der Gerechtigkeit, die Rechte aus einer bestimmten Vorstellung des Guten ableiten. Der Utilitarismus ist eine solche Theorie. Er nimmt an, das Gute bestehe darin, die Lust oder das Wohlergehen zu mehren, und fragt, mit welchem Rechtssystem das am wahrscheinlichsten zu erreichen sei. Aristoteles legt eine ganz andere Theorie des Guten vor. Hier geht es nicht darum, die Lust zu maximieren; vielmehr sollen wir unsere Natur verwirklichen und unsere spezifisch menschlichen Fähigkeiten entwickeln. Aristoteles' Argumentation ist teleologisch insofern, als sie von einer bestimmten Vorstellung des zu verwirklichenden Guten ausgeht.

Diese Art der Argumentation lehnen Kant und Rawls ab. Sie meinen, das Recht habe Vorrang vor dem Guten. Die

Grundsätze, die unsere Pflichten und Rechte festlegen, sollten nicht auf irgendeiner speziellen Vorstellung des guten Lebens aufbauen. Kant schreibt von den »Verirrungen der Philosophen in Ansehung des obersten Prinzips der Moral«. Die alten Philosophen machten den Fehler, »ihre moralische Untersuchung gänzlich auf die Bestimmung des Begriffs vom höchsten Gut« zu richten und dann zu versuchen, dieses Gut »zum Bestimmungsgrunde des Willens im moralischen Gesetze« zu machen.[27] Doch Kant zufolge heißt das, die Dinge falsch herum anzugehen. Außerdem widerspricht es in seinen Augen der Freiheit. Wenn wir uns als selbstbestimmte Wesen sehen sollen, müssen wir das moralische Gesetz zunächst wollen. Erst dann – wenn wir bei dem Grundsatz angelangt sind, der unsere Pflichten und Rechte bestimmt – können wir fragen, welche Vorstellungen des Guten damit vereinbar sind.

Rawls argumentiert ähnlich: »Die gleichen bürgerrechtlichen Freiheiten für alle sind in Gefahr, wenn sie auf teleologische Grundsätze aufgebaut werden.«[28]

Es ist leicht zu erkennen, warum Rechte verletzlich bleiben, wenn sie auf utilitaristischen Erwägungen aufbauen. Denn wenn mein Recht auf Religionsfreiheit nur respektiert wird, weil das das allgemeine Glück fördert, was geschieht dann, wenn eines Tages eine große Mehrheit meine Religion verachtet und sie verbieten möchte?

Doch Rawls und Kant zielen nicht nur auf utilitaristische Theorien der Gerechtigkeit. Wenn das Recht Vorrang vor dem Guten hat, dann geht auch Aristoteles' Denken über Gerechtigkeit in die Irre, das vom Telos oder der Natur des betreffenden Gutes ausgeht: Wollen wir über eine gerechte politische Ordnung nachdenken, müssen wir ihm zufolge von der Natur des guten Lebens her argumentieren, und eine gerechte Verfassung können wir erst ausarbeiten, wenn wir zunächst herausfinden, wie wir am besten leben sollen.

Rawls widerspricht: »Teleologische Strukturen [sind] grundsätzlich auf dem Holzweg: Sie setzen von Anfang an das Rechte und das Gute in eine falsche Beziehung zueinander. Man sollte nicht versuchen, unserem Leben dadurch Form zu verleihen, dass man sich zuerst nach dem unabhängig definierten Wohl umsieht.«[29]

Gerechtigkeit und Freiheit

In dieser Debatte steht mehr auf dem Spiel als die abstrakte Frage, wie wir über Gerechtigkeit nachdenken sollten. Die Diskussion über den Vorrang des Rechts vor dem Guten ist letztlich eine Debatte über die Bedeutung der Freiheit des Menschen. Kant und Rawls verwerfen Aristoteles' Teleologie, weil sie uns anscheinend keine Möglichkeit einräumt, das Gute selbst zu wählen. Es ist leicht zu erkennen, wie die Theorie des Aristoteles Anlass zu dieser Sorge gibt. Sie sieht Gerechtigkeit als eine Frage der Zuordnung von Menschen zu den Zielen oder Gütern, die ihrer Natur angemessen sind. Wir dagegen neigen dazu, Gerechtigkeit als Frage der Wahl und nicht der Zuordnung zu betrachten.

Rawls' Plädoyer für den Vorrang des Rechts vor dem Guten reflektiert die Überzeugung, dass das »moralische Subjekt also seine Ziele selbst gewählt« hat.[30] Als moralisch Handelnde sind wir nicht durch unsere Ziele bestimmt, sondern durch unsere Fähigkeit, eine Wahl zu treffen. »Nicht unsere Ziele drücken in erster Linie unsere Natur aus«, vielmehr sind es die Grundsätze, die wir wählen würden, wenn wir von unseren Zielen absehen könnten. »Denn die Person ist vor ihren Zielen da; auch ein übergeordnetes Ziel muss aus vielen Möglichkeiten gewählt werden (...). Man sollte daher die in den teleologischen Theorien bestehende Beziehung zwischen dem

Rechten und dem Guten umkehren und das Rechte als das Primäre ansehen.«[31]

Die Vorstellung, das Recht solle gegenüber Entwürfen des guten Lebens neutral sein, spiegelt die Vorstellung des Menschen als eines frei wählenden Individuums wider, das nicht durch vorrangige moralische Zwänge gebunden ist. Zusammengefasst sind diese Ideen charakteristisch für das moderne liberale Denken. Mit *liberal* meine ich nicht das Gegenteil von *konservativ* in dem Sinne, wie diese Begriffe in Amerika verwendet werden. Tatsächlich gehört es zu den speziellen Merkmalen der politischen Debatte in Amerika, dass die Ideale des neutralen Staates und des frei wählenden Individuums quer durch das politische Spektrum anzutreffen sind. Ein großer Teil der Auseinandersetzungen über die Rolle des Staates und der Märkte bezieht sich auf die Frage, wie die Einzelnen am besten in die Lage zu versetzen sind, ihre eigenen Ziele zu verfolgen.

Egalitäre Liberale favorisieren bürgerliche Freiheiten und grundlegende soziale und wirtschaftliche Rechte – das Recht auf medizinische Versorgung, Ausbildung, Beschäftigung, Einkommenssicherheit und so weiter. Will man die Einzelnen in die Lage versetzen, ihre eigenen Ziele zu verfolgen, erfordert das ihrer Ansicht nach, dass die Regierung die materiellen Voraussetzungen für eine wahrhaft freie Wahl gewährleistet. Seit den Zeiten des New Deal haben Verfechter des amerikanischen Wohlfahrtsstaates weniger im Namen sozialer Solidarität und gemeinschaftlicher Verpflichtungen als im Namen der Rechte des Einzelnen und der Wahlfreiheit argumentiert. Als Franklin D. Roosevelt 1935 die Sozialversicherung einführte, präsentierte er sie nicht als Ausdruck wechselseitiger Verpflichtungen der Bürger; vielmehr richtete er sie so ein, dass sie eher einer privaten Versicherung glich, die durch lohnabhängige »Beiträge« und nicht durch allgemeine Steuereinnahmen finanziert wurde.[32] Und als er 1944 eine Agenda für den amerikanischen Wohlfahrtsstaat entwarf, nannte er ihn eine »Wirtschaftsverfassung«. Statt eine auf Gemeinschaft beruhende Begründung anzubieten, brachte Roosevelt vor, solche Rechte seien wesentlich für die »wahre individuelle Freiheit«, und fügte hinzu: »Menschen in Not sind keine freien Menschen.«[33]

Die Libertarianer wiederum (in der aktuellen US-Politik werden sie gewöhnlich als Konservative bezeichnet, zumindest bei ökonomischen Fragen) plädieren ebenfalls für einen neutralen Staat, der die Entscheidungen des Einzelnen respektiere. Der libertarianische Philosoph Robert Nozick schreibt, der Staat müsse »zwischen seinen Bürgern peinlich neutral sein«.[34] In Hinblick auf die für dieses Ideal erforderliche Politik stimmen sie allerdings nicht mit den egalitären Liberalen überein. Die Libertarianer kritisieren den Wohlfahrtsstaat, verteidigen freie Märkte und meinen, die Menschen hätten ein Recht darauf, das verdiente Geld zu behalten. »Wie kann ein Mensch in Wirklichkeit frei sein«, fragte Barry Goldwater (ein libertarianischer Konservativer, der 1964 von den Republikanern als Präsidentschaftskandidat aufgestellt wurde), »wenn die Früchte seiner Arbeit nicht in seiner Verfügung sind, sondern in einem gemeinsamen Topf verschwinden, in dem der öffentliche Wohlstand gesammelt wird?«[35] Für Libertarianer braucht ein neutraler Staat bürgerliche Freiheiten und ein striktes System privater Eigentumsrechte. Der Wohlfahrtsstaat, meinen sie, versetze die Einzelnen nicht in die Lage, ihre eigenen Ziele zu wählen, sondern zwinge einige, zum Vorteil anderer zu agieren.

Ob egalitär oder libertarianisch – Theorien der Gerechtigkeit, die weltanschauliche Neutralität anstreben, üben einen starken Reiz aus. Sie offerieren die Hoffnung, Politik und Recht könnten es vermeiden, in die moralischen und religiösen Kontroversen verwickelt zu werden, die es in pluralistischen Gesellschaften zuhauf gibt. Und sie geben einer aufregenden Vorstellung menschlicher Freiheit Raum, indem sie uns als die Schöpfer der einzigen moralischen Verpflichtungen einsetzen, die uns binden.

Ungeachtet ihres Reizes ist diese Sicht der Freiheit falsch. Das gilt auch für das Bestreben, Grundsätze der Gerechtigkeit zu finden, die gegenüber konkurrierenden Vorstellungen des guten Lebens neutral sind.

Zumindest ist das der Schluss, zu dem ich neige. Nachdem ich mich mit den hier dargelegten philosophischen Argumenten auseinandergesetzt und mir angesehen habe, welchen Platz diese Argumente im öffentlichen Leben einnehmen, glaube ich nicht, dass die Freiheit der Entscheidung – selbst eine Entscheidungsfreiheit unter fairen Voraussetzungen – eine angemessene Grundlage für eine gerechte Gesellschaft darstellt. Darüber hinaus scheint der Versuch, neutrale Grundsätze der Gerechtigkeit zu finden, in die Irre zu führen. Es ist nicht immer möglich, unsere Rechte und Pflichten zu definieren, ohne entscheidende moralische Fragen aufzugreifen – und selbst wenn es möglich ist, mag es nicht immer wünschenswert sein. Ich möchte nun erläutern, warum das so ist.

Die Anforderungen der Gemeinschaft

Die Schwäche der liberalen Vorstellung von Freiheit ist eng mit ihrem größten Reiz verbunden. Wenn wir uns als unabhängige Individuen verstehen – frei von Bindungen, die wir nicht selbst gewählt haben –, dann ergibt eine ganze Reihe moralischer und politischer Verpflichtungen, die wir gewöhnlich anerkennen und achten, für uns keinen Sinn. Dazu zählt die Pflicht zu Solidarität und Loyalität, historischem Gedenken und religiösem Glauben – moralische Forderungen, die sich aus den Gemeinschaften und Traditionen ergeben, die unsere Identität formen. Solange wir uns nicht als prinzipiell befangene Individuen sehen, die gegenüber nicht selbst gewollten Forderungen offen sind, ist es schwierig, in diesen Aspekten unserer moralischen und politischen Erfahrungswirklichkeit einen Sinn zu erkennen.

In den 80er Jahren, ein Jahrzehnt, nachdem Rawls' *Theorie der Gerechtigkeit* dem amerikanischen Liberalismus seinen umfassendsten philosophischen Ausdruck gegeben hatte, stellten mehrere Kritiker (zu denen auch ich gehörte) das Ideal des frei wählenden, unbefangenen Individuums mit einer ähnlichen Gedankenführung in Frage. Sie verwarfen die Behauptung, das Recht habe Vorrang vor dem Guten, und meinten, über Gerechtigkeit lasse sich nicht nachdenken, wenn wir von unseren Zielen und Bindungen absähen. Sie wurden als »kommunitaristische« Kritiker des zeitgenössischen Liberalismus bekannt.

Die meisten Kritiker konnten sich mit diesem Etikett nicht anfreunden, weil es an die relativistische Vorstellung anzuknüpfen schien, wonach Gerechtigkeit einfach das sei, was eine beliebige Gemeinschaft als solche definiere. Diese Besorgnis bringt einen wichtigen Punkt ans Licht: Vorgaben der Gemeinschaft können repressive Züge annehmen. Die Freiheit im liberalen Sinn entwickelte sich als Gegengift zu politischen Theorien, die den Menschen ein Schicksal zuwiesen, das durch Kaste oder Klasse, Stellung oder Rang, Gewohnheit, Tradition oder ererbten Status bestimmt war.

Wie also ist es möglich, das moralische Gewicht der Gemeinschaft anzuerkennen und der Freiheit des Menschen weiterhin Raum zu lassen? Falls die voluntaristische Vorstellung vom Menschen zu dürftig ist – falls also all unsere Verpflichtungen nicht aus unserem Willen hervorgehen –, wie können wir uns dann als in die Welt gestellt und trotzdem frei ansehen?

Für diese Frage bietet Alasdair MacIntyre eine überzeugende Antwort. In seinem Buch *Der Verlust der Tugend* (1981) erläutert er, wie wir als moralisch Handelnde zu unseren Zwecken und Zielen gelangen. Als Alternative zum voluntaristischen Entwurf der Person legt MacIntyre ein Konzept vor, das auf der Narration beruht: Menschen sind Geschichtenerzähler, und unser Leben bekommt erst durch Geschichten einen Sinn. »Ich kann die Frage ›Was soll ich tun?‹ nur beantworten, wenn ich die vorgängige Frage beantworten kann: ›Als Teil welcher Geschichte oder welcher Geschichten sehe ich mich?‹«[36]

Alle gelebten Narrative besitzen, wie MacIntyre feststellt, einen gewissen teleologischen Charakter. Das heißt nicht, dass ihnen von einer äußeren Autorität auferlegte feststehende Zwecke oder Ziele zu eigen sind. Teleologie und Unvorhersagbarkeit existieren nebeneinander. »Wie die Gestalten in einer fiktiven Erzählung wissen wir nicht, was als Nächstes passiert, aber trotzdem hat unser Leben eine bestimmte Form, die sich auf unsere Zukunft projiziert.«[37]

Sein Leben zu leben heißt, eine narrative Suche in Szene zu setzen, die eine gewisse Einheit oder Kohärenz anstrebt. Angesichts konkurrierender Wege versuche ich herauszufinden, welcher Pfad meinem Leben insgesamt am ehesten einen Sinn verleiht und was mir wichtig ist. Moralische Überlegungen haben eher damit zu tun, meine Lebensgeschichte zu interpretieren, als damit, meinen Willen auszuüben. Das schließt eine Wahl ein, doch sie geht aus der Interpretation hervor – sie ist kein souveräner Willensakt. Zu jedem beliebigen Zeitpunkt sehen andere vielleicht deutlicher als ich, welcher der vor mir liegenden Pfade am besten zu meinem Lebensweg passt; wenn ich darüber nachdenke, muss ich mir möglicherweise eingestehen, dass mein Freund mich besser kennt als ich mich selbst. Dass sie diese Möglichkeit zulässt, ist ein Vorzug der narrativen Erklärung des moralischen Handelns.

Zudem zeigt sie, wie moralische Überlegungen ein Nachdenken über die umfassenderen Zusammenhänge, in die mein Leben eingebettet ist, einschließen. MacIntyre formuliert es so: »Denn ich bin nie imstande, nur in meiner Eigenschaft als Individuum das Gute zu suchen oder die Tugenden auszuüben.«[38] Meiner Lebenserzählung kann ich nur dadurch einen Sinn geben, dass ich mich mit den Geschichten arrangiere, von denen ich ein Teil bin. Für MacIntyre (wie für Aristoteles) ist der narrative oder teleologische Aspekt moralischen Nachdenkens an die Mitgliedschaft und Zugehörigkeit zu einem Kollektiv gebunden.

> Es geht auch darum, dass wir alle unsere eigenen Umstände als Träger einer besonderen sozialen Identität auffassen. Ich bin der Sohn oder die Tochter von jemandem, der Vetter oder Onkel von irgendwem; ich bin ein Bürger dieser oder jener Stadt, ein Mitglied dieser oder jener Zunft oder Berufsgruppe; ich gehöre zu dieser Sippe, jenem Stamm, dieser Nation. Was also gut für mich ist, muss gut für jemanden sein, der diese Rollen innehat. Als solcher erbe ich aus der Vergangenheit meiner Familie, meiner Stadt, meines Stammes, meiner Nation eine Vielzahl von Schulden, Erbschaften, berechtigten Erwartungen und Verpflichtungen. Sie konstituieren das Gegebene meines Lebens, meinen moralischen Ausgangspunkt. Dies verleiht meinem Leben einen Teil seiner moralischen Besonderheit.[39]

MacIntyre räumt freimütig ein, dass die narrative Erklärung im Widerspruch zum modernen Individualismus steht. »Aus der Sicht des Individualismus bin ich das, was ich zu sein gewählt habe.« Aus der Perspektive des Individualismus erfordert eine moralische Reflexion, dass ich von meinen Identitäten und meiner Befangenheit absehe: »Ich kann nicht für das verantwortlich gemacht werden, was mein Land tut oder getan hat, wenn ich mich nicht implizit oder explizit entschließe, eine solche Verantwortung zu übernehmen. (...) Dieser Individualismus kommt bei jenen modernen Amerikanern zum Ausdruck, die jede Verantwortung für die Auswirkungen der Sklaverei auf die schwarzen Amerikaner ablehnen, indem sie erklären: ›Ich habe nie Sklaven besessen‹.«[40] (Hier ist anzumerken, dass MacIntyre diese Zeilen fast zwei Jahrzehnte vor dem Zeitpunkt schrieb, als der Kongressabgeordnete Henry Hyde sich mit genau dieser Aussage gegen Reparationen aussprach.)

MacIntyre stellt noch ein weiteres Beispiel vor: »Der junge Deutsche, der meint, nach 1945 geboren zu sein bedeute, das, was die Nazis mit den Juden gemacht haben, sei moralisch belanglos für seine Beziehung mit seinen jüdischen Zeitgenossen.« In dieser Haltung erkennt MacIntyre moralische Oberflächlichkeit. Sie geht zu Unrecht davon aus, dass »das Selbst von seinen sozialen und historischen Rollen und seinem sozialen und historischen Status gelöst werden kann«.[41]

> Der Gegensatz zur narrativen Sicht des Selbst ist deutlich. Denn die Geschichte meines Lebens ist stets eingebettet in die Geschichte jener Gemeinschaften, von denen ich meine Identität herleite. Ich wurde mit einer Vergangenheit geboren, und der Versuch, mich auf individualistische Art von dieser Vergangenheit abzunabeln, bedeutet die Deformierung meiner gegenwärtigen Beziehungen.[42]

MacIntyres narrativer Entwurf der Person zeigt einen deutlichen Kontrast zur voluntaristischen Vorstellung des Menschen als frei entscheidendes, unbefangenes Individuum. Wie können wir nun entscheiden, welcher der beiden Sichtweisen der Vorzug zu geben ist? Wir könnten uns fragen, welche besser zu unseren moralischen Erwägungen passt, doch diese Frage ist abstrakt nur schwer zu beantworten. Oder wir können fragen, welche von ihnen eine überzeugendere Erklärung für unsere moralischen und politischen Verpflichtungen liefert. Haben wir Verpflichtungen, die wir nicht selbst gewählt haben und die nicht auf einen Gesellschaftsvertrag zurückzuführen sind?

Verpflichtungen jenseits von Vereinbarungen

Rawls' Antwort würde lauten: Nein. Nach der liberalen Vorstellung können Verpflichtungen nur auf zwei Wegen entstehen: als natürliche Pflichten, die wir den Menschen als solchen schulden, und als freiwillige Verpflichtungen, die wir durch Übereinkunft eingehen.[43]

Natürliche Pflichten sind universell gültig. Wir schulden sie Personen in ihrer Eigenschaft als Personen, als rationale Wesen. Das schließt die Pflicht ein, andere Menschen mit Respekt zu behandeln, Gerechtigkeit zu üben, Grausamkeit zu vermeiden und so weiter. Da sie aus einem autonomen Willen (Kant) oder aus einem hypothetischen Gesellschaftsvertrag (Rawls) hervorgehen, erfordern diese Pflichten keinen Akt der Übereinkunft. Niemand würde etwa sagen, ich sei nur dann verpflichtet, einen anderen nicht zu töten, wenn ich ihm versprochen hätte, es nicht zu tun.

Im Gegensatz zu natürlichen Pflichten sind freiwillige Verpflichtungen auf den speziellen Fall bezogen und nicht universell gültig. Wenn ich beispielsweise zugestimmt habe, das Haus meines Nachbarn zu streichen (etwa im Tausch gegen eine Bezahlung oder als Ausgleich für einen Gefallen), bin ich verpflichtet, diese Zusage auch auszuführen.

Nach der liberalen Vorstellung müssen wir die Würde aller Menschen achten, doch darüber hinaus schulden wir ihnen nur das, wozu wir uns bereit erklärt haben. Die liberale Gerechtigkeit verlangt, dass wir die Rechte der anderen (wie sie durch den neutralen Rahmen definiert sind) respektieren, aber nicht, dass wir ihr Wohlergehen fördern. Ob wir uns mit dem Wohlergehen anderer Menschen befassen müssen, hängt davon ab, ob und mit wem wir eine entsprechende Übereinkunft getroffen haben.

Eine augenfällige Implikation ist für Rawls, dass »es für den allgemeinen Bürger streng genommen keine politischen Verpflichtungen gibt«. Auch wenn jeder, der sich um ein Amt bewirbt, freiwillig eine politische Verpflichtung eingeht (also im Falle der Wahl seinem Land zu dienen), gilt eine solche Verpflichtung nicht für den gewöhnlichen Bürger. Rawls schreibt: Es »ist nicht recht klar, wer welchen verpflichtenden Akt ausgeführt haben soll«.[44] Wenn also die liberale Erklärung der Verpflichtung richtig ist, dann hat der Durchschnittsbürger seinen Mitbürgern gegenüber keine besonderen Verpflichtungen jenseits der universellen, natürlichen Pflicht, kein Unrecht zu begehen.

Aus Sicht der narrativen Vorstellung vom Menschen ist die liberale Erklärung der Verpflichtungen zu dünn. Sie kann die gegenseitige Verantwortung nicht erklären, die uns mit unseren Mitbürgern verbindet. Zudem ist sie nicht imstande, jene Loyalitäten und Verpflichtungen zu erfassen, deren moralische Kraft zum Teil auf der Tatsache beruht, dass wir uns als Mitglieder einer Familie oder Nation oder eines Volkes verstehen, als Träger einer bestimmten

Geschichte, als Bürger einer Republik. Der narrativen Erklärung zufolge sind all diese Identitäten keine Zufälligkeiten, die wir beiseiteschieben sollten, wenn wir über Moral und Gerechtigkeit nachdenken – sie sind Teil dessen, wer wir sind, und beeinflussen deshalb zu Recht auch unsere moralische Verantwortung.

Wenn wir uns also zwischen der voluntaristischen und der narrativen Vorstellung der Person entscheiden wollen, können wir beispielsweise fragen, ob es unserer Ansicht nach eine dritte Kategorie von Verpflichtungen gibt – nennen wir sie Verpflichtungen der Solidarität oder der Mitgliedschaft –, die nicht mit dem vertragstheoretischen Vokabular zu erklären sind. Im Gegensatz zu natürlichen Pflichten sind Verpflichtungen aus Solidarität auf den speziellen Fall bezogen und nicht universell gültig; sie betreffen moralische Verpflichtungen, die wir nicht rationalen Wesen als solchen schulden, sondern den Menschen, mit denen wir eine bestimmte Geschichte teilen. Doch anders als freiwillige Verpflichtungen hängen sie nicht von einem Akt der Übereinkunft ab. Ihr moralisches Gewicht leitet sich vielmehr aus der Position ab, aus der ich moralische Überlegungen anstelle – ich erkenne dabei an, dass meine Lebensgeschichte mit den Geschichten anderer verwoben ist.

Es lassen sich drei Kategorien moralischer Verantwortlichkeit voneinander unterscheiden:

1. *Natürliche Pflichten* – sind universell und erfordern keine Übereinkunft.
2. *Freiwillige Verpflichtungen* – sind auf den Einzelfall bezogen und erfordern eine Übereinkunft.
3. *Verpflichtungen aus Solidarität* – sind auf den Einzelfall bezogen und erfordern keine Übereinkunft.

Nun folgen einige mögliche Beispiele für Verpflichtungen aus Solidarität oder aufgrund der Mitgliedschaft. Wir wollen uns überlegen, ob sie moralisch von Gewicht sind und, falls ja, ob ihre moralische Kraft auf einer vorher getroffenen Übereinkunft beruht.

Familiäre Verpflichtungen

Als elementares Beispiel kennen wir die besondere Verantwortung von Familienmitgliedern füreinander. Nehmen wir an, zwei Kinder seien in Gefahr zu ertrinken, und aus zeitlichen Gründen kann ich nur eines von ihnen retten. Eines ist mein eigenes Kind, das andere ist das Kind eines Fremden. Wäre es falsch, das eigene Kind zu retten? Wäre es besser, eine Münze zu werfen? Die meisten Menschen würden sagen, es sei kein Unrecht, das eigene Kind zu retten, und fänden den Gedanken verrückt, der Fairness wegen müsse ein Münzwurf entscheiden. Hinter dieser Reaktion steht die Vorstellung, Eltern hätten eine spezielle Verantwortung für das Wohlergehen ihrer Kinder. Manche meinen, diese Verantwortung gehe aus einer Abmachung hervor – wenn Eltern beschlössen, Kinder zu haben, gingen sie freiwillig die Verpflichtung ein, sich mit besonderer Sorgfalt um sie zu kümmern.

Um uns der Frage der Abmachung zu entledigen, können wir den Sachverhalt umdrehen: Wie sieht es mit der Verantwortung von Kindern gegenüber ihren Eltern aus? Nehmen wir an, zwei alte Menschen bedürften der Pflege; es handelt sich um meine Mutter und um die Mutter einer anderen Person. Obwohl es bewundernswert wäre, wenn ich mich um beide kümmern könnte, würden die meisten Menschen darin übereinstimmen, dass ich vor allem dafür verantwortlich bin, meine Mutter zu versorgen. In diesem Fall ist nicht ersichtlich, dass eine vorherige Übereinkunft erklären könnte, warum das so ist. Ich habe meine Eltern nicht gewählt; ich habe mir nicht einmal selbst ausgesucht, Eltern zu haben.

Man könnte vorbringen, die moralische Verantwortung, für meine Mutter zu sorgen, leite sich daraus ab, dass sie sich um mich gekümmert habe, als ich klein gewesen sei. Weil sie mich aufgezogen und umsorgt habe, sei ich verpflichtet, diese Unterstützung zurückzuzahlen. Als ich die Wohltaten akzeptiert habe, die sie mir zukommen ließ, habe ich implizit zugestimmt, ihr im Bedarfsfall etwas zurückzugeben. Diese Aufrechnung des wechselseitigen Nutzens mag manchem zu kalt vorkommen, als dass sie familiäre Verpflichtungen erklären könnte. Nehmen wir jedoch an, wir würden sie akzeptieren – was würden wir dann von jemandem sagen, der von einer Mutter vernachlässigt oder mit Gleichgültigkeit behandelt wurde? Würden wir sagen, die Qualität der Kinderbetreuung bestimme das Ausmaß, in dem der Sohn oder die Tochter verantwortlich sei, den Eltern bei Bedarf zu helfen? Sofern Kinder verpflichtet sind, auch schlechten Eltern zu helfen, könnte diese moralische Forderung über die liberale Ethik von Gegenseitigkeit und Übereinkunft hinausgehen.

Französische Widerstandsbewegung

Begeben wir uns von der Sphäre der Familie zu den kollektiven Verpflichtungen. Während des Zweiten Weltkriegs flogen Mitglieder der französischen Widerstandsbewegung Bombenangriffe auf das von den Nazis besetzte Frankreich. Obwohl sie auf Fabriken und andere militärische Objekte zielten, konnten sie Opfer unter der Zivilbevölkerung nicht vermeiden. Eines Tages erhält ein Bomberpilot seine Befehle und stellt fest, dass das Ziel sein Heimatdorf ist. (Die Geschichte ist vielleicht nicht wahr, wirft aber eine faszinierende moralische Frage auf.) Er bittet darum, von dem Auftrag entbunden zu werden. Er akzeptiert, dass die Bombardierung dieses Dorfes für die Befreiung Frankreichs ebenso notwendig ist wie der Auftrag, den er am Tag zuvor ausgeführt hat. Ihm ist auch klar, dass es ein anderer tut, wenn er sich weigert. Sein Einwand gründet sich darauf, dass nicht er es sein möchte, der sein eigenes Dorf bombardiert und vielleicht einige der Bewohner tötet. Für ihn, so glaubt er, wäre es selbst um einer gerechten Sache willen ein moralisches Unrecht.

Wie gehen wir mit der Haltung des Piloten um? Bewundern wir sie? Oder werten wir sie als eine Form von Schwäche?

Sehen wir von der weiter gefassten Frage ab, wie viele zivile Opfer für die Befreiung Frankreichs gerechtfertigt sein mochten. Die Notwendigkeit des Auftrags oder die Zahl der verlorenen Menschenleben wurde von dem Piloten nicht in Frage gestellt. Ihm kam es darauf an, dass er nicht selbst diese speziellen Menschenleben auslöschte. Ist das Widerstreben des Piloten pure Zimperlichkeit oder steht es für einen moralisch bedeutsamen Zusammenhang? Wenn wir den Piloten bewundern, dann sicher deswegen, weil er seine Befangenheit als Mitglied seiner Dorfgemeinschaft eingesteht – wir bewundern den Charakter, der sich in seinem Widerstreben spiegelt.

Die Rettung äthiopischer Juden

Anfang der 80er Jahre vertrieb eine Hungersnot in Äthiopien ungefähr 400 000 Flüchtlinge in den benachbarten Sudan. Dort vegetierten sie in Flüchtlingslagern. 1984 startete die israelische Regierung eine verdeckte Luftbrücke mit der

Bezeichnung »Operation Moses«, um äthiopische Juden (bekannt als Falashas) nach Israel auszufliegen.[45] Es wurden mehrere Tausend äthiopische Juden gerettet, ehe man das Programm abbrach, nachdem arabische Regierungen den Sudan dazu gedrängt hatten, die Flüge zu stoppen. Der damalige israelische Premierminister Shimon Peres erklärte: »Wir werden nicht ruhen, solange nicht alle unsere Brüder und Schwestern sicher nach Hause zurückgekehrt sind.«[46] Als die im Sudan zurückgebliebenen äthiopischen Juden 1991 durch Bürgerkrieg und Hungersnot bedroht waren, startete Israel sogar eine noch aufwendigere Luftbrücke, mit der weitere 14 000 Falashas nach Israel gebracht wurden.[47]

War es richtig, dass Israel die äthiopischen Juden gerettet hat? Es ist schwer, sich die Luftbrücke anders denn als heroische Aktion vorzustellen. Die Falashas waren in einer verzweifelten Lage und wollten nach Israel kommen. Und Israel als jüdischer, im Anschluss an den Holocaust gegründeter Staat war geschaffen worden, um den Juden eine Heimat zu bieten. Aber nehmen wir an, jemand würde folgende Frage stellen: Hunderttausende äthiopischer Flüchtlinge litten Hunger. Wenn Israel angesichts seiner begrenzten Ressourcen nur einen kleinen Teil von ihnen retten konnte, warum hätte es dann nicht per Losentscheid bestimmen sollen, welche 7000 Äthiopier gerettet werden würden? Warum war die Luftbrücke, die ausschließlich den äthiopischen Juden zugutekam, kein Akt unfairer Diskriminierung?

Für den, der Verpflichtungen aus Solidarität und Zugehörigkeit akzeptiert, liegt die Antwort auf der Hand: Israel hat gegenüber Juden eine besondere Verantwortung, die über die Pflicht hinausgeht, Flüchtlingen ganz allgemein zu helfen.

Nun ist jedes Land verpflichtet, die Menschenrechte zu achten. Dies erfordert, dass es entsprechend seinen Möglichkeiten Menschen zu Hilfe kommt, die unter Hunger, Verfolgung oder Vertreibung aus ihrer Heimat leiden. Es handelt sich um eine universelle Verpflichtung, die mit Kant zu rechtfertigen ist – eine universelle Pflicht, die wir Menschen in ihrer Eigenschaft als Menschen schulden (Kategorie 1 von Seite 307). Die Frage, die wir zu entscheiden versuchen, bezieht sich darauf, ob einzelne Länder für ihre Staatsangehörigen eine weiter reichende, besondere Verantwortung tragen. Als der israelische Premierminister die äthiopischen Juden als »unsere Brüder und Schwestern« bezeichnete, berief er sich auf eine vertraute Metapher für Solidarität. Solange man eine solche Vorstellung nicht akzeptiert, dürfte man nur schwer erklären können, warum Israel seine Luftbrücke nicht per Losentscheid hätte durchführen sollen.

Ebenso schwer dürfte es einem fallen, Patriotismus zu rechtfertigen.

Ist Patriotismus eine Tugend?

Patriotismus ist ein stark umstrittenes moralisches Gefühl. Manche halten die Liebe zum eigenen Land für eine unangreifbare Tugend, während andere in ihr eine Quelle von gedankenlosem Gehorsam, Chauvinismus und Krieg sehen. Unsere Frage ist spezifischer: Bestehen für die Bürger eines Staates gegenseitige Verpflichtungen, die über jene hinausreichen, die sie gegenüber den Bürgern anderer Staaten haben? Und falls dem so ist: Können diese Verpflichtungen allein auf der Grundlage einer Übereinkunft erklärt werden?

Jean-Jacques Rousseau, ein glühender Verfechter des Patriotismus, bringt vor, gemeinschaftliche Bindungen und Identitäten seien eine notwendige Ergänzung zu unserer universellen Menschlichkeit. »Es scheint, als ob das Gefühl der Menschlichkeit schwächer würde und verschwände, indem es sich auf der ganzen Erde ausbreitet, und dass wir von dem Unglück der Tataren oder Japaner weniger berührt werden könnten als von dem eines anderen europäischen Volkes. Man muss in gewisser Weise die Anteilnahme und das Mitleiden begrenzen und verdichten, um ihnen Wirksamkeit zu verleihen.« Vaterlandsliebe, meint er, sei ein begrenzendes Prinzip, das das Gefühl für den Mitmenschen vertiefe. Es ist »zuträglich, dass die Menschlichkeit, die sich unter Mitbürgern verdichtet, durch die Gewohnheit, sich zu sehen, und durch den gemeinschaftlichen Nutzen, welcher sie miteinander verbindet, in ihnen eine neue Kraft bekomme.«[48]

Wenn aber die Mitbürger durch Loyalität und Gemeinschaftlichkeit verbunden seien, so heiße das, dass sie einander mehr schuldeten als Außenstehenden.

> Wollen wir, dass die Völker tugendhaft seien? So müssen wir damit beginnen, ihnen die Liebe zum Vaterland einzuflößen. Wie könnten sie es aber lieben, wenn es für sie nicht mehr ist als für jeden Fremden und es ihnen nur zugesteht, was es niemandem versagen kann?[49]

Alle Länder bieten der eigenen Bevölkerung mehr als Ausländern. Beispielsweise können US-Bürger viele Formen öffentlicher Leistungen in Anspruch nehmen – staatliche Schulbildung, Arbeitslosengeld, Berufsausbildungen, Sozialversicherung, Krankenversicherung, Sozialhilfe, Essensgutscheine und so weiter –, die Ausländern nicht zustehen. Tatsachlich sind die Gegner einer großzügigeren Einwanderungspolitik besorgt, dass die Neuankömmlinge Vorteile aus Sozialprogrammen ziehen könnten, die der amerikanische Steuerzahler finanziert habe. Doch das wirft die Frage auf, warum amerikanische Steuerzahler für die eigenen Bedürftigen eine größere Verantwortung tragen als für jene, die anderswo leben.

Manchen Menschen missfallen alle Formen öffentlicher Unterstützung; sie würden den Wohlfahrtsstaat gerne stark zurückfahren. Andere glauben, wir sollten großzügiger sein und die Menschen in Entwicklungsländern stärker unterstützen. Fast alle sehen jedoch einen Unterschied zwischen Wohlfahrt und Entwicklungshilfe, und die meisten sind der Ansicht, dass wir den eigenen Bürgern gegenüber eine besondere Verantwortung haben, die sich nicht auf alle Menschen in der Welt erstreckt. Ist diese Unterscheidung moralisch vertretbar, oder ist sie bloße Vetternwirtschaft, ein Vorurteil für unseresgleichen? Welche moralische Bedeutung haben nationale Grenzen wirklich? In Begriffen schierer Not ist die Milliarde Menschen in aller Welt, die von weniger als einem Dollar pro Tag leben, weit schlimmer gestellt als unsere hiesigen Armen.

Laredo in Texas und Juarez in Mexiko sind zwei unmittelbar benachbarte, durch den Rio Grande getrennte Städte. Einem in Laredo geborenen Kind stehen alle sozialen und wirtschaftlichen Vorteile des amerikanischen Wohlfahrtsstaates zu, und wenn es alt genug ist, hat es das Recht, überall in den USA eine Anstellung zu suchen. Ein auf der anderen Seite des Flusses geborenes Kind hat keine vergleichbaren Ansprüche. Es hat nicht einmal das Recht, den Fluss zu überqueren. Ohne selbst etwas dafür zu können, haben die beiden Kinder völlig unterschiedliche Lebensaussichten – allein wegen ihres Geburtsortes.

Der ungleich verteilte Wohlstand macht das Plädoyer zugunsten einer nationalen Gemeinschaft komplizierter. Wenn alle Länder gleich reich und alle Menschen Bürger des einen oder anderen Staates wären, ergäbe sich aus der Verpflichtung, besondere Sorge für die eigene Bevölkerung zu tragen, kein Problem – zumindest nicht aus der Perspektive der Gerechtigkeit. Doch in einer Welt mit weit gespannten Ungleichheiten zwischen reichen und armen Ländern können die Forderungen nach Gemeinschaft in ein Spannungsverhältnis zu den Forderungen nach Gleichheit geraten. Das brisante Thema der Einwanderung reflektiert diese Spannung.

Grenzpatrouillen

Die Reform der amerikanischen Einwanderungsgesetze ist ein politisches Minenfeld. Ein weitgehender Konsens herrscht eigentlich nur darüber, dass die Grenze der USA zu Mexiko zu sichern sei, um den Zustrom illegaler Einwanderer zu begrenzen. Die Polizei in Texas installierte vor kurzem Webcams an Orten, die für illegale Grenzübertritte bekannt sind. Bürger, die bei der Grenzüberwachung helfen wollen, können online als »virtuelle Hilfssheriffs« tätig werden. Wenn sie sehen, dass jemand die Grenze zu überqueren versucht, geben sie das an die Dienststelle des Sheriffs weiter, die der Sache nachgeht – manchmal mit Unterstützung der US-Border-Patrol.

Als ich im National Public Radio von dieser Webseite hörte, fragte ich mich, was die Leute dazu bringt, sich vor den Bildschirm ihres Rechners zu setzen. Es muss eine ziemlich öde Angelegenheit sein, mit langen Abschnitten der Untätigkeit – nicht einmal eine Belohnung wurde in Aussicht gestellt. Der Reporter befragte einen Lkw-Fahrer aus Südtexas – einen von Zehntausenden, die sich eingeloggt hatten. Nach einem langen Arbeitstag kommt der Trucker »nach Hause, baut seine auf zwei Meter verteilten 120 Kilo vor dem Computer auf, reißt eine Dose Red Bull auf ... und fängt an, sein Land zu beschützen.« Warum er das tue, wollte der Reporter wissen. »Das gibt mir ein bisschen das

Gefühl«, erwiderte der Trucker, »als würde ich dazu beitragen, den Gesetzen Geltung zu verschaffen, und zugleich meinem Land dienen.«[50]

Das ist vielleicht ein etwas schräger Ausdruck von Patriotismus, wirft aber eine Frage auf, die im Zentrum der Einwanderungsdebatte steht: Was berechtigt Länder, Außenstehende daran zu hindern, sich ihrer Bevölkerung anzuschließen?

Das beste Argument für eine Begrenzung der Einwanderung bezieht sich auf die Gemeinschaft. Laut Michael Walzer ist die Fähigkeit, die Bedingungen der Mitgliedschaft zu regeln und die Konditionen von Zulassung und Ausschluss zu bestimmen, »der Kern, das Herzstück von gemeinschaftlicher Eigenständigkeit«. Ohne sie »gäbe es keine *spezifischen Gemeinschaften* – keine historisch stabilen Vereinigungen von Menschen, die einander in einer speziellen Weise verbunden und verpflichtet sind und die eine spezielle Vorstellung von ihrem gemeinsamen Leben haben«.[51]

In begüterten Ländern soll eine restriktive Einwanderungspolitik auch Privilegien schützen. Wenn man Mexikaner in großer Zahl in die USA einwandern ließe, würde das, wie viele Amerikaner befürchten, das Sozialsystem überfordern und den wirtschaftlichen Wohlstand der Nation verringern. Ob diese Befürchtung gerechtfertigt ist, ist nicht klar. Doch nehmen wir einmal an, eine offene Einwanderung würde den amerikanischen Lebensstandard tatsächlich vermindern – wäre das ein hinreichender Grund, sie zu beschränken? Doch wohl nur für den, der glaubt, ein Geburtsort auf der begüterten Seite des Rio Grande gebe einem das Anrecht auf ein besseres Leben. Da der Zufall der Geburt aber keine Grundlage für Anrechte darstellt, ist schwer zu erkennen, wie Beschränkungen der Einwanderung im Namen der Wohlstandswahrung gerechtfertigt werden können.

Ein stärkeres Argument für eine Beschränkung der Einwanderung ist, dass die Arbeitsplätze und das Lohnniveau gering qualifizierter amerikanischer Arbeiter geschützt werden sollen – diese sind am ehesten der Gefahr ausgesetzt, durch einen Zustrom an Einwanderern ersetzt zu werden, die bereit sind, für weniger Geld zu arbeiten. Doch dieses Argument bringt uns zu der Frage zurück, die wir hier lösen wollen: Warum sollten wir unsere Arbeiter schützen, wenn damit den Menschen aus Mexiko, die noch schlechter dran sind, Beschäftigungsmöglichkeiten genommen werden?

Ausgehend von dem Standpunkt, dass den am meisten Benachteiligten geholfen werden solle, könnte man ein Plädoyer für eine unbeschränkte Einwanderung halten. Doch selbst Menschen mit egalitärer Einstellung geraten bei diesem Gedanken ins Zaudern.[52] Gibt es für diese Zurückhaltung eine moralische Grundlage? Ja, die gibt es – allerdings nur, wenn wir akzeptieren, dass wir für das Wohlergehen unserer Mitbürger eine besondere Verpflichtung haben, und zwar wegen des Lebens in der Gemeinschaft und der Geschichte, die wir miteinander teilen.

Das wiederum hängt damit zusammen, dass wir die narrative Vorstellung des Menschseins akzeptieren, der zufolge unsere Identität als moralisch Handelnde verknüpft ist mit den Gemeinschaften, in denen wir leben. Walzer formuliert es so: »Nur wenn das patriotische Gefühl eine moralische Basis hat, der kommunale Zusammenhalt Pflichten und gemeinsame Bedeutungen produziert und es beides gibt, Mitglieder und Fremde, nur und erst dann haben Staatsbeamte Grund, sich Sorgen um die Wohlfahrt ihres eigenen Volkes (...) und um den Erfolg ihrer eigenen Kultur und Politik zu machen.«[53]

Einwanderung ist nicht der einzige Weg, Amerikanern Arbeitsplätze streitig zu machen. Heutzutage können Kapital und Waren die nationalen Grenzen leichter überqueren als Menschen. Auch das wirft Fragen zum moralischen Status des Patriotismus auf. Nehmen wir den vertrauten Appell »Kauft amerikanische Waren!«. Ist es patriotisch, statt eines Toyota einen Ford zu kaufen? Da Autos und andere Fabrikerzeugnisse zunehmend im Rahmen globaler Zulieferketten produziert werden, ist immer schwerer festzustellen, was eigentlich als ein in Amerika hergestelltes Auto gelten kann. Aber nehmen wir einmal an, wir könnten heimisch produzierte Waren erkennen: Ist das ein guter Grund, sie zu kaufen? Warum sollten wir stärker daran interessiert sein, Jobs für amerikanische statt für japanische, indische oder chinesische Arbeiter zu schaffen?

Anfang 2009 verabschiedete der US-Kongress ein Paket zur Belebung der Wirtschaft in Höhe von 787 Milliarden Dollar. Das Gesetz enthielt die Forderung, dass für öffentliche, aus Steuermitteln finanzierte Arbeiten – Straßen, Brücken, Schulen und öffentliche Gebäude – Stahl und Eisen aus amerikanischer Produktion zu verwenden seien. »Es ist einfach sinnvoll, dass wir versuchen, unsere eigene Wirtschaft zu stimulieren und nicht die Wirtschaft anderer Länder«, erklärte Senator Byron Dorgan, ein Demokrat aus North Dakota.[54] Gegner der Forderung befürchteten, sie würde Vergeltungsmaßnahmen anderer Länder gegen amerikanische Waren nach sich ziehen, den wirtschaftlichen Niedergang verschlimmern und letztlich amerikanische Arbeitsplätze kosten.[55] Doch niemand stellte die Annahme in Frage, das Förderpaket solle eher Arbeitsplätze in den USA als in Übersee schaffen.

Besonders anschaulich zeigte sich diese Annahme in einem Begriff, mit dem die Ökonomen das Risiko darstellten, dass die öffentlichen Ausgaben Arbeitsplätze im Ausland finanzieren könnten: »Sickerverluste« (»*leakage*«). Eine Titelgeschichte von *Business Week* fragte: »Welcher Anteil des gewaltigen Förderprogramms von Obama wird ins Ausland ›versickern‹ und Jobs in China, Deutschland oder Mexiko statt in den USA schaffen?«[56]

In einer Zeit überall grassierender Arbeitslosigkeit ist es verständlich, dass amerikanische Politiker vorrangig amerikanische Jobs schützen wollen. Doch der Begriff des »Versickerns« bringt uns zum moralischen Status des Patriotismus zurück. Sieht man es allein aus der Perspektive der Not, kann man sich nur schwer dafür einsetzen, arbeitslosen US-Bürgern eher zu helfen als arbeitslosen Chinesen. Dennoch würden nur wenige der Vorstellung widersprechen, dass Amerikaner eine besondere Verpflichtung haben, ihren Mitbürgern dabei zu helfen, sich in schweren Zeiten zu behaupten.

In Begriffen der Übereinkunft ist diese Verpflichtung nur schwer zu erklären. Ich habe mich nie offen damit einverstanden erklärt, Stahlarbeitern in Indiana oder Landarbeitern in Kalifornien zu helfen. Manche würden vielleicht einwenden, ich hätte stillschweigend zugestimmt; weil ich von dem komplexen System wechselseitiger Abhängigkeiten innerhalb einer Volkswirtschaft profitiere, schulde ich den anderen Teilnehmern dieser Volkswirtschaft ebenfalls etwas – selbst wenn ich keinen von ihnen je getroffen und mit den meisten nicht einmal Waren oder Dienstleistungen ausgetauscht habe. Doch das ist weit hergeholt. Würden wir uns bemühen, die weitreichenden Verflechtungen wirtschaftlichen Austausches in der heutigen Welt nachzuzeichnen, würden wir wohl feststellen, dass wir uns ebenso sehr auf Menschen verlassen, die auf der anderen Seite der Welt leben, wie auf Menschen in Indiana.

Wer also glaubt, Patriotismus habe eine moralische Grundlage, wer glaubt, wir hätten eine besondere Verantwortung für das Wohlergehen unserer Mitbürger, der muss auch die dritte Kategorie der Verpflichtung akzeptieren – die aus Solidarität oder Mitgliedschaft erwachsene Verpflichtung, die nicht auf einen Akt der Vereinbarung reduziert werden kann.

Solidarität und Verantwortung

Natürlich teilt nicht jeder die Meinung, wir hätten besondere Verpflichtungen gegenüber unserer Familie, unseren Kameraden oder unseren Mitbürgern. Einige bringen vor, die sogenannte Solidarität sei letztlich nur kollektiver Egoismus, ein Vorurteil zugunsten unseresgleichen. Diese Kritiker räumen ein, dass wir uns üblicherweise mehr um unsere Familie, Freunde und Kameraden kümmern als um andere, fragen aber zugleich, ob diese verstärkte Sorge für die eigenen Leute nicht eine engstirnige, egoistische Neigung sei, die wir lieber überwinden sollten, anstatt sie im Namen von Patriotismus oder Brüderlichkeit aufzuwerten.

Nein, nicht zwangsläufig. Manche Verpflichtungen aufgrund von Solidarität und Mitgliedschaft weisen nach innen – auf die mir zugehörigen Menschen –, andere dagegen nach außen. Einige der besonderen Verantwortlichkeiten, die aus den speziellen Gemeinschaften hervorgehen, in denen ich lebe, schulde ich vielleicht den anderen Mitgliedern. Andere aber könnte ich denen schulden, mit denen meine Gemeinschaft eine moralisch belastete Vergangenheit teilt, wie etwa in der Beziehung der Deutschen zu den Juden oder der amerikanischen Weißen zu den Afroamerikanern. Kollektive Entschuldigungen und Reparationen für historisches Unrecht sind gute Beispiele dafür, wie Solidarität moralische Verantwortlichkeiten für Gemeinschaften hervorbringen kann, die nicht meine eigenen sind. Ein Unrecht wiedergutzumachen, das im Namen meines Landes begangen worden ist, ist eine Möglichkeit, meine Zugehörigkeit zu ihm zu bekräftigen.

Manchmal kann uns Solidarität einen besonderen Grund liefern, unser eigenes Volk oder Handlungen unserer Regierung zu kritisieren. Patriotismus kann Widerspruch erzwingen. Sehen wir uns beispielsweise zwei verschiedene Gründe an, die Menschen dazu brachten, gegen den Vietnamkrieg zu protestieren. Einer war der Überzeugung geschuldet, der Krieg sei ungerecht; der andere dem Empfinden, der Krieg sei unserer unwürdig und unamerikanisch. Der erste Grund kann von Gegnern des Krieges geteilt werden – unabhängig davon, wer sie sind oder wo sie leben. Der zweite Grund dagegen kann nur von Bürgern des Landes empfunden und ausgesprochen werden, das für den Krieg verantwortlich ist. Ein Schwede könnte gegen den Vietnamkrieg sein und ihn für ungerecht halten, doch nur ein Amerikaner könnte angesichts des Krieges Scham empfinden.

Stolz und Scham sind moralische Empfindungen, die eine gemeinsame Identität voraussetzen. Amerikaner auf Auslandsreisen können peinlich berührt sein, wenn sie auf amerikanische Touristen mit flegelhaftem Benehmen stoßen, selbst wenn sie sie nicht persönlich kennen. Nichtamerikaner würden das gleiche Benehmen vielleicht für schimpflich halten, könnten sich aber nicht dafür schämen.

Die Fähigkeit, sich für Handlungen von Familienmitgliedern und Mitbürgern zu schämen, hängt mit der Fähigkeit zu kollektiver Verantwortung zusammen. Beides verlangt, dass wir uns als konkret situierte Individuen betrachten – herausgefordert von moralischen Bindungen, die wir uns nicht ausgesucht haben, und einbezogen in Narrative, die unsere Identität als moralisch Handelnde formen.

Angesichts dieser engen Verbindung zwischen einer Ethik des Stolzes und der Scham und einer Ethik kollektiver Verantwortlichkeit ist es verblüffend, auf Konservative zu stoßen, die kollektive Entschuldigungen aus individuellen Gründen ablehnen (wie beispielsweise Henry Hyde, John Howard und andere, die hier genannt wurden). Wenn man darauf besteht, wir seien als Individuen allein und ausschließlich für unsere eigenen Entscheidungen und Handlungen verantwortlich, wird es schwierig, Stolz für die Geschichte und die Tradition des eigenen Landes zu entwickeln. Jedermann an jedem Ort kann die Unabhängigkeitserklärung, die Verfassung, Lincolns Rede von Gettysburg, die im Arlington National Cemetery geehrten Helden und so weiter bewundern. Patriotischer Stolz hingegen erfordert einen Sinn dafür, einer sich über die Zeit erstreckenden Gemeinschaft anzugehören.

Mit der Zugehörigkeit kommt Verantwortlichkeit. Für das eigene Land und seine Geschichte kann man keinen Stolz entwickeln, wenn man keinerlei Verantwortung für die Kontinuität dieser Geschichte in der Gegenwart anerkennen und sich der moralischen Lasten entledigen will, die damit einhergehen.

Kann Loyalität stärker sein als universelle moralische Prinzipien?

In den meisten bisher betrachteten Fällen scheinen die Ansprüche der Solidarität die natürlichen Pflichten oder die Menschenrechte eher zu ergänzen und nicht mit ihnen zu konkurrieren. Demnach könnte man sagen, diese Fälle würden einen Punkt hervorheben, den liberale Philosophen gerne einräumen: Solange wir nicht die Rechte anderer verletzen, können wir die allgemeine Pflicht, anderen zu helfen, dadurch erfüllen, dass wir denen helfen, die uns nahe sind – etwa Familienangehörigen oder Mitbürgern. Es ist nicht falsch, wenn Eltern eher das eigene Kind retten als ein fremdes, vorausgesetzt, sie überfahren auf dem Weg zur Rettung nicht das Kind eines anderen. Ebenso ist es kein Unrecht, wenn ein reiches Land einen Wohlfahrtsstaat für die eigenen Bürger einrichtet, vorausgesetzt, es achtet überall sonst die Menschenrechte. Gegen Solidaritätsverpflichtungen ist nur dann etwas einzuwenden, wenn sie uns dazu bringen, unsere natürlichen Pflichten zu verletzen.

Wenn aber die narrative Vorstellung des Menschen zutrifft, dann können Solidaritätsverpflichtungen fordernder sein, als die liberale Erklärung nahelegt – sie können mit unseren natürlichen Verpflichtungen in Widerspruch geraten.

Robert E. Lee

Nehmen wir den Fall von Robert E. Lee, dem kommandierenden General der Konföderiertenarmee. Vor dem amerikanischen Bürgerkrieg war Lee Offizier in der Armee der Union gewesen. Er war gegen die Sezession der Südstaaten – tatsächlich betrachtete er sie als Verrat. Als der Krieg bevorstand, bat Präsident Lincoln Lee, die Truppen der Union zu befehligen. Lee lehnte es ab. Er kam zu dem Schluss, seine Verpflichtung gegenüber Virginia überwiege die gegenüber der Union und auch gegenüber seiner Opposition gegen die Sklaverei. In einem Brief an seine Söhne erläuterte er seine Entscheidung:

> *Bei aller Hingabe für die Sache der Union konnte ich mich unmöglich dazu entscheiden, meine Hand gegen meine Verwandten, meine Kinder, meine Heimat zu erheben (...). Wenn die Union aufgelöst wird und die Regierung zerfällt, werde ich in den Staat meiner Geburt*

zurückkehren und das Elend meiner Leute teilen. Außer für ihre Verteidigung werde ich mein Schwert nie wieder erheben.[57]

Wie der Pilot der französischen Widerstandsbewegung weigerte sich Lee, seinen Verwandten, seinen Kindern und seiner Heimat Schaden zuzufügen. Doch seine Loyalität ging noch weiter – sogar so weit, dass sie ihn dazu brachte, die Südstaaten in einer Angelegenheit anzuführen, deren Gegner er war.

Da die Konföderation nicht nur für die Abspaltung, sondern auch für die Sklaverei zu Felde zog, ist Lees Entscheidung nur schwer zu rechtfertigen, obwohl die Loyalität, aus der sein Dilemma hervorging, sicherlich zu bewundern ist. Warum aber sollten wir Loyalität gegenüber einer ungerechten Sache bewundern? Man könnte sich durchaus fragen, ob Loyalität unter diesen Umständen überhaupt moralisches Gewicht haben sollte. Warum, so fragt man sich, ist sie überhaupt eine Tugend und nicht nur bloßes Gefühl, eine Empfindung, ein emotionaler Drang, der unser moralisches Urteil trübt und es erschwert, das Richtige zu tun?

Der Grund ist: Solange wir Loyalität nicht als moralische Forderung ernst nehmen, ist es uns nicht möglich, Lees Dilemma überhaupt als moralischen Zwiespalt zu erkennen. Denn wäre Loyalität ein Gefühl ohne eigenes moralisches Gewicht, so stellte Lees Zwangslage einfach nur einen Konflikt dar zwischen Moral auf der einen Seite und bloßem Gefühl oder Vorurteil auf der anderen. Aber wenn wir es so sehen, missverstehen wir, was moralisch auf dem Spiel steht.[58]

Liest man Lees Zwangslage lediglich psychologisch, übergeht man die Tatsache, dass wir mit Menschen seiner Art nicht nur sympathisieren, sondern sie auch bewundern – nicht zwangsläufig wegen der von ihnen getroffenen

Entscheidungen, sondern wegen ihres Charakters. Wir bewundern ihre Bereitschaft, die je eigenen Lebensumstände reflektierend zu erkennen und die Widersprüche, die sich daraus in einer bestimmten geschichtlichen Situation ergeben, selbstbewusst zu ertragen. Charakter zu haben heißt, in Anerkennung der (manchmal widerstreitenden) Anforderungen zu leben, die einem aufgebürdet sind.

Meines Bruders Hüter I: Die Bulger-Brüder

Anhand zweier nicht ganz so lange zurückliegender Geschichten über Brüderpaare lässt sich das moralische Gewicht der Loyalität ermessen. Zunächst die Geschichte von William (»Bill«) und James (»Whitey«) Bulger. Bill und Whitey wuchsen in einer Familie mit neun Kindern in einem Wohnprojekt im Süden Bostons auf. Bill war ein gewissenhafter Student, der Philologie studierte und am Boston College einen Abschluss in Jura machte. Sein älterer Bruder Whitey brach die Oberschule ab und verbrachte seine Zeit auf der Straße; er beging Diebstähle und andere Verbrechen.

In ihrer jeweiligen Welt brachten es beide zu etwas. William Bulger ging in die Politik, wurde Vorsitzender des Senats von Massachusetts und diente dann für sieben Jahre als Präsident der University of Massachusetts. Whitey verbrachte wegen eines Bankraubs einige Zeit in einem Bundesgefängnis und stieg dann zum Anführer der skrupellosen Winter Hill Gang auf, einer kriminellen Vereinigung, die Erpressung, Drogengeschäfte und andere illegale Aktivitäten in Boston kontrollierte. Whitey, dem 19 Morde vorgeworfen wurden, tauchte 1995 unter, um sich der Verhaftung zu entziehen. Er ist immer noch auf freiem Fuß und steht beim FBI auf der Liste der zehn meistgesuchten Flüchtigen.[59]

Obwohl William Bulger am Telefon mit seinem Bruder gesprochen hatte, behauptete er, nicht zu wissen, wo er sich aufhielt, und weigerte sich, den Behörden bei der Suche nach ihm zu helfen. Als William 2001 vor Gericht aussagen musste, setzte ihn ein Staatsanwalt erfolglos unter Druck, Informationen über seinen Bruder zu liefern: »Um das einfach mal klarzustellen, Sie empfinden Ihrem Bruder gegenüber mehr Loyalität als gegenüber der Bevölkerung des Bundesstaates Massachusetts?«

»So habe ich das nie betrachtet«, erwiderte Bulger. »Aber ich empfinde für meinen Bruder aufrichtige Loyalität, und ich mache mir Sorgen um ihn (...). Ich hoffe, dass ich ihm nie schade (...). Ich bin nicht verpflichtet, dabei zu helfen, ihn festzunehmen.«[60]

In den Bostoner Kneipen äußerten die Gäste Bewunderung für Burgers Loyalität. »Ich mache ihm keinen Vorwurf, dass er seinen Bruder nicht verpfiffen hat«, sagte einer der Einheimischen dem *Boston Globe.* »Brüder sind Brüder. Würden Sie Ihre Familie verraten?«[61] Redaktionen und Zeitungsreporter waren kritischer. »Anstatt den Weg des Rechts zu wählen, entschied er sich für die Sprache der Straße«, schrieb ein Kolumnist.[62]

Als Bulger wegen seiner Weigerung, an der Suche nach seinem Bruder mitzuwirken, öffentlich unter Druck geriet, trat er 2003 als Präsident der University of Massachusetts zurück, obwohl die Staatsanwaltschaft auf eine Anklage verzichtete.[63]

Unter fast allen Umständen tut man das Richtige, wenn man hilft, einen Mordverdächtigen der Justiz zu übergeben. Aber kann Loyalität gegenüber der Familie diese Pflicht außer Kraft setzen? William Bulger dachte dies anscheinend. Ein paar Jahre zuvor traf jemand mit einem missratenen Bruder eine andere Entscheidung.

Meines Bruders Hüter II: Der Unabomber

Mehr als 17 Jahre lang suchten die Behörden nach einem für eine Serie von Paketbomben verantwortlichen heimischen Terroristen, bei der drei Menschen getötet und 32 weitere verletzt worden waren. Weil er sich auch Wissenschaftler und andere Akademiker als Ziel ausgesucht hatte, wurde der schwer dingfest zu machende Bombenbauer unter dem Namen »Unabomber« (*university and airline bomber*) bekannt. Um das hinter seinen Taten stehende Anliegen zu erklären, stellte der Unabomber ein 35 000 Wörter langes Anti-Technologie-Manifest ins Internet und versprach, die Bombenanschläge einzustellen, wenn die *New York Times* und die *Washington Post* das Manifest abdruckten – was auch geschah.[64]

Als der 46-jährige Sozialarbeiter David Kaczynski in Schenectady, New York, das Manifest las, kam es ihm auf unheimliche Weise bekannt vor. Es enthielt Sätze und Meinungen, die sich anhörten wie die seines älteren Bruders Ted – eines 54-jährigen in Harvard ausgebildeten Mathematikers, der zum Einsiedler geworden war. Ted verachtete die moderne Industriegesellschaft und lebte in einer Berghütte in Montana. David hatte ihn seit gut einem Jahrzehnt nicht mehr gesehen.[65]

Nach langen inneren Kämpfen informierte David 1996 das FBI über seinen Verdacht, der Unabomber sei sein Bruder. Bundesbeamte spürten Ted Kaczynskis Hütte auf und nahmen ihn fest. Obwohl man David zu verstehen gegeben hatte, dass die Staatsanwaltschaft nicht auf die Todesstrafe plädieren wolle, tat sie es trotzdem. Die Aussicht, den Tod seines Bruders herbeigeführt zu haben, war ein schmerzlicher Gedanke. Schließlich räumte die Anklage Ted Kaczynski die Möglichkeit ein, auf schuldig zu plädieren, und erwirkte im Gegenzug dafür ein Urteil auf lebenslange Freiheitsstrafe ohne Aussicht auf Bewährung.[66]

Während des Verfahrens weigerte Ted Kaczynski sich, seinen Bruder anzusehen. In einem im Gefängnis verfassten Buchmanuskript nannte er ihn »einen neuen Judas Ischariot«.[67] David Kaczynski versuchte, sich nach den verstörenden Vorgängen ein neues Leben aufzubauen. Nachdem er sich dafür eingesetzt hatte, seinem Bruder die Todesstrafe zu ersparen, wurde er Sprecher einer Gruppe von Aktivisten gegen die Todesstrafe. »Von Brüdern wird erwartet, dass sie einander schützen«, erläuterte er in einem Vortrag, »und hier war ich möglicherweise daran beteiligt, meinen Bruder in den Tod zu schicken.«[68] Er nahm die Belohnung in Höhe von einer Million Dollar an, die das Justizministerium für die Hilfe zur Festnahme des Unabombers ausgeschrieben hatte, gab jedoch den größten Teil an die Familien der von seinem Bruder getöteten oder verletzten Opfer weiter. Und er entschuldigte sich im Namen seiner Familie für die Verbrechen seines Bruders.[69]

Wie stehen wir zu der Art und Weise, in der William Bulger und David Kaczynski sich mit ihren Brüdern auseinandersetzten? Bei Bulger wog Familiensolidarität schwerer als die Pflicht, einen Verbrecher der Justiz auszuliefern, bei Kaczynski war es umgekehrt. Vielleicht macht es einen moralischen Unterschied, ob der Bruder weiterhin eine Gefahr darstellt. Für David Kaczynski schien das große Bedeutung zu haben: »Ich sah mich in einer Zwangslage. Der Gedanke, ich könnte am Tod eines weiteren Menschen schuld sein – damit konnte ich nicht leben.«[70]

Wie man die jeweiligen Entscheidungen auch beurteilen mag – liest man ihre Geschichten, kommt man nur schwer zu einer anderen Schlussfolgerung als dieser: Der Zwiespalt, mit dem die handelnden Personen jeweils konfrontiert waren, ist als moralisches Dilemma nur dann nachvollziehbar, wenn man anerkennt, dass die Forderungen von Loyalität und Solidarität gegen andere moralische Forderungen aufgewogen werden können – einschließlich der Pflicht, Kriminelle der Justiz zu übergeben. Wenn alle unsere Verpflichtungen auf Übereinkunft oder auf universellen Pflichten beruhen, die wir den Menschen als Menschen schulden, ist es schwer, diese brüderlichen Zwangslagen zu erklären.

Gerechtigkeit und das gute Leben

Wir haben nun eine Reihe von Beispielen betrachtet, mit denen die auf vertraglichen Abmachungen beruhende Vorstellung in Zweifel gezogen werden sollte, wonach wir die uns beschränkenden moralischen Verpflichtungen ausschließlich selbst bestimmen. Es ging um öffentliche Entschuldigungen und Reparationen; kollektive Verantwortung für historisches Unrecht; die besonderen Verantwortlichkeiten von Familienangehörigen und Mitbürgern füreinander; Solidarität mit Kameraden; die Bindung an Wohnort, Gemeinschaft oder Land; Patriotismus, Stolz und Scham für das eigene Land oder Volk; Loyalität von Geschwistern oder Nachkommen. Die in diesen Beispielen aufscheinenden Solidaritätsforderungen sind vertraute Merkmale unserer moralischen und politischen Erfahrung. Ohne diesen Hintergrund wäre es schwierig, zu leben oder unser Leben sinnvoll zu gestalten. Gleichermaßen schwierig ist es aber, sie in der Sprache des moralischen Individualismus zu erklären. Durch eine Ethik der Übereinkunft sind sie nicht zu erfassen. Genau das verleiht diesen Forderungen einen Teil ihrer moralischen Stärke. Sie beziehen sich auf etwas, das uns aufgebürdet ist. Sie reflektieren unsere Natur als Geschichtenerzähler, als Individuen in einer jeweils besonderen Situation.

Was, so dürfte sich mancher fragen, hat all das mit Gerechtigkeit zu tun? Um dies beantworten zu können, wollen wir uns die Fragen in Erinnerung rufen, die uns auf diesen Weg geführt haben. Wir haben herauszufinden versucht, ob all unsere Pflichten auf einen Akt des Willens oder auf eine Wahl zurückzuführen sind. Ich habe vorgebracht, dass das ausgeschlossen ist; Verpflichtungen aufgrund von Solidarität oder Mitgliedschaft können uns aus Gründen fordern, die nichts mit einer Wahl zu tun haben – solche Gründe sind mit den Narrativen verknüpft, mit denen wir unsere Biographie deuten und auch die Gemeinschaften, in denen wir leben.

Doch was steht überhaupt auf dem Spiel in dieser Debatte zwischen der narrativen Erklärung moralischen Handelns und jener, die den individuellen Willen und die Übereinkunft betont? Zum einen geht es um die Frage, wie wir uns die Freiheit des Menschen vorstellen. Wer über die Beispiele nachdenkt, mit denen ich versucht habe, die Verpflichtungen aufgrund von Solidarität und Mitgliedschaft zu illustrieren, stellt vielleicht fest, dass er sich bei der Lektüre dagegen wehrt. Wie viele meiner Studenten dürfte er misstrauisch oder ablehnend auf die Idee reagieren, dass wir durch moralische Verpflichtungen gebunden sind, die wir nicht gewählt haben. Diese Abneigung könnte einen dazu bringen, die sich aus Vaterlandsliebe, Solidarität, kollektiver Verantwortung und so weiter ergebenden Forderungen zurückzuweisen oder sie so umzuformen, als würden sie aus einer Art von Übereinkunft hervorgehen. Man ist versucht, diese Forderungen zu verwerfen oder aus einem anderen Zusammenhang abzuleiten, um sie dadurch mit einer vertrauten Vorstellung von Freiheit in Übereinstimmung zu bringen. Dieser Vorstellung zufolge sind wir nicht durch irgendwelche moralischen Verpflichtungen gebunden, die wir nicht selbst gewählt haben; frei sein heißt demnach, dass wir für alle uns einschränkenden Verpflichtungen selbst verantwortlich sind.

Ich würde aufgrund dieser und anderer in diesem Buch erörterter Beispiele argumentieren, dass diese Vorstellung von Freiheit falsch ist. Doch Freiheit ist nicht das einzige Thema, um das es hier geht. Auf dem Spiel steht auch, wie wir über Gerechtigkeit denken.

Rufen wir uns die beiden Ansätze von Kant und Rawls in Erinnerung, in denen das Recht Vorrang vor dem Guten hatte. Die Grundsätze des Rechts, die unsere Pflichten und Rechte bestimmen, sollten demnach hinsichtlich konkurrierender Vorstellungen vom guten Leben neutral sein. Um zum moralischen Gesetz zu gelangen, müssen wir Kant zufolge von unseren zufallsbestimmten Interessen und Zielen absehen. Rawls argumentiert ähnlich: Um über Gerechtigkeit nachzudenken, sollten wir uns hinter einen Schleier des Nichtwissens begeben und von unseren speziellen Zielen, Bindungen und unseren Vorstellungen vom Guten absehen.

Diese Art, über Gerechtigkeit nachzudenken, steht im Widerspruch zu Aristoteles' Ansatz: Er ist nicht der Ansicht, dass Grundsätze der Gerechtigkeit in Hinblick auf das gute Leben neutral sein können oder sollten. Aristoteles besteht vielmehr darauf, eine gerechte Verfassung ziele unter anderem darauf ab, gute Bürger zu formen und den guten Charakter zu kultivieren. Er hält es nicht für möglich, über Gerechtigkeit nachzudenken, ohne sich über die Bedeutung der von der Gesellschaft zugeteilten Güter – Ämter, Auszeichnungen, Rechte und Möglichkeiten – Klarheit zu verschaffen.

Kant und Rawls verwerfen Aristoteles' Denkansatz unter anderem deshalb, weil sie glauben, dass er der Freiheit keinen Raum lässt. Eine Verfassung, die versucht, bestimmte Charaktereigenschaften zu kultivieren oder eine spezielle Form des guten Lebens zu bejahen, läuft in ihren Augen

Gefahr, einigen Menschen die Werte anderer aufzuzwingen. Sie respektiert die Menschen nicht als freie und unabhängige Individuen, die fähig sind, ihre Ziele selbst zu wählen.

Wenn Kant und Rawls mit ihrer Konzeption der Freiheit recht haben, dann liegen sie auch in Hinblick auf die Gerechtigkeit richtig. Wenn wir frei entscheidende, unabhängige Individuen sind, ungebunden durch moralische Verpflichtungen, die wir uns nicht selbst auferlegt haben, dann benötigen wir einen rechtlichen Rahmen, der in Hinblick auf individuelle Ziele neutral ist. Wenn das Individuum vor seinen Zielen kommt, dann muss das Recht auch dem Guten vorausgehen.

Wenn dagegen die narrative Vorstellung moralischen Handelns überzeugender ist, lohnt es sich vielleicht, sich Aristoteles' Annäherung an die Gerechtigkeit noch einmal anzusehen. Falls zum Nachdenken über das, was für mich gut ist, auch gehört, dass ich über das Gute jener Gemeinschaften nachdenke, an die meine Identität gebunden ist, könnte das Streben nach Neutralität ein Irrtum sein. Es könnte unmöglich oder sogar nicht einmal wünschenswert sein, sich über Gerechtigkeit Gedanken zu machen, ohne über das gute Leben nachzudenken.

Die Aussicht, Vorstellungen des guten Lebens in eine öffentliche Debatte über Gerechtigkeit und Rechte einzubringen, dürfte vielen nicht gerade reizvoll erscheinen oder gar erschreckend vorkommen. Denn schließlich sind die Menschen in pluralistischen Gesellschaften wie unserer uneins über die beste Art, sein Leben zu führen. Die liberale politische Theorie kam als Versuch in die Welt, Politik und Gesetzgebung aus moralischen und religiösen Kontroversen herauszuhalten. Die Philosophien von Kant und Rawls stehen für den umfassendsten und klarsten Ausdruck dieses Bestrebens.

Doch dieses Streben kann keinen Erfolg haben. Viele der besonders heiß umstrittenen Fragen der Gerechtigkeit und der Rechte können nicht erörtert werden, ohne dass man moralische und religiöse Kontroversen aufwirft. Will man entscheiden, wie die Rechte und Pflichten von Bürgern zu definieren sind, ist es nicht immer möglich, konkurrierende Vorstellungen vom guten Leben außer Acht zu lassen. Und selbst wenn es möglich ist, dürfte es nicht immer wünschenswert sein.

Fordert man demokratische Bürger auf, von ihren moralischen und religiösen Überzeugungen abzusehen, wenn sie in die Öffentlichkeit treten, mag das so aussehen, als würden damit Toleranz und gegenseitiger Respekt gewährleistet. Praktisch kann es jedoch genau das Gegenteil bewirken. Entscheidet man wichtige öffentliche Fragen auf der Grundlage einer illusionären Neutralität, sind Gegenreaktionen und Ressentiments vorgezeichnet. Eine von substantiellem moralischem Engagement befreite Politik führt zu einem verarmten öffentlichen Leben. Außerdem ist sie eine offene Aufforderung zu engstirnigem, intolerantem Moralismus. Wo Liberale Angst haben, sich zu zeigen, eilen Fundamentalisten herbei.

Wenn unsere Debatten über Gerechtigkeit uns unausweichlich in grundsätzliche moralische Fragen verwickeln, bleibt die Frage, wie diese Auseinandersetzungen ausgetragen werden sollten. Ist es möglich, öffentlich über das Gute nachzudenken, ohne in Religionskriege zu verfallen? Wie sähe eine stärker an moralischen Fragen orientierte öffentliche Debatte aus? Würde sie sich von der Art politischer Auseinandersetzung unterscheiden, an die wir uns gewöhnt haben? Das sind nicht nur philosophische Fragen. Sie liegen im Zentrum aller Versuche, den politischen Diskurs zu beleben und unser öffentliches Leben zu erneuern.

10

Gerechtigkeit und Gemeinwohl

Am 12. September 1960 hielt John F. Kennedy, Präsidentschaftskandidat der Demokraten, in Houston, Texas, eine Rede zur Rolle der Religion in der Politik. Die »Religionsfrage« zog sich durch seinen Wahlkampf. Kennedy war Katholik, und nie zuvor war ein Katholik zum amerikanischen Präsidenten gewählt worden. Manche Wähler hegten unausgesprochene Vorurteile; andere äußerten die Befürchtung, Kennedy könne in seiner Amtsführung dem Vatikan verpflichtet sein oder katholische Lehren durchsetzen wollen.[1]

In der Hoffnung, diese Befürchtungen zu zerstreuen, willigte Kennedy ein, vor einer Versammlung protestantischer Geistlicher über die Rolle zu sprechen, die die Religion während seiner Präsidentschaft spielen sollte. Seine Antwort war einfach: keine. Seine religiöse Einstellung sei Privatsache und werde sich nicht auf seine Amtsführung auswirken.

»Ich glaube an einen Präsidenten, dessen religiöse Ansichten seine Privatangelegenheit sind«, stellte Kennedy fest. »Was immer mir als Präsident vorgelegt werden wird – ob es sich um Geburtenkontrolle, Scheidung, Zensur, Glücksspiel oder um ein beliebiges anderes Thema handelt –, ich werde meine Entscheidung im nationalen Interesse treffen (...) in Übereinstimmung mit dem, was mir mein Gewissen sagt, und das ohne Rücksicht auf äußeren religiösen Druck oder Zwang.«[2]

Kennedy sagte nicht, ob oder inwiefern sein Gewissen durch religiöse Überzeugungen geprägt worden war. Doch er schien zum Ausdruck zu bringen, dass seine Einschätzungen hinsichtlich des nationalen Interesses, wenn überhaupt, nur wenig mit Religion zu tun hatten, die er mit »äußerem Druck« und »Zwängen« in Verbindung brachte. Er wollte den protestantischen Geistlichen und der amerikanischen Öffentlichkeit versichern, dass er ihnen seine religiösen Überzeugungen – welche das auch sein mochten – nicht aufzwingen würde.

Die Rede wurde weithin als politischer Erfolg gewertet, und Kennedy gewann die Präsidentschaftswahlen. Theodore H. White, der große Chronist der Präsidentschaftswahlkämpfe, lobte die Rede, weil sie »die persönliche Doktrin eines modernen Katholiken in einer demokratischen Gesellschaft« definiert habe.[3]

46 Jahre später, am 28. Juni 2006, hielt Barack Obama, der bald darauf einer der Kandidaten für die Nominierung zur Präsidentschaft in seiner Partei wurde, eine ganz anders geartete Rede zur Rolle der Religion in der Politik. Zunächst erinnerte er daran, wie er zwei Jahre zuvor im Wahlkampf für den US-Senat mit dem Thema Religion umgegangen war. Obamas Gegner, ein ziemlich scharfer religiöser Konservativer, hatte Obamas Unterstützung für die Rechte der Homosexuellen und für das Recht auf Abtreibung aufgegriffen und behauptet, Obama sei kein guter Christ und Jesus Christus hätte nicht für ihn gestimmt. »Ich gab eine Antwort, die zur typischen liberalen Reaktion in solchen Debatten geworden ist«, erklärte Obama im Rückblick. »Ich sagte, dass wir in einer pluralistischen Gesellschaft lebten, dass ich meine religiösen Ansichten keinem anderen aufzwingen könne und dass ich mich um das Amt eines

US-Senators in Illinois bewarb und nicht um das Amt eines Pfarrers in Illinois.«[4]

Obwohl Obama das Rennen um den Senat problemlos gewonnen hatte, glaubte er nun, seine damalige Antwort sei nicht angemessen gewesen und habe »die Rolle, die mein Glaube spielt, wenn es um meine eigenen Werte und meine eigenen Überzeugungen geht, nicht angemessen dargestellt«.[5]

Anschließend schilderte er seinen eigenen christlichen Glauben und sprach sich dafür aus, dass Religion in der politischen Auseinandersetzung relevant sein sollte. Es sei ein Fehler der Progressiven gewesen, erklärte er, »das Feld der religiösen Debatte« in der Politik aufzugeben. »Das Unbehagen mancher Progressiven gegenüber jeder Spur von Religion hat uns oft davon abgehalten, Fragen in moralischen Begriffen anzusprechen.« Wenn Liberale eine von religiösen Inhalten befreite Diskussion anböten, würden sie »die Vorstellungswelt und Terminologie aufgeben, mit denen Millionen von Amerikanern sowohl Fragen der persönlichen Moral als auch der sozialen Gerechtigkeit begreifen«.[6]

Religion war für Obama nicht nur eine Quelle dröhnender politischer Rhetorik. Die Lösung gewisser sozialer Probleme erforderte in seinen Augen einen moralischen Wandel. »Unsere Furcht davor, ›ins Predigen zu geraten‹, kann (...) uns dazu bringen, dass wir die Rolle abwerten, die Werte und Kultur bei einigen unserer dringlichsten sozialen Probleme spielen«, erklärte Obama. Probleme wie »Armut und Rassismus, Menschen ohne Versicherungsschutz und Arbeitslose« anzusprechen erfordere »einen Wandel in den Herzen der Menschen und einen Wandel im Denken«.[7] Demnach sei es falsch gewesen, darauf zu beharren, dass moralische und religiöse Überzeugungen in Politik und Recht keine Rolle spielten.

> Die Verfechter des Säkularismus machen einen Fehler, wenn sie Gläubige auffordern, ihre Religion an der Tür abzugeben, wenn sie in die Öffentlichkeit treten. Frederick Douglass, Abraham Lincoln, William Jennings Bryan, Dorothy Day, Martin Luther King – ja, die Mehrheit der großen Reformer in der Geschichte Amerikas – waren nicht nur durch ihren Glauben motiviert, sondern verwendeten wiederholt religiöse Sprache, um für ihre Sache einzutreten. Zu sagen, Männer und Frauen sollten ihre »persönliche Moral« nicht in öffentliche politische Debatten einbringen, ist also in der Praxis eine absurde Forderung. Unser Recht ist definitionsgemäß eine Kodifizierung von Moral, die zum großen Teil in der jüdisch-christlichen Tradition gründet.[8]

Vielen ist die Ähnlichkeit zwischen John F. Kennedy und Barack Obama aufgefallen. Beide waren junge, eloquente und begeisternde Persönlichkeiten der Politik, deren Wahl zum Präsidenten die Wende zu einer neuen Führungsgeneration markierte. Und beide bemühten sich, die Amerikaner für eine neue Ära bürgerlichen Engagements um sich zu scharen. Doch ihre Ansichten über die Rolle der Religion in der Politik hätten kaum unterschiedlicher sein können.

Das Streben nach Neutralität

Kennedys Sicht der Religion als private und nichtöffentliche Angelegenheit war nicht lediglich der Versuch, antikatholischen Vorurteilen den Wind aus den Segeln zu nehmen. Sie entsprang auch einer Philosophie, die während der 60er und 70er Jahre in voller Blüte stand – eine Philosophie, die darauf Wert legte, dass der Staat bei moralischen und religiösen Fragen neutral zu sein habe, so dass jeder Einzelne seine eigene Vorstellung vom guten Leben selbst wählen könne.

Beide großen Parteien der USA beriefen sich auf die Vorstellung von der staatlichen Neutralität, allerdings auf unterschiedliche Weise. Allgemein gesagt, zogen die Republikaner die Idee auf dem Feld der Wirtschaftspolitik heran, während die Demokraten sie auf soziale und kulturelle Fragen anwandten.[9]

Die Republikaner waren gegen eine Einmischung der Regierung in freie Märkte, weil der Einzelne seine wirtschaftlichen Entscheidungen frei treffen und sein Geld nach Belieben ausgeben solle. Denn wenn die Regierung das Geld der Steuerzahler ausgebe oder ökonomische Aktivitäten im Interesse der Öffentlichkeit reguliere, laufe das darauf hinaus, eine staatlich sanktionierte Sicht des Gemeinwohls durchzusetzen, die nicht von allen geteilt werde. Steuersenkungen seien den Ausgaben durch die Regierung vorzuziehen, weil sie dem Einzelnen die freie Entscheidung überließen, welche Ziele er verfolgen und wie er sein eigenes Geld ausgeben wolle.

Die Demokraten lehnten hingegen die Vorstellung ab, dass freie Märkte in Hinblick auf Ziele neutral seien, und setzten sich für eine stärker regulierte Wirtschaft ein. Aber wenn es um soziale und kulturelle Themen ging, beriefen auch sie sich auf die Sprache der Neutralität. Was das Sexualverhalten oder die Fortpflanzung angehe, solle die Regierung »die Moral nicht gesetzlich regeln«, behaupteten sie, weil damit einigen die moralischen und religiösen Überzeugungen anderer aufgezwungen würden. Anstatt Abtreibung oder homosexuelle Beziehungen zu verbieten, solle die Regierung in diesen moralisch aufgeladenen Fragen neutral bleiben und den Einzelnen die Entscheidung überlassen.

In *Eine Theorie der Gerechtigkeit* lieferte John Rawls

1971 eine philosophische Rechtfertigung der liberalen Vorstellung von Neutralität, die Kennedys Rede vermittelt hatte.[10] In den 80ern stellten die kommunitaristischen Kritiker der liberalen Neutralität die Vision des frei wählenden, unbefangenen Individuums in Frage, die Rawls' Theorie zugrunde lag. Sie setzten sich nicht nur für eine Stärkung der Ideen von Gemeinschaft und Solidarität ein, sondern auch für ein kraftvolleres öffentliches Engagement in moralischen und religiösen Fragen.[11]

1993 veröffentlichte Rawls das Buch *Politischer Liberalismus*, in dem er seine Theorie in mancher Hinsicht modifizierte. Er räumte ein, die Menschen würden in ihrem privaten Leben oft »Zuneigung, Hingabe und Loyalität verwirklichen, von denen sie glauben, dass sie sich niemals von ihnen distanzieren könnten und auch niemals distanzieren sollten (...). Sie mögen es für schlicht unvorstellbar halten, sich selbst ohne bestimmte religiöse, philosophische oder moralische Überzeugungen oder bestimmte Bindungen und Loyalitäten zu betrachten.«[12] In diesem Umfang akzeptierte Rawls die mögliche Existenz stark von moralischen Vorgaben geprägter Individuen. Er hielt aber daran fest, dass derlei Loyalitäten und Bindungen in unserer Identität als Staatsbürger nicht zum Tragen kommen sollten. In der Erörterung von Gerechtigkeit und Rechten sollten wir unsere persönlichen moralischen und religiösen Überzeugungen beiseitelassen und aus Sicht einer »politischen Idee der Person« argumentieren – unabhängig von allen speziellen Loyalitäten, Bindungen oder Vorstellungen vom guten Leben.[13]

Warum sollten unsere persönlichen moralischen und religiösen Überzeugungen in der öffentlichen Erörterung von Gerechtigkeit und Rechten nicht zum Tragen kommen? Warum sollten wir unsere Identität als Staatsbürger von unserer Identität als moralische Person im weiteren Sinn trennen? Rawls meint, das sollten wir, um »die Tatsache eines vernünftigen Pluralismus« zu respektieren, wie er in der modernen Welt in Hinblick auf das gute Leben vorherrsche. Die Menschen in modernen demokratischen Gesellschaften seien uneins über moralische und religiöse Fragen; und außerdem sei diese Uneinigkeit vernünftig. Auch in einer freien Diskussion sei nicht zu erwarten, »dass alle gewissenhaften und völlig vernünftigen Personen zu denselben Ergebnissen gelangen werden.«[14]

Diesem Argument zufolge geht die Begründung liberaler Neutralität aus der Notwendigkeit der Toleranz angesichts moralischer und religiöser Uneinigkeit hervor. »Welche Urteile alles in allem wahr sind, ist für den politischen Liberalismus ohne Bedeutung«, schreibt Rawls. Um zwischen konkurrierenden moralischen und religiösen Lehren Unparteilichkeit zu wahren, »beschäftigt er sich nicht im Einzelnen mit den moralischen Themen, über die diese Lehren streiten«.[15]

Die Forderung, unsere Identität als Staatsbürger von unseren moralischen und religiösen Überzeugungen zu trennen, läuft darauf hinaus, dass wir uns, wenn wir uns in öffentlichen Debatten über Gerechtigkeit und Rechte zu Wort melden, an die Grenzen der liberalen öffentlichen Vernunft halten müssen. Das bedeutet nicht nur, dass der Staat keine spezielle Vorstellung des Guten unterstützen darf; nein, die Bürger dürfen nicht einmal ihre moralischen und religiösen Überzeugungen in die öffentliche Debatte über Gerechtigkeit und Rechte einbringen.[16] Denn wenn sie es tun und ihre Argumente sich durchsetzen, werden sie ihren Mitbürgern tatsächlich ein Gesetz aufzwingen, das auf einer bestimmten moralischen oder religiösen Lehre beruht.

Wie können wir erkennen, ob unsere politischen Argumente den Anforderungen der öffentlichen Vernunft gerecht werden und von jedem Bezug auf moralische oder religiöse Ansichten befreit sind? Rawls schlägt eine neuartige Überprüfung vor: »Als Probe aufs Exempel, ob wir der öffentlichen Vernunft folgen oder nicht, mögen wir uns von Fall zu Fall fragen, wie uns unsere Argumente erscheinen würden, wenn sie in einem Verfassungsgerichtsurteil stünden.«[17] Wie Rawls erklärt, lässt sich so sicherstellen, dass unsere Argumente in dem Sinne neutral sind, wie es die liberale öffentliche Vernunft erfordert: »Natürlich dürfen die Verfassungsrichter sich nicht auf ihre persönliche Moral berufen und auch nicht auf die Ideale und Tugenden der Moral im Allgemeinen. Sie müssen diese als irrelevant betrachten. Ebenso wenig können sie sich auf ihre eigenen religiösen oder philosophischen Auffassungen oder die anderer Menschen stützen.«[18] Wenn wir als Bürger an der öffentlichen Diskussion teilnehmen, sollten wir eine vergleichbare Beschränkung beachten. Wie die Richter des Supreme Court sollten wir unsere moralischen und religiösen Überzeugungen zurückstellen und uns auf Argumente beschränken, von denen vernünftigerweise zu erwarten sei, dass sie von allen Bürgern akzeptiert werden können.

Dies ist auch das Ideal liberaler Neutralität, auf das John F. Kennedy sich bezog und das Barack Obama ablehnte. Von den 60ern bis in die 80er Jahre hinein bewegten die Demokraten in den USA sich auf das Ideal der Neutralität zu und verbannten moralische und religiöse Argumente weitgehend aus ihren politischen Debatten. Es gab einige bemerkenswerte Ausnahmen: Martin Luther King berief sich auf moralische und religiöse Argumente, als er sich für die Sache der Bürgerrechte einsetzte; die Bewegung gegen den Vietnamkrieg bezog ihre Energie aus moralischen und religiösen Quellen; und als Robert F. Kennedy die Nominierung als Präsidentschaftskandidat der Demokraten anstrebte, versuchte er, die Nation auf anspruchsvolle moralische und bürgerliche Ideale zu verpflichten. Doch in den 70er Jahren übernahmen die Liberalen die Sprache der Neutralität und der Wahlfreiheit und überließen moralische und religiöse Diskussionen der aufstrebenden christlichen Rechten.

Mit der Wahl Ronald Reagans im Jahr 1980 wurden die christlichen Konservativen zu einer wichtigen Stimme der republikanischen Politik. Jerry Falwells »Moralische Mehrheit« und Pat Robertsons »Christliche Koalition« waren bestrebt, dem »nackten öffentlichen Raum«[19] etwas anzuziehen und all das zu bekämpfen, was sie als moralische Permissivität des amerikanischen Lebens ansahen. Sie förderten Schulgebete, religiöse Schautafeln an öffentlichen Orten sowie gesetzliche Einschränkungen von Pornographie, Abtreibung und Homosexualität. Die Liberalen wiederum wandten sich gegen diese Politik – aber nicht, indem sie die moralischen Urteile fallweise in Frage stellten, sondern indem sie vorbrachten, dass moralische und religiöse Urteile in der Politik nichts zu suchen hätten.

Dieses Argumentationsmuster kam den christlichen Konservativen gerade recht und brachte den Liberalismus in Misskredit. In den 90er Jahren und zu Beginn des neuen Jahrtausends erklärten die Liberalen dann einigermaßen defensiv, auch sie stünden für »Werte«, womit sie üblicherweise Werte wie Toleranz, Fairness und Entscheidungsfreiheit meinten. (Bei einem peinlichen Auftritt verwendete der demokratische Präsidentschaftskandidat John Kerry 2004 in seiner Antrittsrede vor der Nominierungsversammlung 32-mal die Wörter »Wert« oder »Werte«.) Das aber waren die mit liberaler Neutralität und den Einschränkungen liberaler öffentlicher Vernunft verbundenen Werte. Diese griffen die moralische und spirituelle Sehnsucht draußen im Land nicht auf und gaben auch keine Antwort auf das Verlangen nach einem öffentlichen Leben, das der Rede wert war.[20]

Im Gegensatz zu anderen Demokraten verstand Barack Obama diese Sehnsucht und verlieh ihr politischen Ausdruck. Damit hob sich seine Politik vom Liberalismus seiner Zeit ab. Entscheidend für seine Redekunst war nicht einfach, dass er mit Worten umgehen konnte, seine politische Sprache bediente zugleich eine moralische und spirituelle Dimension, die über liberale Neutralität hinausging.

> Jeden Tag, so scheint es, gehen Tausende Amerikaner ihrem Alltag nach. Sie bringen die Kinder in die Schule, fahren ins Büro, fliegen zu einer Geschäftskonferenz, kaufen ein, bemühen sich, ihre Diät durchzuhalten – und merken allmählich, dass ihnen etwas fehlt. Sie kommen zu dem Schluss, dass ihre Arbeit, ihr Besitz, ihre Zerstreuungen, ihre bloße Beschäftigung nicht genug sind. Sie wollen für ihr Leben ein Gefühl von Sinn haben, einen narrativen Bogen ... Wenn wir die Menschen wirklich in dem ansprechen wollen, was sie beschäftigt – wenn wir unsere Hoffnungen und Werte so vermitteln wollen, dass es für sie relevant ist –, dann können wir als Progressive das Gebiet der religiösen Auseinandersetzung nicht aufgeben.[21]

Obamas Feststellung, die Fortschrittlichen sollten eine weiter gefasste, glaubensfreundliche Form der öffentlichen Vernunft entwickeln, zeugte von einem gesunden politischen Instinkt – und von einer guten politischen Philosophie. Denn der Versuch, Argumente über Gerechtigkeit und Rechte von Argumenten über das gute Leben abzutrennen, geht aus zwei Gründen fehl: Erstens ist es nicht immer möglich, Fragen von Gerechtigkeit und Rechten zu entscheiden, ohne gewichtige moralische Fragen zu beantworten, und zweitens ist es vielleicht auch nicht immer wünschenswert.

Abtreibung und Stammzellen

Nehmen wir zwei bekannte politische Debatten, in denen man sich zwangsläufig moralisch und religiös positioniert: Abtreibung und Forschung mit embryonalen Stammzellen. Manche Menschen glauben, Abtreibung solle verboten werden, weil sie auf die Tötung unschuldigen menschlichen Lebens hinauslaufe. Andere widersprechen dem; sie meinen, in der moralischen und theologischen Auseinandersetzung über den Zeitpunkt, zu dem menschliches Leben im vollgültigen Sinn beginne, solle der Staat nicht Partei ergreifen. Da der moralische Status des heranreifenden Fötus eine hochaufgeladene moralische und religiöse Frage sei, solle die Regierung in dieser Frage neutral bleiben und den Frauen erlauben, selbst über eine Abtreibung zu entscheiden.

Die zweite Einstellung reflektiert die bekannte liberale Position für ein Recht auf Abtreibung. Sie behauptet, die Frage der Abtreibung auf der Basis von Neutralität und Entscheidungsfreiheit zu lösen, ohne in die moralische und religiöse Kontroverse einzutreten. Doch diese Annahme ist nicht stichhaltig. Denn wenn der sich entwickelnde Fötus moralisch gesehen in Wahrheit ein Kind ist, entspricht die Abtreibung moralisch einem Kindesmord, und kaum jemand dürfte behaupten, die Regierung solle Eltern selbst die Entscheidung überlassen, ob sie ihre Kinder töten dürfen. In der Abtreibungsdebatte ist die Haltung »zugunsten der freien Entscheidung« also nicht wirklich neutral gegenüber der darunter liegenden moralischen und theologischen Kontroverse; sie gründet sich unausgesprochen auf die Annahme, die Lehre der katholischen Kirche zum moralischen Status des Fötus – dass er nämlich vom Zeitpunkt der Empfängnis an eine menschliche Person sei – sei falsch.

Erkennt man dies an, so heißt das nicht, dass man zugunsten eines Abtreibungsverbots argumentiert. Man räumt damit nur ein, dass Neutralität und Entscheidungsfreiheit als Begründung für das Recht auf Abtreibung nicht ausreichen. Wer das Recht der Frauen verteidigen will, selbst zu entscheiden, ob sie eine Schwangerschaft abbrechen, sollte sich mit dem Argument auseinandersetzen, wonach der heranreifende Fötus eine menschliche Person sei, und zu zeigen versuchen, warum diese Sichtweise falsch ist. Es genügt nicht, zu sagen, das Recht solle in Hinblick auf moralische und religiöse Fragen neutral sein. Die Begründung für die Zulassung der Abtreibung ist ebenso wenig neutral wie die Begründung für ihr Verbot. Beide Ansichten setzen eine Haltung in der darunter liegenden moralischen und religiösen Kontroverse voraus.

Dasselbe gilt für die Debatte über die Stammzellforschung. Die Befürworter des Verbots sind der Ansicht, dass Forschung, bei der menschliche Embryonen zerstört werden, ungeachtet der zu erwartenden medizinischen Fortschritte moralisch unzulässig sei. Von denen, die diese Ansicht vertreten, glauben viele, das Menschsein beginne mit der Empfängnis, weshalb es moralisch keinen Unterschied mache, ob man nun ein Kind töte oder einen Embryo (selbst in einem sehr frühen Stadium) vernichte.

Die Verfechter der embryonalen Stammzellforschung verweisen dagegen auf den medizinischen Nutzen, den die Forschung mit sich bringen dürfte, wozu auch mögliche Behandlungen und Heilverfahren für Diabetes, Parkinson und Wirbelsäulenverletzungen gehörten. Die Wissenschaft solle nicht durch religiöse oder ideologische Eingriffe behindert werden; Leuten mit religiösen Einwänden sollte es nicht gestattet werden, ihre Ansichten mittels Gesetzen durchzusetzen, die eine vielversprechende wissenschaftliche Forschung verbieten würden.

Doch wie bei der Abtreibungsdebatte lässt sich die Zulassung embryonaler Stammzellforschung nicht begründen, wenn man sich nicht der Frage stellt, wann das Menschsein beginnt. Wenn der frühe Embryo moralisch einem Menschen entspricht, dann haben die Gegner der embryonalen Stammzellforschung recht; selbst eine vielversprechende medizinische Forschung würde es nicht rechtfertigen, einen Menschen zu zerstückeln. Kaum jemand dürfte der Meinung sein, es solle gesetzlich erlaubt sein, einem fünfjährigen Kind zur Förderung lebensrettender Forschung Organe zu entnehmen. Demnach ist die Begründung für eine Erlaubnis embryonaler Stammzellforschung nicht neutral, sondern sie impliziert, dass ein im Zuge embryonaler Stammzellforschung vor der Implantation zerstörter Embryo noch kein Mensch sei.[22]

Bei Abtreibung und embryonaler Stammzellforschung ist die rechtliche Frage nicht zu lösen, ohne dass man in der darunter liegenden moralischen und religiösen Kontroverse Stellung bezieht. In beiden Fällen ist Neutralität nicht möglich, weil es um die Frage geht, ob im Zuge des entsprechenden Verfahrens ein Mensch getötet wird. Natürlich geht es bei den meisten moralischen und politischen Kontroversen nicht um Leben und Tod. Anhänger der liberalen Neutralität könnten also erwidern, Abtreibung und Stammzellforschung seien Spezialfälle; soweit nicht die Definition menschlichen Lebens auf dem Spiel stehe, könnten wir Auseinandersetzungen über Gerechtigkeit und Rechte lösen, ohne Partei zu ergreifen.

Die gleichgeschlechtliche Ehe

Doch auch das trifft nicht zu. Sehen wir uns die Debatte über gleichgeschlechtliche Ehen an. Können wir entscheiden, ob der Staat gleichgeschlechtliche Ehen zulassen sollte, ohne uns auf moralische und religiöse Kontroversen über den Sinn der Ehe und den moralischen Status der Homosexualität einzulassen? Manche bejahen das und treten aus liberalen, wertfreien Gründen für die gleichgeschlechtliche Ehe ein: Unabhängig davon, ob man schwule oder lesbische Beziehungen persönlich billigt oder missbilligt, sollte der Einzelne seinen Ehepartner frei wählen können. Erlaubt man nur heterosexuellen und nicht auch homosexuellen Paaren, zu heiraten, diskriminiert man zu Unrecht schwule Männer und lesbische Frauen und verweigert ihnen die Gleichheit vor dem Gesetz.

Falls dieses Argument eine hinreichende Basis darstellt, um der gleichgeschlechtlichen Ehe die Anerkennung des Staates zu gewähren, dann kann die Frage innerhalb der Grenzen der liberalen öffentlichen Vernunft gelöst werden, ohne dass man auf umstrittene Vorstellungen über den Sinn der Ehe und der durch sie repräsentierten Werte zurückgreifen muss. Doch das Plädoyer für die gleichgeschlechtliche Ehe kann nicht mit wertfreien Gründen geführt werden. Es hängt von einer bestimmten Vorstellung vom Telos der Ehe ab – von ihrem Zweck oder ihrem Sinn. Und wenn man über den Zweck einer sozialen Institution diskutiert, heißt das laut Aristoteles, dass man über die von ihr ausgezeichneten Tugenden diskutiert. Die Debatte über gleichgeschlechtliche Ehen ist im Grunde eine Debatte darüber, ob schwule und lesbische Verbindungen der Ehre und Anerkennung wert sind, die die vom Staat geschützte Ehe in unserer Gesellschaft genießt. Folglich ist die darunter liegende moralische Frage nicht zu umgehen.

Um zu erkennen, warum das so ist, muss man berücksichtigen, dass ein Staat in Hinblick auf die Ehe nicht nur zwei, sondern drei mögliche Haltungen einnehmen kann: Er kann die traditionelle Richtlinie annehmen und nur Ehen zwischen Mann und Frau anerkennen (Grundsatz 1);

oder er kann wie mehrere andere Staaten gleichgeschlechtliche Ehen in gleicher Weise anerkennen wie Ehen zwischen Mann und Frau (Grundsatz 2); oder er kann darauf verzichten, jegliche Art von Ehe anzuerkennen, und diese Rolle privaten Vereinigungen überlassen (Grundsatz 3).

Zusätzlich zu Ehegesetzen können Staaten Gesetze zur Lebenspartnerschaft erlassen. Sie gewähren zusammenlebenden unverheirateten Paaren, die eine rechtsverbindliche Verpflichtung eingehen wollen, gesetzlichen Schutz, Erbrechte, Besuchsrechte in Kliniken und Sorgerechtsregeln für Kinder. Viele Staaten haben solche Regelungen für schwule und lesbische Partner zugänglich gemacht. 2003 wurde Massachusetts nach einem Urteil seines Obersten Gerichts der erste Staat, der gleichgeschlechtlichen Ehen gesetzliche Anerkennung zugestand (Grundsatz 2). 2008 entschied auch das Oberste Gericht Kaliforniens zugunsten der gleichgeschlechtlichen Ehe, doch einige Monate nach diesem Urteil hob eine Mehrheit der Wählerschaft die Entscheidung in einem Volksentscheid auf. 2009 legalisierte dann Vermont als erster Staat die Homoehe per Gesetz und nicht per Gerichtsurteil.[23]

Grundsatz 3 ist zumindest in den USA rein hypothetisch; bislang hat kein Staat auf die amtliche Anerkennung der Ehe verzichtet. Dennoch lohnt es sich, dieses Prinzip zu untersuchen – es wirft ein Licht auf die Argumente für und gegen die gleichgeschlechtliche Ehe.

Grundsatz 3 ist die ideale libertarianische Lösung für die Ehedebatte. Die Ehe wird damit nicht abgeschafft, aber sie ist nicht länger eine staatlich abgesegnete Institution. Es findet also eine »Trennung von Ehe und Staat« statt.[24] So, wie die Trennung von Staat und Religion darauf hinausläuft, dass man sich einer Staatskirche entledigt (wobei unabhängig vom Staat existierende Kirchen weiterhin zugelassen sind), würde eine Trennung von Staat und Ehe bedeuten, dass man sich der Ehe als einer offiziellen staatlichen Institution entledigt.

Der Kommentator Michael Kinsley verteidigt diesen Grundsatz als einen Ausweg aus einem seiner Ansicht nach hoffnungslos unauflöslichen Konflikt. Befürworter der Schwulenehe beklagen sich, es sei eine Form von Diskriminierung, die Ehe auf Heterosexuelle zu beschränken. Ihre Gegner behaupten, dass der Staat, wenn er die Schwulenehe absegne, die Homosexualität nicht mehr nur toleriere, sondern ihr den Rücken stärke und sie mit »einem amtlichen Genehmigungsstempel« versehe. Die Lösung wäre, so Kinsley, die Institution der von der Regierung sanktionierten Ehe zu beenden bzw. zu privatisieren.[25] Sollen die Leute sich doch verheiraten, wie es ihnen passt – ohne staatliche Sanktion oder Einmischung.

> Lassen wir Kirchen und andere religiöse Einrichtungen weiterhin Hochzeitszeremonien anbieten. Kaufhäuser und Kasinos können sich in den Vorgang einklinken, wenn sie wollen (...). Sollen die Paare ihre Vereinigung doch nach Belieben feiern und sich als verheiratet betrachten, wann immer sie es wünschen (...). Und ja, wenn drei Leute sich verheiraten wollen oder einer sich selbst heiraten will, und ein anderer möchte eine Zeremonie abhalten und die Betreffenden als verheiratet erklären – warum nicht?[26]

»Wäre die Ehe eine vollkommen private Angelegenheit«, überlegt Kinsley, »würden Streitigkeiten über die Schwulenehe belanglos. Ehen unter Homosexuellen hätten zwar nicht den offiziellen Segen der Regierung, doch das gälte auch für die herkömmliche Ehe.« Kinsley meint, Gesetze zur Lebenspartnerschaft könnten die Fragen der Finanzen, der Versicherungen, des Unterhalts für Kinder und des Erbrechts regeln, die sich ergeben, wenn Menschen gemeinsam leben und zusammen Kinder aufziehen. Letztlich schlägt er vor, alle staatlich sanktionierten Ehen, ob unter Homosexuellen oder Heterosexuellen, durch zivilrechtliche Vereinigungen zu ersetzen.[27]

Aus Sicht der liberalen Neutralität hat Kinsleys Vorschlag einen eindeutigen Vorteil gegenüber den beiden Standardalternativen (Grundsatz 1 und 2): Richter oder Bürger müssen sich nicht in die moralische und religiöse Kontroverse über den Sinn der Ehe und die Moral der Homosexualität einschalten. Da der Staat nicht länger irgendwelchen familiären Einheiten den Ehrentitel der Ehe verleihen würde, könnten die Bürger es vermeiden, sich an der Debatte über das Telos der Ehe zu beteiligen – und darüber zu streiten, ob Schwule und Lesben seinem Anspruch gerecht werden können.

Auf beiden Seiten der Debatte über gleichgeschlechtliche Ehen haben nur relativ wenige den Vorschlag übernommen, Ehe und Staat zu trennen. Doch er beleuchtet, worum es in der aktuellen Debatte wirklich geht, und lässt uns besser erkennen, warum sowohl Befürworter als auch Gegner gleichgeschlechtlicher Ehen sich mit der realen moralischen und religiösen Kontroverse über den Sinn der Ehe und die sie bestimmenden Werte auseinandersetzen müssen. Keine der beiden üblichen Positionen lässt sich innerhalb der Grenzen der liberalen öffentlichen Vernunft vertreten.

Diejenigen, die gleichgeschlechtliche Ehen verwerfen, weil durch sie die Sünde gebilligt und die wahre Bedeutung der Ehe geschmälert werde, schämen sich selbstverständlich nicht zuzugeben, dass sie eine moralisch oder religiös motivierte Forderung erheben. Diejenigen, die ein Recht auf gleichgeschlechtliche Ehe vertreten, versuchen dagegen oft, ihre Forderung neutral zu begründen und zu vermeiden, ein Urteil über die moralische Bedeutung der Ehe abzugeben. Eine zentrale Stellung nehmen dabei die Vorstellungen von

Nichtdiskriminierung und Entscheidungsfreiheit ein. Doch diese Ideen allein können das Recht auf gleichgeschlechtliche Ehen nicht rechtfertigen. Warum das so ist, erkennen wir, wenn wir die umsichtige und nuancierte Begründung betrachten, die Margaret Marshall, Vorsitzende Richterin am Massachusetts Supreme Court, für das Urteil in Sachen *Goodridge vs. Dept. Of Public Health* (2003) verfasst hat – dem Fall zum Thema gleichgeschlechtliche Ehe.[28]

Zunächst verweist Marshall auf die tiefe moralische und religiöse Uneinigkeit, die das Thema hervorrufe, und gibt zu verstehen, dass das Gericht nicht beabsichtige, in diesem Disput Partei zu ergreifen:

> Viele Menschen sind religiös, moralisch und ethisch zutiefst davon überzeugt, dass die Ehe auf die Verbindung zwischen Mann und Frau beschränkt sein sollte und dass Homosexualität unmoralisch sei. Viele sind ebenso stark religiös, moralisch und ethisch davon überzeugt, dass gleichgeschlechtliche Paare ein Recht darauf hätten, verheiratet zu werden, und dass Homosexuelle nicht anders behandelt werden sollten als ihre heterosexuellen Nachbarn. Keine der beiden Anschauungen beantwortet die uns vorliegende Frage. »Unsere Pflicht ist es, die Freiheit aller zu bestimmen, und nicht, unseren eigenen Moralkodex durchzusetzen.«[29]

Als wolle sie vermeiden, in die moralische und religiöse Kontroverse über Homosexualität einzusteigen, stellt Marshall im Gericht die moralische Frage in liberaler Terminologie dar – als eine Angelegenheit von Autonomie und Entscheidungsfreiheit. Der Ausschluss gleichgeschlechtlicher Paare von der Ehe sei unvereinbar »mit der Achtung für die individuelle Selbstbestimmung und die Gleichheit vor dem Gesetz«, schreibt sie.[30] Die Freiheit, »ob und mit wem man sich verheiraten will, würde ausgehöhlt«, wenn der Staat jemanden davon ausschließen könnte, »den Menschen frei zu wählen, mit dem er eine Bindung eingehen möchte«.[31] In Frage stehe, betont Marshall, nicht der moralische Wert der Entscheidung, sondern das Recht des Einzelnen, eine Wahl zu treffen – das heißt, das Recht der Kläger, »den gewählten Partner zu heiraten«.[32]

Selbstbestimmung und Wahlfreiheit reichen jedoch nicht aus, das Recht auf gleichgeschlechtliche Ehe zu begründen. Wäre der Staat in Hinblick auf den moralischen Wert aller freiwillig eingegangenen intimen Beziehungen wahrhaft neutral, hätte er keinen Grund, die Ehe auf zwei Personen einzuschränken – einvernehmliche polygame Partnerschaften würden die Kriterien ebenso erfüllen. Wollte der Staat tatsächlich neutral sein und jede Wahl respektieren, die von Einzelnen getroffen würde, so müsste er tatsächlich Kinsleys Vorschlag übernehmen und sich davon verabschieden, irgendwelchen Ehen Anerkennung zu gewähren.

In der Debatte um Homoehen geht es in Wahrheit nicht um Wahlfreiheit, sondern darum, ob gleichgeschlechtliche Vereinigungen es verdient haben, von der Gemeinschaft geachtet und anerkannt zu werden – ob sie den Zweck der sozialen Institution Ehe erfüllen. In aristotelischen Begriffen geht es hier um die gerechte Verteilung von Ämtern und Auszeichnungen. Es ist eine Frage der sozialen Anerkennung.

Auch wenn das Gericht in Massachusetts die Wahlfreiheit herausstellte, machte es deutlich, dass es nicht die Absicht hatte, die polygame Ehe zu ermöglichen. Die Vorstellung, dass die Regierung bestimmten intimen Verbindungen eher soziale Anerkennung gewähren dürfe als anderen, wurde nicht in Frage gestellt. Und das Gericht forderte auch nicht die Abschaffung der Ehe oder ihre Trennung vom Staat.

Richterin Marshalls Urteilsbegründung liest sich im Gegenteil wie ein Loblied auf die Ehe als »eine der bereicherndsten und am meisten geschätzten Institutionen unserer Gemeinschaft«.[33] Sie bringt vor, die Abschaffung der staatlich sanktionierten Ehe »würde ein wesentliches Organisationsprinzip unserer Gesellschaft zerstören«.[34]

Anstatt die staatlich sanktionierte Ehe abzuschaffen, plädiert Marshall vielmehr dafür, ihre traditionelle Definition auf gleichgeschlechtliche Partner auszudehnen. Damit überschreitet sie die Grenzen der liberalen Neutralität; sie bekräftigt den moralischen Wert gleichgeschlechtlicher Verbindungen und bietet eine neue Interpretation ihres Zwecks an. Die Ehe, so Marshall, sei mehr als ein privates, einvernehmliches Arrangement zwischen zwei Erwachsenen – sie stelle nämlich eine Form öffentlicher Anerkennung und Billigung dar. »An jeder Zivilehe sind drei Partner beteiligt: Zwei bereitwillige Ehegatten und ein billigender Staat.«[35] Diese Tatsache macht deutlich, dass der Akt der Eheschließung – bzw. die Erlaubnis dazu – etwas mit öffentlicher Wertschätzung zu tun hat: »Die Zivilehe ist eine zutiefst persönliche Bindung an einen anderen Menschen und zugleich ein höchst öffentliches Lob der Ideale von Gegenseitigkeit, Gemeinschaft, Vertrautheit, Treue und Familie.«[36]

Wenn die Ehe eine ehrenvolle Einrichtung ist: Welche Tugenden verkörpert sie dann? Diese Frage zielt auf den Zweck, das Telos der Ehe als sozialer Einrichtung. Viele Gegner der gleichgeschlechtlichen Ehe behaupten, vorrangiger Zweck der Ehe sei die Fortpflanzung. Diesem Argument zufolge haben gleichgeschlechtliche Paare, weil sie keine eigenen Nachkommen hervorbringen können, kein Recht, sich zu verheiraten. Ihnen fehlt sozusagen die einschlägige Tugend.

Diese teleologische Überlegung ist der Knackpunkt der

Argumentation gegen gleichgeschlechtliche Ehen, und Marshall geht ihn direkt an. Sie gibt nicht vor, gegenüber dem Zweck der Ehe neutral zu sein, sondern bietet eine andere Deutung an. Das Wesen der Ehe, behauptet sie, sei nicht die Fortpflanzung, sondern eine ausschließliche, liebevolle Bindung zwischen zwei Partnern – ob sie nun hetero- oder homosexuell seien.

Nun könnte man fragen, wie es denn möglich sei, zwischen konkurrierenden Ansichten über den Zweck oder das Wesen der Ehe zu entscheiden. Können wir überhaupt rational über die Bedeutung und den Zweck moralisch umstrittener sozialer Institutionen wie den der Ehe diskutieren? Oder läuft das einfach auf einen Meinungskampf hinaus, in dem die einen sagen, es gehe um Fortpflanzung, und die anderen die Bedeutung des gegenseitigen Versprechens hervorheben – ohne die Möglichkeit, eine wohlbegründete Entscheidung zu treffen?

Marshalls Urteilsbegründung veranschaulicht sehr gut, wie solch eine Entscheidungsfindung ablaufen kann. Zunächst bestreitet sie die Behauptung, Fortpflanzung sei der vorrangige Zweck der Ehe. Das erreicht sie, indem sie zeigt, dass die Ehe, wie sie derzeit vom Staat praktiziert und geregelt wird, keine Fähigkeit zur Fortpflanzung fordert. Heterosexuelle Paare, die einen Heiratsantrag stellen, werden nicht nach ihrer »Fähigkeit oder Absicht gefragt, durch Vollzug des Beischlafs Kinder zu zeugen. Fruchtbarkeit ist keine Ehevoraussetzung und auch kein Scheidungsgrund. Menschen, die die Ehe nie vollzogen haben und es auch nicht planen, dürfen verheiratet sein und bleiben. Menschen, die sich nicht mehr von ihrem Sterbebett erheben können, dürfen heiraten.« Während »viele, vielleicht sogar die meisten verheirateten Paare gemeinsam Kinder haben (ob mit oder ohne ärztliche Unterstützung), ist es die ausschließliche und andauernde Bindung der Ehepartner und nicht die Zeugung von Kindern, die den unerlässlichen Bestandteil der Zivilehe ausmacht.«[37]

Marshalls Argumentation besteht also teilweise aus einer Interpretation des Zwecks oder Wesens der Ehe, wie sie aktuell existiert. Wie können wir angesichts konkurrierender Deutungen einer gesellschaftlichen Praxis – Ehe zur Fortpflanzung vs. Ehe als exklusive und andauernde Bindung – bestimmen, welche davon einleuchtender ist? Nun, einmal können wir fragen, welche Darstellung den Sinn existierender Ehegesetze insgesamt am besten wiedergibt. Oder wir können fragen, welche Deutung der Ehe Tugenden hochhält, die der Auszeichnung wert sind. Was als Zweck der Ehe zählt, hängt zum Teil davon ab, welche Eigenschaften die Ehe unserer Ansicht nach ehren und bestärken sollte. Dadurch wird es unvermeidlich, sich in der darunter liegenden moralischen und religiösen Kontroverse zu positionieren: Welcher moralische Status kommt schwulen und lesbischen Beziehungen zu?

In dieser Frage ist Marshall nicht neutral. Sie meint, gleichgeschlechtliche Beziehungen seien ebenso achtenswert wie heterosexuelle Beziehungen. »Das destruktive Klischee, gleichgeschlechtliche Beziehungen seien ihrer Natur nach instabil, heterosexuellen Beziehungen unterlegen und hätten keine Achtung verdient, würde von staatlicher Seite gebilligt«, wenn man die Ehe auf Heterosexuelle beschränke.[38]

Wenn wir uns also die Argumentation zugunsten der gleichgeschlechtlichen Ehe genauer ansehen, stellen wir fest, dass sie nicht auf den Vorstellungen von Nichtdiskriminierung und Wahlfreiheit beruhen kann. Wollen wir entscheiden, wer für die Ehe geeignet sein soll, müssen wir den Zweck der Ehe und die durch sie gewürdigten Tugenden durchdenken. Und das bringt uns auf moralisch umstrittenes Terrain, wo wir gegenüber konkurrierenden Vorstellungen vom guten Leben nicht neutral bleiben können.

Gerechtigkeit und das gute Leben

Im Verlauf unserer Reise haben wir drei Annäherungen an die Gerechtigkeit erkundet. Einem Ansatz zufolge heißt Gerechtigkeit, den Nutzen oder den Wohlstand zu mehren – das größte Glück für die größte Zahl von Menschen. Der zweite besagt, Gerechtigkeit bedeute, die Wahlfreiheit zu achten – entweder die tatsächlichen Entscheidungen, die Menschen auf einem freien Markt treffen (die libertarianische Ansicht), oder die hypothetischen Entscheidungen, die Menschen in einer Ursituation der Gleichheit treffen *würden* (die liberale egalitäre Ansicht). Dem dritten zufolge gehört es zur Gerechtigkeit, Tugend zu kultivieren und über das Gemeinwohl nachzudenken. Wie inzwischen deutlich geworden sein dürfte, bevorzuge ich eine Version des dritten Ansatzes. Das möchte ich näher erläutern.

Der utilitaristische Ansatz weist zwei Fehler auf: Erstens macht er Gerechtigkeit und Rechte zu einer nicht auf Grundsätzen, sondern zu einer auf Berechnung beruhenden Angelegenheit. Zweitens versucht er, alle menschlichen Güter in einen einzigen, gleichförmigen Wertmaßstab zu übertragen, wodurch er die qualitativen Unterschiede zwischen ihnen einebnet.

Die auf Freiheit beruhenden Theorien lösen das erste Problem, nicht aber das zweite. Sie nehmen die Rechte des Einzelnen ernst und halten daran fest, dass Gerechtigkeit mehr ist als bloßes Kalkül. Zwar sind sie untereinander uneins, *welche* Rechte Vorrang vor den utilitaristischen Erwägungen haben sollten, aber sie sind sich darin einig, *dass* bestimmte Rechte grundlegend und zu respektieren sind. Doch abgesehen davon, dass sie gewisse Rechte als achtenswert herausstellen, respektieren sie die Vorlieben der Menschen, wie sie sind. Sie verlangen nicht von uns, die Vorlieben und Wünsche, die wir ins öffentliche Leben einbringen, in Frage zu stellen. Der moralische Wert der von uns verfolgten Ziele, die Bedeutung und das moralische Gewicht unseres Lebens und die Qualität und Art der Gemeinschaft, der wir angehören, sind diesen Theorien zufolge nichts, was wir in unsere Überlegungen zur Gerechtigkeit miteinbeziehen sollten.

Diese Auffassung scheint mir falsch zu sein. Eine gerechte Gesellschaft lässt sich nicht einfach dadurch erreichen, dass man den Nutzen maximiert oder die Freiheit der Entscheidung gewährleistet. Um zu einer gerechten Gesellschaft zu gelangen, müssen wir gemeinsam darüber nachdenken, was es heißt, ein gutes Leben zu führen, und eine öffentliche Kultur schaffen, die mit den unvermeidlich auftretenden Meinungsverschiedenheiten umzugehen weiß.

Die Versuchung ist groß, nach einem Prinzip oder einem Verfahren zu suchen, das die Frage nach der daraus hervorgehenden Verteilung von Einkommen, Macht oder Chancen ein für alle Mal löst. Könnten wir ein solches Prinzip finden, würde es uns in die Lage versetzen, den Tumult und die Streitigkeiten zu vermeiden, die Debatten über das gute Leben stets aufs Neue hervorrufen.

Doch es ist unmöglich, solchen Auseinandersetzungen aus dem Weg zu gehen. Gerechtigkeit ist unausweichlich mit Wertungen verbunden. Ob wir über Finanzhilfen oder Verwundetenabzeichen, über Leihmutterschaft oder gleichgeschlechtliche Ehen reden, über Quotenregelungen für Minderheiten oder Militärdienst, die Bezahlung von Firmenvorständen oder das Recht, einen Golfkarren zu benutzen – Fragen der Gerechtigkeit gehen stets mit konkurrierenden Vorstellungen von Ehre und Tugend, Stolz und Anerkennung einher. Bei der Gerechtigkeit kommt es nicht allein darauf an, etwas auf die richtige Weise zu verteilen. Es geht auch darum, wie die Dinge richtig zu bewerten sind.

Wenn es zu einer gerechten Gesellschaft gehört, gemeinsam über das gute Leben nachzudenken, bleibt die Frage, wie der politische Diskurs auszusehen hätte, der uns in diese Richtung weist. Darauf habe ich keine gänzlich ausgearbeitete Antwort, aber ich kann ein paar anschauliche Vorschläge anbieten.

Zunächst eine Beobachtung: Heutzutage kreisen unsere politischen Auseinandersetzungen zumeist um Wohlstand und Freiheit – um die Steigerung der Wirtschaftsleistung und die Achtung der Menschenrechte. Die Verknüpfung von Tugend und Politik halten viele Menschen für eine Spezialität der religiös Konservativen, die den Menschen erzählen wollen, wie sie zu leben haben. Doch das muss nicht zwangsläufig so sein. Die Herausforderung besteht darin, sich eine Politik vorzustellen, die moralische und spirituelle Fragen ernst nimmt, sie aber nicht nur auf Fragen der Sexualität und Abtreibung reduziert, sondern auch in weiter gefassten ökonomischen und staatsbürgerlichen Belangen zum Tragen bringt.

Im Lauf meines eigenen Lebens war es Robert F. Kennedy, der diese Hoffnung am ehesten verkörperte, als er sich 1968 darum bemühte, als Präsidentschaftskandidat der Demokraten nominiert zu werden. Für ihn umfasste Gerechtigkeit mehr als die Steigerung und Verteilung des Bruttoinlandsprodukts – sie schloss auch höhere moralische Ziele ein. In einer Rede an der University of Kansas am 18. März 1968 sprach Kennedy über den Krieg in Vietnam, die Unruhen in Amerikas Städten, Rassenungleichheit und die erdrückende Armut, die er in Mississippi und in den Appalachen angetroffen hatte. Ausgehend von dieser offenkundigen Frage der Verteilungsgerechtigkeit merkte er an, die Amerikaner hätten angefangen, die falschen

Dinge zu schätzen. »Selbst wenn wir uns daran machten, die materielle Armut aus der Welt zu schaffen«, erklärte Kennedy, »gibt es noch eine weitere große Aufgabe. Wir müssen uns der Armut an Zufriedenheit stellen (...), die uns alle betrifft.« Die Amerikaner hätten sich »der bloßen Anhäufung von Dingen« hingegeben.[39]

> Unser nationales Bruttosozialprodukt beträgt mittlerweile 800 Milliarden Dollar jährlich. Doch dieses Bruttosozialprodukt erfasst Luftverschmutzung und Zigarettenreklame und Rettungswagen, die auf unseren Highways die Folgen der Blutbäder beseitigen. Es rechnet Spezialschlösser für unsere Haustüren mit ein und die Gefängnisse für jene Leute, die sie aufbrechen. Es erfasst die Zerstörung der Mammutbäume und die Vernichtung unserer Naturwunder durch chaotische Zersiedelung. Es rechnet Napalm ein, und es zählt Atomsprengköpfe und gepanzerte Fahrzeuge für die Polizei, die Unruhen in unseren Städten bekämpft. Es umfasst (...) die Fernsehprogramme, die Gewalt verherrlichen, um unseren Kindern Spielzeug zu verkaufen. Doch das Bruttosozialprodukt berücksichtigt nicht die Gesundheit unserer Kinder, die Qualität ihrer Ausbildung oder die Freude beim Spielen. Es umfasst nicht die Schönheit unserer Dichtung oder die Stärke unserer Ehen, die Intelligenz unserer öffentlichen Debatten oder die Integrität unserer Staatsdiener. Es misst weder unseren Verstand noch unseren Mut, weder unsere Weisheit noch unsere Bildung, weder unser Mitgefühl noch die Hingabe an unser Land. Kurz, es misst alles außer dem, was das Leben lebenswert macht. Es kann uns alles Mögliche über Amerika mitteilen, doch nichts darüber, warum wir stolz darauf sind, Amerikaner zu sein.[40]

Wer Kennedy gehört hat oder diese Passage liest, könnte vielleicht meinen, dass die moralische Kritik an der Selbstzufriedenheit und materialistischen Haltung seiner Zeit nicht zwangsläufig mit seiner Einstellung zur Ungerechtigkeit von Armut, Vietnamkrieg und Rassendiskriminierung zusammenhing. Doch er sah hier sehr wohl eine Verbindung. Um diese Ungerechtigkeiten aufzuheben, war es nach Kennedys Ansicht notwendig, den selbstgefälligen Lebensstil in Frage zu stellen, den er in seiner Umgebung wahrnahm. Er hielt sich mit Wertungen nicht zurück, doch indem er den Stolz der Amerikaner auf ihr Land ins Spiel brachte, appellierte er zugleich auch an den Gemeinsinn.

Knapp drei Monate darauf wurde Kennedy ermordet. Wir können nur spekulieren, ob die klangvoll angekündigte Politik Früchte getragen hätte, wenn er am Leben geblieben wäre.

Vier Jahrzehnte später nutzte Barack Obama während des Präsidentschaftswahlkampfs 2008 ebenfalls Amerikas Hunger nach einem reicheren öffentlichen Leben und artikulierte eine von moralischem und spirituellem Streben geprägte Politik. Ob es ihm – trotz Finanzkrise und Rezession – gelingt, den moralischen und gesellschaftlichen Schwung seiner Kampagne in eine neue Politik des Gemeinwohls umzusetzen, bleibt abzuwarten.

Wie könnte eine neue Politik des Gemeinwohls aussehen? Hier einige mögliche Themen:

1. Bürgerschaft, Opfer und Dienst an der Gemeinschaft

Wenn eine gerechte Gesellschaft einen ausgeprägten Gemeinsinn erfordert, dann muss sie einen Weg finden, in den Bürgern die Sorge um das Ganze zu kultivieren – ihnen die Hingabe an das Gemeinwohl näherzubringen. Gegenüber den Haltungen und Absichten, den »Gewohnheiten des Herzens«, die die Bürger ins öffentliche Leben einbringen, kann die Gesellschaft nicht gleichgültig sein. Sie muss versuchen, sich gegen vollkommen aufs Private reduzierte Vorstellungen vom guten Leben zu stemmen und staatsbürgerliche Tugenden zu pflegen.

Seit jeher ist die öffentliche Schule ein Ort staatsbürgerlicher Erziehung gewesen – für einige Generationen war es auch das Militär, das diese Funktion erfüllt hat. Ich meine hier nicht in erster Linie den expliziten Staatskundeunterricht, sondern die praktische, oft unbeabsichtigt staatsbürgerliche Erziehung, die sich ergibt, wenn junge Menschen aus unterschiedlichen wirtschaftlichen Verhältnissen, religiösen Milieus und ethnischen Gemeinschaften in einer gemeinsamen Institution zusammenkommen.

In unserer Zeit sind viele öffentliche Schulen in prekärem Zustand, und nur ein kleiner Bruchteil der amerikanischen Gesellschaft dient beim Militär. Insofern ist es eine schwierige Frage, wie eine so weit gespannte und inhomogene Demokratie wie die der USA die Solidarität und den Sinn für gegenseitige Verantwortung kultivieren kann, die für eine gerechte Gesellschaft erforderlich sind. Eine Frage, die neuerdings auch wieder in der Politik aufgeworfen wurde.

Während des Wahlkampfs von 2008 stellte Barack Obama fest, dass die Ereignisse des 11. September 2001 bei den Amerikanern einen Sinn für Patriotismus und Stolz und einen neuen Willen angeregt hätten, ihrem Land zu dienen. Und er kritisierte Präsident George W. Bush, weil er die Amerikaner nicht zu irgendeiner Form des gemeinsamen Opfers aufgefordert hatte. »Anstatt dass man uns aufgerufen hätte, dem Land zu dienen«, sagte Obama, »forderte man uns auf, einkaufen zu gehen. Statt eines Aufrufs zu einem gemeinsamen Opfer spendierten wir den reichsten Amerikanern – zum ersten Mal in unserer Geschichte zu Kriegszeiten – Steuernachlässe.«[41]

Obama schlug vor, den staatlichen Freiwilligendienst dadurch zu fördern, dass man Studenten als Gegenleistung für 100 Stunden Arbeit in öffentlichen Diensten einen Teil der College-Gebühren ersparte. »Ihr investiert in Amerika, und Amerika investiert in euch«, erklärte er jungen Leuten, als er im Wahlkampf quer durchs Land reiste. Der Vorschlag sollte sich als eine seiner populärsten Ideen erweisen, und im April 2009 unterzeichnete er ein Gesetz, das das Programm der Gemeinschaftsdienste bei AmeriCorps erweiterte und College-Gelder für Studenten bereitstellte, die in ihren Gemeinden Freiwilligendienste übernahmen. Doch trotz der Resonanz, die Obamas Aufruf zu nationalen Freiwilligendiensten hervorrief, sind ehrgeizigere Vorschläge für nationale Pflichtdienste nicht in die politische Agenda aufgenommen worden.

2. *Die moralischen Grenzen der Märkte*

Eine der auffälligsten Tendenzen unserer Zeit ist die Ausdehnung der Märkte und des marktorientierten Denkens auf Lebensbereiche, die traditionell von anderen Normen beherrscht wurden. In einigen der vorangegangenen Kapiteln haben wir uns mit jenen moralischen Fragen befasst, die sich ergeben, wenn Länder militärische Dienstleistungen und die Befragung von Gefangenen an Söldner oder Privatunternehmen auslagern, wenn Eltern die Schwangerschaft und Geburt bezahlten Leihmüttern in Entwicklungsländern überlassen oder wenn Menschen Nieren auf dem freien Markt kaufen und verkaufen. Andere Beispiele gibt es zuhauf: Sollten Studenten in Schulen mit unterdurchschnittlichen Leistungen Geld angeboten bekommen, wenn sie bei genormten Tests gut abschneiden? Sollten Lehrer Boni erhalten, wenn sie die Prüfungsergebnisse ihrer Studenten verbessern? Sollten Staaten gewinnorientierte Firmen dafür bezahlen, ihre Strafgefangenen unterzubringen? Sollten die USA ihre Einwanderungspolitik vereinfachen, indem sie den Vorschlag eines Ökonomen der University of Chicago aufgreifen, die US-Staatsbürgerschaft für eine Gebühr von 100 000 Dollar zu verkaufen?[42]

Bei diesen Fragen geht es nicht nur um Nutzen und Übereinkunft. Sie drehen sich auch darum, wie zentrale soziale Praktiken zu bewerten sind – Militärdienst, Schwangerschaft, Unterricht und Lernen, Strafjustiz, Einwanderung und so weiter. Weil die Vermarktung sozialer Praktiken die sie definierenden Normen beschädigen oder entwerten kann, müssen wir fragen, welche Normen wir davor bewahren wollen, der Marktlogik anheimzufallen. Dies erfordert eine öffentliche Debatte über konkurrierende Vorstellungen zu der Frage, wie Güter angemessen zu bewerten sind. Märkte taugen zur Organisation produktiver Tätigkeiten, doch wenn wir nicht wollen, dass sie die Normen sozialer Einrichtungen neu formulieren, brauchen wir eine öffentliche Debatte über die moralischen Grenzen der Marktwirtschaft.

3. *Ungleichheit, Solidarität und staatsbürgerliche Tugend*

Innerhalb der USA hat sich die Kluft zwischen Reich und Arm in den letzten Jahrzehnten vertieft und eine Größenordnung erreicht, die man seit den 30er Jahren nicht mehr erlebt hat. Doch in der Politik spielt Ungleichheit nach wie vor keine große Rolle. Selbst Barack Obamas bescheidener Vorschlag, bei der Einkommensteuer zu den Sätzen der 90er zurückzukehren, veranlasste seine republikanischen Gegner, ihn als Sozialisten zu bezeichnen, der den Wohlstand umverteilen wolle.

Anders als die Tagespolitik thematisierte die politische Philosophie immer wieder Fragen der sozialen Ungleichheit. Seit den 70ern bis in die Gegenwart ist die gerechte Verteilung von Einkommen und Wohlstand ein zentraler Bestandteil ihrer Debatten. Doch die Neigung der Philosophen, die Frage in Begriffen des Nutzens oder der Vereinbarung zu fassen, führt dazu, dass sie genau das Argument gegen Ungleichheit übersehen, das für das Projekt einer moralischen und staatsbürgerlichen Erneuerung von entscheidender Bedeutung ist und in der Politik Gehör finden könnte.

Einige Philosophen, die die Reichen besteuern möchten, um den Armen zu helfen, argumentieren im Namen des Nutzens: Nimmt man einem Reichen 100 Dollar und gibt sie einem Armen, dürfte man das Glück des Reichen nur geringfügig vermindern, das Glück des Armen dagegen stark steigern. Auch John Rawls vertritt eine Politik der Umverteilung, wenn auch aufgrund einer hypothetischen Vereinbarung. Wenn wir uns, meint er, einen hypothetischen Gesellschaftsvertrag in einer Ursituation der Gleichheit vorstellten, so würde jedermann einem Grundsatz zustimmen, der eine Form der Umverteilung unterstützte.

Es gibt jedoch einen dritten, bedeutenderen Grund, sich wegen der wachsenden Ungleichheit in Amerika Sorgen zu machen: Eine zu große Kluft zwischen Reich und Arm untergräbt die Solidarität, die für eine demokratische Bürgerschaft unerlässlich ist. Aufgrund der großen sozialen Ungleichheit entfernt sich die Lebenswelt der Reichen zunehmend von jener der Armen. Die Begüterten schicken ihre Kinder auf Privatschulen (oder öffentliche Schulen in reichen Vorstädten) und überlassen die innerstädtischen öffentlichen Schulen den Kindern aus Familien, die keine Wahl haben. Ein ähnlicher Trend führt dazu, dass die Privilegierten aus anderen öffentlichen Institutionen und Einrichtungen abwandern.[43] Private Fitnessklubs ersetzen städtische Freizeitanlagen und Schwimmbäder. Gehobene Wohnanlagen werden durch private Sicherheitsdienste bewacht und nicht mehr ausschließlich durch die Polizei. Mit dem Zweit- oder Drittwagen entfällt die Notwendigkeit, öffentliche Verkehrsmittel zu nutzen. Und so fort. Die Begüterten ziehen sich aus den öffentlichen Orten und Diensten zurück und überlassen sie denen, die sich nichts anderes leisten können.

Das wirkt sich in zweifacher Hinsicht schädlich aus, fiskalisch und auf die Zivilgesellschaft. Erstens verfallen öffentliche Einrichtungen, weil diejenigen, die sie nicht mehr nutzen, immer weniger gewillt sind, sie mit ihren Steuern zu finanzieren. Zweitens hören öffentliche Institutionen wie Schulen, Parks, Spielplätze und Gemeindezentren auf, Orte zu sein, an denen Bürger aus unterschiedlichen Lebenswelten aufeinandertreffen. Einrichtungen, die einst Menschen zusammenbrachten und als informelle Schulen staatsbürgerlicher Tugend dienten, werden immer seltener. Die Aushöhlung des öffentlichen Raums erschwert es, die Solidarität und den Gemeinschaftssinn zu pflegen, von denen eine demokratische Zivilgesellschaft abhängt.

Ungleichheit kann demnach die staatsbürgerliche Tugend zersetzen – eine Tatsache, welche in den Markt verliebte Konservative und Liberale, die ein Problem mit der Umverteilung haben, gerne übersehen.

Wenn die Erosion des öffentlichen Raums das Problem ist – was ist dann die Lösung? Eine Politik des Gemeinwohls würde sich nicht zuletzt das Ziel setzen, die Infrastruktur des zivilen Lebens zu erhalten und auszubauen. Sie würde sich nicht so sehr auf eine Umverteilung zugunsten des für alle erreichbaren privaten Konsums konzentrieren. Vielmehr würde sie die Begüterten besteuern, um öffentliche Einrichtungen und Dienstleistungen wieder so auszubauen, dass Reiche wie Arme gleichermaßen gern davon profitieren.

Frühere Generationen haben massiv in ein Netzwerk aus Bundesschnellstraßen investiert, was den Amerikanern beispiellose individuelle Mobilität und Freiheit bescherte, aber auch dazu beitrug, dass sie auf ein privates Auto angewiesen waren. Das wiederum führte zur Zersiedelung des städtischen Umlands, zu Umweltzerstörung und zu Verhaltensmustern, die die Gemeinschaft zersetzten. Die heutige Generation könnte sich für eine ebenso konsequente Investition in eine Infrastruktur zugunsten zivilgesellschaftlicher Erneuerung einsetzen: öffentliche Schulen, in die Reiche und Arme gleichermaßen ihre Kinder schicken möchten, öffentliche Transportsysteme, die so zuverlässig sind, dass sie Pendler mit gehobenem Einkommen anziehen, und öffentliche Krankenhäuser, Spielplätze, Parks, Freizeiteinrichtungen, Büchereien und Museen, die zumindest im Idealfall Menschen aus ihren bewachten Wohnanlagen in die öffentlichen Räume einer gemeinsamen demokratischen Bürgerschaft locken.

Stellt man die negativen Folgen der Ungleichheit für die Zivilgesellschaft heraus und zeigt Möglichkeiten auf, diesen Trend umzukehren, könnte sich daraus eine politische Zugkraft ergeben, die eine Auseinandersetzung über die Einkommensverteilung als solche niemals entwickeln könnte. Es würde auch dazu beitragen, die Verbindung zwischen Verteilungsgerechtigkeit und dem Gemeinwohl deutlicher in den Köpfen der Menschen zu verankern.

4. *Eine Politik des moralischen Engagements*

Manche halten eine öffentliche Beschäftigung mit Fragen des guten Lebens für einen Übergriff, für eine Reise über die Grenzen liberaler öffentlicher Vernunft hinaus. Oft glauben wir, Politik und Recht sollten nicht in moralische und religiöse Auseinandersetzungen verwickelt werden, weil damit der Weg zu Zwang und Intoleranz geöffnet werde. Diese Sorge ist berechtigt. Bürger pluralistischer Gesellschaften sind in Sachen Moral und Religion uneins. Selbst wenn es dem Staat, wie ich vorgebracht habe, nicht möglich ist, in Hinblick auf diese Meinungsverschiedenheiten neutral zu sein: Ist es nicht trotzdem möglich, unsere Politik auf der Grundlage gegenseitigen Respekts zu betreiben?

Ich meine ja. Doch dazu brauchen wir ein robusteres und engagierteres staatsbürgerliches Leben als jenes, woran wir uns gewöhnt haben. In den letzten Jahrzehnten hat sich bei uns die Annahme verbreitet, Achtung für die moralischen und religiösen Überzeugungen unserer Mitbürger laufe darauf hinaus, dass wir sie – zumindest in politischen Zusammenhängen – ignorieren und in unserem öffentlichen Leben außen vor lassen. Diese Vermeidungshaltung kann aber zu einem Pseudorespekt führen. Häufig bedeutet dies, dass moralische Uneinigkeit eher unterdrückt als tatsächlich vermieden wird – was zu Gegenreaktionen und Ressentiments führen kann. Außerdem zieht es einen verkümmerten öffentlichen Diskurs nach sich, der von einem Nachrichtenzyklus zum nächsten taumelt und sich vorwiegend mit Skandalen, Sensationen und Trivialitäten befasst.

Eine robustere Diskussionskultur könnte statt einer schwächeren eine stabilere Basis für gegenseitigen Respekt hervorbringen. Anstatt den moralischen und religiösen Überzeugungen aus dem Weg zu gehen, die von unseren Mitbürgern ins öffentliche Leben eingebracht werden, sollten wir uns eher direkt mit ihnen beschäftigen – sie also manchmal in Frage stellen oder bestreiten und gelegentlich auch von ihnen lernen. Es gibt keine Garantie, dass öffentliches Nachdenken über schwierige moralische Fragen in jedem Fall zu einer Übereinstimmung führt oder auch nur zu einer Wertschätzung für die moralischen und religiösen Ansichten anderer. Es kann immer sein, dass, je mehr wir über eine moralische oder religiöse Doktrin erfahren, wir sie desto weniger schätzen. Doch das können wir nur wissen, nachdem wir uns mit ihr auseinandergesetzt haben.

Das Ideal einer Politik moralischen Engagements ist nicht nur anregender als eine Politik der Vermeidung. Sie ist auch eine verheißungsvollere Grundlage für eine gerechte Gesellschaft.

Anmerkungen

KAPITEL 1

1 Michael McCarthy, »After Storm Come the Vultures«, *USA Today*, 20. August 2004, S. 6B.
2 Joseph B. Treaster, »With Storm Gone, Floridians Are Hit with Price Gouging«, *New York Times*, 18. August 2004, S. A1; McCarthy, »After Storm Come the Vultures«.
3 McCarthy, »After Storm Come the Vultures«; Treaster, »With Storm Gone, Floridians Are Hit with Price Gouging«; Crist zitiert in Jeff Jacoby, »Bring on the ›Price Gougers‹«, *Boston Globe*, 22. August 2004, S. F11.
4 McCarthy, »After Storm Come the Vultures«; Allison North Jones, »West Palm Days Settles Storm Gouging Suit«, *Tampa Tribune*, 6. Oktober 2004, S. 3.
5 Thomas Sowell, »How ›Price Gouging‹ Helps Floridians«, *Tampa Tribune*, 15. September 2004; veröffentlicht auch als »›Price Gouging‹ in Florida«, *Capitalism Magazine*, 15. September 2004, www.capmag.com/article.asp?ID=3918.
6 Ebd.
7 Jacoby, »Bring on the ›Price Gougers‹«.
8 Charlie Crist, »Storm Victims Need Protection«, *Tampa Tribune*, 17. September 2004, S. 17.
9 Ebd.
10 Jacoby, »Bring on the ›Price Gougers‹«.

11 Lizette Alvarez und Erik Eckholm, »Purple Heart Is Ruled Out for Traumatic Stress«, *New York Times*, 8. Januar 2009.

12 Ebd.

13 Tyler E. Boudreau, »Troubled Minds and Purple Hearts«, *New York Times*, 26. Januar 2009, S. A21.

14 Alvarez und Eckholm, »Purple Heart Is Ruled Out«.

15 Boudreau, »Troubled Minds and Purple Hearts«.

16 Siehe Mitra Kalita, »Americans See 18% of Wealth Vanish«, *Wall Street Journal*, 13. März 2009, S. A1.

17 Jackie Calmes und Louise Story, »418 Got A. I. G. Bonuses; Outcry Grows in Capital«, *New York Times*, 18. März 2009, S. A1; Bill Saporito, »How AIG Became Too Big to Fail«, *Time*, 30. März 2009, S. 16.

18 Das Zitat von Edward M. Liddy, CEO von AIG, findet sich in Edmund L. Andrews und Peter Baker, »Bonus Money at Troubled A. I. G. Draws Heavy Criticism«, *New York Times*, 16. März 2009; siehe auch Liam Pleven, Serena Ng und Sudeep Reddy, »AIG Faces Growing Wrath Over Payments«, *Wall Street Journal*, 16. März 2009.

19 *New York Post*, 18. März 2009, S. 1.

20 Shailagh Murray und Paul Kane, »Senate Will Delay Action on Punitive Tax on Bonuses«, *Washington Post*, 24. März 2009, S. A7.

21 Mary Williams Walsh und Carl Hulse, »A. I. G. Bonuses of $50 Million to Be Repaid«, *New York Times*, 24. März 2009, S. A1.

22 Greg Hitt, »Drive to Tax AIG Bonuses Slows«, *Wall Street Journal*, 25. März 2009.

23 Nicht alle Empfänger der umstrittenen Boni von A. I. G. waren verantwortlich für die riskanten Investments, die zu dem Chaos geführt hatten. Einige waren erst nach dem Crash in die Abteilung für Finanzprodukte gekommen, um beim Aufräumen des Durcheinanders zu helfen. Einer

dieser Angestellten beschwerte sich in einem Meinungsartikel darüber, dass die öffentliche Entrüstung keinen Unterschied mache zwischen denen, die für die rücksichtslosen Investments verantwortlich gewesen seien, und denen, die dabei keine Rolle gespielt hätten. Siehe Jake De Santis, »Dear AIG, I Quit!«, *New York Times*, 24. März 2009. Anders als De Santis strich Joseph Cassano, der 13 Jahre lang Chef der Finanzprodukte von A. I. G. gewesen war, 280 Millionen Dollar ein, ehe er die Firma im März 2008 verließ – kurz bevor die von ihm befürworteten Credit Default Swaps das Unternehmen ruinierten.

24 Das Zitat von Senator Sherrod Brown findet sich in Jonathan Weisman, Naftali Bendavid und Deborah Solomon, »Congress Looks to a Tax to Recoup Bonus Money«, *Wall Street Journal*, 18. März 2009, S. A2.

25 Präsident Barack Obama, Anmerkungen des Präsidenten, White House, 16. März 2009, www.whitehouse.gov/the_press_office/Remarks-by-the-President-to-small-business-owners.

26 Michael Shnayerson, »Wall Street's $16 Billion Bonus«, *Vanity Fair*, März 2009.

27 Präsident Barack Obama, Anmerkungen des Präsidenten zur Vergütung von Angestellten, White House, 4. Februar 2009, www.whitehouse.gov/blog_post/new_rules.

28 Senator Grassley gab seine Kommentare bei WMT Radio in Iowa ab. Nachgedruckt wurden sie in The Caucus, einem Blog auf der Webseite der *New York Times*. Siehe Kate Philips, »Grassley: AIG Must Take Its Medicine (Not Hemlock),« 17. März 2009, www.thecaucus.blogs.nytimes.com/2009/03/17/grassley-aig-should-take-its-medicine-not-hemlock.

29 Ebd. Siehe auch Kate Philips, »Senator Wants Some Remorse from C. E. O.'s«, *New York Times*, 18. März 2009, S. A15.

30 Das Zitat von Alan Schwartz, dem ehemaligen Direktor von Bear Stearns, findet sich in William D. Cohen, »A Tsunami of Excuses«, *New York Times*, 12. März 2009.

31 Ebd.

32 Shnayerson, »Wall Streets's $16 Billion Bonus«.

33 David R. Francis, »Should CEO Pay Restrictions Spread to All Corporations?«, *Christian Science Monitor*, 9. März 2009.

34 Ebd.

35 Die Zahlen zur Vergütung von CEOs stammen aus einer Analyse von Daten der Jahre 2004–2006 von Towers Perrin, zitiert in Kenji Hall, »No Outcry About CEO Pay in Japan«, *Business Week*, 10. Februar 2009.

36 Die klassische Formulierung des Falles mit der Rangierlok stammt aus Philippa Foot, »The Problem of Abortion and the Doctrine of Double Effect«, in Virtues and Vices and Other Essays in Moral Philosophy (Oxford, UK: Basil Blackwell, 1978), S. 19, sowie Judith Jarvis Thomson, »The Trolley Problem«, *Yale Law Journal* 94 (Mai 1985), S. 1395–1415.

37 Der folgende Bericht stammt aus Marcus Luttrell, Patrick Robinson, *Lone Survivor: The Eyewitness Account of Operation Redwing and the Lost Heroes of SEAL Team 10* (New York: Little, Brown and Company, 2007).

38 Ebd., S. 205.

39 Ebd.

40 Ebd., S. 206 f.

KAPITEL 2

1 *Queen v. Dudley and Stephens*, 14 Queens Bench Division 273, 9. Dezember 1884. Die Zitate des Zeitungsberichts finden sich in »The Story of the Mignonette«, *The*

Illustrated London News, 20. September 1884. Siehe auch A. W. Brian Simpson, *Cannibalism and the Common Law* (Chicago: University of Chicago Press, 1984).

2 Jeremy Bentham, *Introduction to the Principles of Morals and Legislation* (1789), hrsg. von J. H. Burns und H. L. A. Hart (Oxford University Press, 1996), Kap. 1.

3 Ebd.

4 Jeremy Bentham, »Tracts on Poor Laws and Pauper Management«, 1797, in John Bowring (Hrsg.), *The Works of Jeremy Bentham*, Bd. 8 (New York: Russell & Russell, 1962), S. 369–439.

5 Ebd., S. 401.

6 Ebd., S. 401 f.

7 Ebd., S. 373.

8 Ursula K. Le Guin, »Die Omelas den Rücken kehren« in: Ursula Le Guin, *Die zwölf Striche der Windrose* (München: Heyne, 1989), S. 312.

9 Gordon Fairclough, »Philip Morris Notes Cigarettes' Benefits for Nation's Finances«, *Wall Street Journal*, 16. Juli 2001, S. A2. Der Text des Berichts »Public Finance Balance of Smoking in the Czech Republic« vom 28. November 2000 in der von Arthur D. Little International für Philip Morris vorbereiteten Form ist online zugänglich: www.mindfully.org/Industry/Philip-Morris-Czech-Study.htm.

10 Ellen Goodman, »Thanks, but No Thanks«, *Boston Globe*, 22. Juli 2001, S. D7.

11 Gordon Fairclough, »Philip Morris Says It's Sorry for Death Report«, *Wall Street Journal*, 26. Juli 2001, S. B1.

12 Das Gerichtsverfahren war *Grimshaw vs. Ford Motor Co.*, 174 *Cal. Reporter* 348 (Cal. Ct. App. 1981). Die Kosten-Nutzen-Analyse wurde berichtet in Mark Dowie, »Pinto Madness«, *Mother Jones*, September/Oktober 1977. Ein ähnlicher Fall mit General Motors findet sich bei

Elsa Walsh und Benjamin Weiser, »Court Secrecy Masks Safety Issues«, *Washington Post*, 23. Oktober 1988, S. A1, A22.

13 W. Kip Kiscusi, »Corporate Risk Analysis: A Reckless Act?«, *Stanford Law Review* 52 (Februar 2000), S. 569.

14 Katharine Q. Seelye und John Tierney, »E. P. A. Drops Age-Based Cost Studies«, *New York Times*, 8. Mai 2003, S. A26; Cindy Skrzycki, »Under Fire, E. P. A. Drops the ›Senior Death Discount‹«, *Washington Post*, 13. Mai 2003, S. E1; Robert Hahn und Scott Wallsten, »Whose Life Is Worth More? (And Why Is It Horrible to Ask?)«, *Washington Post*, 1. Juni 2003.

15 Orely Ashenfelter und Michael Greenstone, »Using Mandated Speed Limits to Measure the Value of a Statistical Life«, *Journal of Political Economy* 112, Supplement (Februar 2004), S. 227–267.

16 Edward L. Thorndike, *Human Nature and the Social Order* (New York: MacMillan, 1940), S. 78–83.

17 Ebd., S. 43.

18 Ebd.

19 John Stuart Mill, *Über die Freiheit* (Frankfurt: Sauerländer, 1860), S. 13.

20 Ebd., S. 15.

21 Ebd., S. 81.

22 Ebd., S. 82.

23 Ebd., S. 84.

24 Das Zitat stammt aus einer in den 1820er Jahren veröffentlichten obskuren Schrift Benthams, *The Rationale of Reward*. Bekannt gemacht wurde Benthams Aussage durch John Stuart Mill. Siehe Ross Harrison, *Bentham* (London: Routledge, 1983), S. 5.

25 John Stuart Mill, *Utilitarismus* (Stuttgart: Reclam, 2006), Kap. 2.

26 Ebd.

27 Ebd., Kap. 4.

28 Ebd., Kap. 2.

29 Ebd.

30 Hier und in den folgenden Abschnitten beziehe ich mich auf den ausgezeichneten Artikel von Joseph Lelyveld, »English Thinker (1784–1832) Preserves His Poise«, *New York Times*, 18. Juni 1986.

31 »Extract from Jeremy Bentham's Last Will and Testament«, 30. Mai 1832, auf der Webseite des Bentham Project, University College London, www.ucl.ac.uk/Bentham-Project/who/autoicon/will.

32 Diese und weitere Anekdoten werden auf der Webseite des Bentham Project des University College London berichtet: www.ucl.ac.uk/Bentham-Project/who/autoicon.

33 Ebd.

KAPITEL 3

1 Matthew Miller und Duncan Greenberg, »The Forbes 400«, *Forbes*, 17. September 2008.

2 Lawrence Michel, Jarde Bernstein und Sylvia Allegretto, *The State of Working America 2006/2007: An Economic Policy Institute Book* (Ithaca, N. Y.: ILR Press, 2007). Siehe auch Arthur B. Kennickell, »Currents and Undercurrents: Changes in the Distribution of Wealth, 1989–2004«, *Federal Reserve Board*, Washington, D. C., 30. Januar 2006, www.federalreserve.gov/pubs/oss/oss2/papers/concentration.2004.5.pdf.

3 Friedrich A. Hayek, *Die Verfassung der Freiheit* (Tübingen: Mohr, 1971).

4 Milton Friedman, *Kapitalismus und Freiheit* (Frankfurt a. M.: Eichborn, 2002), S. 222 f.

5 Ebd., S. 138.

6 Ebd., S. 176–192.
7 Robert Nozick, *Anarchie, Staat, Utopia* (München: Olzog, 2006), S. 13.
8 Ebd., S. 202–214.
9 Ebd., S. 215 f.
10 Ebd., S. 225.
11 Ebd., S. 229.
12 Ebd., S. 228.
13 Monica Davey, »Kevorkian Speaks After His Release From Prison«, *New York Times*, 4. Juni 2007.
14 Mark Landler, »Eating People Is Wrong! But Is It Homicide? Court to Rule«, *New York Times*, 26. Dezember 2003, S. A4.
15 Mark Landler, »German Court Convicts Internet Cannibal of Manslaughter«, *New York Times*, 31. Januar 2004, S. A3; Tony Paterson, »Cannibal of Rotenburg Gets 8 Years for Eating a Willing Victim«, *The Independent*, 31. Januar 2004, S. 30.
16 Luke Harding, »German Court Finds Cannibal Guilty of Murder«, *The Guardian*, 10. Mai 2006, S. 16.
17 Karen Bale, »Killer Cannibal Becomes Veggie«, *Scottish Daily Record*, 21. November 2007, S. 20.

KAPITEL 4

1 James W. Geary, *We Need Men: The Union Draft in the Civil War* (DeKalb: Northern Illinois University Press, 1991), S. 3–48; James M. McPherson, *Battle Cry of Freedom: The Civil War Era* (New York: Oxford University Press, 1998), S. 490–494.
2 McPherson, *Battle Cry*, S. 600 f.
3 Geary, *We Need Men*, S. 103–150.
4 McPherson, *Battle Cry*, S. 601; Geary, *We Need Men*, S. 83.

5 Geary, *We Need Men*, S. 150, und *The Civil War: A Film by Ken Burns*, Episode 5, »The Universe of Battle«, Kapitel 8.

6 Jeffrey M. Jones, »Vast Majority of Americans Opposed to Reinstating Military Draft«, *Gallup News Service*, 2. September 2007, www.gallup.com/poll/28642/Vast-Majority-Americans-Opposed-Reinstating-Military-Draft.aspx.

7 Hon. Ron Paul (Texas), »3000 American Deaths in Iraq«, 5. Januar 2007, www.ronpaulsbrain.com/2007/01/.

8 »Army Recruitment in FY 2008: A Look at Age, Race, Income, and Education of New Soldiers«, National Priorities Project; Daten aus Charta 6: Active-duty Army: Recruits by Neighborhood Income, 2005, 2007, 2008; unter www.nationalpriorities.org/militaryrecruiting2008/active_duty_army/recruits_by_neighborhood_income.

9 Ebd. Eine Studie der Heritage Foundation stellt diese Ergebnisse teilweise in Frage; unter anderem zeigt sie, dass Offiziere überproportional aus wohlhabenderen Postleitzahlbezirken stammen. Siehe dazu Shanea J. Watkins und James Sherk, »Who Serves in the U. S. Military? Demographic Characteristics of Enlisted Troops and Officers«, Heritage Center for Data Analysis, 21. August 2008, www.heritage.org/Research/NationalSecurity/cda08-05.cfm.

10 »Military Recruitment 2008: Significant Gap in Army's Quality and Quantity Goals«, National Priorities Project; Daten aus Tabelle 1: Educational Attainment, FY 2008.

11 David M. Kennedy, »The Wages of a Mercenary Army: Issues of Civil-Military Relations«, *Bulletin of the American Academy* (Frühjahr 2006), S. 12–16. Kennedy zitiert Andrew Bacevich, *The New American Militarism: How Americans Are Seduced by War* (New York: Oxford University Press, 2005), S. 28.

12 Kathy Roth-Douquet und Frank Schaeffer, *AWOL: The Unexcused Absence of America's Upper Classes from Military Service* (New York: HarperCollins, 2006).

13 Arielle Gorin, »Princeton, in the Nation's Service?«, *The Daily Princetonian*, 22. Januar 2007. Die Zahlen zu Princeton stammen von Charles Moskos, einem Soziologen, der sich mit dem Militär befasst. Moskos wird zitiert in Julian E. Barnes und Peter Spiegel, »Expanding the Military, Without a Draft«, *Los Angeles Times*, 24. Dezember 2006.

14 Wie *USA Today* berichtet, haben zumindest 9 der 535 Kongressmitglieder Söhne oder Töchter, die im Irak gedient haben; siehe Kathy Kiely, »Lawmakers Have Loved Ones in Combat Zone«, *USA Today*, 23. Januar 2007.

15 Charles Rangel, »Why I Want the Draft«, *New York Daily News*, 22. November 2006, S. 15.

16 Ebd.

17 Kennedy, »The Wages of a Mercenary Army«; siehe auch David M. Kennedy, »The Best Army We Can Buy«, *New York Times*, 25. Juli 2005, S. A19.

18 Kennedy, »The Wages of a Mercenary Army«, S. 13.

19 Ebd., S. 16.

20 Jean-Jacques Rousseau, *Der Gesellschaftsvertrag* (Düsseldorf: Patmos, 2001), 3. Buch, Kap. 15, S. 349.

21 Doreen Carvajal, »Foreign Legion Turns to Internet in Drive for Recruits«, *Boston Sunday Globe*, 12. November 2006; Molly Moore, »Legendary Force Updates Its Image: Online Recruiting, Anti-Terrorist Activities Routine in Today's French Foreign Legion«, *Washington Post*, 13. Mai 2007, S. A14.

22 Julia Preston, »U. S. Military Will Offer Path to Citizenship«, *New York Times*, 15. Februar 2009, S. 1; Bryan Bender, »Military Considers Recruiting Foreigners«, *Boston Globe*, 26. Dezember 2006, S. 1.

23 T. Christian Miller, »Contractors Outnumber Troops in Iraq«, *Los Angeles Times*, 4. Juli 2007.

24 Peter W. Singer, »Can't Win with 'Em, Can't Go to War with 'Em: Private Military Contractors and Counterinsurgency«, Brookings Institution, *Foreign Policy Paper Series*, September 2007, S. 3.

25 Nach den beim US-Arbeitsministerium eingereichten Versicherungsansprüchen sind bis April 2008 1292 Angehörige privater Sicherheitsunternehmen getötet worden. Die genannten Zahlen stammen aus Peter W. Singer, »Outsourcing the Fight«, *Forbes*, 5. Juni 2008. Zu den nicht vom Militär gezählten Todesfällen unter Mitarbeitern von Vertragsfirmen siehe Steve Fainaru, »Soldier of Misfortune: Fighting a Parallel War in Iraq, Private Contractors Are Officially Invisible – Even in Death«, *Washington Post*, 1. Dezember 2008, S. C1.

26 Evan Thomas und March Hosenball, »The Man Behind Blackwater«, *Newsweek*, 22. Oktober 2007, S. 36.

27 Das Prince-Zitat findet sich in Mark Hemingway, »Warriors for Hire: Blackwater USA and the Rise of Private Military Contractors«, *The Weekly Standard*, 18. Dezember 2006.

28 Die Zahl von einer Milliarde Dollar für Blackwater im Irak stammt aus Steve Fainaru, *Big Boy Rules: America's Mercenaries Fighting in Iraq* (New York: Da Capo, 2008) und wird zitiert in Ralph Peters, »Hired Guns«, *Washington Post*, 21. Dezember 2008.

29 Ginger Thompson und James Risen, »Five Guards Face U.S. Charges in Iraq Deaths«, *New York Times*, 6. Dezember 2008.

30 Singer, »Can't Win with 'Em«, S. 7.

31 Die im vorliegenden und in den folgenden Kapiteln präsentierten Fakten des Falles stammen aus den Urteilsbegründungen: Mother of *Baby M*, 217 New Jersey Superior

Court, S. 313 (1987), und *Matter of Baby M*, Supreme Court of New Jersey, 537 *Atlantic Reporter*, 2d Series, S. 1227 (1988).

32 *Matter of Baby M*, 217 New Jersey Superior Court, S. 313 (1987).

33 Ebd., S. 374 f.

34 Ebd., S. 376.

35 Ebd., S. 372.

36 Ebd., S. 388.

37 *Matter of Baby M*, Supreme Court of New Jersey, 537 *Atlantic Reporter*, 2d Series, S. 1227 (1988).

38 Ebd., S. 1248.

39 Ebd.

40 Ebd., S. 1249.

41 Ebd.

42 Ebd., S. 1248 f.

43 Elizabeth S. Anderson, »Is Women's Lib a Commodity?«, *Philosophy and Public Affairs* 19 (Winter 1990), S. 71–92.

44 Ebd., S. 77.

45 Ebd., S. 80 f.

46 Ebd., S. 82.

47 Susanna Callahan, »Tug O'Love Baby M All Grown Up«, *New York Post*, 13. April 2008.

48 Lorraine Ali und Raina Kelly, »The Curious Lives of Surrogates«, *Newsweek*, 7. April 2008; Debora L. Spar, *The Baby Business* (Cambridge, Mass.: Harvard Business School Press, 2006), S. 83 f.

49 In Spar, *The Baby Business*. Spar ist mittlerweile Präsidentin des Barnard College.

50 Ebd., S. 79.

51 Ebd.

52 Ebd., S. 80.

53 Ebd., S. 81.

54 Ebd.
55 Sam Dolnick, »World Outsource Pregnances to India«, *Associated Press Online*, 30. Dezember 2007.
56 Ebd. Siehe auch Amelia Gentleman, »India Nurtures Business of Surrogate Motherhood«, *New York Times*, 10. März 2008, S. 9.
57 Dolnick, »World Outsource Pregnances to India«.
58 Ebd.
59 Gentleman, »India Nurtures Business of Surrogate Motherhood«.
60 Die Frau und ihre wirtschaftliche Lage werden dargestellt in Dolnick, »World Outsource Pregnances to India«.
61 Ebd.

KAPITEL 5

1 Siehe Christine M. Korsgard, »Introduction«, in Immanuel Kant, *Groundwork of the Metaphysics of Morals* (Cambridge: Cambridge University Press, 1997), S. vii f.
2 Immanuel Kant, *Grundlegung zur Metaphysik der Sitten*, in ders.: *Werke in zwölf Bänden*. Band 7 (Frankfurt a. M.: Suhrkamp/Insel, 2000) S. 77.
3 Ebd.
4 Ebd., S. 19.
5 Ebd., S. 14.
6 Diese Formulierung von Kants Ansicht verdanke ich Lucas Stanczyk.
7 Kant, *Grundlegung*, S. 23.
8 Hubert B. Herring, »Discounts for Honesty«, *New York Times*, 9. März 1997.
9 Kant, *Grundlegung*, S. 23.
10 Ebd., S. 24.
11 Ebd.

12 »Misspeller Is a Spelling Bee Hero« (UPI), *New York Times*, 9. Juni 1983.
13 Kant, *Grundlegung*, S. 41.
14 Ebd., S. 20.
15 Kant verwendet diesen Satz in einem Aufsatz, den er einige Jahre nach der *Grundlegung* schrieb. Siehe Immanuel Kant, »Über den Gemeinspruch: Das mag in der Theorie richtig sein, taugt aber nicht für die Praxis«, in ders.: *Werke in zwölf Bänden*. Band 11 (Frankfurt a. M.: Suhrkamp, 1977) S. 145.
16 Kant, *Grundlegung*, S. 43.
17 Ebd., S. 45.
18 Ebd., S. 50.
19 Ebd., S. 51.
20 Ebd., S. 53.
21 Ebd., S. 59.
22 Ebd., S. 59 f.
23 Ebd., S. 61.
24 Ebd.
25 Ebd., S. 66.
26 Ebd., S. 67.
27 Ebd., S. 82.
28 Ebd., S. 88.
29 Ebd.
30 Ebd., S. 89.
31 Ebd., S. 90.
32 Ebd.
33 Ebd., S. 92.
34 Immanuel Kant, »Von den Pflichten gegen den Körper in Ansehung der Geschlechtsneigung«, in ders.: *Eine Vorlesung über Ethik*, hrsg. v. Gerd Gerhardt (Frankfurt a. M.: Fischer, 1990), S. 177. Der Text beruht auf Notizen (1784–1785) von Studenten, die Kants Vorlesungen besuchten.
35 Ebd.

36 Ebd., S. 178.
37 Ebd., S. 179.
38 Ebd.
39 Ebd., S. 181.
40 Immanuel Kant, »Über ein vermeintes Recht aus Menschenliebe zu lügen«, in ders.: *Werke in zwölf Bänden.* Band 8 (Frankfurt a. M.: Suhrkamp/Insel, 2000), S. 638.
41 Ebd., S. 638.
42 Immanuel Kant, »Der Streit der Fakultäten«, in ders.: *Gesammelte Schriften*, Bd. VII, Hrsg.: Preussische Akademie der Wissenschaften (Berlin: 1900), S. 10.
43 Ebd.
44 House Judiciary Committee, 8. Dezember 1998. Der Wortwechsel wurde dem Bericht von CNN entnommen. Eine Teilabschrift des Wortwechsels findet sich unter www.cnn.com/ALLPOLITICS/stories/1998/12/08/as.it.happened.
45 Immanuel Kant, »Über den Gemeinspruch: Das mag in der Theorie richtig sein, taugt aber nicht für die Praxis«, S. 145.
46 Ebd., S. 153.
47 Ebd.

KAPITEL 6

1 John Locke, *Über die Regierung* (Stuttgart: Reclam, 1974), Par. 119, S. 92.
2 John Rawls, *Eine Theorie der Gerechtigkeit* (Frankfurt a. M.: Suhrkamp, 1994).
3 Siehe die ausgezeichnete Geschichte des Vertragsrechts von P. S. Atiyah, *The Rise and Fall of Freedom of Contract* (New York: Oxford University Press, 1979); ebenso Charles Fried, *Contract as Promise* (Cambridge, Mass.: Harvard University Press, 1981).

4 *Associated Press*, »Bill for Clogged Toilet: $50,000«, *Boston Globe*, 13. September 1984, S. 20.

5 David Hume, *Abhandlung über die menschliche Natur*, (Berlin: Xenomos, 2004), Buch III, Teil II, 2. Abschnitt, S. 486.

6 Ebd., Buch III, Teil II, 5. Abschnitt, S. 515.

7 Die Geschichte ist wiedergegeben in Atiyah, *The Rise and Fall of Freedom of Contract*, S. 487 f.; Atiyah zitiert E. C. Mossner, *Life of David Hume* (Edinburgh: Kelson, 1954), S. 564.

8 Hume-Zitat in Atiyah, *The Rise and Fall of Freedom of Contract*, S. 487.

9 Steve Lee Myers, »›Squeegees‹ Rank High on Next Police Commissioner's Priority List«, *New York Times*, 4. Dezember 1993, S. 23 f.

10 Rawls, *Eine Theorie der Gerechtigkeit*, Abschnitt 24, S. 165.

11 Ebd., Abschnitt 12, S. 93.

12 Ebd.

13 Ebd., S. 94.

14 Ebd., S. 95.

15 Kurt Vonnegut, *Geh zurück zu deiner lieben Frau und deinem Sohn* (München: Goldmann, 1968), S. 13.

16 Ebd., S. 17 f.

17 Rawls, *Eine Theorie der Gerechtigkeit*, Abschnitt 17, S. 123.

18 Ebd., Abschnitt 12, S. 94.

19 Ebd., Abschnitt 48, S. 346.

20 Ebd., S. 344.

21 Ebd., Abschnitt 17, S. 125.

22 Ebd., Abschnitt 48, S. 345.

23 Woody Allen, *Stardust Memories*, United Artists, 1980.

24 Milton und Rose Friedman, *Chancen, die ich meine* (Berlin/Frankfurt/Wien: Ullstein, 1980), S. 154.

25 Rawls, *Eine Theorie der Gerechtigkeit*, Abschnitt 17, S. 123.
26 Ebd.

KAPITEL 7

1 Die Fakten des Hopwood-Falles werden präsentiert in *Cheryl J. Hopwood v. State of Texas*, United States Court of Appeals for the Fifth Circuit, 78 F.3d 932 (1996), sowie in Richard Bernstein, »Racial Discrimination or Righting Past Wrongs?«, *New York Times*, 13. Juli 1994, S. B8. In der Urteilsbegründung wies das Bezirksgericht in einer Fußnote darauf hin, dass Hopwoods LSAT-Score mit einem Perzentilwert von 83 »erheblich unterhalb des durchschnittlichen LSAT-Scores für Nichtminderheiten des Anfangssemesters 1992« lag. Siehe *Cheryl J. Hopwood v. State of Texas*, United States District Court for the Western District of Texas, 861 F.Supp. 551 (1994), Fußnote 43.
2 Michael Sharlot wird zitiert in Sam Walker, »Texas Hunts for Ways to Foster Diversity«, *Christian Science Monitor*, 12. Juni 1997, S. 4.
3 Bernstein, »Racial Discrimination or Righting Past Wrongs?«
4 *Regents of University of California v. Bakke*, 438 U. S. 265 (1978).
5 *Grutter v. Bollinger*, 539 U. S. 306 (2003).
6 Ethan Bronner, »College Looks for Answers to Racial Gaps in Testing«, *New York Times*, 8. November 1998, S. A1 und A12.
7 Michael Sharlot, damals der amtierende Dekan der University of Texas Law School, wird zitiert in Bernstein, »Racial Discrimination or Righting Past Wrongs?«.
8 *Regents of University of California v. Bakke*, 438 U. S. 265

(1978), Anhang der Urteilsbegründung von Richter Powell, S. 321–324.

9 Ebd., S. 323.

10 Ronald Dworkin, »Why Bakke Has No Case«, *New York Review of Books*, Vol. 24, 10. November 1977.

11 Ebd.

12 Das Lowell-Zitat stammt aus »Lowell Tells Jews Limit at Colleges Might Help Them«, *New York Times*, 17. Juni 1922, S. 3.

13 Die Dartmouth-Zitate stammen aus William A. Honan, »Dartmouth Reveals Anti-Semitic Past«, *New York Times*, 11. November 1997, S. A16.

14 Dworkin, »Why Bakke Has No Case«.

15 Ein herausragender Artikel über die Quoten von Starrett City stammt von Jefferson Morley, »Double Reverse Discrimination«, *The New Republic*, 9. Juli 1984, S. 1418; siehe auch Frank J. Prial, »Starrett City: 20,000 Tenants, Few Complaints«, *New York Times*, 10. Dezember 1984.

16 Diese hypothetischen Briefe wurden angepasst übernommen aus Michael J. Sandel, *Liberalism and the Limits of Justice* (Cambridge, UK: Cambridge University Press, 2. Auflage, 1998).

KAPITEL 8

1 Die Geschichte von Callie Smartt erschien in Sue Anne Pressleys Artikel »A ›Safety‹ Blitz« in der *Washington Post* vom 12. November 1996. Die hier vorgestellte Analyse stammt aus Michael J. Sandel, »Honor and Resentment«, *The New Republic*, 23. Dezember 1996, nachgedruckt in Michael J. Sandel, *Public Philosophy: Essays on Morality in Politics* (Cambridge, Mass.: Harvard University Press, 2005), S. 97–100.

2 Aristoteles, *Politik* (Stuttgart: Reclam, 1998), Buch III, Kap. 12, S. 181 [1282b].
3 Ebd.
4 A. A. Milne, *Pu der Bär* (Hamburg: Cecilie Dressler Verlag, 1977), S. 10 f.
5 Aristoteles, *Politik*, Buch III, Kap. 9, S. 173.
6 Ebd.
7 Ebd.
8 Ebd., S. 175 [1281a].
9 Ebd.
10 Ebd., Buch I, Kap. 2, S. 78 [1252b].
11 Ebd.
12 Ebd., S. 79.
13 Aristoteles, *Nikomachische Ethik* (Stuttgart: Reclam, 1969), Buch I, S. 17 [1097b].
14 Ebd., S. 34 [1103a].
15 Ebd., S. 35 [1103a–1103b].
16 Ebd., S. 35 [1103b].
17 Judith Martin, »The Pursuit of Politeness«, *The New Republic*, 6. August 1984, S. 29.
18 Aristoteles, *Nikomachische Ethik*, Buch II, S. 36 [1104a].
19 Ebd., S. 52 [1109a].
21 Ebd., Buch VI, S. 163 [1141b].
22 Ebd., Buch VI, Kap. 5, S. 160 [1140b].
23 Ebd., Buch VI, Kap. 7, S. 163 [1141b].
24 Diesen Aspekt verdanke ich der erhellenden Diskussion in Bernard Williams, *Scham, Schuld und Notwendigkeit* (Berlin: Akademie-Verlag, 2000), S. 145–150.
25 Aristoteles, *Politik* (Stuttgart: Reclam, 1989), Buch I, Kap. 5, S. 82 [1254a].
26 Ebd., S. 84 [1254b].
27 Ebd.
28 Ebd., S. 85 [1255a].
29 Ebd., S. 85 [1254b].

30 Ebd., S. 87 [1255b].
32 Ebd., S. 80 [1253b].
32 Eine erhellende Diskussion dieses Aspekts findet sich bei Russell Muirhead, *Just Work* (Cambridge, Mass.: Harvard University Press, 2004).
33 *PGA Tour v. Martin*, 532 U. S. 661 (2001).
34 Ebd., abweichende Meinung von Richter Scalia, bei 700.
35 Ebd., Begründung von Richter Stevens, bei 682.
36 Ebd., bei 687.
37 Ebd.
38 Ebd., abweichende Meinung von Richter Scalia, bei 701.
39 »Keep the PGA on Foot«, *New York Times*, 2. Februar 1998.

KAPITEL 9

1 Elazar Barkan, *Völker klagen an* (Düsseldorf: Patmos, 2002). Das Werk bietet einen guten Überblick über die Entschädigungen und Entschuldigungen nach dem Zweiten Weltkrieg; zu den deutschen Reparationen an Israel und an Juden siehe S. 43–74. Siehe auch Howard M. Sachar, *A History of Israel* (London: Basil Blackwell, 1976), S. 464–470.
2 Konrad Adenauer in seiner Rede vor dem Bundestag am 27. September 1951. www.auswaertiges-amt.de/DE/Aussenpolitik/InternatRecht/Entschaedigung_node.html.
3 Bundespräsident Johannes Rau in seiner Rede vor der Knesset am 16. Februar 2000. www.spiegel.de/politik/ausland/rau-vor-der-knesset-ich-verneige-mich-in-demut-vor-den-ermordeten-a-64662.html.
4 Barkan, *Völker klagen an*, S. 92–113. Hiroko Tabuchi, »Historians Find New Proof on Sex Slaves«, *Associated Press*, 17. April 2007.

5 Barkan, *Völker klagen an.*
6 Norimitsu Onishi, »Call by U. S. House for Sex Slavery Apology Angers Japan's Leader«, *New York Times*, 1. August 2007.
7 Barkan, *Völker klagen an*, S. 287–320. »Australia Apologizes ›Without Qualification‹«, Interview mit Professor Patty O'Brien, Center for Australian and New Zealand Studies, Georgetown University, *National Public Radio*, 14. Februar 2008.
8 Barkan, *Völker klagen an.*
9 Tim Johnston, »Australia Says ›Sorry‹ to Aborigines for Mistreatment«, *New York Times*, 13. Februar 2008; Misha Schubert und Sarah Smiles, »Australia Says Sorry«, *The Age*, 13. Februar 2008.
10 Barkan, *Völker klagen an*, S. 75–91.
11 Ebd., S. 252–268.
12 Ebd., S. 321 f. Tamar Lewin, »Calls for Slavery Restitution Getting Louder«, *New York Times*, 4. Juni 2001.
13 Für Angaben zur Gesetzesvorlage des Abgeordneten John Conyers siehe www.conyers.house.gov.
14 Walter Olson, »So Long, Slavery Reparations«, *Los Angeles Times*, 31. Oktober 2008, S. A19.
15 Untersuchung von Michael Dawson, abgedruckt in Harbour Fraser Hodder, »The Price of Slavery«, *Harvard Magazine*, Mai/Juni 2003, S. 12 f. Siehe auch Alfred L. Brophy, »The Cultural War over Reparations for Slavery«, *DePaul Law Review* 53 (Frühjahr 2004), S. 1201–1211.
16 Wendy Koch, »Virginia First State to Express ›Regret‹ over Slavery«, *USA Today*, 26. Februar 2007, S. 5 A. Zur Sklaven haltenden Bevölkerung Virginias und anderer Staaten siehe Christine Vestal, »States Lead Slavery Apology Movement«, *Stateline.org*, 4. April 2008, www.stateline.org/projects/stateline.

17 Vestal, »States Lead Slavery Apology Movement«. Siehe auch »Apologies for Slavery«, *State Legislatures*, Juni 2008, S. 6.

18 Darryl Fears, »House Issues an Apology for Slavery«, *Washington Post*, 30. Juli 2008, S. A3; House Resolution 194: »Apologizing for the Enslavement and Racial Segregation of African-Americans«, *Congressional Record House* 154, no. 127 (29. Juli 2008), S. 7224–7227.

19 Eine erhellende Analyse dieser Frage findet sich bei David Miller, *National Responsability and Global Justice* (New York: Oxford University Press, 2008), S. 135–162.

20 Alcorn, »The Business of Saying Sorry«, *Sydney Morning Herald*, 20. Juni 2001, S. 17.

21 Henry Hyde wird zitiert in Kevin Merida, »Did Freedom Alone Pay a Nation's Debt?«, *Washington Post*, 23. November 1999.

22 Williams wird zitiert in Lewin, »Calls for Slavery Restitution Getting Louder«.

23 Tom Hester, Jr., »New Jersey Weighs Apology for Slavery«, *Boston Globe*, 2. Januar 2008.

24 Darryl Fears, »Slavery Apology: A Sincere Step or Mere Politics?«, *Washington Post*, 2. August 2008.

25 John Locke, *Über die Regierung* (Stuttgart: Reclam, 1974), Par. 95, S. 73.

26 Aristoteles, *Politik* (Stuttgart: Reclam, 1989), VII. Buch, S. 320 [1323a].

27 Kant, *Kritik der praktischen Vernunft*, in ders.: *Werke in zwölf Bänden*, Band 7 (Frankfurt a. M.: Suhrkamp, 1977), Erstes Buch, 2. Hauptstück, S. 182 f.

28 John Rawls, *Eine Theorie der Gerechtigkeit* (Frankfurt a. M.: Suhrkamp, 1994), Abschnitt 33, S. 240.

29 Ebd., Abschnitt 84, S. 607.

30 Ebd., Abschnitt 85, S. 608.

31 Ebd., Abschnitt 84, S. 607.

32 Eine ausführlichere Erörterung dieses Punktes findet sich bei Michael J. Sandel, *Democracy's Discontent* (Cambridge, Mass.: Harvard University Press, 1996), S. 280–284; siehe auch James Holt, »The New Deal and the American Anti-Statist Tradition«, in John Braeman, Robert H. Brenner und David Brody (Hrsg.), *The New Deal: The National Level* (Columbus: Ohio State University Press, 1975), S. 27–49.

33 Franklin D. Roosevelt, »Message to Congress on the State of the Union«, 11. Januar 1944, in *Public Papers and Addresses*, Bd. 13, S. 40 ff.

34 Robert Nozick, *Anarchie, Staat, Utopia* (München: Olzog, 2006), S. 59.

35 Barry Goldwater, *Das Gewissen eines Konservativen* (Göttingen: Schütz, 1964), S. 82.

36 Alasdair MacIntyre, *Der Verlust der Tugend* (Frankfurt a. M.: Suhrkamp, 1995), S. 288.

37 Ebd.

38 Ebd., S. 293.

39 Ebd., S. 293 f.

40 Ebd., S. 294.

41 Ebd.

42 Ebd., S. 295.

43 John Rawls, *Eine Theorie der Gerechtigkeit*, S. 130–139.

44 Ebd., S. 135.

45 »Airlift to Israel Is Reported Taking Thousands of Jews from Ethiopia«, *New York Times*, 11. Dezember 1984; Hunter R. Clark, »Israel an Airlift to the Promised Land«, *Time*, 14. Januar 1985.

46 Das Peres-Zitat stammt aus Anastasia Toufexis, »Israel Stormy Skies for a Refugee Airlift«, *Time*, 21. Januar 1985.

47 Stephen Spector, *Operation Solomon: The Daring Rescue of the Ethiopian Jews* (New York: Oxford University

Press, 2005). Siehe auch die Webseite der Israel Association for Ethiopian Jews: www.iaej.org.

48 Jean-Jacques Rousseau, »Abhandlung über die politische Ökonomie«, in ders. *Sozialphilosophische und Politische Schriften* (Düsseldorf: Patmos, 2001) S. 241.

49 Ebd., S. 242.

50 John Burnett, »A New Way to Patrol the Texas Border: Virtuality«, All Things Considered, *National Public Radio*, 23. Februar 2009.

51 Michael Walzer, *Sphären der Gerechtigkeit* (Frankfurt a. M.: Campus, 1992), S. 106.

52 Ein gedankenvolles Plädoyer zugunsten einer offenen Grenze findet sich bei Joseph H. Carens, »Aliens and Citizens: The Case for Open Borders«, *The Review of Politics* 49 (Frühjahr 1987).

53 Walzer, *Sphären der Gerechtigkeit*, S. 74.

54 Byron Dorgan, »Spend Money on U. S. Goods«, *USA Today*, 2. Februar 2009, S. 14 A.

55 Douglas A. Irwin, »If We Buy American, No One Else Will«, *New York Times*, 1. Februar 2009; Anthony Faiola, »›Buy American‹ Rider Sparks Trade Debate«, *Washington Post*, 29. Januar 2009.

56 Michael Mandel, »Can Obama Keep New Jobs at Home?«, *Business Week*, 25. November 2008.

57 Lee-Zitat nach Douglas Southall Freeman, *R. E. Lee* (New York: Charles Scribner's Sons, 1934), S. 443, 421. Siehe auch Morton Grodzins, *The Loyal and the Disloyal* (Chicago: University of Chicago Press, 1965), S. 142 f.

58 In diesem und dem folgenden Absatz beziehe ich mich auf Sandel, *Democracy's Discontent*, S. 15 f.

59 Dick Lehr, »Bulger Brothers Find Their Worlds Colliding«, *Boston Globe*, 4. Dezember 2002, S. B1; Eileen McNamara, »Disloyalty to the Dead«, *Boston Globe*, 4. Dezember 2002.

60 Scott Lehigh, »Bulger Chose the Code of the Street«, *Boston Globe*, 4. Dezember 2002, S. A19.
61 Nicolas Zamiska, »In South Boston, Belief and Sympathy«, *Boston Globe*, 20. Juni 2003, S. A22.
62 Lehigh, »Bulger Chose the Code of the Street«.
63 Shelley Murphy, »No U. S. Charges Against Bulger«, *Boston Globe*, 4. April 2007, S. A1.
64 David Johnston und Janny Scott, »Prisoner of Rage: The Tortured Genius of Theodore Kaczynski«, *New York Times*, 26. Mai 1996.
65 Ebd.
66 »Judge Sentences Confessed Bomber to Four Life Terms«, *New York Times*, 5. Mai 1998.
67 William Glaberson, »In Book, Unabomber Pleads His Case«, *New York Times*, 1. März 1999.
68 William Glaberson, »The Death Penalty as a Personal Thing«, *New York Times*, 18. Oktober 2004.
69 Mathew Purdy, »Crime, Punishment and the Brothers K.«, *New York Times*, 5. August 2001.
70 Johnston und Scott, »Prisoner of Rage«.

KAPITEL 10

1 Theodore White, *The Making of the President 1960* (New York: Atheneum Publishers, 1961), S. 295–298.
2 Rede von Senator John F. Kennedy vor der Greater Houston Ministerial Association, Houston, Texas, 12. September 1960, www.jfklibrary.org.
3 White, *The Making of the President 1960*, S. 298.
4 Barack Obama, »Call to Renewal Keynote Address«, Washington, D. C., 28. Juni 2006.
5 Ebd.
6 Ebd.

7 Ebd.
8 Ebd.
9 Eine Ausarbeitung dieses Themas findet sich bei Michael J. Sandel, *Democracy's Discontent: America in Search of a Public Philosophy* (Cambridge, Mass.: Harvard University Press, 1996), S. 278–285.
10 John Rawls, *Eine Theorie der Gerechtigkeit* (Frankfurt a. M.: Suhrkamp, 1994).
11 Alasdair MacIntyre, *Der Verlust der Tugend* (Frankfurt a. M.: Suhrkamp, 1995); Michael J. Sandel, *Liberalism and the Limits of Justice* (Cambridge, UK: Cambridge University Press, 1982); Michael Walzer, *Sphären der Gerechtigkeit* (Frankfurt a. M.: Campus, 1992); Charles Taylor, »The Nature and Scope of Distributive Justice«, in ders., *Philosophy and the Human Sciences, Philosophical Papers Bd.* 2 (Cambridge, UK: Cambridge University Press, 1985), S. 289.
12 John Rawls, *Politischer Liberalismus* (Frankfurt a. M.: Suhrkamp, 2003), S. 100.
13 Ebd., S. 98 ff.
14 Ebd., S. 132.
15 Ebd., S. 17, 25.
16 Ebd., S. 235.
17 Ebd., S. 362.
18 Ebd., S. 340.
19 Der Ausdruck stammt von Richard John Neuhaus, *The Naked Public Square* (Grand Rapids, Mich.: William B. Eerdmans, 1984).
20 Siehe Michael J. Sandel, *Public Philosophy: Essays on Morality in Politics* (Cambridge, Mass.: Harvard University Press, 2007), S. 2 f.
21 Barack Obama, »Call to Renewal Keynote Address«.
22 Für die Frage nach dem moralischen Status des Embryos vgl. Michael J. Sandel, *The Case Against Perfection*

(Cambridge, Mass.: Harvard University Press, 2007), S. 102–128.

23 Connecticut (2008) und Iowa (2009) legalisierten gleichgeschlechtliche Ehen durch Urteile ihrer jeweiligen Obersten Gerichte.

24 Siehe Tamara Metz, »Why We Should Disestablish Marriage«, in Mary Lyndon Shanley, *Just Marriage* (New York: Oxford University Press, 2004), S. 99–108.

25 Michael Kinsley, »Abolish Marriage«, *Washington Post*, 3. Juli 2003, S. A23.

26 Ebd.

27 Ebd.

28 *Hillary Goodridge v. Department of Public Health*, Sup reme Judicial Court of Massachusetts, 440 Mass. 309 (2003).

29 Ebd., S. 312. Der in der Stellungnahme des Gerichts angeführte Satz (»Unsere Pflicht ist es, die Freiheit aller zu bestimmen, und nicht, unseren eigenen Moralkodex durchzusetzen«) stammt aus *Lawrence v. Texas*, 539 U. S. 558 (2003), der Entscheidung des U. S. Supreme Court, mit der ein texanisches Gesetz gekippt wurde, das homosexuelle Praktiken verbot. Die Stellungnahme aus dem Fall *Lawrence* wiederum hatte diesen Satz aus dem Verfahren *Planned Parenthood v. Casey*, 505 U. S. 833 (1992) zitiert, einer Entscheidung des U. S. Supreme Court, das sich mit dem Recht auf Abtreibung befasste.

30 Ebd.

31 Ebd., S. 329.

32 Ebd., S. 320.

33 Ebd., S. 313.

34 Ebd., S. 342.

35 Ebd., S. 321.

36 Ebd., S. 322.

37 Ebd., S. 331.

38 Ebd., S. 333.

39 Robert F. Kennedy, »Remarks at the University of Kansas«, 18. März 1968, www.jfklibrary.org/Research/Ready-Reference/RFK-Speeches.

40 Ebd.

41 Barack Obama, »A New Era of Service«, University of Colorado, Colorado Springs, 2. Juli 2008, in *Rocky Mountain News*, 2. Juli 2008.

42 »Sell the Right to Immigrate«, The Becker-Posner Blog, 21. Februar 2005.

43 Siehe Robert B. Reich, *The Work of Nations* (New York: Alfred A. Knopf, 1991), S. 249–315.

DANKSAGUNG

Dieses Buch ging aus einer Lehrveranstaltung hervor. Fast drei Jahrzehnte lang hatte ich das Privileg, Studenten in Harvard in Moralphilosophie zu unterrichten, und in vielen Jahren veranstaltete ich ein Seminar mit dem Titel »Gerechtigkeit«. Der Kurs konfrontiert Studenten mit einigen der großen philosophischen Schriften über Gerechtigkeit und greift zudem aktuelle rechtliche und politische Kontroversen auf, aus denen sich philosophische Fragen ergeben.

Politische Philosophie ist ein Gegenstand, der zum Austausch von Argumenten einlädt, und das Seminar über Gerechtigkeit macht unter anderem deshalb so viel Spaß, weil es die Studenten dazu bringt, sich zu streiten – mit den Philosophen, untereinander und mit mir. Also möchte ich vor allem meine Wertschätzung für die vielen Tausend Studenten ausdrücken, die sich mir über die Jahre hinweg auf dieser Reise angeschlossen haben. Ihr lebhaftes Engagement für Fragen der Gerechtigkeit spiegelt sich, wie ich hoffe, im Geist dieses Buches. Dankbar bin auch den mehreren Hundert Graduierten und Jurastudenten, die mir dabei geholfen haben, die Lehrveranstaltung abzuhalten. Ihre bohrenden Fragen während unserer wöchentlichen Mitarbeitertreffen hielten mich nicht nur auf Trab, sondern vertieften auch mein Verständnis für die philosophischen Themen, die wir unseren Studenten gemeinsam vermittelten.

Der Unterricht in einem Seminar unterscheidet sich stark von der Arbeit an einem Buch, wie ähnlich das Thema auch sein mag. Dieses Buch zu schreiben lief deshalb in vielerlei Hinsicht darauf hinaus, ganz von vorn anzufangen. Für die Unterstützung während des Schreibens bin ich dem Sommer-Workshop der Harvard Law School dankbar. Auch der Carnegie Corporation in New York mit ihrem Carnegie Scholars Program schulde ich Dank – sie hat meine Arbeit über die moralischen Grenzen von Märkten unterstützt. Besonders dankbar bin ich Vartan Gregorian, Patricia Rosenfield und Heather McKay für ihre Freundlichkeit, Geduld und Unterstützung. Die Teile des Buches, die den Zusammenhang zwischen Märkten und Moral berühren, stehen für den Beginn eines Projekts, das ich ihnen immer noch schulde.

Ich war Nutznießer eines glänzenden Teams bei Farrar, Straus and Giroux. Es war vom Anfang bis Ende ein Vergnügen, mit Jonathan Galassi, Paul Elie, Jeff Seroy und Laurel Cook zusammenzuarbeiten, und das gilt auch für meine Literaturagentin Esther Newberg. Ihre Liebe zu Büchern und zum Büchermachen erleichtert einem Autor das Leben. Für ihre Hilfe bin ich zutiefst dankbar.

Seit meine Söhne Adam und Aaron einen Löffel halten konnten, waren sie am Esstisch Debatten über Gerechtigkeit ausgesetzt. Es war eine Freude, sie in ihrer moralischen Ernsthaftigkeit, Brillanz und Leidenschaft zu beobachten – sie waren Herausforderung und Bereicherung. Im Zweifel wandten wir uns alle an Kiku, unseren moralischen Wegweiser und meine Seelenverwandte. Ich widme ihr dieses Buch in Liebe.

REGISTER

A.I.G 22 ff.
Abe, Shinzō 284
Abmachung 130, 197 f., 200, 203 ff., 290, 308, 329
Aborigines 284 f., 288
Abtreibung 42, 87, 99, 335, 338, 342, 344 ff., 358
Achtung 13, 31, 55, 136, 146, 169 f., 172, 178, 181, 188, 207, 351, 355, 358, 367
Adel 210, 256
Adenauer, Konrad 283
Affirmative Action 228, 235
Afghanistan 18, 38, 110, 112, 126
Afroamerikaner 91, 241, 286, 288, 320
Aktienmärkte 21, 25
Allen, Woody 224
Altenpflege 62
Ämter 30, 231, 241, 262, 265 f., 331, 352
Anderson, Elizabeth 136–39
Anerkennung 246, 253, 265 f., 282, 325, 347 f., 352 f., 357
Anreiz 11, 13, 54, 84, 119, 126, 157, 215 f.
Arbeit 28 f., 35, 53, 84, 93 ff., 108, 111, 115, 121, 125 f., 130, 137, 143 f., 153, 197, 201, 217 f., 229, 275, 277, 299, 343, 362
-shaus 53 f.
-slose 336
-slosengeld 313
-smarkt 11, 114, 119 ff., 124 f., 128
-smoral 217 ff.
-splätze 67, 88, 277, 317 ff.
Aristokratie 209 f.
Aristoteles 17, 21, 44 f., 148, 189, 251, 254–58, 260–277, 282, 294–97, 303, 331 f., 347
Armeerekruten 117
Arme 13, 42, 53, 55, 84 f., 89, 94, 96, 106, 108,

122 f., 179, 208 f., 216, 243, 314, 364, 366
Armut 116, 207, 336, 358 ff.
Atombombe 60
Ausbeutung 200
Ausbildung 87, 117 ff., 121, 141, 208, 210 ff., 214, 228, 234, 248 f., 262, 298, 313, 359
-schancen 212
Ausgleich 230 ff., 281, 293, 306
Australien 284 f.
Auszeichnung 19 ff., 244, 249, 253, 261 f., 265, 331, 352, 355
Autonomie 152, 175 ff., 179 ff., 198, 292, 351
Autounfall 65, 172

Banken 21 f., 24 f., 27, 111, 169, 199
-rettung 21, 23–27, 29 f., 33, 45
Bärenhatz 77
Baseball 221, 256, 281
Basketball 91 f., 95 f., 98, 217
-spieler 208, 219
Befriedigung 69, 90, 160, 178, 180
Begabungen 28, 210 ff., 215, 219, 227
Begierden 25, 68, 78, 81, 149, 151, 155, 163, 171, 173, 175, 178, 292
Belohnung 22, 25, 29, 54, 157, 178, 181, 211, 214, 217–220, 222, 224, 233, 237, 243, 253, 315, 328
Benachteiligung 32, 116, 119, 221, 231, 233, 285
Bentham, Jeremy 51–55, 58, 60 f., 63, 71 f., 75 ff., 81, 138, 146, 150, 189
Benzin 13 f.
Berechnung 49, 56, 58, 85, 174, 272, 356
Berufsarmee 108, 112, 122
Berufssoldaten 114
Besteuerung 86, 91, 93 ff., 208, 216, 223, 289
Bestimmung 60, 151 f., 190, 196
Bettler 53 f.
Bindung 133, 137, 139, 170, 292 f., 300 f., 312, 321, 329, 331, 339, 352–355
Blackwater 127 f.
Bombenangriffe 309
Bombenanschläge 327
Boni 22–26, 28 ff., 362
Bordelle 284
Börsenhändler 234
Brandes, Bernd Jürgen 104
Bräuche 73 f.
Brauchtum 290
Buffet, Warren 83
Bürgerpflicht 112, 120, 122 ff., 125, 128
Bürgerschaft 272 f., 360, 364, 366

Bush George W. 21, 127, 361

CEO 27 ff.
Chancen 30, 208 ff., 225, 262, 357
-gleichheit 116, 210 f., 215
Charakter 20, 25, 47, 75
Chauvinismus 312
Cheerleader 251–254, 261
China 126, 319
Chirurg 216
CIA 56
Civil Rights Act 239
Clinton, Bill 184 f., 187 ff.
Constant, Benjamin 181, 184

Demokratie 84, 97, 122, 361
Depressionen 18, 20, 71
Derivate 24
Deutschland 21, 105, 120, 283, 319
Dienstleistung 11 f., 115, 131 ff., 141, 147, 202, 319, 362, 365
Dilemma 33, 37, 40 f., 142, 184, 324, 328
Diskriminierung 42, 88, 207, 228–242, 247 f., 260 ff., 281, 311, 349
–, positive 228–238, 240 ff., 247 f., 260 f., 281
Dworkin, Ronald 236 f., 240, 243 f., 247 f.

Egalitarismus 212
Ehe 178, 180 f., 346–355
-bruch 99, 294
Ehre 18, 21, 30, 45, 243, 249, 253 ff., 265, 274, 281 f., 347, 357
Ehrlichkeit 156 f.
Eigennutz 26
Eigentum 85, 89, 97, 101, 179 f., 222, 264
-srechte 93, 98, 102, 104, 145, 299
Einkommen 29 f., 45, 84, 90–95, 118, 147, 195, 207–212, 214 ff., 218 f., 249, 262, 357, 364, 366
-steuer 94, 363
-sverteilung 212, 237, 366
Einstellungen 15 f., 20, 25, 125, 181, 317, 334, 344, 360
Einwanderung 315 ff., 318, 363
Einzelinteressen 168, 292
Eispenderin 142
Eliteschulen 226
Elternschaft 137 ff.
Embryo 345 f.
Entlohnung 97, 277
Entschädigungen 10, 64, 285, 287, 289
Entschuldigung 27, 186, 227, 273, 283–291, 320, 322, 329
Entwicklungshilfe 314
Entwicklungsländer 101, 125, 314, 362
Erfolg 26, 29 f., 96, 154, 165,

217, 223, 225, 231, 233, 243, 245, 317, 333, 335
-sbarrieren 219
Erkenntnistheorie 146
Ethik 21, 26, 146, 153, 181, 255, 260, 268, 274, 277, 309, 322
– der Übereinkunft 329
Ethnie 193, 230, 233, 235
Fabrikarbeiter 216
Fähigkeiten 23, 29, 74 f., 80, 98, 117, 121, 150, 153, 170, 179, 212, 214–217, 220, 222, 226, 236, 243, 246, 254, 260, 264, 267 f., 271 f., 295, 297, 316, 321, 354
Fairness 32, 42, 115, 119, 196, 219, 238, 242, 248, 251, 253, 255, 281, 308, 342
Familie 12, 14, 21, 49, 63, 83, 135, 145, 170, 182, 194, 210 f., 226, 228, 241, 267, 303, 306, 309, 320, 325 f., 328, 353, 364
-angehörige 323, 329
Fernsehstars 223
Fertigkeiten 74, 221, 253, 280 f.
Feuerwehr 111, 115
Finanzbranche 23, 29
Finanzhilfen 357
Finanzinstitute 21
Finanzkrise 21, 27, 30, 360
Flötenspieler 255 f.
Folter 42, 56 f.
Football 236
Forbes-Liste 83, 89
Ford 63 ff., 318
Fortpflanzung 338, 353 ff.
Freiheit 12–18, 21, 30 ff., 71 ff., 75 f., 85, 87 f., 92 f., 95, 98 ff., 103, 106 f., 112 f., 115, 120, 123 f., 134 f., 138, 145, 147–152, 154, 161 ff., 170 f., 173, 175 ff., 184, 189 f., 207, 211, 263, 274 f., 290 f., 294, 296–301, 330 ff., 351 f., 356 ff., 366
Freiwillige 109, 111 f., 118, 120
-narmee 110–114, 116 f., 119, 122, 124 f., 135, 139
Fremdbestimmung 153, 162, 175
Fremdenlegion 125 f.
Friedman, Milton 87 f., 225 f.
Frömmigkeit 224
Führungskräfte 22, 26–30
Führungsrollen 233, 260
Fundamentalisten 333

Gaben 90, 98, 214 f., 217, 219, 226, 245 f.
Gates, Bill 83 ff., 96, 106, 194, 208, 217
Gefängnis 52 f., 103, 105, 128, 328, 359
Gegenseitigkeit 198, 200, 204 f., 309, 353

Gehorsam 151, 312
Geld 16, 22 f., 25, 27, 29, 42, 62, 84 f., 87, 90 f., 93, 95–98, 100, 102, 104, 107, 112, 123 f., 130, 133, 135 f., 138, 143, 153, 166 f., 169, 194, 197, 199, 204, 207, 218, 247, 249, 262, 288, 299, 317, 338, 362
-wert 63 f., 67
Gemeinschaft 86, 232, 262, 264, 286, 301, 304, 316 f., 320 f., 330, 332, 361
-lichkeit 313
-sleben 193, 206
Gemeinsinn 360
Gemeinwohl 12–15, 21, 31, 43, 53, 74, 98, 115, 120, 134, 142, 145, 154, 195, 207, 233, 242, 249, 264 f., 275, 334, 338, 356, 358, 360, 365 f.
Gerechtigkeitssinn 27
Gericht 48, 64, 105, 120 f., 130, 132, 134, 187, 201 f., 223, 229, 234, 238, 278 ff., 326, 348, 351 f.
Geschäft 12, 61, 113, 130 f., 156, 197
Geschichte 33, 36 f., 38, 44, 46, 59, 71, 105, 122, 144, 191, 204, 230, 251, 259, 269, 279, 285, 302 f., 304, 307, 310, 317, 322, 325, 328, 337, 362
Geschicklichkeitsspiel 221
Geschwindigkeitsbeschränkung 66
Geschworenenpflicht 121 f.
Gesellschaftsvertrag 123, 189–196, 201, 305, 364
Gesetz 10 f., 13 ff., 16 f., 23, 45, 51, 77, 86, 88, 95, 97, 100, 103, 105, 107, 117, 124, 149, 152 f., 155, 162 f., 165, 167 f., 170–176, 179 f., 183 f., 188, 190 ff., 210, 258, 263, 269, 272, 278, 282, 285, 294 ff., 316, 318, 331, 340, 345, 347 f., 352, 362
Gesundheit 60, 63, 67, 208, 271, 359
-sdienst 208
-sfürsorge 87, 211
-sversorgung 62
Gewalt 56, 84, 89, 91, 128, 234, 276, 292, 359
Gewalttätigkeit 20
Gewinn 25, 28, 67, 134, 136, 156, 214, 221, 260
Gier 10, 14 ff., 24–27
Giuliani, Rudolph 202
Glauben 42, 74, 80, 300, 336 f.
Gleichheit 43, 87, 91, 119, 192–195, 206 f., 210, 212 ff., 262, 315, 347, 351, 356, 364
Globalisierung 29
Glück 31, 47, 49, 51 ff., 55 f.,

59 ff., 65, 71–75, 78, 80, 82, 84, 98, 113 f., 134, 144, 146, 154, 171, 181, 190, 219, 221, 243, 245, 257, 268, 296, 356, 364
-seligkeit 147, 149, 190
-smaximierung 52, 84, 146, 148
Goldwater, Barry 299
Golfspiel 278–282
Grassley, Charles 26 ff.
Green Card 126
Grundbedürfnisse 13, 90
Grundrecht 21, 85, 96, 144, 207, 210
Güter 10 f., 13, 30, 61, 66–69, 90, 107, 136, 137 ff., 147 f., 200, 219, 256, 297, 331, 356, 363

Handel 29, 88, 107, 129, 134, 195, 197, 199, 265
-swaren 136 f.
Handwerker 199, 201 f.
Harvard 140, 217 f., 234, 239, 249, 261, 327
Hayek, Friedrich A. 87
Hedgefonds 25, 83, 153
Heteronomie 152
Hierarchie 210, 215
Highschool 117, 228, 251, 254
Hilfszahlungen 24
Hispanoamerikaner 118, 232 f., 240
Hochschulabschluss 116
Hochschulzugang 42
Hochschulzulassung 220
Holocaust 283, 293, 311
Homoehe 348, 352
Homosexualität 86, 99, 342, 347, 349 ff.
Howard, John 285, 288, 322
Hume, David 146, 163, 201 f.
Hurrikan 9–12, 14 f.

Identität 232, 291, 293, 301, 303 f., 307, 312, 317, 321, 332, 339
– als Staatsbürger 339 f.
Immobilien 83
-preise 21
Imperativ 162, 164–76, 179, 182 ff., 200, 204
–, hypothetischer 162, 164 f., 171, 175
–, kategorischer 162, 165–176, 179, 182 ff.
Indien 141, 143
Individualismus 290 f., 303 f., 329
–, moralischer 290 f., 329
Individualität 75
Individuum 74, 180, 291 f., 298, 301, 303, 305, 332, 339
Infrastruktur 365 f.
Institutionen 119, 222, 227, 244, 250, 253, 260 f., 273, 282, 347 ff., 352 ff., 361, 365

Interessen 26, 53, 112, 122, 149, 169, 171, 173 ff., 180, 191, 193, 197, 272, 331, 334 f., 338
Internet 29, 104, 125, 327
Investments 21 f., 24, 29
Irak 18, 110, 112, 118, 126 f.
-krieg 19, 112
Israel 283, 311 f.

Japan 21, 284
Jordan, Michael 91–98, 106, 208, 216–219
Juden 239, 283, 304, 310 ff., 320
Juroren 121, 160
Jury 64 f., 120 f.

Kalter Krieg 29
Kannibalismus 104 ff., 145
Kant, Immanuel 17, 45, 120, 138, 145–192, 235, 250, 274, 292–297, 305, 312, 331 f.
Kastensystem 210, 215
Käufer 11 f., 101 f.
Kennedy, David M. 122
Kind(er) 49, 60, 71, 76, 102, 108, 118, 129–134, 137 ff., 141 ff., 144, 155 f., 167, 247 f., 259, 274, 284, 308 f., 314, 323 ff., 343–346, 348 ff., 354 f., 359, 364, 366
King, Martin Luther 33, 230, 337, 341
Klassendiskriminierung 110, 119
Kollektiv 303
Konformität 73 f.
Konservative 87, 299, 322, 335, 342, 358, 365
Kontrakt 191, 195
Konventionen 73 ff.
Korea 284
Körperkraft 224
Korrumpierung 249
Kosten 49 f., 52, 54, 58, 61–67, 70, 115, 122, 200, 214, 232
-Nutzen-Analyse 61–67
-Nutzen-Rechnung 59
Krankenversicherung 313
Krieg 18, 20, 108–115, 118, 122, 126 ff., 143, 196, 265, 276, 286, 311 f., 321, 323, 358
Kulturkonservative 32

Laissez-faire-Gedanke 32
Le Guin, Ursula K. 59
Lebenserzählung 303
Lebensstandard 31, 316
Lee, Robert E. 323 f.
Leid 13, 51, 57 f., 63, 72, 86, 94
Leihmutter 137–143, 357, 362
Letterman, David 223
Lewinsky, Monica 185 ff.
Liberale 235, 298 f., 333, 336, 342, 365

Liberalismus 301, 339 f., 342 f.
Libertarianer 85 ff., 94–98, 103, 113, 115, 144 f., 147, 194, 277, 299
Libertarianismus 83, 87, 134 f.
Lincoln, Abraham 108, 265, 322 f., 337
Locke, John 145 f., 190, 192, 201, 291
Logik 20, 53 ff., 57, 61, 81, 84, 88, 95, 101, 104, 114, 126, 146
Lohnunterschiede 216, 222
Loyalität 125, 205, 300, 306, 313, 322, 324 ff., 329, 339
Luftverschmutzung 65, 359
Lügen 177, 182 f., 185, 187 ff.
–, fromme 183
Lust 51 f., 68, 71, 76, 78, 81, 138, 149 ff., 163, 267 f., 295

MacIntyre, Alasdair 302–305
Manager 25, 83, 153
Markt 10–14, 25, 30, 32, 85, 89 f., 92, 100 f., 107, 112, 114 f., 118 ff., 124, 126 f., 139 f., 143, 145, 147 f., 179, 210 ff., 214 f., 298 f., 338, 356, 362 f., 365, 398
–, freier 107, 210, 212, 215
-befürworter 124
-freiheit 148
-gesellschaft 10, 31, 210, 212, 214
-logik 116, 119 f., 125, 363
-skeptiker 107
-wert 97, 115
-wirtschaft 194, 226, 363
Maxime 165 ff.
Mehrheit 32, 60, 72 f., 79, 86, 97 f., 110, 118, 122 f., 149, 190, 207, 229, 264 f., 279, 283, 286, 296, 337, 342, 348
Meinungsfreiheit 87
Meiwes, Armin 104 ff.
Menschenfeind 158 f., 161
Menschenleben 9, 36, 58, 63–67, 109, 310
Menschenliebe 159
Menschenrechte 32, 50, 57 f., 60, 144–147, 149, 170, 311, 322 f., 358
Menschenwürde 71
Menschlichkeit 169, 178, 180, 313
Meritokratie 211, 215, 218, 225
Mexiko 9, 314 f., 317, 319
Microsoft 83, 217
Militär 18, 20, 110 f., 113 f., 117 ff., 125 f., 250, 284, 361
-dienst 45, 110 ff., 114 ff., 118, 120, 122–126, 128, 357, 363
Mill, John Stuart 45, 71–78, 80 f., 154, 167, 189

Milliardär 83
Millioneneinkünfte 208
Minderheit 72, 97, 193 f., 207, 228 f., 231, 233 ff., 237, 240, 242, 357
Mindestlöhne 88
Minimalstaat 89, 94
Mitbürger 44 f., 122, 271, 306, 313, 317, 319 ff., 323, 329, 340, 367 f.
Mitgefühl 159, 245, 359
Mitleid 53, 104, 158 f., 161, 172
Moral 12, 32, 45 f., 49, 50 ff., 58, 61, 70, 74, 78, 86, 107, 139, 146–149, 154, 161, 163 ff., 170 f., 174, 182, 189, 260, 296, 307, 324, 336 ff., 341, 350, 367
-ismus 333
-ität 176 f., 189, 196, 205
-philosophie 33, 44, 50, 119, 146 f., 150, 161, 171, 174, 177 f., 260, 268
-theorie 187, 189
Mord 42, 49, 105, 169, 325
Mörder 181 ff., 187 ff.
Muhammad Ali 226
Mutterrechte 129

Nachfrage 9 f., 12, 141, 222
Narrative 302, 305, 321, 330
Nation 118, 303, 306, 316, 341
Naturrechte 51
Naturwissenschaft 177
Neigung 32, 49, 74, 155, 158–163, 175 f., 178, 204, 218, 320, 364
Neutralität 299, 332 f., 337–346, 350, 353
Nichtwissen 193 f., 206 f., 209, 292, 331
Nixon, Richard 111
Normen 55, 65, 67, 128, 137 ff., 237, 362 f.
Not 10, 24, 292, 299, 314, 319
Noten 228, 234, 236, 247
Notfall 13, 35
Notlage 12, 16
Nozick, Robert 89–94, 101, 299
Nutzen 11, 49–52, 55–58, 61, 64–67, 70, 72 f., 84, 90, 107, 113 ff., 120, 134, 138, 144, 154, 164, 171, 190, 195, 198, 200, 213, 235, 264, 272, 309, 313, 345, 356 f., 363 f.
-erwägungen 58, 78, 81
-maximierung 52

Obama, Barack 24, 26, 319, 335 ff., 342 f., 360–363
Obdachlose 87, 97, 115, 194
Öffentlichkeit 23–26, 28, 41, 45, 105, 127, 187 f., 192, 286, 333, 335, 337 f.
Ökonom 10, 51, 67, 87, 225, 319, 363

Ökonomie 99, 139, 141, 272
Ölbranche 83
Oper 79
Opfer 15, 19 f., 28, 56, 58, 65, 77, 96, 105, 123, 154, 169, 207, 228, 248, 284, 287, 309 f., 328, 360 f.
Orden 18 ff.
Organe 100 f., 346

Paternalismus 86
Patriotismus 124, 312, 318–321, 329, 361
Pentagon 18 f.
Peres, Shimon 311
Perikles 265
Pflicht(en) 30, 50, 52, 104, 120, 123, 145, 155, 157 ff., 161 f., 165, 170 f., 173, 175, 181, 187 f., 198, 206, 208, 275, 290 f., 296, 300, 305 ff., 311 f., 317, 322 f., 326, 328 f., 333, 351
–, natürliche 305 ff., 322 f.
-ethik 172
Philip Morris 61 f.
Philosophie 16, 31, 33, 43, 45, 50 f., 55, 58, 81, 87, 89, 102 f., 112, 136, 146 f., 177, 182, 227, 250, 254, 260, 332, 337, 343, 364
Physik 162 f., 174 f., 258, 260
Platon 44 f., 76, 79, 258
Politik 14 f., 31 f., 42, 52, 63, 86, 102, 143, 156, 177, 228, 235, 255, 260–268, 272, 275, 284 f., 291, 294, 299, 317, 325, 332–337, 342 f., 358, 360 f., 363 f., 367 f.
– des Gemeinwohls 358, 360, 365
Polizei 115, 129, 199, 202, 315, 359, 365
Pornografie 87, 342
Posttraumatische Belastungsstörung 18
Preis 9–13, 13 ff., 22, 66, 68, 81, 109, 123, 131, 141, 156
-treiberei 9
-wucher 10–16, 30, 33, 45
Prestige 224
Prinzipien 43 f., 75, 149, 166, 174, 193 ff., 207, 221, 255, 268, 322
Privatleben 41
Privatsphäre 99
Privatunternehmen 362
Privilegierte 365
Produktivität 84
Prostitution 86, 99, 178, 180
Puritaner 77
Purple Heart 18 ff., 30

Quoten 238 f., 241

Rasse 88, 193, 230, 232 f., 235 f., 240
-ndiskriminierung 239, 360

-ntrennung 232, 238, 240, 286, 289, 293
-nzugehörigkeit 230
Rassismus 336
Rau, Johannes 284
Raucher 62 f.
Rawls, John 17, 45, 120, 136, 191, 193 ff., 206 f., 209–212, 214–224, 226 f., 235, 237, 242 f., 250, 274, 277, 292–297, 301, 305 f., 331 f., 338–341, 364
Reagan, Ronald 87, 225 f., 285, 342
Rechte 30 ff., 42, 45, 50, 52, 58, 60, 73 f., 77, 88 f., 92, 94, 99, 135, 144 f., 148, 190, 206, 208, 210, 235 f., 240, 242, 249 f., 254 f., 261 ff., 273 f., 282, 293, 295–300, 306, 322, 331 ff., 335, 339 f., 342 f., 346, 356
– des Einzelnen 31, 43, 55, 71 ff., 81, 89, 97, 99, 235 f., 298
Regierung 11, 16, 18, 23, 51, 62 f., 66, 72, 87 f., 99, 109, 127, 145, 192, 284 f., 288, 298, 310, 321, 323, 338, 344, 349, 352
Regulierung 85
Reiche 42, 84 f., 87, 89, 96, 108, 179, 243, 263, 364, 366
Reichtum 26, 83 f., 90, 147, 256
Religion 72, 88, 139, 184, 296, 334–337, 348, 367
-sfreiheit 32, 98, 194, 296
Renten 62
Reparationen 91, 283, 285–288, 304, 320, 329
Rezession 360
Römer 55, 77
Roosevelt, Franklin D. 110, 298 f.
Rousseau, Jean-Jacques 123 f., 312
Rudd, Kevin 285

Säkularismus 337
Samenspende 132
Scheitern 22, 24, 26 ff., 108
Schichtzugehörigkeit 117
Schulbildung 313
Schulden 54, 291, 303
Schule 228, 231, 233, 238 f., 244, 251, 258, 318, 325, 343, 361 f., 364 ff.
Schwäche 17, 20, 31, 55, 206, 300, 310
Schwangerschaft 131 f., 136 ff., 140–143, 345, 362 f.
Selbstachtung 170, 180
Selbstbestimmung 152 f., 173, 179, 198, 205, 351 f.
Selbstdisziplin 217
Selbsteigentum 93, 99, 101 f., 104 f., 144 f., 179

Sex(ualität) 177 f., 180 f., 185 f., 358
Sexualmoral 70, 99, 178 f.
Shakespeare, William 79 f., 256
Sicherheit 13, 37, 64 f., 67, 251, 264 f.
Simpsons 79 f.
Sinnenwelt 175, 177
Sittlichkeit 74, 149, 152, 154 f., 161 f., 171, 175
Sklaven 60, 93, 151, 163 f., 196, 273, 275 f., 286, 288, 304
Sklaverei 94, 113, 145, 196, 232, 273–277, 286, 288 f., 293, 304, 323 f.
Sokrates 44, 80
Soldat 18, 20, 38–41, 57, 110–115, 117, 121 f., 124 f., 127 f., 143, 284
Söldner 124, 127, 362
-truppe 124
Solidarität 170, 243, 298, 300, 307 f., 311 f., 320 ff., 328 ff., 339, 361, 363 ff.
-sverpflichtungen 323
Sorgerecht 130, 132, 134
Sozialprogramme 87, 313
Sozialquoten 42
Sozialversicherung 88, 298, 313
Spielregeln 220 f., 224, 272
Sportstars 216
Sprache 70, 125, 267, 326, 329, 337 f., 342 f.
Staat 12, 16, 66, 85–90, 93–96, 99 f., 103, 106, 113, 123 ff., 139, 145, 192, 196, 226, 228, 242, 263 ff., 267, 283 f., 286, 294 f., 298 f., 311 f., 314, 323, 337, 340, 344, 346–354, 363, 367
-sangehörigkeit 125 f.
-sbürger 125, 272, 339 f.
-sbürgerschaft 192, 363
-sdienst 123
Stammzellforschung 344 ff.
Status 139, 218, 276, 282, 290, 301, 304, 318 f., 344, 347, 355
Steinbrenner, George 83
Stellenvergabe 230
Sterbehilfe 103 ff.
Steuermittel 22, 25, 318
Steuersätze 84, 216
Steuersystem 221
Steuerzahler 22 f., 25 ff., 54, 87, 94, 110, 115, 313 f., 338
Stolz 253, 321 f., 329, 357, 360 f.
Strafen 10, 54, 59, 99
Strafjustiz 52, 363
Strafsteuer 23
Straßenverkehr 65
Studienplätze 247, 249
Studienzulassung 249
Studium 42, 81, 146, 238
Sudan 310 f.
Suizid 27, 103, 158, 169